한국목간학회총서 07

木簡과 文字 연구

7

| 한국목간학회 엮음 |

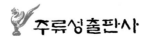주류성출판사

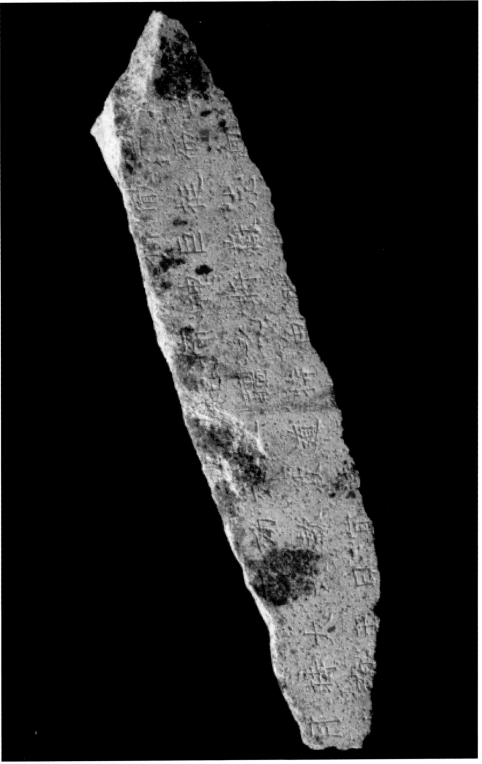

사천왕사지 발굴 중 추정 사적비편

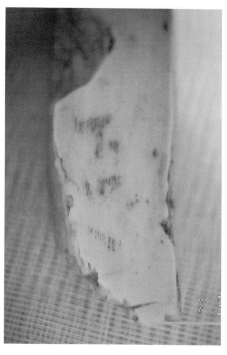

안성 죽주산성 발굴 문자자료

앞면   뒷면

마도3호선 출토 목간

앞면   뒷면

마도3호선 출토 죽찰

앞면

뒷면

마도3호선 출토 죽찰

張家山漢簡〈二年律令〉傳律(354簡-366簡)

354簡　　355簡　　356簡　　357簡　　358簡　　359簡　　360簡　　361簡　　362簡　　363簡　　364簡　　365簡　　366簡

木簡과 文字

第8號

| 차 례 |

논/문

廣開土太王陵碑 拓本의 編年方法
-연구현황을 中心으로-

백승옥*

Ⅰ. 머리말
Ⅱ. 碑에 대한 조사와 拓本 현황
Ⅲ. 탁본편년의 방법
Ⅳ. 맺음말

〈국문초록〉

高句麗 廣開土太王陵碑는 1880년 발견 직후부터 拓本을 하기 시작하여 현재까지 약 100여 본의 탁본이 알려져 있다. 이들 탁본에 대한 編年 연구는 石灰 등으로 훼손된 비의 상태를 고려할 때 비문의 원래 글자를 읽어 내기 위해 대단히 중요하다. 그러나 이 분야에 대한 일본과 중국학계의 연구가 상당히 진척되어 있음에도 불구하고 국내에서의 연구는 거의 전무하다.

현존하는 탁본 중에는 제작 연대를 알 수 있는 탁본들도 있지만 대부분의 탁본들은 언제 만들어진 탁본인지 알 수 없다. 특히 初期 原石拓本과 石灰拓本의 구별은 중요한데, 각 탁본들의 특징을 추출하여 식별할 수 있는 기준을 마련하여야 함을 강조하였다.

기존 학계에 소개된 탁본 편년 방법론들을 소개한 다음, 본고의 編年案을 제시하였다. 또한 기존의 방법들을 보충·종합하여 조사되지 않은 탁본들에 적용하여야 할 것을 제안하였다. 또한 탁본 뒷면에 대한 검토와 분석이 중요함을 강조하였다.

▶ 핵심어 : 廣開土太王陵碑, 墨水廓塡本, 原石拓本, 石灰拓本, 拓本編年

＊ 부산시립박물관

Ⅰ. 머리말

고구려 광개토태왕릉비는 1880년 발견 이후 지난 130여 년 동안 여러 방면에서 연구가 진행되어왔다. 그 연구 방향을 정리하면 8개 항목으로 분류해 볼 수 있다.[1] ① 비석 그 자체에 대한 조사이다. 고고학적, 암석학적, 지리학적 연구로, 비석의 재질과 표면의 가공정형방법, 돌의 운반 방법, 세우는 방법, 비의 입지 조건, 그리고 비 아래에 있는 받침대의 배치 방법이나 받침대에 새겨진 溝와 비와의 관계 등을 밝히는 연구이다. ② 비에 새겨진 문자의 조사이다. 비면을 관찰하여 자획을 읽어내 하나하나의 문자를 결정하는 연구이다. ③ 탁본의 편년 연구이다. ④ 탁본의 문자 연구이다. ⑤ 비문의 석문 연구이다. ②와 ④에서 읽어낸 내용을 바탕으로 어떻게 해석하는가의 문제이다. ⑥ 역사적 해석에 대한 연구이다. 비문에 쓰인 내용과 다른 문헌 자료를 이용하여 4~5세기 동아시아사를 구축하는 연구이다. ⑦ 書藝史 관련 연구이다. ⑧ 비의 발견 이후 현대에 이르기까지 근현대사와의 관계에 대한 연구이다.

이 가운데 한국 역사학계에서는 주로 ④, ⑤, ⑥ 분야의 연구에 중점을 두어 왔다. ②의 경우는 현실적으로 연구의 어려움이 있다. 그러나 ③의 경우는 주목을 해야 함에도 불구하고 그렇지 못하다. 현재까지 국내에서는 탁본의 제작 연대와 그에 따른 상대 편년에 관한 본격적 연구는 거의 이루어지지 않고 있는 실정이다. 반면 이 분야에 대한 일본과 중국학계의 연구는 상당히 진척되어 있다.[2]

고구려 廣開土王陵碑面의 현재 상태는 원래 모습 그대로라고 보기 어렵다. 1880년 발견 이래 불에 그슬리어 손상을 입게 되었고, 1890년대부터는 석회로 인한 훼손이 거듭되었다. 1960년대 이후 중국 정부의 어설픈 碑面 보수 공사는 오히려 비면의 상황을 악화시켰다. 이러한 상황은 1981년 탁출한 이른바 周雲台 탁본과 초기 원석탁본을 비교해 보면 확연히 알 수 있다.(그림 2·3과 14 참조)

이러한 상황에서 비문의 原字 추구를 위한 연구 자료로서는 묵본(쌍구가묵본, 묵수곽전본)과 탁본, 사진자료 등을 들 수 있다. 이 가운데 비가 석회로 훼손되기 이전에 만들어진 이른바 초기 원석탁본은

---

1) 무乙女雅博, 1996, 「『日本에 있어서 廣開土王碑拓本과 碑文 研究』에 대해서」, 『廣開土好太王碑 研究 100年』, 고구려연구 2, 학연문화사, pp.63~64.

2) 대표적인 연구들은 다음과 같다. 長正統, 1981, 「九州大學所藏好太王碑拓本の外的研究」, 『朝鮮學報』 99·100輯. 武田幸男, 1988, 『廣開土王陵碑原石拓本集成』. 武田幸男, 2009, 『廣開土王碑墨本の研究』, 東京: 吉川弘文館. 濱田耕策, 1990, 「故足立幸一氏寄贈の京都府立福知山高校所藏の廣開土王碑拓本について」, 『日本の植民地支配下における朝鮮の研究』, 學習院大學東洋文化研究所 調査研究報告 NO.24. 橫山昭一, 1990, 「目黑區所藏拓本の採拓年代と外的特徵」, 『目黑區所藏 高句麗廣開土王碑拓本寫眞集』, 目黑區守屋敎育館鄕土資料室. 白崎昭一朗, 1993, 『廣開土王碑文の研究』, 東京: 吉川弘文館. 무乙女雅博, 2005, 「東京大學所藏の廣開土王碑拓本 -小拓紙からみた制作年代の考察-」, 『廣開土太王과 東아시아 世界』 제11회 고구려 국제학술대회발표요지. 徐建新, 1994, 「北京に現存する好太王碑原石拓本の調査と研究 -王少箴舊藏本と北京圖書館藏本を中心にして-」, 『史學雜誌』 第103編 第12号, 史學會. 徐建新, 1996, 「北京に現存する好太王碑原石拓本の調査と研究 -北京大學所藏拓本を中心に-」, 『朝鮮文化研究』 第3号, 東京大學文學部朝鮮文化研究室. 徐建新, 2005, 「高句麗好太王碑早期墨本的製作和流傳」, 『文史』 69(北京). 徐建新, 2005, 「高句麗好太王碑早期墨本的新發現 -對1884年潘祖蔭藏本的初步調査-」, 『中國史研究』 2005-1. 徐建新, 2006, 『好太王碑拓本の研究』, 東京: 東京堂出版. 高明士, 2005, 「傳館藏好太王碑原石拓本乙本完整的發見」, 『廣開土太王과 東아시아 世界』 제11회 고구려 국제학술대회발표요지.

그 사료적 가치가 높다. 그런데 원석탁본과 석회탁본의 구별을 명확하게 할 수 없다면 문제가 된다. 특히 석회가 많이 박락된 이후인 1930년대 이후 제작된 탁본은 초기 원석탁본이 가지고 있는 특징들과 매우 흡사하기 때문에 주의를 요한다. 지금까지 알려진 약 90~100本의 탁본 가운데 초기 원석탁본은 13本 정도이다.[3]

원석탁본만이 연구 대상으로서의 가치가 있는 것은 아니다. 酒匂景信本의 경우 엄밀히 말하면 탁본이라 할 수 없지만 제작연대가 1883년 이전으로 석회탁본 출현 이전의 것이다. 1881년 제작된 것으로 보이는 潘祖蔭 구장본 또한 비 발견 직후 저간의 사정을 유추해 볼 수 있는 중요한 자료이다. 석회탁본 또한 원석탁본과의 비교 검토를 통해 비문의 原字를 읽어 나갈 수 있는 자료로 활용 가능하다. 模刻本 역시 전혀 무용한 것은 아니다. 모두 자획이 명확하지 않은 초기 원석탁본이 갖는 한계를 보완해 줄 수 있다.

문제는 탁본의 편년이다. 제작 연대를 알 수 있는 탁본들도 있지만 대부분의 탁본들은 언제 만들어진 탁본인지 알 수 없다. 특히 초기 원석탁본과 석회탁본의 구별은 중요하다. 방법은 각 탁본들의 특징을 추출하여 식별할 수 있는 기준을 마련하면 된다.

믿을 수 있는 탁본에 바탕을 둔 釋讀 만이 비문이 말하는 원상을 구할 수 있다면, 그를 위한 기초 작업은 탁본의 편년 작업부터 시작된다. 이가 본고를 준비하는 목적이다.

Ⅱ. 碑에 대한 조사와 拓本 현황

1. 碑에 대한 조사

탁본에 대한 제작연대를 알기 위해서는 비에 대한 조사 경위와 초기 원석탁본과 석회탁본이 만들어지게 되는 배경 등에 대한 이해가 필요하다.

광개토태왕릉비가 서 있는 集安의 땅은 고구려의 멸망과 더불어 역사상 거의 자취를 감추었다. 더구나 중국 마지막 왕조인 淸朝는 그들의 발상지라는 이유로 碑가 있는 주변을 封禁地域으로 묶어 두었다. 이로 인해 사람이 살지 않은 상태가 오랫동안 지속되었다. 그곳에 사람들이 유입된 시기는 거의 19세기 후반이었다.

碑가 발견된 경위에 대해서는 光緖 2년(1876)설[4]과 6년(1880)설[5]이 있다. 명확하지 않은 점이 있지

---

3) 韓國에 17(2)본, 일본에 47(2)본, 중국에 28(7)본, 대만에 7(2)본이 알려져 있다. 괄호 안은 초기 원석탁본 수이다.

4) 王健群, 1984, 『好太王碑硏究』, 吉林省: 吉林人民出版社(林東錫 譯, 1985, 『廣開土王碑硏究』, 서울: 역민사, p.33).

5) 葉昌熾의 『語石』 「奉天一則」설, "光緖六年 邊民斬山刊木 始得之-----". 陳公柔·張明善 點校, 1994, 『語石 語石異同評』, 中華書局 考古學專刊 丙種第四號, p.135. 엽창치(1849~1916 혹은 1931)은 청 강소 장주(지금의 소주시) 사람으로 자는 鞠裳 또는 鞠常이며, 호는 緣督廬主人인데, 저명한 교감학자요 금석학자이다. 엽씨는 일생동안 비석학을 너무도 좋아해서 수집한 석각 탁본이 8천 종이 넘었으며, 20여년 동안 심혈을 기우려 『語石』 10권을 지었다. 이 책의 내용은 대체로

만 본고에서는 일단 光緖 6년 설을 따라 1880년 關月山에 의해 발견된 것으로 본다. 關月山은 비 발견 후 몇 문자를 부분 탁본하였다. 비에 대한 최초의 탁본으로 볼 수 있다.

그 후 탁본은 계속되었지만, 비에 대한 조사를 처음 행한 이는 일본인 학자 鳥居龍藏(1870~1953)였다. 당시 東京帝國大學 理科大學 講師였던 鳥居는 1905년 10월 현지에 도착하여 3일간 洞溝에 머물렀다. 이때 鳥居는 碑 자체보다는 碑 주변의 자연지리적 환경 및 주변 유적에 관심을 갖고 있었던 것 같다. 鳥居는 이때『會餘錄』에서 알려진 것처럼 비가 매몰되어 있었던 것이 아니라 원래부터 제자리에 있었다는 점을 말하고 있다. 鳥居는 碑石을 한 개의 돌로 된 사각의 花崗巖으로 보고 각 면의 크기를 측정하였다.[6)]

1907년에는 프랑스의 동양학자 샤반느가 현지를 방문하여 석회탁본을 입수하였다.(그림 9 참조) 이 탁본은 학계에 공개되어 있기 때문에 이 시기 석회 탁본의 특징을 살피는데 참고가 된다. 1900년대 초반 석회탁본의 성행은 탁본의 수요가 급증했기 때문으로 파악된다. 1909년 일본 동경에서 발간된 소책자의 뒷면에 광개토태왕릉비 탁본 구매 방법에 대해 광고하고 있는데, 이때 후견인들의 명단으로 보아 광개토태왕릉비 탁본이 당시 일본인들에게 의미하는 바를 추측해 볼 수 있다.[7)](그림 4 참조)

1913년에 集安의 유적을 현지 조사한 關野貞 등의 기록에서도 이 시기 석회탁본이 성행하고 있었음을 말하고 있다.[8)] 이때 석회탁본에는 거의 탁출되지 않던 Ⅲ면 제1행을 확인하였다. 또한 현지 탁공인 初鵬度로부터 들은 바에 의하면, "탁본의 문자를 명확히 탁출해 내기 위하여 10여 년 전부터 문자의 주위에 석회를 발랐으며, 이후 매년 석회로서 곳곳에 보수를 행했다"고 하여 10년 여 전부터 문자의 주위에 석회를 바르고, 이후 매년 석회 보수를 하였다는 점을 알았다. 비의 문자를 실제로 관찰하고, 석회로 字劃을 보수한 곳이 있다는 점과 석회로 보수한 위에 전혀 새로운 글자를 새긴 곳이 있다는 점도 확인하였다. 석회를 바른 목적이 문자를 명료하게 탁출하기 위한 것이었으며, 문자를 읽기 어려운 원석탁본보다 명료한 문자의 석회탁본이 일반인들에게는 선호되었다고 하였다. 이때 동행했던 今西龍은 비면에 새겨진 문자 하나하나를 탁본과 비교해 가면서 읽었다.[9)] 이때의 조사 후 두 사람 모두 탁본을 지

아래와 대별할 수 있다. ① 중국 석각 간사(제1권), ② 중국 석각의 지리분포 및 특색(제2권), ③ 중국 석각의 분류(제3·4·5권), ④ 석각 문자 체례(제6권), ⑤ 석각 서법사(제7·8·9권), ⑥ 잡식(제9권) 등이다. 엽장치에 대해서는 인터넷 자료에서 따옴.

6) 南滿洲鐵道株式會社, 1910,『南滿洲調査報告』.

7) "高句麗永樂太王古碑[再版]"라 제한 작은 책자의 뒷면에는 '高句麗永樂太王古碑搨本像約募集'이란 광고가 있다. 이 광고는 明治 42년(1909) 2월에 낸 것인데, 上等의 支那紙와 淸製 墨汁을 사용해서 만든 탁본 한 부를 금 삼십원에 예약 모집한다는 것이다. 예약 방법 등이 상세히 적고 있고, 광고의 말미에는 찬조원 15인의 이름을 적고 있다. 명단에는 총리대신을 지낸 犬養 毅, 福岡 출신으로서 玄洋社 사장을 지낸 頭山 滿, 伊藤博文의 밑에서 조선통감부의 총무장관을 지낸 鶴原定吉, 熊本 출신의 敎育家 德富猪一郎, 歌人인 河東碧梧桐, 福澤諭吉의 아들 福澤桃介, 書道家인 中村不折 등 당시 일본의 유명 인들로 구성되어 있으며, 九州지역 관계자와 아시아주의자들이 많다.

8) 關野貞, 1914,「滿洲輯安縣及び平壤附近に於ける高句麗の遺蹟」,『考古學雜誌』第5卷 第3号·第4号, 日本考古學會; 1915,『朝鮮古蹟圖譜』第一冊, 朝鮮總督府.

니고 돌아왔다. 동경대학에서 발견된 東京大學 建築學科本이 關野貞이 가지고 온 탁본으로 보인다.[10](그림 10참조) 현 천리대학 소장의 今西龍 구장본도 이때 가지고 온 탁본으로 보인다.(그림 11참조) 실제 두 탁본을 비교해 보면 거의 유사한 형태를 띠고 있음을 알 수 있다.

1918년에는 黑板勝美가 현지에서 비의 주위를 발굴하고 臺座를 확인하였다.[11] 대좌에는 홈이 파여져 있었는데, 이는 碑를 세우기 위한 위치를 표시한 것으로 보았다. 이때 黑板은 홈선이 碑와 맞지 않고 碑 윗부분의 일부가 파손되어 있는 점으로 보아 비는 한 번 넘어졌던 것으로 파악하였다. 더구나 黑板은 "먹 썩는 냄새로 인해 악취가 코를 찔렀다."라고 하였다. 이로 보아 이 시기에는 석회탁본이 대량으로 제작되고 있었음을 알 수 있다. 이때 촬영한 것으로 보이는 비면 사진에는 석회가 심하게 발려 있음을 알 수 있다.(그림 12참조) 그는 비면을 세척하고 석회를 西洋釘으로 파내고 의심스러운 문자를 명확히 하였다. 예를 들면, 上(Ⅰ면-7행-29字)은 '丘'로, 其丘(Ⅰ-7-31·32字)는 '集在'로, 海遊(Ⅰ-8-25·26)는 '狗遊'로 문자가 나타났다.

1935년에는 濱田耕作·池內宏·梅原末治 등이 碑를 조사하고 대좌의 실측도를 그렸다.[12] 池內宏은 비석과 대좌를 관찰하고 고구려 때 건립된 이래 무너진 적이 없었던 것으로 보았다. 이때 梅原末治는 Ⅰ면의 '倭以辛卯年來'을 직접 採拓하였는데 지금 전하고 있다.(그림 5참조)

1963년에는 북한학자들과 중국학자들이 공동으로 비를 조사하게 된다. 이때 만들어진 탁본이 張明善 탁본이다.(그림 13참조) 중국 국가문물국, 중국 사회과학원 고고학연구소, 길림성 박물관, 집안시 박물관, 북한의 모처 등에 소장되어 있다.[13]

1981년, 현지에서 비면을 조사하고 육안으로 하나 하나 문자를 식별한 王健群은 黑板이 새롭게 읽은 문자를 각각 '上', '其三', '獵遊'로 읽었다.[14] 특히 '其三', '獵遊'은 이때의 조사에서 처음으로 판독되었다고 한다. 60년 이상의 세월이 흐른 후지만, 비면의 같은 문자에 대해서 판독이 黑板과 같지 않았다. 이때 周雲台 탁본이 완성되었다.(그림 14참조)

2. 拓本 현황 (표1 참조)

비 발견 후 곧 탁본이 만들어지기 시작했는데, 현재까지 알려진 탁본은 약 90~100本 정도이다. 그러나 같은 비로부터 채탁한 탁본이지만 다양한 분위기를 가지고 있다. 그 원인은 엄밀한 의미에서는 탁

---

9) 今西龍, 1915, 「廣開土境好太王陵碑に就て」, 『訂正增補 大日本時代史』 古代 下卷 附錄[1970, 『朝鮮古史の硏究』(國書刊行會, 東京) 所收].

10) 早乙女雅博, 1999, 「廣開土王碑の拓本」, 『Ouroboros』7호, 東京大學總合硏究博物館뉴-스.

11) 黑板勝美, 1918, 「本會第百九回例會記事」, 『歷史地理』 第32卷 第5号, 東京: 日本歷史地理學會.

12) 池內宏, 1938, 「廣開土王碑發見の由來と碑石の現狀」, 『史學雜誌』 第49編 第1号, 東京: 史學會; 1938, 『通溝』上卷, 東京: 日滿文化協會.

13) 徐建新, 2006, 앞의 책, p.296.

14) 王健群, 앞의 책.

본이라 부를 수 없는 것에서부터 비면에 석회를 바른 후 채탁한 것이 있기 때문이다. 지금까지 광개토태왕릉비 탁본이라 불리어지는 것에는 다음과 같은 종류의 것이 있다.

① 墨水廓塡本: 碑面에 종이를 대고 탁본을 뜬 후 그 탁본을 보아가면서 문자를 釋讀하고, 그 위에 別紙를 대고 베낀 것이다. 엄밀히 말하면 탁본이라고 할 수 없다. 그 제작과정에서 원석탁본이 만들어졌지만 그것은 어디까지나 墨水廓塡本을 만들기 위한 試料였지 작품은 아니다. 1883년에 酒匂景信(사까와 가게아키)가 입수한 酒匂本(東京국립박물관 소장)은 이 방법에 의해 만들어진 것이다. 베낄 때 먼저 엷은 묵으로 자획의 주위를 그리고 난 다음 진한 먹으로 덧 그려 완성시킨다. 진한 먹을 덧 입혀 자획을 완성한다는 점에 주목하여 雙鉤廓塡本 혹은 雙鉤加墨本이라고 하였지만, 엷은 먹으로 자획을 표현하는 공정과정에서 雙鉤(비면에 직접 拓本紙를 대고 字의 윤곽을 그리는 것)의 흔적은 보이지 않는다. 일종의 模寫本이지만 試料로서 사용된 원석탁본을 당시의 사람이 어떻게 釋文하였는가라는 점에서는 중요하다.

2004년 徐建新에 의해서 새롭게 소개된 李超瓊舊藏本(현재는 중국 북경 개인 소장) 또한 묵수곽전본이다.[15] 이에는 네 건의 발문이 붙어 있는데, 첫 발문을 쓴 사람은 청나라 말 중국 강남 지방의 유명한 문인 李鴻裔이며, 두 번째 발문과 네 번째 발문의 저자는 李超瓊이다. 李超瓊은 1875년부터 1877년까지 비의 소재지인 大東溝 지방에 머무른 적이 있으며, 그때 당시에는 懷仁縣이 아직 설립되지 않은 상태였는데, 임시 행정장관은 광서 원년(1875)에 대동구 지방에 파견되어 온 무관 陳本植이였던 바, 李超瓊은 당시 진본식의 幕客이었다. 세 번째 발문의 저자는 청나라 말기 중국에서 최초로 광개토태왕비 비문을 연구한 금석학자 葉昌熾이다.

이들 발문을 종합하여 보면 1881년 이초경이 요서 봉황성에서 친구인 회인현 현령 章樾이 선사한 비 묵본을 받게 된다. 수량은 적어도 2건 이상이었다. 이초경은 1883년 묵본을 蘇州로 가지고 가서 剪裝하여 각각 네 책으로 만들었다. 그중 하나를 1883~1884년 사이에 소주의 문인인 이홍예에게 선물하였다. 후에 금석 애호가인 반조음의 요청으로 이홍예를 통해 다른 하나를 당시 강소 吳縣에서 부친상을 당하고 있는 반조음에게 주었다. 그 시기는 1884년 8월 이전이었다. 이후 반조음은 1889년에 친구인 북경의 문인 黃再同에게 이 본을 선물한다. 이후 사정은 명확치 않지만 이 본은 다시 이초경의 손에 들어간다.[16] 이러한 사정으로 보아 李超瓊 구장본은 1881년 이전에 제작된 것이다. 酒匂本과 닮은 점이 많아 향후 정밀한 비교 연구가 요구된다.(그림 1참조)

---

15) 徐建新, 2005a, 「高句麗好太王碑早期墨本的新發現 −對1884年潘祖蔭藏本的初步調査−」, 『中國史硏究』 2005−1; 2005b, 「고구려 호태왕비 초기 탁본에 관한 연구 −초기 묵본의 제작과 流轉(1880~1888년)을 중심으로−」, 『廣開土太王과 東아시아 世界』 제11회 고구려 국제학술대회발표요지; 2006, 『好太王碑拓本の硏究』, 東京: 東京堂出版.
16) 徐建新, 2005b, pp.372~373.

② 原石拓本: 비면에 아무것도 가공하지 않은 상태에서 채탁한 탁본을 말한다. 종이를 물에 적셔, 비면에 강하게 부착하여 채탁하기 때문에 玄武岩質 火山岩(이전에는 모두 角礫凝灰巖으로 보았다)의 거친 표면이 石花(흰 반점)로서 종이에 반영된다든지, 비면의 凹凸이 그대로 拓紙에 표현되어 나타난다. 북경대학 도서관 A본(그림 3참조)과 C본, 청명본(임창순구장본), 대만의 부사년본, 일본의 金子本 등이 이에 해당한다. 水谷本(日本 國立歷史民俗博物館 所藏)의 경우 이를 1889년에 北京의 명탁공 李雲從에 의해 채탁된 원석탁본으로 보기도 하지만,[17] 1930년대 이후 석회가 많이 박락된 이후의 탁본이라는 설도 있다.[18]

③ 石灰拓本: 비면에 석회를 발라 자획을 확실히 표현한 다음 뜬 탁본을 말한다. 비면 전체에 석회를 평평히 바르고, 글자를 새긴 것은 아니고, 글자가 없는 주변 및 罫線과 碑面의 움푹 패인 곳에 석회를 발랐다고 본다.[19] 석회보수탁본이라고 부르는 것이 보다 정확한 명칭이랄 수 있다. 석회탁본 중 그 연대를 알 수 있는 것으로서는 日本 九州大學 소장본(그림 6참조)과 日本 東京 目黑區 守屋敎育會館 鄕土資料室 所藏本(그림 7참조)이 있다. 전자는 탁본의 뒷면에 붙어있는 신문의 발간 시기 등으로 미루어 보아 1928년 무렵 채탁된 탁본이다.[20] 후자는 鴨綠江 採木公司 理事長이었던 內藤確介(1923년부터 1929년 사이 현지에서 활동함)가 소장하고 있던 것이다.[21] 1927년 碑亭 건설을 위해 募金을 하였는데, 1928년에 비정이 완성되고 비에 지붕이 씌어졌다. 이때의 건설협력의 사례로서 탁본을 기증받은 것이다.[22] 1927년~1929년 무렵 채탁된 것으로 보인다.

Ⅲ. 탁본편년의 방법

탁본의 종류를 쌍구묵전본, 원석탁본, 석회탁본의 3부류로 처음 나눈 사람은 水谷悌二郎이다.[23] 이러한 구분은 이후 탁본 분류의 기본이 되었다. 水谷은 1884년부터 쌍구묵전본이 만들어지며, 원석탁본은 1887년부터, 석회탁본은 1899년부터 만들어진다고 하면서, 본인 소장본은 원석탁본이라 하였다.(그림 2참조)

이에 대해 이진희는 水谷本이 원석탁본이라 한데 대하여 반박하고,[24] 1930년대 이후 석회가 많이 박

17) 武田幸男, 1988, 『廣開土王陵碑原石拓本集成』; 1989, 『高句麗史と東アジア -「廣開土王碑」研究序說』, 東京: 岩波書店.
18) 李進熙, 1972, 『廣開土王陵碑の研究』, 東京: 吉川弘文館; 2003, 『好太王碑研究とその後』, 東京: 吉丘文化社.
19) 王健群, 앞의 책.
20) 長正統, 1981, 「九州大學所藏好太王碑拓本の外的研究」, 『朝鮮學報』 99·100輯.
21) 橫山昭一, 1993, 「東京都目黑區所藏拓本について」, 『廣開土王碑と古代日本』, 學生社, p.125.
22) 위와 같음.
23) 水谷悌二郎, 1959, 「好太王碑考」, 『書品』 100; 1977, 『好太王碑考』, 東京: 開明書院.

락된 이후의 탁본이라고 하였다. 또한 1883년 일본에 처음 들어온 酒匂本도 석회로 비면을 바른 뒤 탁본한 것이라고 하였다. 그에 의하면 원석탁본은 존재하지 않는 것이다. 그는 쌍구가묵본 제작시기를 1882년 이후로 보았다.

武田幸男은 탁본의 공백부분(着墨되지 않은 부분)의 형태 변화에 주목하여 탁본을 편년하였다.[25] 武田氏는 각종 묵본의 유형을 A형(原石拓本), B형(墨水廓塡本), C형(石灰拓本), D형(模刻本)으로 나누어 설명하고 있다.

A형(原石拓本)은 비가 발견된 1880년 이후부터 1890년까지 약 10년간 탁출된 것으로 보았다. 武田은 묵본을 拓出法(수탁 수법의 섬세한 정도 및 拓字의 두터운 정도), 着墨法(착묵한 곳의 有無와 廣狹), 用紙法(각 면의 段과 매수, 합계 매수, 層數)을 기준으로 다시 A1~4유형으로 정리하고 있다.

A1형은 비 발견 직후에 탁출된 부분탁을 말한다. A2형은 탁출 수법이 조잡하고, 碑字는 두껍고, 먹을 착묵하지 않은 공백 부분이 있으며, 각 면 11단으로서 각 단 4매로 한 면 합계 44매의 탁지로 이루어진 탁본이다. 대만 부사년(中央硏究院 歷史語言硏究所 소장) 乙本이 이 유형에 속한다고 하였다. 각 면이 3단 3매, 4면 합계 12매로 이루어졌으며 2매를 중첩해서 탁출한 水谷本을 A4형으로 위치지우고, 이 유형에는 水谷本 외에 金子本과 청명 임창순본, 부사년 甲本이 속한다고 하였다. 이에 더해 이 유형은 1889년 북경의 유명한 탁공 李雲從에 의해 탁출된 것으로 추정하였다.

B형(墨水廓塡本)은 원석탁본을 모본으로 하여 淡墨으로 모사한 후 글자의 둘레를 짙은 먹으로써 채우는(廓塡) 방법으로 만든 탁본을 말한다. 비면에 직접 종이를 대지 않는다는 점에서 엄밀히 말하면 탁본이 아니다. 그러나 이 탁본을 만든 사람이 원석탁본을 어떻게 읽었는가를 알 수 있다는 점에서 중요한 자료가 될 수 있다. 유명한 酒匂景信本과 최근 발견 소개된 李超瓊收藏本이 이에 속한다. 이러한 탁본의 등장 이유는 거친 비면 상태로 탁출한 원석탁본은 읽기 어려웠기 때문이었다. 武田은 墨水廓塡本은 1881년경부터 1890년 무렵까지 만들어진다고 하고 있다.

C형(石灰拓本)은 비면에 석회를 칠해 비면을 고른 다음 탁출한 탁본을 말한다. 한 번 석회를 바른 후에 다시 석회를 바르지 않았다면, 석회탁본의 시간적 선후관계를 알기는 어렵지 않다. 그러나 關野貞의 조사에서도 알 수 있었듯이 탁출할 때에 석회 보수를 계속적으로 하였기 때문에 자획의 변화만으로 탁본의 선후관계를 판단하기 어렵다.

탁본은 제작연대의 차이에 의해서도 특징이 나타나지만 같은 시기에 제작을 했다하더라도 누가 탁

---

24) 李進熙, 1972, 2003의 책.

본을 만들었는가에 따라서도 차이가 있다. 즉 각 각의 탁본들에는 제작자의 독특한 제작 방법이 남아있는 것이다. 이는 소탁지의 크기나 붙이는 방법 등에 그대로 나타난다. 그것을 관찰해 볼 수 있는 곳이 탁본의 뒷면이다. 이러한 점에 주목하여 탁본을 관찰한 연구가 早乙女雅博의 연구[26]이다. 마침 사오토메가 조사한 동경대학 소장 4개본 이외에도 이미 뒷면 조사가 이루어진 탁본이 수종 있어 함께 활용할 수 있다. 1981년 九州大學本을 조사한 長正統의 연구[27]와 內藤確介舊藏本을 조사한 橫山昭一의 연구,[28] 足立幸一氏가 京都의 福知山高校에 기증한 탁본을 조사한 濱田耕策의 연구[29]들이다.

이들 가운데 석회 탁본이면서 탁출 연대가 비교적 명확한 것들이 있다. 이들은 중요 석회탁본 편년의 기준이 될 수 있는데, 九州大學 소장 탁본, 目黑區本, 東京大學 建築學科 所藏本 등이다. 또한 이들 탁본은 기초 연구가 충실히 되었기 때문에 이들 탁본들과 유사한 특징을 가진 탁본들은 석회탁본으로 보아도 무방할 것이다. 탁출 연대가 불분명한 탁본의 경우 뒷면 조사를 하여 뒷면 조사가 이루어진 앞 3본의 석회 탁본들과의 비교를 통해 탁본 제작 연대를 추출해 낼 수 있을 것이다.

광개토태왕릉비문에 대한 탁본은 비의 크기와 상태 등으로 인해 전문 탁공이 아니면 거의 불가능하기 때문에 탁본에는 탁공마다의 비문 탁출 솜씨가 남아 있다. 이는 탁본의 앞면에도 엿보이지만 특히 탁본의 뒷면에 역력하다. 비의 크기(높이 6.39m, 각 면의 폭 1.35~2.00m, 무게 약 30톤) 때문에 각 면마다 수십 매의 작은 종이(이를 小拓紙라고 부른다)를 이어 붙여 탁본을 할 수밖에 없으므로 종이의 크기 및 이어 붙이는 방법 등이 탁공마다 다르다. 동일 탁출 수법에 의한 탁본들을 분류하여 그룹화하면 현재 탁출연대가 명확한 탁본들과 비교하여 탁출연대를 알 수 없는 탁본들에 대해서도 탁출 연대를 추출해 낼 수 있는 것이다. 또한 이들 특징들을 가진 탁본들은 석회탁본이며, 상대적으로 원석탁본을 식별하는 기준이 될 수 있을 것이다.

九州大學 소장본의 경우 Ⅰ면의 뒷면은 33매의 소탁지를 서로 이어서 가로 149cm, 세로 547cm 크기의 탁본지를 만들었다.(그림 8 참조) 소탁지의 크기는 52cm×52cm이다. 주목할 것은 그 이음매의 순서이다. Ⅰ면의 경우 좌측에서 우측으로 이어 나갔다.[30] 目黑區本의 경우 모두 40매의 소탁지로 이루어져 있으며, Ⅰ면 이음매의 순서는 우측에서 좌측이다.(그림 8 참조) 그리고 하단부는 소탁지를 다시 자른 보다 작은 종이를 붙여서 잇고 있다. 소탁지의 크기는 구주대학본과 동일 크기의 52cm×52cm이다.[31]

25) 武田幸男, 1988, 「廣開土王碑研究の現段階」, 『廣開土王陵碑原石拓本集成』, 東京大學出版會, pp. 243~251.

26) 早乙女雅博, 2005, 「東京大學所藏の廣開土王碑拓本 –小拓紙からみた制作年代の考察–」, 『廣開土太王과 東아시아 世界』 제11회 고구려 국제학술대회발표요지, pp. 133~142.

27) 長正統, 1981, 「九州大學所藏好太王碑拓本の外的研究」, 『朝鮮學報』 99·100輯.

28) 橫山昭一, 1990, 「目黑區所藏拓本の探拓年代と外的特徵」, 『目黑區所藏 高句麗廣開土王碑拓本寫眞集』, 目黑區守屋教育會鄕土資料室; 1993, 「東京都目黑區所藏拓本について」, 『廣開土王碑と古代日本』, 學生社.

29) 濱田耕策, 1990, 「故足立幸一氏寄贈の京都府立福知山高校所藏の廣開土王碑拓本について」, 『日本の植民地支配下における朝鮮の研究』, 學習院大學東洋文化研究所 調査研究報告 NO.24.

30) 長正統, 앞의 논문, 40, p.76.

31) 橫山昭一, 1993, 「東京都目黑區所藏拓本について」, 『廣開土王碑と古代日本』, 學生社, p.130.

이는 구주대학본과 거의 동일한 시기에 제작된 탁본으로 볼 수 있을 것이다. 하지만 동일인이 제작한 것이라고는 확정할 수 없다. 그런데 九州大學 소장본과 京都大學人文科學硏究所 소장본을 비교하여 보면 그 제작 수법이 아주 흡사하다. 아마도 두 탁본을 제작한 탁공이 동일인일 것으로 보인다. 이러한 예는 다른 탁본들에서도 관찰된다. 東京大學 동양문화연구소 소장본은 먹을 착묵한 상태로 보아서는 1920년대 후반 제작된 구주대학본과 유사하지만 소탁지의 크기나 붙이는 방법은 서로 다르다. 구주대학의 것보다 거의 배인 107㎝ × 50㎝이다. 이는 黑田本과 유사하다. 또한 東京大學 동양문화연구소 소장본과 黑田本은 탁본 뒷면의 이음매 방법도 Ⅰ, Ⅲ, Ⅳ면이 왼쪽에서 오른쪽의 순서이며, Ⅱ면이 오른쪽에서 왼쪽의 순서로 동일하다. 기타 碑面이 고르지 못한 부분에 대한 처리도 그 방법이 같다. 아마도 동일인이 제작한 것으로 보인다. 이들 연구에 의하면 석회 탁본의 경우 1913년에 탁출한 것들과 1927~1931년 탁출한 것들로 나눌 수 있다고 한다.[32]

이들의 연구는 탁본에 대한 기초적 부분의 관찰은 물론 탁본 뒷면이 가진 정보를 활용했다는 점에서 평가된다. 용지법과 소지 사용법에 대한 관찰을 통해 탁출자의 정체 파악이 가능하다. 아울러 탁출 시기의 파악도 가능하다.

탁공이 소지를 다룬 방법은 탁본 뒷면의 면밀한 관찰을 통해서 가능하다. 그런데 이러한 점을 알지 못하는 국내의 일부 탁본 소장자들은 전시 또는 보관의 편리를 위해 탁본 뒷면에 대한 사전 조사 없이 표구해 버렸다. 비문 연구에 있어서 중요한 자료가 날아가 버린 것이다. 무지의 소치였다. 탁본은 현존하는 상태로 보관하는 것이 좋지만, 변형시킬 필요성이 있다면 전문가에 의한 철저한 조사를 마친 후 하여야 할 것이다. 탁본이 비문연구의 기초 자료임을 생각할 때 탁본에 대한 제작 연대 및 편년 연구가 심층적으로 이루어지지 않았다는 점은 반성해야 할 점이다.

탁본 편년안에 대해서는 제가들의 견해에 약간씩의 차이가 있으나 대략 다음과 같이 편년할 수 있을 것이다.

> Ⅰ기(1880~1890) : 묵본 및 원석탁본 제작기
>> Ⅰ-1소기(1880~1882) : 담묵 단편 원석탁본, 묵수곽전본, 쌍구가묵본 병행시기
>> Ⅰ-2소기(1882~1889) : 원석탁본 제작시기
> Ⅱ기(1890~1920년대 후반) : 석회탁본 제작기
>> Ⅱ-1소기(1890~1899) : 석회탁본 형성기
>> Ⅱ-2소기(1900~1920년대 후반) : 석회탁본 전성기
> Ⅲ기(1920대 후반·30년대 초~1960년 대 초) : 석회 박락기
> Ⅳ기(1960년대 초 이후~현재 : 석회 잔존 상태 비면 고착기

---

32) 위의 논문, p.142.

Ⅳ. 맺음말

비문을 이해하는 기초 작업으로서 탁본의 편년 연구는 필수적이다. 기존 학계에 소개된 방법론들을 보충하고 종합하여 조사되지 않은 탁본들에 적용하여야 할 것이다. 탁본의 뒷면에 대한 검토와 분석이 매우 중요함에도 불구하고 국내에서는 이루어진 바도 없으며 그 중요성을 인지조차 못하고 있다. 이로 인해 탁본에 대한 표구를 행함으로써 실로 중요한 자료를 스스로 버리고 있다.

자료가 축적되면 제작연대에 대한 편년의 정확도는 높아갈 것이다. 원석탁본과 석회탁본을 식별하는 기준도 자연히 마련되게 될 것이다. 석회탁본과 원석탁본의 식별을 명확히 한 후, 비문의 原字와 伏字에 대한 추정을 진행하여야 할 것이다. 원석탁본의 경우도 제작연대의 편년이 행해진다면 탁본에서 보이는 字型의 추적을 통해 原字와 伏字을 추정하는데 매우 유용하게 활용될 수 있을 것이다.

당대 금석문이 갖는 사료적 가치는 재언을 필요치 않는다. 비문에 대한 연구가 130여 년이 넘었지만 아직 약 1775자에 대한 석문이 확정된 것도 아니며, 伏字 또한 190여 자이다. 본고에서 소개한 방법론은 비록 탁본에 대한 기초 연구에 불과하지만 연구의 축적이 이루어진다면, 석문이 확정된 글자에 대한 확인과 더불어 특히 복자에 대한 추구를 통해 原字를 찾을 수도 있을 것이다. 비록 원자의 복원이 소수에 그친다 해도 고구려사 복원 나아가 고대 동북아시아사의 복원에 지대한 영향을 미칠 것임은 틀림없다.

투고일 : 2011. 8. 22   심사개시일 : 2011. 8. 31   심사완료일 : 2011. 10. 4

[표 1] 주요 묵본 및 탁본 일람

	명칭	소장자	종류	보존 형태	탁출시기	비고
1	李超瓊 구장본	개인 소장	墨水廓塡本	剪裝本 全1冊, 총 134페이지	1881년 혹은 1880년	李超瓊의 跋文 (서건신, 2005b)
2	酒勻景信本	동경국립박물관	〃	전 4폭 정지본	1883년 이전	
3	大東急記念文庫本		〃	〃		
4	小松宮本	未詳	원석탁본	未詳	1894~1895년 이전 탁출	
5	靑溪 任昌淳 구장본	태동고전연구소	〃	전장본 2책		
6	書通 창간호(1973년 9월) 소개본	미상(대만?)	〃			
7	王少箴舊藏本	북경 王培眞씨 소장	〃	전 4폭 정지본		
8	中國國家圖書館藏本	中國國家圖書館	〃			
9	北京大學 圖書館 A本		〃			
10	北京大學 圖書館 B本		〃			
11	北京大學 圖書館 C本		〃			
12	北京大學 圖書館 D本		〃			
13	北京大學 圖書館 E本		〃			
14	水谷悌二郎本		〃			
15	金子鷗亭本		〃			
16	傅斯年 甲本	中央研究院 歷史語言 研究所 부사년도서관	〃			
17	傅斯年 乙本	〃	〃	III면 1폭만 존재		
18	天津 文運堂 구장본	개인 소장	석회 탁본	전장본 전 4책		
19	국제한국연구원탁본	국제한국연구원	〃	전장본 전 8책		
20	샤반느本			전 4폭 정지본	1907	
21	서울대박물관소장본			〃		
22	서울대 규장각 소장본			〃		*구조선총독부본
23	국립중앙박물관 소장본			〃		
24	독립기념관 소장본 A			〃		
25	동아대학박물관소장본			〃		
26	동경대학 건축사본			〃	1913	關野貞

	명칭	소장자	종류	보존 형태	탁출시기	비고
27	동경대학 문학부 A본	동경대 고고학연구실		〃		
28	동경대학 문학부 B본	〃		〃		
29	동경대학 동양문화연구소본			〃		
30	御茶の水女子大學所藏本	御茶の水女子大學		〃		
31	内藤湖南 구장본	경도대학 인문과학연구소 소장		〃		
32	楊守敬本	미상			1902년 이전	『寰宇貞石圖』-再版 上海有正書局, 1909년에 축소사진 도판
33	今西龍 구장본	天理大學 圖書館		전 4폭 정지본	1913	
34	辻元謙之助 구장본	〃		〃	1905년 이전	1905년에 즈치모토씨가 중국으로부터 가져옴
35	九州大學所藏本	九州大學			1928	1928.6.4. 張作霖爆殺事件 신문기사
36	書品 100호(1959년 6월) 게재 탁본	미상			1959년 이전	1959년 6월에 축소사진 도판이 게재
37	三井家 聽氷閣藏本	개인			1912년 이전	1912년 영인본 출판
38	上田正昭本	上田正昭		전 4폭 정지본		
39	中野政一本	中野政一		〃	1912	
40	黑田本	동경국립박물관-黑田和子 기증		〃		
41	長崎縣立長崎西高等學校 所藏本			〃	1929년 이전	졸업생이 1929년 7월 同校에 기증
42	足立幸一 구장본	京都府立福知山高校		〃		
43	内藤確介 구장본	동경 目黑區		〃	1927 ~ 1929	目黑本
44	대만 國家圖書館 甲本	대만 國家圖書館	〃	Ⅳ면 1폭	1927?	
45	대만 國家圖書館 乙本	〃		4책 전장본	초기 석회탁본	
46	傅斯年 丙本	중앙연구원 역사어언 연구소 부사년도서관			1907?	
47	傅斯年 丁本	〃			1927년?	
48	莊嚴本	개인				
49	일본 書學院 소장본	比田井南谷		전 4폭 정지본	1930년대	拓工 初均德 1938년 현지 떠남
50	張明善 拓本			〃	1963	
51	周雲台 拓本			〃	1981	

그림 1. 李超瓊舊藏本과 酒匂景信本의 부분

그림 2. 水谷本 1, 2면

그림 3. 북경대학 도서관 A본 1, 2면

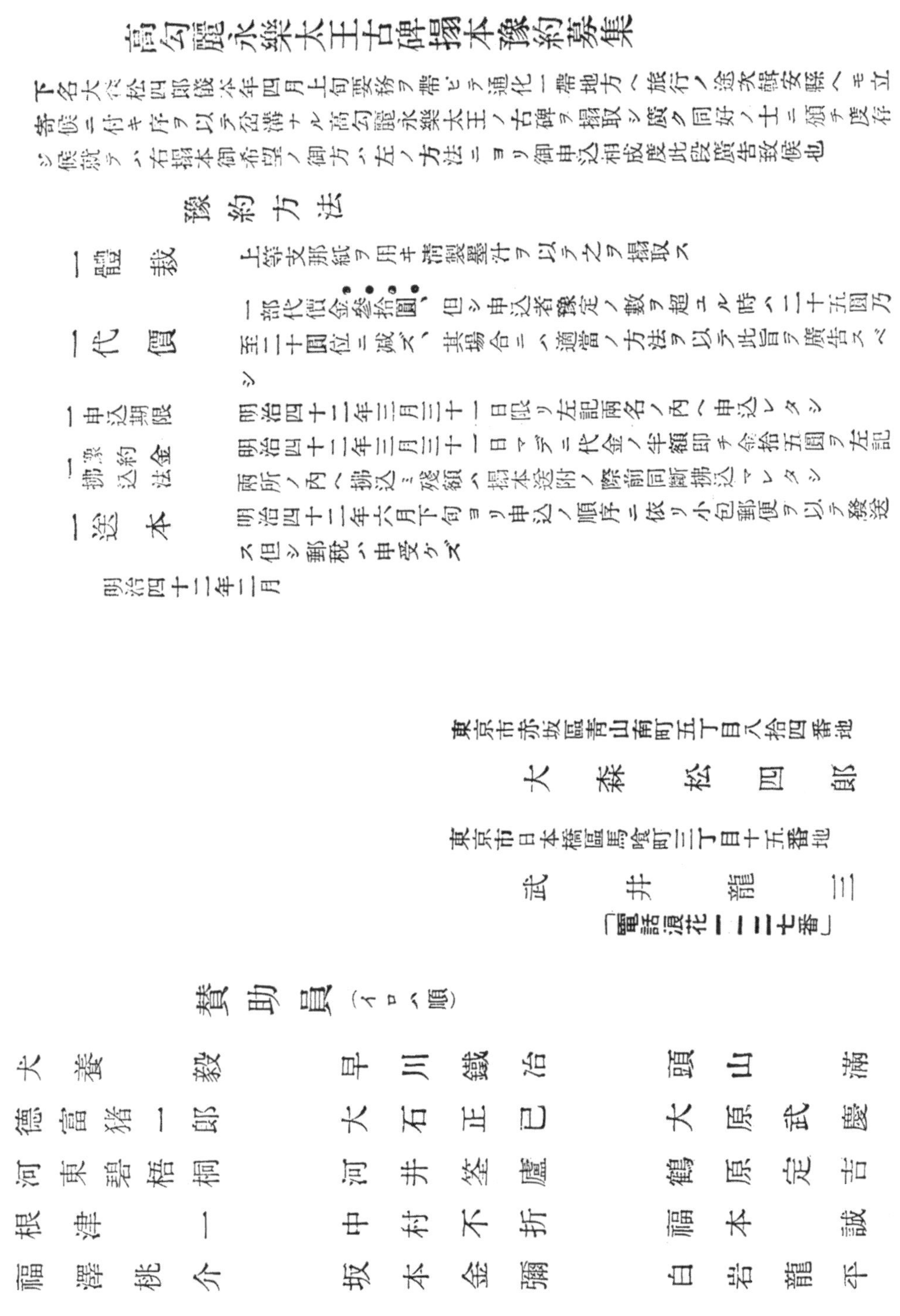

高句麗永樂太王古碑搨本豫約募集

立テ度キ存候處次第ニ安縣人ノ途ニ旅行ノ士ニ須ヘ同好ノ士ニ頒チ度キ存候ニ付キ本書ヲ帶ビテ通化縣ヘ到り上旬ニ至リ高句麗永樂太王ノ古碑ヲ摄取シ廣ク同好ノ士ニ頒チ度キ存候此段廣告致候也四年四月盆溝ノ希望ノ御方ハ左ノ方法ニヨリ御申込相成度此段廣告致候也大松四郎儀次年四月上旬ヨリ要務ヲ帶ビテ通化縣ヘ旅行ノ途ニ就キ其ノ序ヲ以テ高句麗永樂太王ノ古碑ヲ摄取シ廣ク同好ノ士ニ頒チ度キ存候ニ付キ若搨本御希望ノ御方ハ左ノ方法ニヨリ御申込相成度此段廣告致候也名宛下等ニ候

豫約方法

一 體裁	上等支那紙ヲ用ヰ清製墨汁ヲ以テ之ヲ搨取ス
一 代價	一部代金參拾圓、但シ申込者豫定ノ數ヲ超ユル時ハ二十五圓乃至二十圓位ニ減ズ、其場合ニハ適當ノ方法ヲ以テ此旨ヲ廣告スベシ
一 申込期限	明治四十二年三月三十一日限リ左記兩名ノ内ヘ申込ムべシ
一 拂込豫約金	明治四十二年三月三十一日マデニ代金ノ半額即チ金拾五圓ヲ左記兩所ノ内ヘ拂込ミ殘額ハ搨本送附ノ際前同斷拂込ニ應ズベシ
一 送本	明治四十二年六月下旬ヨリ申込ノ順序ニ依リ小包郵便ヲ以テ發送ス但シ郵税ハ申受クべシ

明治四十二年二月

東京市赤坂區青山南町五丁目八拾四番地

大森松四郎

東京市日本橋區馬喰町三丁目十五番地

武井龍三
「電話浪花一二三七番」

贊助員（イロハ順）

山 滿	頭 慶	
川 鐵	石 已	早 正
頭 山 満		

犬養毅　大養毅
德富猪一郎　德富蘇峰
大石正巳
早川鐵冶

河根福　福根河
津東澤　澤東津
碧梧桐　碧梧桐
一介挑　挑介一
桐一郎

河中坂　坂中河
村本　本村
井金不　不金井
笠折彌　彌折笠
盧

大鶴福　福鶴大
原本岩　岩本原
定龍白　白龍定
吉平誠　誠平吉

그림 4. 탁본 구매 광고(1909년)

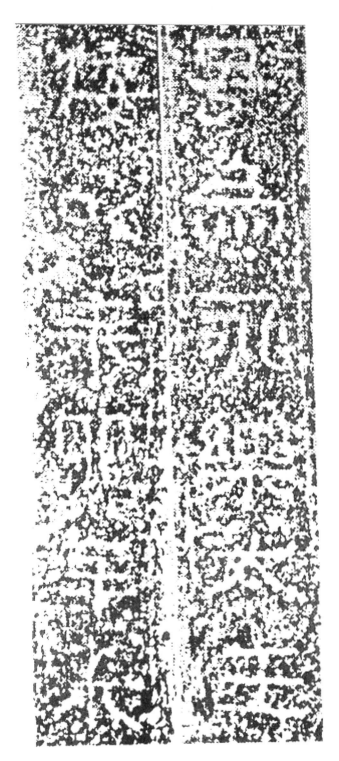

그림 5. 梅原末治의 부분 탁본(1935년)

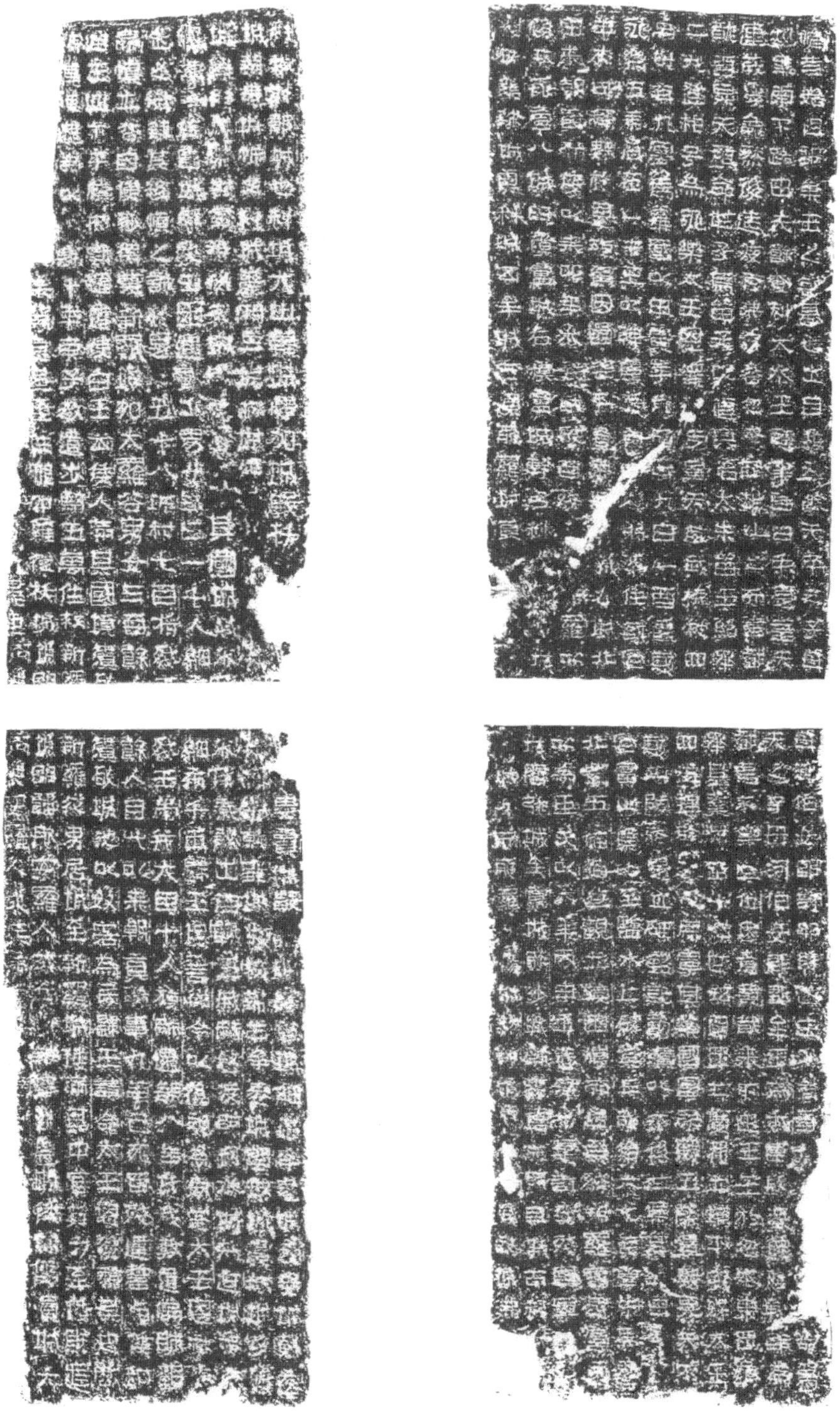

그림 6. 九州大學本(1928년) 1, 2면

그림 7. 内藤確介 舊藏本(현 黑目本, 1927~1929년) 1, 2면

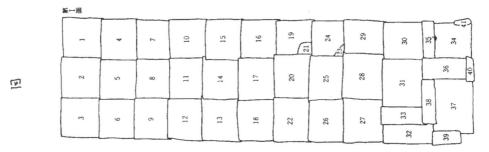

그림 8. 九州大學本과 內藤確介 舊藏本 1면과 2면의 뒷면 붙임 상태 도면

그림 9. 샤반느본(1907년) 1, 2면

그림 10. 關野貞 舊藏本(현 동경대학 종합박물관 소장, 1913년) 1, 2면

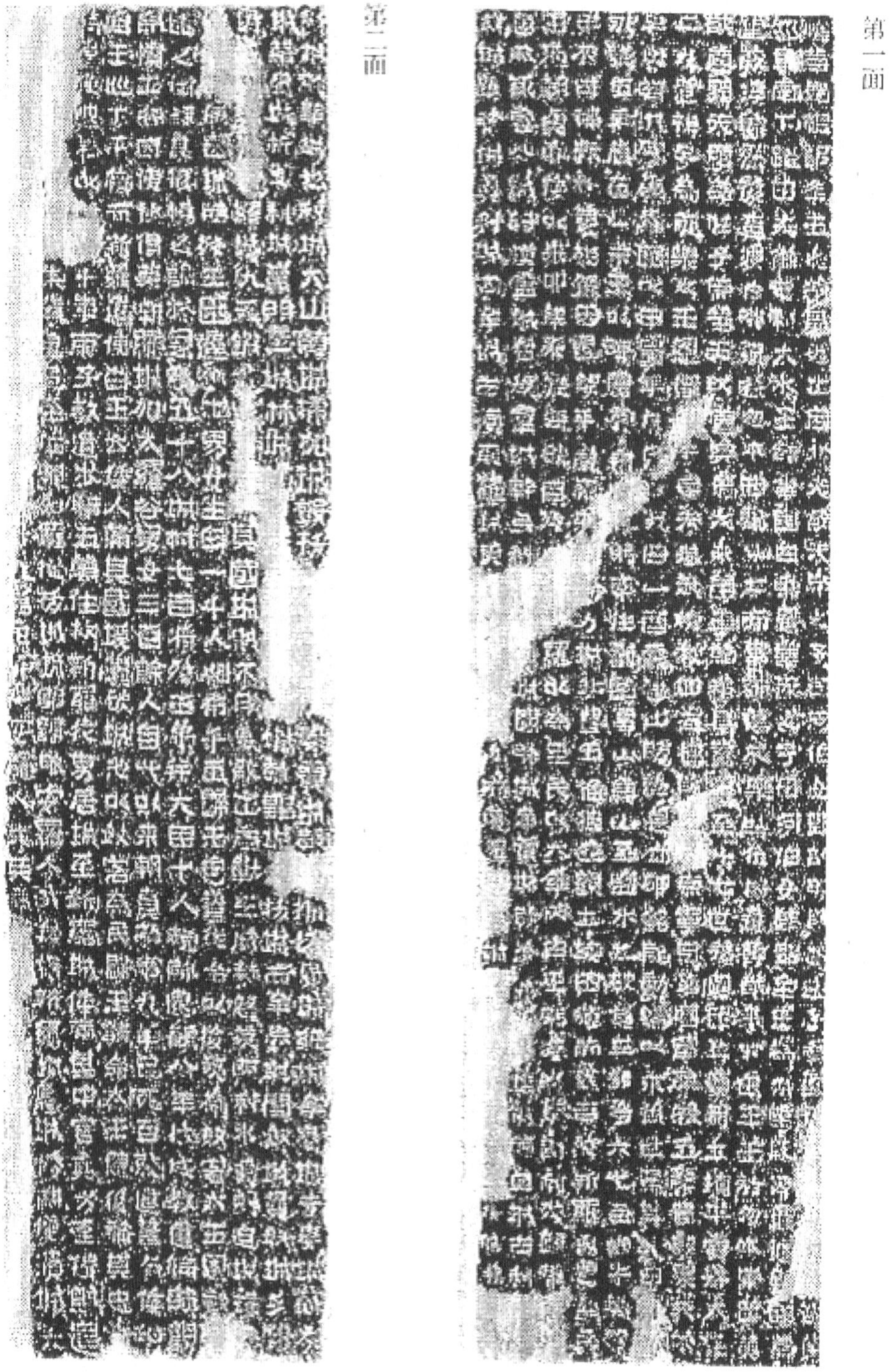

그림 11. 今西龍 舊藏本(현 天理大學 소장, 1913년) 1, 2면

그림 12. 1918년 촬영의 비면(1면과 2면 사이 상단부)

그림 13. 張明善本 1면 상단(1963년)

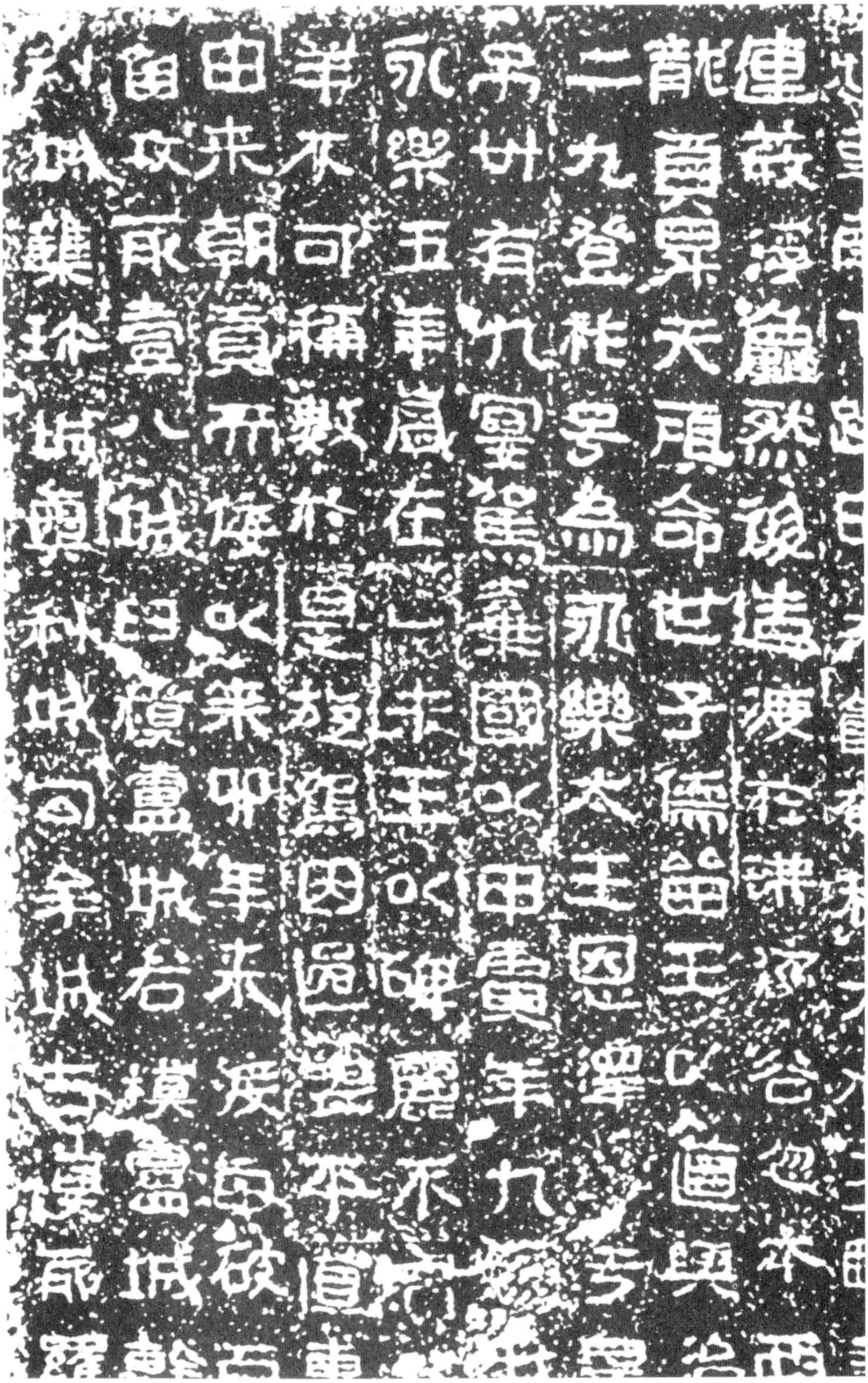

그림 14. 周雲台本 1면 상단(1981년)

菅政友, 1891, 「高麗好太王碑銘考」, 『史學會雜誌』第22号~25号, 史學會.

那珂通世, 1893, 「高句麗古碑考」, 『史學雜誌』第47号~49号, 史學會.

三宅米吉, 1898, 「高麗古碑考」, 『考古學會雜誌』第2編 第1~3号, 日本考古學會.

三宅米吉, 1898, 「高麗古碑考追加」, 『考古學會雜誌』第2編 第5号, 日本考古學會.

關野貞, 1914, 「滿洲輯安縣及び平壤附近に於ける高句麗の遺蹟」, 『考古學雜誌』第5卷 第3号·第4号, 日本考古學會; 1915, 『朝鮮古蹟図譜』第一册, 朝鮮總督府.

今西龍, 1915, 「廣開土境好太王陵碑に就て」, 訂正增補 『大日本時代史』古代下卷 附錄(『朝鮮古史の研究』1970 國書刊行會 所收).

黑板勝美, 1918, 「本會第百九回例會記事」, 『歷史地理』第32卷 第5号, 日本歷史地理學會.

前間恭作, 1919, 『朝鮮金石總覽』上.

池內宏, 1938, 「廣開土王碑發見の由來と碑石の現狀」, 『史學雜誌』第49編 第1号, 史學會; 1938, 『通溝』上卷, 日滿文化協會.

末松保和, 1959, 「高句麗好太王碑文」, 『歷史敎育』74.

水谷悌二郎, 1959, 「好太王碑考」, 『書品』100号; 1977, 『好太王碑考』, 東京: 開明書院.

金錫亨, 1966, 『初期朝日關係史』, 평양; 1969, 『古代朝日關係史』, 勁草書房, 日本語版.

朴時亨, 1966, 『광개토태왕 릉비』, 사회과학원출판사.

李進熙, 1972, 『廣開土王陵碑の研究』, 東京: 吉川弘文館; 李基東 譯, 1982, 『廣開土王陵碑의 探求』, 서울: 一潮閣.

李進熙, 2003, 『好太王碑研究とその後』, 東京: 靑丘文化社.

佐伯有淸, 1974, 『研究史 廣開土王碑』, 吉川弘文館.

長正統, 1981, 「九州大學所藏好太王碑拓本の外的研究」, 『朝鮮學報』99·100輯.

王健群, 1984, 『好太王碑研究』, 吉林省: 吉林人民出版社(林東錫 譯, 1985, 『廣開土王碑研究』, 서울: 역민사).

李亨求·朴魯姬, 1986, 『廣開土大王陵碑文의 新研究』, 서울: 동화출판공사.

福宿南嶋, 1987, 「好太王碑文を讀む」, 『書道研究』創刊號.

讀賣テレビ放送 編, 1988, 『好太王碑と集安の壁畵古墳』, 東京: 木耳社.

武田幸男, 1988, 「廣開土王碑の拓本を求めて」, 『朝鮮學報』126.

武田幸男, 1988, 『廣開土王陵碑原石拓本集成』.

武田幸男, 1989, 『高句麗史と東アジアー「廣開土王碑」研究序說』, 東京: 岩波書店.

武田幸男, 2000, 「天理圖書館藏「高句麗廣開土王陵碑」拓本につて」, 『朝鮮學報』174.

武田幸男, 2000, 「廣開土王碑「碑文抄本」の研究」, 『國際書學研究』, 萱原書房.

武田幸男, 2004, 「「廣開土王碑」墨本の基礎的研究」, 『東方學』107.

武田幸男, 2005, 「廣開土王碑墨本との對話」, 『高句麗シンポジウム－日本と高句麗: 人とサラムの交流』, 九州國立博物館開館記念 심포지엄자료집.

武田幸男 著, 2009, 『廣開土王碑墨本の研究』, 東京: 吉川弘文館.

濱田耕策, 1990, 「故足立幸一氏寄贈の京都府立福知山高校所藏の廣開土王碑拓本について」, 『日本の植民地支配下における朝鮮の研究』, 學習院大學東洋文化研究所 調査研究報告 NO.24.

橫山昭一, 1990, 「目黑區所藏拓本の採拓年代と外的特徵」, 『目黑區所藏 高句麗廣開土王碑拓本寫眞集』, 目黑區守屋敎育會館鄕土資料室.

橫山昭一, 1993, 「東京都目黑區所藏拓本について」, 『廣開土王碑と古代日本』, 學生社.

白崎昭一朗, 1993, 『廣開土王碑文の研究』, 東京: 吉川弘文館.

박진석, 1993, 『호태왕비와 고대조일관계연구』, 연길: 연변대학출판사.

耿鐵華, 1994, 『好太王碑新考』, 中國 吉林: 吉林人民出版社.

徐建新, 1994, 「北京に現存する好太王碑原石拓本の調査と研究 －王少箴舊藏本と北京圖書館藏本を中心にして－」, 『史學雜誌』第103編 第12号, 史學會.

徐建新, 1996, 「北京に現存する好太王碑原石拓本の調査と研究 －北京大學所藏拓本を中心に－」, 『朝鮮文化研究』第3号, 東京大學文學部朝鮮文化研究室.

徐建新, 2005, 「高句麗好太王碑早期墨本的製作和流傳」, 『文史』69(北京).

徐建新, 2005, 「高句麗好太王碑早期墨本的新發現 －對1884年潘祖蔭藏本的初步調査－」, 『中國史研究』, 2005-1.

徐建新, 2006, 『好太王碑拓本の研究』, 東京: 東京堂出版.

林基中, 1995, 『廣開土王碑原石初期拓本集成』, 東國大學校 出版部.

국립문화재연구소, 1996, 『廣開土大王陵碑』－탁본도록(국내소장)－.

社團法人 高句麗研究會, 1996, 『廣開土好太王碑 研究 100年』, 학연문화사.

社團法人 高句麗研究會, 2005, 『廣開土太王과 東아시아 世界』, 제11회 고구려 국제 학술대회발표요지.

손영종, 2001, 『광개토태왕릉비문 연구』, 사회과학원, －도서출판 중심 편.

任世權·李宇泰 編著, 2002, 『韓國金石文集成(1)』, 韓國國學振興院

朴性鳳, 2002, 「廣開土(好太)王 研究文獻 綜合目錄」, 『廣開土太王과 高句麗 南進政』, 학연문화사.

高明士, 2005, 「傅館藏好太王碑原石拓本乙本完整的發見」, 『廣開土太王과 東아시아 世界』, 제11회 고구려 국제학술대회발표요지.

早乙女雅博, 2005, 「東京大學所藏の廣開土王碑拓本 －小拓紙からみた制作年代の考察－」, 『廣開土太王과 東아시아 世界』, 제11회 고구려 국제학술대회발표요지.

백승옥, 2005, 「廣開土王陵碑文의 倭관계기사에 대한 연구사」, 『광개토대왕비와 한일관계』, 한일관계사연구논집1, 경인문화사.

백승옥, 2009, 「史料로서의 墨本을 통해서 본 광개토왕비 연구의 새 지평」, 『지역과 역사』25, 부경역사연구소.

〈中文摘要〉

广开土太王陵碑拓本之编年方法
－以考究现况为中心－

白承玉

　　自从1880年高句丽广开土太王陵碑发现之后开始拓本到目前传播了约一百多本的拓本。对这些拓本的编年研究是考虑遭到石灰毁损碑之状态时，为了阅读原本字非常重要。尽管日本和中国学界对于这方面颇有研究进行，然而国内对这方面毫无研究。

　　现存的拓本当中有些可知制作年代，但是大部分的拓本不得知其所制作年代。尤其是区别原石拓本和石灰拓本是个很重要的。因此为了识别拓本而抽出各拓本的特点强调应该要制定标准。

　　首先介绍已存学界的方法论，然后提出本论文的编年案，不但提出了补充、综合已存的方法来该如何适用还未调查的些拓本，还要强调对拓本后面的考究与分析的重要性。

▶ 關鍵詞：广开土太王陵碑、墨水廓填本、原石拓本、石灰拓本、拓本编年

포항 중성리신라비에 보이는 신라의 지방통치

김수태*

〈국문초록〉

이 논문은 포항 중성리신라비를 통해서 마립간 시기 신라의 지방통치와 비의 건립연대를 새롭게 알아본 것이다.

중성리신라비에서는 마립간 시기 신라의 지방통치와 관련하여 소송과 관련된 판결을 집행하기 위해서 지방에 파견된 사인이 나오고 있다. 도사와 함께 금석문에서 확인되는 또 다른 지방관이라고 할 수 있다. 이때 문제가 되는 것은 사인과 도사의 관계이다. 기존의 연구에서는 도사와 사인을 서로 구별하여 파악하지 않았다. 그러나 처음에는 사인과 도사는 관계는 서로 밀접한 것으로, 사인이 도사로 분화되어 간 것이 아닐까 하는 생각을 갖게 한다. 다시 말해서 처음에는 중앙에서 파견된 사인이 지방과 관련된 여러 일을 한꺼번에 담당하다가, 도사 등의 지방관이 새롭게 만들어지면서 그 역할을 분담하게 되었던 것이다. 따라서 중성리신라비에서 사인은 지방통치와 관련된 전체적인 일을 담당하였으며, 도사는 이러한 사인을, 지방에 있는 촌락의 유력자들은 다시 도사를 도와주는 관계였다고 하겠다.

사인과 도사에 대한 이러한 검토는 중성리신라비의 건립연대에 대해서도 중요한 시사점을 던져주고 있다. 441년설과 501년설의 두 견해 가운데 일반적으로 501년설이 받아들여지고 있다. 그러나 441년설

---

* 충남대학교 국사학과

에서 제기한 여러 문제들은 501년설에 대한 새로운 이해가 필요함을 보여준다. 501년설에서 주된 근거의 하나로 제시한 도사와 관련된 부분에서이다. 중성리신라비와 냉수리신라비에 보이는 도사의 공통성이 주목되었지만, 서로 상당한 차이가 나타나고 있음을 보여주고 있기 때문이다. 중성리신라비는 사인이 도사보다 지방통치에 보다 중요한 역할을 하였던 것을 나타내주고 있는데, 이와 달리 냉수리신라비는 사인의 성격이 변화되고 도사가 보다 비중을 차지하는 양상을 보여주고 있는 것이다. 그렇다면 현재로서는 501년설보다는 441년설이 오히려 더 유력한 것이 아닐까 생각한다.

▶ 핵심어 : 포항 중성리신라비, 냉수리신라비, 사인, 도사, 소송, 마립간 시기, 지방통치

Ⅰ. 머리말

마립간 시기의 신라사에 대해 전혀 문외한인 필자는 2011년 10월 한국고대사학회가 주최한 학술회의에서 「포항 중성리비와 영일 냉수리비에 보이는 소송」을 발표한 바가 있다.[1] 기존의 연구에서 포항중성리신라비의 내용을 분쟁과 관련해서 파악한 점을 비판하면서 이를 법률적인 용어인 소송으로 보아야 한다고 주장하였다. 쟁인의 의미에 주목하여 포항 중성리신라비를 소송이 발생한 이후 재판이 열리고, 재판에서 내려진 판결이 집행되는 과정을 담은 비문으로 보았던 것이다. 그러나 언제 소송이 일어났으며, 소송이 일어난 곳은 어떠한 성격을 가진 지역이었는지 등의 핵심적인 문제는 거의 다루지 못하였다.

이는 신라의 지방통치와 연관된 문제라고 할 수 있다.[2] 중성리신라비는 흥해 지방에서 일어난 사건에 단순히 그 지방의 사람들만이 아니라 중앙의 6부까지 포함되었다는 사실을 보여주고 있다. 때문에 소송이 일어난 읍락이나 촌의 성격 및 그곳에 살고 있는 사람들의 존재양태나, 그와 함께 그 지방이 중앙과 어떠한 관계를 맺고 있는지, 당시 신라 중앙정부가 파견한 지방관의 모습은 어떠하였는지 등을 구체적으로 살펴볼 필요를 느끼게 한다. 더 나아가 신라 중앙의 지방통치와 관련된 여러 문제들을 올바르게 접근할 수만 있다면 중성리신라비의 건립연대를 이해하는데도 커다란 도움을 얻을 것으로 생각하게 된다. 그러나 지금까지 행해진 중성리신라비에 대한 연구에서 이들 주제는 조금씩 다루어졌지만, 6부나 관등제 및 외위 등과 같은 비중으로 적극적으로 검토되지는 못하였던 것 같다. 따라서 소송이 일어

---

1) 김수태, 2011, 「포항 중성리비와 영일 냉수리비에 보이는 소송」, 『신라 최고의 금석문: 포항중성리신라비와 냉수리비』.
2) 현재 중성리신라비의 건립연대로는 501년과 441년설이 있다. 후자인 441년설을 따를 경우 당시에 왕경과 지방이 구분되었는지의 문제가 있다. 일반적으로 자비마립간 12년(469) 왕도의 새로운 정비를 통해서 지방이라는 개념이 성립된 것으로 이해되고 있기 때문이다(주보돈, 1998, 「마립간시대 신라의 지방통치」, 『신라 지방통치체제의 정비과정과 촌락』, pp.65~66). 그렇다면 보다 정확히 중앙과 주변으로 설명해야 할 것이다. 따라서 여기에서 지방의 의미란 이러한 내용까지를 포함하는 의미로 사용하고자 한다.

나게 된 사건의 배경을 이해하기 위해서 당시 신라의 지방 지배문제를 구체적으로 살펴볼 필요가 있을 것이다.[3]

중성리신라비에서 이러한 사실을 전해주는 부분은 비의 6행에서 10행까지의 내용이다. 판독은 최근의 연구를 따랐으며,[4] 앞서 소송 관련 논문에서 검토되었던 내용을 중심으로 이를 해석해보면 다음과 같다.

6행 :　　　　　　使人奈蘇毒只道使喙念牟智沙
7행 : 喙鄒須智世令干居伐壹斯利蘇豆古利村仇鄒列支
8행 : 干支沸竹休壹金智那音支村卜岳干支走斤壹金知
9행 : 珍伐壹普云豆智沙干支宮日夫智宮奪尒今更還
10행 : 牟旦伐喙作民沙干支使人卑西牟利白

使人인 奈蘇毒只와 道使인 喙 念牟智와 沙喙 鄒須智가 이때 干居伐의 壹斯利, 蘇豆古利
村의 仇鄒列支 干支, 沸竹休 壹金智, 那音支村의 卜岳 干支, 走斤 壹金知, 珍伐의 壹普
에게 令하였다. 豆智沙干支宮과 日夫智宮이 빼앗은 것을 지금 牟旦伐喙의 作民 沙干支
에게 다시 돌려주라고 이르렀다. 使人인 卑西牟利가 아뢰기를…

사인(使人)이 소송에 대한 판결내용을 지방의 유력자들에게 전달하며 이를 집행하는 모습을 보여주고 있다. 여기에는 중앙에서 파견한 사인과 함께 도사(道使)가 나오며, 교를 받는 대상으로서 지방의 읍락과 촌의 유력자들이 언급되고 있다. 촌의 지배조직도 알려주고 있다. 또한 무엇인가를 구체적으로 밝히고 있지는 않지만 누가 빼앗았으며, 누구에게 이를 다시 돌려주라는 사실과 함께, 6부 가운데 탁부와, 사탁부, 그리고 모단벌탁부가 기록되고 있다. 그러므로 이 글에서는 이들 내용에 대한 기존의 여러 연구들을 다시 정리하고 검토해봄으로써 중성리신라비를 새롭게 이해해보고자 한다.

Ⅱ. 使人의 이해

중성리신라비에서 논란이 되는 내용 가운데의 하나는 6행에 나오는 사인이다. 사인은 6행만이 아니고 10행에서도 다시 찾아지며, 모두 두 차례 나온다. 이때의 사인은 중성리신라비에서 인명 이외에 관

---

3) 당시의 지방관과 관련된 문제를 김수태, 2011, 앞의 논문, pp.158~163에서 간단히 언급한 바 있다.
4) 윤선태, 2011, 「포항 중성리신라비가 보여주는 소리-6세기 신라의 정보전달에 있어 구두와 문자의 기능」, 『신라 최고의 금석문; 포항 중성리신라비와 냉수리신라비』, pp.90~91.

직을 구체적으로 알려주고 있는 사례이기도 하다. 울진 봉평리신라비에서도 사인이 확인되었지만, 이는 그보다 앞선 시기의 것이다. 따라서 중성리신라비의 사인은 신라의 금석문에서 최초로 확인되는 사인의 용례라고 할 수 있다.

중성리신라비에서 사인은 중앙에서 판결을 집행하기 위해 지방에 파견된 관리로 나오고 있다. 도사와 함께 금석문에서 확인되는 또 다른 지방관으로 이해되는 것이다. 이러한 사인에 대해서는 일찍부터 주목된 바가 있다.[5] 중앙과 지방에서 나오는 사인의 사례를 여러 유형으로 분류하여 검토하였던 것이다. 그러나 사인의 기원을 중앙에서 곧바로 찾지는 않았다. 왜냐하면 당시 금석문을 통해 사인의 용례로서 처음 확인된 봉평리신라비의 사인이 지방인 촌에서 중앙에서 파견되는 지방관을 대신하는 역할을 담당하였기 때문이다.[6] 상주 지방관을 파견하지 못한 지역에 촌사인을 두어 관할하도록 했다는 것이다.

이는 중성리신라비의 사인과는 커다란 차이를 보여주고 있다. 사인이 지방의 재지세력에서 나온 것이 아니라 중앙에서 파견되었음을 알려주고 있기 때문이다. 봉평리신라비의 건립에서 얼마 떨어지지 않는 시기에 나온 영천 청제비의 병진명(536)은 사인을 탁부출신으로 기록하고 있는데, 역시 중앙에서 파견된 사람임을 확인시켜준다. 그렇다면 사인은 중성리신라비를 통해서 지방이 아니라 중앙에서 먼저 사용되었음을 알 수 있다고 하겠다.

그런데 이러한 사인의 이해에서 문제가 된 것은 다름 아니라 사인과 도사의 관계이다. 6행의 사인을 뒤의 도사와 연결시키지 않고 그 앞에 나오는 쟁인집단에 포함시키는 견해도 살필 수 있으나[7] 이는 따르지 않는다. 중성리신라비에서는 사인을 중앙에서 파견되어 현지인 지방에서 직접 교를 집행한 실무자로 알려주고 있기 때문에 쟁인집단과는 구별해서 보는 것이 타당하겠다. 사인과 도사의 관계에 대한 견해는 크게 두 가지로 나누어진다. 사인과 도사를 분리시켜 파악하는 경우와 도사를 사인으로 연결시켜 보는 경우이다. 사인인 누구누구와 도사인 누구누구로, 혹은 사인인 도사 누구누구로 이해하는가의 해석문제라고 할 수 있다.

중성리신라비가 발견되고 나서 열린 첫 번째 학술회의에서는 사인과 도사를 구별해서 파악하는 견해가 주된 것이었다. 이후 논의가 진행되면서 사인과 도사를 연결시켜 보는 견해가 보다 유력한 견해로 자리를 잡았다. 사인과 도사를 연결시켜 '사인인 나소독지 도사---'로 해석하게 된 것은 나소독지를 인명으로 보기 어렵다는 이유 때문이었다.[8] 이에 나소독지의 위치비정을 시도하였다.[9] 이와 함께 냉수리신라비의 전사인 7인 안에 도사가 포함되었다고 본 점도 일정한 영향을 주었을 것이다. 도사는 직명

5) 김재홍, 2001, 『신라 중고기 촌제의 성립과 지방사회구조』, 서울대 박사학위논문, pp.125~127 및 문화재청·국립경주문화재연구소, 2009, 『포항중성리신라비』, p.91.

6) 이수훈, 2007, 「신라 중고기 행정촌·자연촌 문제의 검토−성산산성목간과 냉수리비를 중심으로」, 『한국고대사연구』48, p.77.

7) 선석렬, 2009, 「포항중성리신라비의 금석학적 위치」, 『포항중성리신라비』, p.43.

8) 이문기, 2009, 「포항중성리신라비의 발견과 그 의의」, 『한국고대사연구』56, p.20.

9) 노중국, 2010, 「포항중성리비를 통해본 마립간시기 신라의 분쟁처리절차와 육부체제의 운영」, 『한국고대사연구』59, p.85.

이며, 이와 달리 전사인을 역명으로 이해하며, 이때에 부득이 그 직명과 역명을 함께 표기하는 방식을 취했다는 것이다.[10]

여기에는 무엇보다 기존의 도사에 대한 통설적 이해가 크게 작용하였을 것이다. 마립간 시기 신라의 도사는 특정 지방에 파견된 최초의 지방관으로서, 그 숫자를 한 명으로 본 사실과 밀접히 관련되어 있는 것이다. 6행에 나오는 도사를 한 명으로 보면서 그 다음에 나오는 인물을 무임상태의 사인으로 설정하여 현지에 파견되어 일을 처리한 것으로 보았던 것도 그러한 점 때문이었다.[11] 도사라는 직책을 가진 사인과 무임 상태의 사인을 구별해서 설정하였던 것이다. 두 명의 사인이 활동하게 되는 것으로 정리된다.

그러나 사인과 도사를 연결시켜 이해하는 견해에 대해서는 일정한 문제를 제기할 수 있을 것 같다. 도사가 사인을 겸임하는 것으로 이해되는 것이다. 그런데 도사란 관직 위에 다시 사인이란 관직을 굳이 새로이 더 첨부하여 겸임시킬 필요가 있겠는가 하는 의문이 있다. 도사가 지방관이라는 점에서 나름대로 판결의 내용을 지방에 알려주는 역할을 충분히 담당할 수 있을 것이기 때문이다. 이때 도사에게 사인이란 직책이 왜 새로이 필요하였을까 하는 점이 궁금하다. 그렇게 된다면 도사보다 사인의 역할이 보다 강조된다는 점에서도 그러하다. 이러한 사실은 중성리신라비에 보이는 도사나 사인이 각각 담당하였던 특정한 역할이 무엇인가에 대해서 설명을 요구하게 된다.

중성리신라비에 보이는 사인을 그와 같이 이해할 필요가 있을지는 의문이다. 도사를 사인으로 삼았다고 말할 수 있다면 이미 도사와 사인은 서로 구별되는 관직으로 파악되기 때문이다. 그렇다면 사인과 도사는 서로 구분해서 검토해야 하는 것이 아닐까 한다. 물론 사인과 도사를 분리시킨 기존의 견해에서도 이에 대해 자세한 근거를 밝히고 있지 않다. 후대와 달리 지명을 관칭하지 않았던 점만을 지적하고 있을 뿐이다.[12] 따라서 이를 보다 자세히 언급해보고자 한다.

중성리신라비와 포항 냉수리신라비 및 울진 봉평리신라비의 구조를 통해서 이 문제를 정리할 수 있을 것 같다. 중성리신라비의 사인과 도사, 냉수리신라비의 전사인과 도사, 봉평리신라비의 처사대인과 도사는 서로 대비되는 공통점을 보여준다. 현재 봉평리신라비의 처사대인과 도사는 분명히 구분되어 설명되고 있다.[13] 처사대인은 지방주둔관이 아니라 중앙으로부터 일의 처리를 위하여 임시로 파견된 존재임이 확실하다는 것이다. 대인은 임시로 파견되었지만, 중앙의 결정사항을 전달하고 그것을 집행하는 역할까지만 맡은 사람이었다. 처사대인에 이어 바로 나오는 도사는 당시 어떤 일을 맡았는지 뚜렷하게 알 수 없지만, 중앙에서 파견된 처사대인이 주어진 업무를 집행하는데 실무적으로 보좌하는 역할을 맡은 것으로 보고 있다. 또한 도사 다음에 언급되는 외위 소지자들은 앞의 지방관인 도사를 보좌하는 일을 맡았던 것으로 풀이함이 순조롭다고 말한다.

---

10) 주보돈, 2000, 「신라 중고기 촌의 성격」, 『경북사학』23, pp.25~27. 이러한 입장은 橋本 繁, 2011, 「포항 중성리신라비의 연구」, 『조선학보』220, pp.48~49에서도 마찬가지이다. 사인은 역명으로, 도사는 직명으로 구분하여 이해하고 있다.

11) 하일식, 2009, 「포항중성리신라비와 신라 관등제」, 『한국고대사연구』56, p.188.

12) 이영호, 2009, 「흥해지역과 포항중성리신라비」, 『한국고대사연구』56, pp.236~237.

13) 주보돈, 2011, 「울진 봉평리 신라비와 신라의 동해안 경영」, 『울진 봉평리신라비와 한국고대금석문』, pp.35~36.

이러한 사실은 중성리신라비나 냉수리신라비의 경우에도 공통적으로 적용할 수 있을 것이다. 군주가 파견되지 않은 상황을 고려할 때 그 전체적인 책임을 사인이 졌을 것이며, 도사는 사인을, 촌락의 유력자들은 도사를 도와주는 관계였던 것으로 이해되기 때문이다. 그러므로 중성리신라비나 냉수리신라비에서 사인과 도사를, 전사인과 도사를 분리시켜 파악해야 할 것이다. 이때 전사인 역시 단순히 역명이 아니라 직책으로서 사인이나, 처사대인에 해당되는 것으로 보아야 할 것이다.

사인이 도사와는 다른 관직으로 중앙에서 파견된 것이라는 점을 확인할 수 있는 사료는 이사금 시기의 일이다.

> 봄 여름에 가물자 사(使)를 보내 군읍의 죄수들을 녹수(錄囚)하고 이사(二死)의 범죄를
> 제외하고는 모두 풀어주었다.(『삼국사기』 2, 나해 이사금 15년)

나해 이사금 시기에 지방에 파견된 관직으로 '사'가 나오고 있다. 마립간 시기에서도 도사가 파견되기 이전에 지방에 파견된 사람들은 일반적으로 '사'로 표현되고 있다.[14] 이때 이들이 법 집행에 대한 일을 전담하고 있는 것이다. 이들이 죄수들의 범죄를 조사하여 억울한 일이 없도록 하는 일을 맡으면서, 사면조치도 함께 집행하였다. 이때 사는 중성리신라비에 보이는 사인과 동일한 임무를 맡은 직책으로 생각된다. 즉 사인이란 법의 집행 등을 위해서 지방에 파견된 사람들로서, 도사라는 지방관이 파견되기 이전에 지방과 관련된 일을 담당하였다고 말할 수 있겠다.

한편 신라의 사인은 고구려의 사자를 연상시키는 측면이 있어 주목된다. 『삼국지』 동옥저전에서는 "고구려가 다시 그중의 대인(大人)을 두어 사자(使者)로 삼아 함께 다스리게 하였다. 또 대가로 하여금 조세를 통괄케 하여 맥포, 어염, 바다의 식물을 천지를 져 나르게 하였다."고 하고 있다. 고구려가 동옥저 지역에 둔 대인을 사자로 삼았다는 것이다. 봉평리신라비에 보이는 대인이 중성리비에 보이는 사인과 같은 역할을 담당하였다는 점에서 일정한 공통점을 찾게 해준다.

이러한 사자에 대해서 대부분의 연구는 『삼국지』 고구려전을 근거로 왕이나 대가 밑에 설치된 전문적인 하급 행정 실무직으로, 특히 고구려의 수취체제와 관련시켜 이해하였다. 그러나 최근에는 사자의 역할은 그것만으로 그치는 것이 아닌 것 같다고 하면서 이를 비판한다.[15] 사자가 왕명을 수행하는 성격을 갖고 있음을 미루어 알 수 있기 때문이라는 것이다. 사실 이들은 상당한 정치적 비중을 차지하고 크게 활동하고 있었던 것이다. 사자의 관을 갖는 인물들이 모두 소속 부를 가지고 있으며, 국왕 아래에 국왕의 명을 받아 움직였던 것이다. 이들의 비중은 대무신왕 15년 3월의 『삼국사기』 기사가 남부의 사자인 추발소가 비류부장이 되는 사실을 알려주고 있다는 점 등에서 쉽게 확인할 수 있을 것이다.

사인의 경우 중성리신라비의 10행에 나오는 사인을 어떻게 이해하는가 하는 또 다른 문제가 남아 있

---

14) 김재홍, 2001, 앞의 박사학위논문, pp.105~107.
15) 임기환, 2004, 「초기 관등조직의 성립과 운영」, 『고구려정치사연구』, pp.129~133.

다. 사인 비서모리의 경우 일부에서는 사간지 사인인 비서모리로 해석하고 있기 때문이다 이때 사간지는 작민 사간지[16] 혹은 두지 사간지로[17] 연결되고 있다. 두 경우 가운데에서도 두지 사간지에 보다 많은 비중을 두고 있다. 그러나 같은 비문에서 서로 다른 성격의 사인이 존재하는 것으로 파악하는 것은 곤란하지 않을까 싶다. 패소한 측의 사간지로 설정된다는 것도 그러하지만, 무엇보다도 중죄를 주겠다고 언급된 사실과 관련해서이다. 당시 공개적으로 중죄를 줄 수 있음을 표방할 수 있는 자는 교를 내린 주체밖에 상정되지 않기 때문이다. 냉수리신라비나 봉평리신라비의 경우처럼 왕과 중신들이 할 수 있었던 것이다.[18] 특히 중죄를 준다는 것은 처벌을 전제로 하는 것이므로,[19] 이는 아무래도 개인이 할 수 없다는 점에서도 그러하다. 또한 비문의 내용을 두지 사간지와 작민 사간지를 서로 대비되는 인물로 볼 수 있다고 한다면 사인과 앞의 사간지는 서로 구분해서 보는 것이 좋을 듯하다. 따라서 이는 중앙에서 파견된 사인이 현지에서 맡은 마지막 일이 그것임을 보여주고 있는 것으로 이해된다.

이와 같이 6행을 파악한다면 사인인 나소독지와 도사 이하로 구분할 수 있을 것이다. 이 경우 나소독지를 두 명으로 보느냐 한 명으로 보느냐의 문제가 있다.[20] 도사가 두 명으로 언급되고 있으며, 사인의 경우에도 10행에서 또 다른 한명을 기록하고 있다는 점에서 중앙에서 모두 두 명이 파견되었다고 정리할 수 있을 것 같다. 두 명의 도사는 각각 두 명의 사인을 보조하는 역할을 담당하였던 것이 아닐까 한다.

Ⅲ. 道使의 의미

6행에서 사인 다음으로 문제가 되는 것은 사인과 함께 나오는 도사라는 관직이다. 도사가 탁부와 사탁부라는 소속부와 이름을 밝히면서 나오고 있는 것이다. 중성리신라비가 발견되기 이전에는 냉수리신라비에 보이는 도사가 가장 오랜 사례로 인식되었다. 그러나 이제 중성리신라비의 도사가 현존하는 사례로서는 최초의 것이 되었다.

도사를 사인과 분리시켜서 이해할 때 먼저 지적되는 사실은 도사가 특정지명을 관칭하지 않게 된다는 점이다. 이것은 기존의 이해와는 크게 다른 내용이다. 지방관인 도사는 특정한 지역명을 관칭했다고 보고 있기 때문이다. 그 특정한 지역이란 일반 자연촌이 아니라 중심 자연촌으로서의 행정촌이었다.[21]

---

16) 선석열, 2009, 앞의 논문, p.43.

17) 이문기, 2009, 앞의 논문, pp.30~31.

18) 노태돈, 2010, 「포항중성리신라비와 외위」, 『한국고대사연구』59, p.41. 중죄가 언급되는 사례는 이차돈의 처벌을 둘러싼 논의에서 볼 수 있는데, 이때 벌을 내리는 주체는 국왕이었다.

19) 중국 법제사의 경우를 보더라도 죄를 준다는 것은 처벌이 상정되는 것이라고 한다(富谷至, 2001, 「중국 고대의 죄와 벌」, 『중국사연구』13).

20) 이문기, 2009, 앞의 논문, p.20.

그리고 이러한 도사가 관장하는 영역범위는 뒷날 지방통치조직이 갖추어지는 시기보다 상당히 넓었다고 한다. 즉 하나의 행정거점지역(중심자연촌 혹은 행정촌)에 소속되는 자연촌은 아주 넓은 범위에 걸쳐 상당히 많았을 것으로 보았던 것이다.

이것은 도사가 처음 파견된 지역에 대한 새로운 설명에서도 마찬가지이다. 물론 도사가 파견된 곳이 거점지역이지만 그곳의 성격이 다르다고 본 것이다.[22] 이는 마립간 시기 신라의 영역을 왕의 직할지와, 탁부, 사탁부의 장 및 부의 간지들이 주관하는 지역으로 나누어 파악한 것과 관련이 있다. 이 가운데 상대적으로 넓은 왕의 직할지를 효율적으로 다스리기 위해 지방관을 파견하였는데, 여기에 파견된 지방관이 도사였다는 것이다. 이렇게 보면 지방관 파견은 왕의 직할지부터 시작된 것으로 볼 수 있게 된다.

이에 의하면 도사가 파견된 중성리신라비의 나소독지 지역은 왕의 직할지이다. 이때 도사가 파견된 곳은 거점이었는데, 그렇다고 해서 도사가 거점지역만을 지배한 것은 아니었던 것 같다고 말한다. 도사는 그가 파견된 지역을 거점으로 하여 주변의 촌들도 함께 지배하였다는 것이다. 즉 나소독지 주변의 촌들도 모두 도사가 관할하는 것으로 파악된다. 그러나 중성리신라비에 보이는 간거벌 이하의 4개 마을은 나소독지 도사의 관할 하에 있지 않는 것으로 보고 있다. 이들 지역은 왕의 직할지가 아니라 부의 유력자가 관할하는 곳으로 구분하였던 것이다.

이러한 설명은 마립간 시기 도사의 파견배경을 기존의 이해와 달리 하고 있는 것이다. 그렇다면 도사의 기원에 대해서도 새로운 검토가 필요하지 않을까 한다. 일반적으로 도사는 처음 왕경과 지방을 연결하는 관도가 통과하는 중요한 거점에 파견되었다고 보고 있다. 우역을 담당하는 지방관에서 순수한 지방관으로 그 성격이 전환되었다는 것이다.[23] 그러나 도사가 담당하였던 일은 본래 사인이 담당하였던 것이 아닐까 한다. 신라 상고기인 파사이사금대의 '발사십도(發使十道)' 혹은 지증왕대의 '발사삼도구지(發使三道求之)'라는 사의 표현에서 볼 수 있듯이 도를 따라 '사'를 파견하는 모습을 찾아볼 수 있기 때문이다. 이때의 사를 곧 바로 도사와 연결시키기는 곤란하다고 현재 이해되고 있지만,[24] 이러한 사의 기능이 도사에게 연결되어 나갔음은 분명하다고 하겠다. 이러한 점에서 사인의 분화와 관련해서 도사의 성립을 이해해볼 필요가 있을 것 같다. 신라의 경우에도 고구려사에서 사자의 분화가 보여주듯이 사인이 도사, 급사, 중사로 분화하는 과정까지를 상정할 수 있기 때문이다.

도사는 중성리신라비나 냉수리신라비 및 봉평리신라비에서 확인할 수 있다. 그러나 중사(中使)의 경우에는 진평왕대부터 찾아지는데, 신라 하대까지 그 사례를 볼 수 있다. 『삼국유사』에 의하면 진평왕이 중사를 보내어 승려 혜숙을 맞아 궁중으로 데려오게 하였다는 기록이 전한다. 이때 중사는 어용(御用)의 사인으로 해석되며, 국왕 직속의 근시관료로 볼 수 있다고 한다.[25] 역시 승려와 관련된 것으로 하

---

21) 주보돈, 1998, 「6세기 신라 지방통치체제의 정비과정」, 『신라 지방통치체제의 정비와 촌락』, pp.85~97.
22) 노중국, 2010, 앞의 논문, p.84.
23) 주보돈, 1998, 「마립간시대 신라의 지방통치」, 『신라 지방통치체제의 정비와 촌락』, pp.63~64.
24) 김재홍, 2001, 앞의 박사학위논문, p.107.

대 경문왕이 범일을 국사로 봉하기 위하여 중사를 보내어 서울로 모시려 했다는 기록에서 이를 알 수 있다.[26]

급사(急使)는 통일신라시대에 들어와서야 그 사례를 찾아볼 수 있다. 안압지에서 출토된 목간은 급사가 왕명을 받들어 첩(牒)을 들고 고성지역으로 파견된 사실을 전하고 있다. 일본에서도 '화급사(火急使)'를 찾아볼 수 있다고 한다.[27] 급사의 경우 신라사에서는 그 이전 시기로 올라가는 예를 찾기는 어렵다. 그러나 백제의 경우에는 목간을 통해 사비시대의 도사를, 웅진시대의 급사는 무령왕릉과 송산리 6호분의 명문전에서 확인할 수 있다. 이에 대해서 무덤 제작과 관련된 방향을 의미한다고 이해되기도 하지만, 그것이 방향성을 띠고 있다는 점에서 중앙의 지방통치와 관련된 것으로 파악된다.[28] 사실 『양서』 등에서 급사는 중앙에서 지방으로 파견된 관직임을 확인할 수 있기 때문이다. 그렇다면 백제와 마찬가지로 신라의 경우에도 도사가 파견되었던 시기에 또 다른 성격의 지방관인 급사도 중앙에서 운영하고 있다고 말할 수 있지 않을까 한다.

이러한 사실은 처음에는 사 혹은 사인으로 존재하다가, 그것이 계속적으로 분화되면서 급사, 중사, 도사로 나누어진 것이 아닐까 하는 생각을 갖게 한다. 무엇보다 중성리신라비나 봉평리신라비에서 보이는 사인이 도사와 관련해서 활동하고 있다는 사실에서이다. 다시 말해서 중앙에서 파견된 사인이 처음에는 지방과 관련된 여러 일을 한꺼번에 담당하다가, 도사 등의 지방관이 계속해서 만들어지면서 역할을 분담하게 되었을 것이다. 다만 사인이 분화되면서 나타난 급사나 중사가 담당한 역할을 모두 다 구체적으로 파악할 수는 없다. 이때 도사는 기존의 연구에 의하면 왕명을 대행하여 지방민에게 정령을 전달하고 지방으로부터의 조세를 수취하는 역할을 담당했다고 한다.[29]

그리고 이사금 시대 이래로 사인은 법률의 집행 등을 담당하다가 도사에게 일정한 역할을 나누어주면서 그 역할이 크게 줄어든 것이 아닐까 한다. 그것은 여러 형태의 지방관이 나타나고, 특히 도사 파견이 전국적으로 확대된 것과 밀접한 관련이 있을 것이다. 냉수리신라비에서 사인이 나오지 않고, 전사인으로 나오고 있다는 사실에서 그 변화의 한 모습을 살펴볼 수 있을 것이다. 특히 율령반포 이후에는 다시 그 역할이 줄어들면서 처사대인이 본래 사인이 담당하였던 일을 맡게 되자, 봉평리신라비에 보이듯 중앙의 사인은 이제 지방의 사인으로까지 나타난 변화를 보여주고 있는 것이다. 또한 영천 청제비 병진명은 중앙의 사인이 맡은 역할이 변화되는 것을 말해주는 것이 아닐까 생각된다. 이제는 왕경인으로서 중앙정부의 명령을 받아 왕의 직할지에 파견되어 제방축조 공사를 지휘한 사람으로 나오고 있기 때문이다.[30] 이는 사인의 커다란 변화라고 할 수 있을 것 같다. 따라서 중성리신라비와 달리 냉수리신

25) 이문기, 1993, 「신라 중고의 국왕근시집단」, 『역사교육논집』5, p.87 및 전덕재, 2010, 「6세기 금석문을 통해 본 신라 관등제의 정비과정」, 『목간과 문자』5, p.94.

26) 『조당집』17, 「명주굴산 고통효대사」.

27) 이용현, 2006, 「통일신라의 전달체계와 '북해통 : 안압지 15호 목간의 해석」, 『한국목간기초연구』.

28) 김수태, 1997, 「백제의 지방통치와 도사」, 『백제의 중앙과 지방』을 참고할 것.

29) 주보돈, 1998, 「마립간시대 신라의 지방통치」, 『신라 지방통치체제의 정비와 촌락』, p.64.

라비는 사인의 성격이 변화되는 것을 보여주는 한 분기점으로 생각된다.

　도사를 사인과 분리시켜서 이해할 수 있느냐의 문제를 넘어서 도사 다음에 나오는 인물을 모두 도사로 볼 수 있느냐, 없느냐 하는 점도 그러하다. 중성리신라비의 도사가 한 명이냐, 두 명이냐의 문제이다. 기존의 일반적인 견해를 따라 같은 곳에 두 명의 도사가 임명되지 않았다는 점을 고려하여 한 명만 도사의 직책을 지니고서 활동하였으며, 다른 한 명은 무임 상태에서 현지에 파견되어 일을 처리한 것으로 보기도 하였다. 그러나 종래의 자료와는 달리 중성리비의 도사를 새롭게 살필 필요가 있다는 견해도 제시되었다.[31] 이전의 자료에서는 지방에 파견된 도사가 2명인 경우가 없었지만, 중성리신라비를 통해서 이를 새롭게 확인할 수 있다는 것이다. 이때 2명의 도사가 중앙으로부터 교를 받아 그 집행에 실제로 참여한 것으로 파악된다. 앞서 언급한 것처럼 냉수리신라비의 전사인과 도사를 구별할 때 도사라는 직책 이하에 나오는 사람이 모두 3명이 된다는 점에서도 새로운 접근이 필요하지 않을까 싶다.

　중성리신라비의 건립연대를 언제로 파악하느냐에 따라서 도사의 파견시점이 크게 달라진다는 점도 또 다른 문제라고 할 수 있다. 도사에 대한 통설적 견해를 제시한 견해는 중성리신라비의 건립연대를 501년으로 파악하고 있다.[32] 곧 이를 소지왕 9년(487)을 도사 파견의 하한으로 설정하고 있는 기존의 견해를 보강해주는 사례로 이해하고 있다. 역시 냉수리신라비에서 도사가 언급되었다는 사실을 염두에 두고서 정리한 견해라고 말할 수 있다. 그러나 중성리신라비의 건립연대를 441년으로 볼 때 그 상황은 크게 달라진다. 왜냐하면 도사의 최초 파견은 441년보다 앞선 것이 되며, 441년 이전에 지방관인 도사가 처음으로 지방에 파견된 배경을 새로이 파악할 필요를 느끼게 하기 때문이다. 비의 건립연대를 앞당길 경우 도사가 처음에는 왕실직할지에 파견되었다가, 이후 어느 시기에 들어와서 행정촌으로 파견되는 변화까지도 상정할 수 있게 한다. 이것은 도사가 처음 파견된 시기가 5세기 후반인지, 그보다 더 빠른 시기에 파견된 것인지에 대한 논의라고 할 수 있다.

　한편 중성리신라비는 도사와 관련해서 이미 이전에 논란이 되었던 문제들을 다시 검토하게 만들어주고 있는 것 같다. 냉수리신라비에 보이는 촌을 자연촌과 행정촌 가운데 어느 것으로 볼 것인가 하는 논란과 관련된 것이다. 이때 문제가 되었던 부분은 탐수도사에서 탐수를 지명으로 볼 수 있느냐, 인명으로 보느냐 하는 점이었다. 이러한 논의가 중성리신라비에서도 도사와 관련해서 마찬가지로 검토되었기 때문이다. 탐수를 인명으로 파악한 견해는[33] 이를 지명으로 파악한다면 중고기 금석문에 흔히 나타나는 인명표기상의 일정한 규칙성, 즉 직명-출신지명(부명 등의 지역명), 인명, 관등명(경위와 외위)의 순서와 어긋난다는 것에 근거를 두었다. 그러나 이에 대해서 탐수를 지명으로 보는 견해는 여기에 중고기의 그러한 정형화된 원칙을 그대로 적용시키기에는 문제가 있다고 말한다.[34] 이를 임시적인 역명(전

30) 하일식, 2005, 「신라 왕실 직할지의 초기형태에 대하여-청제비 병진명의 정밀판독과 분석」, 『동방학지』132, p.19.

31) 이문기, 2009, 앞의 논문, pp.47~48.

32) 주보돈, 2010, 「포항중성리신라비에 대한 연구전망」, 『한국고대사연구』59, p.16.

33) 이수훈, 2007, 앞의 논문, pp.71~72.

사인)과 직명이 함께 표현되는 특수한 방식의 기재임을 간과한 것으로 이해하고 있다. 즉 정형화된 중고기식 인명표기가 정착하기 전에 있었던 특수한 표기방식의 사례를 하나 확인할 수 있다는 것이다.

그러나 중성리신라비나 냉수리신라비의 도사 표기에서 일정한 정형화된 모습을 찾아볼 수 있는 것이 아닐까 한다. 중성리신라비의 나소독지나 냉수리신라비의 탐수를 지명으로 파악할 경우 중성리신라비는 지명-직명-출신지명-인명의 순서가 된다. 그러나 냉수리신라비의 경우에는 출신지명-지명-직명-인명의 순서로 서로 다른 모습을 보여주고 있다. 이 경우 시기적으로 앞서는 중성리신라비와 냉수리신라비에서 이와 같이 기재순서에서 차이가 나는 현상을 어떻게 설명할 수 있는가의 문제가 따른다.

이와 달리 나소독지를 지명으로 파악하지 않고 인명으로 파악할 때 중성리신라비는 오히려 중고기의 표기방식과 유사한 측면을 찾아볼 수 있게 된다는 점은 주목해야 할 것이다. 직명-출신부명-인명의 순서가 되는 것이다. 이때 냉수리신라비의 탐수 역시 인명으로 파악할 경우 역시 직명-출신부명(생략됨)-인명의 순서로 공통되는 모습으로 정리할 수 있을 것이다. 그렇다면 냉수리신라비에 보이는 도사의 기재방식을 특수한 사례로만 주장하기는 어렵지 않을까 생각한다.

도사가 처음 파견되었을 당시 상주하였는가의 여부도 그러하다. 임시파견의 지방관으로 볼 수 있느냐는 문제이다. 기존의 통설적 견해를 비판하는 견해에 의하면 냉수리신라비에 보이는 도사를 특정한 지역에 상주한 지방관으로 단정하기는 힘들다고 한다.[35] '도(道: 길)따라 사신가는' 도사의 성격상 중앙에 머무르다 지방에 행정사무가 발생할 때마다 파견된 순회지방관으로 판단된다는 것이다. 물론 당연히 도사는 최소한 몇 개 이상의 성·촌을 관할 대상구역으로 가졌을 가능성이 높다고 한다. 그러다가 이후 봉평리신라비 단계가 되면서 이러한 현상은 사라지고 해당 지방에 항상 거주하는 상주도사가 파견되기에 이른다고 보았다. 여기에는 주군제의 시행이 영향을 주었다고 한다. 주군제의 시행은 상주 지방관이 파견되었다는데 의미가 있다. 왕경과 가깝거나 전략상 중요한 지역부터 점진적으로 상주지방관을 늘려 나갔다는 것이다.

도사와 관련하여 순회지방관의 성격을 너무 강조할 필요는 없지 않을까 한다. 중성리신라비의 경우 중앙에서 파견한 사람으로 지방에서 최종적으로 실무를 담당하는 이가 도사임을 알려주고 있다. 왜냐하면 도사와 구별되는 사인이 임시적인 느낌을 주면서 따로 활동하고 있기 때문이다. 따라서 그 이후의 시기에서와 같이 뚜렷하지는 않다고 하더라도 도사는 어느 정도 일정한 거점지역을 확보하는 상주지방관의 성격을 띠고 파견되었다고 보아야 할 것이다.

무엇보다 중성리신라비의 도사는 기존의 연구에서 최초의 지방관인 도사의 파견을 촌주제의 도입과 연결시켜서 이해한 점에 대해 새로운 검토를 요구하고 있다. 촌주제 시행이 아무래도 도사의 지방파견과 밀접한 관련이 있을 듯 하다고 보았기 때문이다. 촌주제의 실시는 곧 여러 촌 가운데 일부만 공식적 행정단위로 인정함을 뜻하며, 이는 동시에 지방관 파견과도 밀접히 관련됨이 분명하다고 말하였던 것

---

34) 주보돈, 2000, 앞의 논문, pp.26~27.
35) 이수훈, 2007, 앞의 논문, pp.75~76.

이다. 즉 도사파견과 촌주제의 시행은 표리일체의 관계에 있는 것으로 여겨진다는 것이다.

이 역시 냉수리신라비에 대한 이해를 바탕으로 한 것이었다.[36] 냉수리신라비에는 도사와 함께 촌주가 나오기 때문이다. 도사가 상주한 탐수지역에 촌주도 있었다고 본 것이다. 촌주도 행정촌인 탐수지역의 출신자가 틀림없다고 한다. 촌주와 도사가 있는 탐수지역은 그 예하의 소속 자연촌으로 진이마촌을 두고 있었는데, 도사가 이들 지역에 제대로 통제력을 행사하지 못하였다. 도사가 파견되기는 하였으나 아직까지 도사가 관할하는 지역의 모든 자연촌을 제대로 관리할 정도로 체제가 잡히지 못한 상태였다는 것이다. 즉 5세기 후반 촌주제를 도입함과 동시에 도사란 지방관을 파견함으로써 신라가 간접지배 상태를 벗어나 비로소 직접지배로 전환하기 시작하였다는 것이다.

그러나 중성리신라비의 상황은 그러한 설명이 쉽게 잘 적용되는 것 같지 않다. 이미 잘 지적되고 있듯이 중성리신라비에서는 촌 간지만 나올 뿐 촌주라는 직명이 보이지 않기 때문이다.[37] 이는 이 시기까지 촌주를 축으로 하는 지방관직체계가 정비되지 않았음을 보여주고 있는 것이다. 여기에는 촌주가 보이지 않고 있음에도 불구하고 도사가 파견되고 있다. 그리고 이러한 촌 간지의 성립시기를 『삼국사기』 박제상전에 나오는 3명의 촌간(村干)와 연결시켜 이해하고 있다. 이들이 활동한 시기가 눌지왕 2년(418)인데, 이로 미루어보면 촌 간지는 418년 이전의 어느 시기에 만들어졌다는 것이다. 그리고 이것이 중성리신라비와 맥을 같이 하고 있다는 것이다. 이러한 사실 때문에 중성리신라비의 건립연대는 501년이 아니라 441년으로 파악하게 된다고 주장한다. 이제 도사 파견의 문제가 중성리신라비의 건립연대를 이해하는 중요한 단서로 설정되기에 이르렀다.

그동안 겪은 촌락의 내부적 변화를 감안하면 촌간과 촌주 사이에 같은 성격의 연장선상으로 직결시킬 수 없는 간극이 가로 놓여 있다고 보고 있다는 점에서도 그러하다.[38] 냉수리신라비에 보이듯이 촌에서 간지의 보유자들 가운데에서 일부만이 촌주의 직책을 부여받았기 때문이다. 이는 촌주제의 시행이란 기왕에 지방행정의 단위로 설정되지 않던 촌을 이제 정식의 단위로 파악하기 시작하였음을 의미한다. 그리고 그것은 그동안 계속적으로 증가해오던 간지 소유자들을 다시 재정비하였다는 것을 알려주는 것이었다. 그렇다면 중성리신라비에서 촌과 관련하여 간지가 나오고 있다는 사실은 이들 촌 간지의 행방이 아직 명확하게 결정되지 않은 상태를 말해준다. 따라서 마립간 시기에 들어와서 비로소 이루어졌을 도사의 파견을 촌주제의 시행과 연결시켜 바로 맞물려 이루어진 것으로 보기는 어렵지 않을까 한다. 이 점에서 중성리신라비의 발견은 도사에 대한 기존의 여러 견해들에 대해서 전면적인 재검토를 요구하고 있다고 하겠다.

---

36) 주보돈, 2010, 앞의 논문, pp.27~29.
37) 노중국, 2010, 앞의 논문, pp.86~87.
38) 주보돈, 2007, 「한국 고대 촌락사연구의 진전을 위하여」, 『한국고대사연구』48, p.29.

Ⅳ. 마을의 성격

중성리신라비는 7행부터 9행까지의 내용에서 4개 마을을 언급하고 있다. 4개 마을은 간거벌과 소두고리촌, 나음지촌, 진벌이다. 4개 마을을 그 다음에 나오는 내용과 연결시킬 때 중성리신라비에서 발생한 소송과 연루된 지역임을 알려준다.

4개의 마을에서 두 개는 촌 명을 적고 있다. 여기에는 간지와 일금지라는 관등과 함께 이를 소지한 사람의 이름을 기록하고 있다. 이들은 중성리신라비의 쟁인집단에 나오는 6부의 하나인 본파탁부 출신처럼 간지를 사용하고 있는데, 모두 개별 촌의 유력자임을 알 수 있게 해준다. 그리고 촌에 간지─일금지로 파악되는 지배조직도 있었음을 함께 말하고 있다. 이에 중성리신라비는 현재 촌과 함께, 촌의 유력자인 간지를 알려주는 가장 오래된 금석문이 된다. 나머지 두 개 마을은 촌 명 대신 '벌'이라고 하는 공통점을 보여주고 있다. 이는 촌이 되기 이전의 읍락으로 파악된다. 이들 읍락은 촌에서 두 명을 밝힌 것과는 달리 한 명씩의 인물을 적고 있다. 이들은 관등을 가지고 있지 않지만, 역시 개별 읍락의 유력자로 이해된다.

이와 같이 중성리신라비에서 촌이 나오고, 또한 그곳의 유력자를 간지로 기록하고 있다는 사실은 이들 마을이 포함된 지방의 변화상을 파악하는데 커다란 도움을 준다. 이는 신라가 4세기 이후 기초집단을 파악하는 하나의 단위로서 읍락을 대체하는 촌이란 용어가 읍락 스스로 혹은 중앙정부에 의해서 새로이 수용되어 설정된 점을 알려주는 것이며, 또한 복속된 유력자인 읍락의 재지세력에게 일률적으로 간이란 새로운 칭호를 수여한 사실을 반영해주기 때문이다.[39] 『삼국사기』 박제상전에서 촌의 유력자를 촌간이라고 칭하였다는 사실은 이를 알 수 있게 해준다는 것이다. 그 결과 이들과 비슷한 상태에 놓여 있던 인근 읍락의 유력자들도 다투어 촌을 사용하기 시작하면서 저절로 급속하게 확산되었다고 한다. 이른바 자연촌의 형성과정이라고 말할 수 있을 것이다. 이때 중성리신라비는 읍락과 촌을 함께 보여주고 있다는 점에서 지방에서의 이러한 변화를 확인시켜주는 좋은 사례라고 하겠다.

그러한 사정은 4개 마을이 기록된 순서를 통해서 보다 구체적으로 짐작할 수 있지 않을까 한다. '벌'로 표현되는 읍락들이 촌 명을 기록하고 있는 두 개의 마을 앞과 뒤에 나오고 있다. 간지─일금지라는 지배조직을 가지고 있는 촌이 이들 마을에 앞서 기록되고 있지 않는 것이다. 왜 그와 같은 순서로 기재되었는지는 자세히 파악할 수 없다. 그러나 이는 당시 촌과 개별 읍락의 관계를 보여주는 것이 아닐까 한다. 다시 말해서는 촌이 설정되고 촌간이 등장하였다고 하더라도 이들 촌이 아직은 '벌'로 표현되는 읍락들을 압도하는 단계까지 이르지 못한 것으로 여겨지기 때문이다.

이는 촌의 설정이나 간의 지급이 중앙에 대한 복속의례와 충성서약이라는 절차를 거쳐서 이루어졌으며, 이를 통해서 재지세력 간 갈등과 대결을 유도하여 서로간의 결속을 도모하지 못하도록 하는 방향

---

39) 주보돈, 2007, 위의 논문, pp.23~26.

으로 지방통치를 실현하였다는 사실을 통해서 보다 구체적으로 알 수 있다.[40] 중성리신라비 역시 그러한 변화과정을 내포하고 있겠지만, 아직은 그러한 단계까지 진행되지 못하였음을 말해주는 것으로 생각되는 것이다. 즉 기존 읍락을 개편하려는 신라 국가는 촌의 설정이나 간의 지급을 통해서 지방세력 상호간 충성경쟁을 유발하면서 촌락에 대한 침투를 노렸지만, 중성리신라비에 기재되고 있는 읍락과 촌의 기재순서는 그러한 양상을 구체적으로 보여주지 않고 있는 것이다. 그렇다면 중성리신라비는 이 지역의 읍락 가운데 촌이 설정되고 간지가 지급되는 초기의 변화모습을 보여주는 것이 아닐까 한다.

그러면 중성리신라비에서 소송을 일으키게 한 4개 마을은 신라의 중앙과는 어떠한 관계를 맺고 있는 것일까. 기존의 연구에서는 이들 마을과 관련된 소송에 6부가 연루되어 있다는 사실에 주목하여 이들 마을을 왕경사회의 이해관계와 직결되어 있는 곳으로 파악하고 있다. 때문에 이 시기 6부는 지역적 개념이 아니라 정치적 타이틀이었다고 보면서, 애초의 6부 지역 외에 후대에 지방이라고 말할 수 있는 이들 마을까지도 6부라는 타이틀 속에 포함되어 있었을 가능성이 있다는 새로운 해석까지 나온다.[41] 그러나 대부분의 견해는 이들 지역을 6부 지역으로까지 확대시켜 이해하고 있지는 않은 것 같다. 4개 마을 역시 사로국에 새로이 복속되었던 지역이었다는 점에서 어느 정도의 차별은 예정된 곳이지만, 그럼에도 불구하고 사로국 중심부와 주변부 사이에 존재한 차별은 강고하지 않은 상태였던 것으로 보고 있기 때문이다.[42] 이러한 사실은 중성리신라비가 아직까지 외위제가 성립되지 않았음을 보여주고 있다는 점에서도 엿볼 수 있을 것이다.[43]

이에 이들 지역과 관련해서 직할지의 개념이 나오고 있다. 마립간 시기 신라의 영역이 왕의 직할지와 탁부, 사탁부의 장 및 부의 간지들이 주관하는 지역으로 나누어졌다고 전제한다.[44] 왕의 직할지와 부의 직할지의 둘로 구분된다는 것이다. 왕의 직할지는 영천 청제비 병진명(536)을 통해서 중고기에 이미 존재한 것으로 설정된 바가 있었다. 부와 대비되는 귀족의 사령지 역시 통일신라시대의 사례를 통해서 검토되고 있다.[45] 중성리신라비에서 왕의 직할지는 나소독지 지역으로, 4개 마을은 부 간지나 부의 유력자들이 관할하는 지역으로 이해되고 있다. 즉 4개 마을은 부와 관련된 지역으로, 즉 후일 주군제가 시행되어 신라 국가의 지방행정단위로 편제되기까지 왕경 6부나 개별 부의 존립을 뒷받침하는 직할지 또는 배후세력으로 존속하였다는 것이다.[46] 더 나아가 중성리신라비에서 냉수리신라비와 달리 촌주가 나오지 않는 점에 주목하여 이들 마을이 신라 국가의 지배조직의 한 부분으로 편제된 것이 아니라 그런

---

40) 주보돈, 2007, 앞의 논문, pp.24~26.

41) 윤선태, 2011, 앞의 논문, p.102.

42) 하일식, 2009, 「포항중성리신라비와 신라 관등제」, 『한국고대사연구』56, p.213.

43) 노중국, 2010, 앞의 논문, pp.86~87.

44) 노중국, 2010, 위의 논문, pp.83~87.

45) 하일식, 2003, 「신라 왕실 직할지의 초기 형태에 대하여」 및 「신라 통일기의 귀족사령과 군현제-관문성 축성시의 역역 편성 사례분석」, 『동방학지』122.

46) 이문기, 2009, 앞의 논문, pp.46~52.

58 _ 한국목간학회 『목간과 문자』 8호(2011. 12.)

편제의 바깥에 놓여 있었다고 보면서, 이들 마을의 성격을 각 부에 예속된 노인촌 류의 집단 예속민으로 상정해볼 수 있다는 의견도 제시되고 있다.[47]

그러나 중성리신라비의 단계에서 신라의 영토를 이와 같이 왕의 직할지와 부의 직할지로만 구분할 수 있을지가 의문이다. 우선 중성리비에서 왕의 직할지로 설정되는 지역과, 부의 직할지로 설정되는 지역이 서로 인접하고 있다는 점을 지적하고 싶다. 그리고 중고기에 설정되고 있는 왕의 직할지와 다른 이해를 보여주고 있다는 점에서도 그러하다. 중고기에서 왕의 직할지는 군현과 달리 촌주가 설정되고 있지 않다고 한다.[48] 그러나 중성리신라비에서는 왕의 직할지에 촌간이 포함되는 지배조직, 이른바 촌관(村官)이 설정되고 있기 때문이다. 촌간이 있는 곳은 이후 촌주로 전환될 가능성이 높다. 그리고 중고기 왕의 직할지는 왕위를 계승하는 사람의 소유지로 설정되는데, 그 이전의 시기인 중성리신라비 단계는 국왕이 탁부나 사탁부와 같이 왕경 6부의 특정 부와 매우 밀접한 관련을 맺고 있다는 점에서 왕의 직할지와 이들 부의 직할지를 그와 같이 바로 구분하기가 쉽지 않았을 것으로 생각되는 것이다.

부의 직할지를 상정하는 경우에도 그러하다. 중성리신라비에서 6부 가운데 4개의 부가 소송당사자로 설정되어 있다는 점에서 이들 지역에 부의 직할지가 일부 존재하였을 가능성은 매우 높다. 그러나 이들 지역 전체가 부의 직할지로서 기능하지는 않았을 것이다. 중성리신라비에서 4개 부가 이들 지역을 서로 더 차지하기 위해서, 냉수리신라비의 경우 재를 차지하기 위해서 다툼을 벌였다는 점은 이를 잘 말해준다. 뿐만 아니라 부와 관련된 직할지를 설정할 경우 촌간이 있는 지역의 자립성이 고려되지 않은 측면을 지적하지 않을 수 없다. 이미 잘 지적되고 있듯이 촌간의 지급은 곧 촌 단위의 자립성을 어느 정도 인정해준 사실을 나타내주는 것이기 때문이다.[49] 이는 박제상의 활동이 보여주듯이 마립간 시기인 5세기 초 촌간이 중앙정치에까지 참여하고 있는 양상을 고려할 때 이들 마을과 주민들을 부에 예속된 지역과 사람으로 설정하는 것은 조금은 지나친 해석이 아닐까 한다.

이 점은 중성리신라비에서 발생한 사건을 통해서 알 수 있을 것이다. 이들 마을을 둘러싼 다툼의 내용은 9행과 10행에 나오고 있다. 두지사간지궁과 일부지궁이 빼앗은 것을 지금 모단벌탁부의 작민 사간지에게 다시 돌려주라고 일렀다는 것이다. 빼앗은 주체로 파악되는 두지 사간지궁과 일부지궁의 실체에 대해서는 논란이 많은데, 궁의 이해와 직결된 문제이다. 궁을 일반적으로 개인과 관련하여 파악하고 있지만, 그렇지 않다는 의견도 있다.[50] 그러나 역시 개인과 관련해서 보는 것이 좋을 것 같다. 한편 궁이 부에 직속된 것이 아니라는 견해도 있는데,[51] 이들은 대부분 탁부와 사탁부의 인물로 이해되고 있

47) 이문기, 2009, 위의 논문, p.46. 및 노태돈, 2010, 앞의 논문, p.47., 박성현, 2011, 「포항중성리신라비 비문의 형식과 분쟁의 성격」, 『한국문화』55도 참고가 된다.
48) 하일식, 2003, 앞의 논문, pp.19~27.
49) 주보돈, 2007, 앞의 논문, p.23.
50) 주보돈, 2010, 「포항 중성리신라비에 대한 연구전망」, p.27.
51) 주보돈, 2010, 위의 논문, p.27.

다.[52] 그렇다면 탁부와 사탁부가 모단벌탁부와 대립하는 것이 된다.

부와 부의 대립으로 볼 경우 이를 보다 구체적으로 파악하는 견해도 있다. 이들이 탁부와 사탁부의 인물이지만, 더 구체적으로 궁의 용례를 통해서 말한다면 왕족으로 파악할 가능성이 높다는 것이다.[53] 탁부 혹은 사탁부 내의 고위인사로 왕실과 친족관계에 있다는 것이다. 이때 중성리신라비의 관련 내용은 4개 마을을 둘러싸고 왕족이 모단벌탁부와 대립을 한 것이 된다. 그러나 현재 왕의 직할지까지 상정되는 실정에서 왕족인 이들이 4개 마을을 둘러싸고 왜 모단벌탁부와 대립을 하였는가에 대해 보다 자세한 설명이 필요할 것이다. 그리고 소송의 배경으로 4개 마을을 둘러싼 부와 부 사이의 대립으로 이해하는 일반적인 이해와는 달리, 그보다는 부를 구성하는 어떤 소집단들 사이에 일어난 일로 볼 수도 있다는 견해도 나와 있다.[54] 그러나 쟁인집단에 4개의 부가 언급되는 것으로 부와 부의 관계로 이해하는 것이 좋을 듯하다.

빼앗은 주체와 빼앗긴 객체를 이와 같이 설정할 경우 이들 부들이 4개 마을의 무엇을 두고 다툼을 벌였는가 하는 문제가 남는다. 우선 금광이 제기되었다.[55] 그러나 여기에 대해서는 비판적이 견해가 많다. 이들 4개 마을에 금광이 모두 존재하였다는 사실도 입증해야 할 것이다. 그리고 식읍도 언급되었다.[56] 고구려와 부여의 식읍도 검토되고 있지만,[57] 일반적으로 식읍의 설정이란 중앙집권적 귀족국가 형성 이후에 나타난 현상으로 이해할 때[58] 이를 곧바로 따르기는 어려울 것 같다. 수조권의 경우에도 그러하다.[59] 수조권의 문제가 왜 이 시기부터 그와 같은 비중을 차지하고 등장하는 것인지는 판단하기 어렵지만, 역시 수조권이 언급된다면 토지가 더 문제가 될 것이며, 토지와 관련된 사람들도 대상이 되는 것이 아닐까 하는 생각을 갖게 한다.[60]

특히 10행의 '모단벌탁작민사간지'에 대한 이해와 관련해서 백성의 문제가 현재 크게 주목받고 있는 실정이다. 작민을 인명으로 볼 수 없다는 것을 전제로 고구려 등에 보이는 같은 용례와 연결시켜 '백성을 만든다는 말'로 이해하였기 때문이다.[61] 4개 마을에 살고 있는 주민들을 모단벌탁에게 귀속시켜 백성으로 만들도록 한다는 것이다. 그 구체적인 의미는 4개 마을의 주민들이 모단벌탁에 귀속되어 예속

---

52) 노중국, 2010, 앞의 논문, p.70.
53) 전덕재, 2009, 「포항중성리신라비의 내용과 신라 6부에 대한 새로운 이해」, 『한국고대사연구』56, p.117 및 박성현, 앞의 논문을 참고할 것.
54) 주보돈, 2010, 앞의 논문, p.27.
55) 이우태, 2009, 「포항중성리신라비의 건립연대와 성격」, 『포항중성리신라비』, p.84.
56) 전덕재, 2009, 앞의 논문, pp.112~120.
57) 이인재, 2006, 「부여·고구려의 식읍제−삼국지 동이전을 중심으로」, 『동방학지』136.
58) 노중국, 2000, 「백제의 식읍제에 대한 일고찰」, 『경북사학』23, pp.11~15.
59) 하일식, 2009, 앞의 논문, pp.192~195.
60) 이밖에 이성시, 2011, 「신라 포항 중성리비에 보이는 6세기 신라비의 특질」, 『문자, 그 이후』, p.56.에서는 궁을 재화, 전장, 노복 등의 종속민을 포함한 경영체로 파악하고 있다.
61) 이문기, 2009, 앞의 논문, pp.29~30.

적인 위치에서 모종의 의무를 부담하는 존재로 편제되었음을 말한다고 설명하였다. 작민은 농민 혹은 경작민으로 해석되기도 하였다.[62] 모단벌탁부의 경작민에게 그들이 경작하는 토지를 돌려주라고 이해하였던 것이다. 더 나아가 작민을 촌락공동체로 파악하는 견해도 있다.[63] 작민을 사인이 명령을 내린 거간별 이하 진벌 등의 촌락공동체였다고 추론한다.

그러나 중성리신라비에서 소속 부 다음에 인명이 나오는 부분도 고려해야 하지 않을까 한다. 그렇다면 왜 굳이 경작민의 준말로 작민이란 용어를 사용한 것인지 알 수 없다. 사실 당시 마을에 살고 있는 일반 백성들의 대부분이 경작민이기 때문이다. 작민을 촌락공동체로까지 파악할 수 있는 견해 역시 그것을 뒷받침해 줄 수 있는 근거가 있는가 하는 점에서도 그러하다. 특히 민 혹은 백성으로 표현하지 않고 왜 굳이 작민이란 용어로 표현하였는가 하는 점도 마찬가지이다. 그것은 농민일 경우에도 그러하다. 농민을 왜 작민으로 표현했는가의 문제가 따른다. 이미 자세히 검토되고 있듯이 1~3세기 고구려나 부여의 마을에서 보이는 주민들은 민 혹은 백성으로 나타나고 있다.[64] 이때 민이나 백성이란 용어는 신분적 개념을 담고 있으며, 국가와 관련해서 특정한 신분 계층의 사람들이 그러한 법률적인 용어로 표현된 것이기 때문이다. 이들은 대부분 양인 신분의 자급농민으로 파악된다. 이것은 이후의 시기에도 그러하였을 것이다. 이러한 사실은 4개 마을의 주민들을 모단벌탁부의 백성으로 만든다고 하면서, 이들을 예속민으로까지 위치를 설정하는 이해와는 커다란 차이가 난다고 하겠다.

더 나아가 부와 부 사이에서 이렇게 주민의 신분적인 문제가 논의되며, 부와 부 사이의 다툼으로 말미암아 민이나 백성의 신분이 그와 같이 변화될 수 있는 것인지도 궁금하다. 민이나 백성이란 국가와의 관계에서 그 신분이 설정될 수 있는 것이 아닌가 하기 때문이다. 그리고 이들 주민 혹은 백성 역시 일정한 토지를 소유하고 있으며, 토지에 긴박된 사람들이라는 사실은 보다 더 주목해야 하지 않을까 한다. 따라서 개별 부가 만일 토지를 확보할 수 있다고 한다면 그 토지와 연관된 사람들까지도 확보하게 되는 것인데 왜 굳이 백성에만 관심을 가졌는지 그 이유가 잘 드러나고 있지 않은 것이다.

이들에게 식읍이나 토지의 수조권을 돌려주었다든지, 경작민에게 토지를 돌려주었다는 논의 등도 소송의 배경에 토지와 밀접히 연관된 문제가 있음을 보여준다고 하겠다. 왕이나 혹은 부에 속한 직할지가 설정되었다고 본 점에서도 그러하다. 4개 마을이라는 광범위한 지역에 걸치고 있다는 점 역시 토지로 파악하게 한다. 따라서 부들 사이에 소송이 일어난 이유에 대해서 현재로서는 토지로 파악하는 것이 순리적인 것이 아닐까 싶다.[65] 너무 민이란 용어에 매달려서 이 부분을 확대시켜 해석할 필요는 없지 않

---

62) 이영호, 2009, 앞의 논문, p.239., 박성현, 2011, 앞의 논문 및 홍승우, 2011, 「포항중성리신라비의 분쟁과 판결」, 『신라 최고의 금석문 포항중성리신라비와 냉수리신라비』, p.132.도 참고가 된다.

63) 윤선태, 2011, 앞의 논문, p.101.

64) 홍승기, 1974, 「1~3세기의 '민'의 존재형태에 대한 일고찰-소위 '하호'의 실체와 관련하여」, 『역사학보』63: 2001, 『고려사회경제사연구』.

65) 이영호, 2009, 앞의 논문, p.238.

을까 생각한다.

V. 비의 건립연대

지금까지 6행부터 10행까지에 담긴 신라의 지방통치와 관련된 모습을 살펴보았다. 이는 중성리신라비의 건립연대를 이해하는데 많은 시사점을 주는 것 같다. 따라서 이 문제를 계속해서 다루어보고자 한다.

포항 중성리신라비의 건립연대에 대해서는 상반된 견해가 있다. 441년(눌지왕 25년)과 501년(지증왕 2년)이다. 현재 진행되고 있는 국립중앙박물관의 전시에 중성리신라비의 연대로 파악되는 것은 501년인데, 이는 현재 501년설이 유력하게 받아들여짐을 시사해주고 있다. 이는 중성리신라비에 대한 연구전망에서 "그 연대는 대체로 501년 쪽으로 정리되었다."로 언급되고 있다든지,[66] "하기야 441년일 가능성도 배제하지 말고 열어두자는 주장도 있어 신중한 태도라고 할 수 있겠습니다만, 어찌 보면 확신을 결여한 근래 우리 정치권 인사의 회피적인 언사를 대하는 것 같아 한편으로 씁쓸한 느낌이 들기도 합니다."라는[67] 말에서도 충분히 짐작할 수 있다. 그러나 그것은 그렇게 단순하게 정리될 문제는 아닌 것 같다. 왜냐하면 441년설에서 제기하는 여러 문제들은 501년설에 대한 새로운 검토가 필요한 것이 아닌가 하는 생각을 갖게 만들기 때문이다.

501년설을 주장한 근거는 크게 두 가지로 정리될 수 있다.[68] 그 하나는 503년에 세워진 냉수리신라비에 등장하는 인명이 중성리신라비에도 기록되어 있다는 것이다. 지도로 갈문왕과 사덕지아간지로 읽히는 인물이 그것이다. 동일인이 두 비문에 등장하고 있다는 것이다.

그러나 이미 잘 지적되고 있듯이 인명을 바탕으로 한 501년설의 근거는 의외로 허술한 점이 많다. 왜냐하면 동일인물이 기록되고 있다는 견해가 성립하려면 가장 기초 작업인 판독의 문제부터 먼저 해결되어야 하기 때문이다. 2행 11자를 '덕'으로 읽고 있지만 그렇지 않을 가능성도 있는 것이다. 설령 덕으로 읽을 수 있다고 하더라도 서체는 서로 다른 모습을 보여주고 있다. 특히 비문에 동일한 인물이 나온다고 해서 이를 반드시 동일인이라고 단정하기 어렵다는 점도 지적되고 있다. 그러나 그보다 더 큰 문제는 지절로 갈문왕으로 읽고 있는 1행이다. 여기에서 자세히 언급하지는 않겠지만, 이는 501년설을 주장하는 연구자들 사이에도 논란이 될 정도로 많은 문제가 있다는 것은 너무나 잘 알려진 사실이다.

때문에 501년설을 주장하는 견해에서는 인명과 관련한 이러한 내용을 중성리신라비의 연대를 판별하는 주요 기준을 삼는 것은 여러 측면에서 매우 위험한 발상이므로 자제되어야 마땅하다고 말한다.[69]

---

66) 주보돈, 2010, 앞의 논문, p.5.
67) 이기동, 2011, 「현장연구 중시의 역사학을 제창함」, 『신라 최고의 금석문 : 포항중성리신라비와 냉수리신라비』, p.9.
68) 이문기, 2009, 앞의 논문, pp.40~43.
69) 주보돈, 2010, 앞의 논문, p.15.

굳이 위험을 무릅쓰면서 무조건 그렇게 단정해서는 곤란하다는 것이다. 연대 추정의 또 다른 근거로 흔히 제시되고 있는 사덕지 아간지의 경우도 마찬가지라고 한다. 현재로서는 그럴 가능성이 매우 높다고 여겨지지만, 이는 어디까지나 방증자료 정도로서만 활용될 수 있을 뿐이라는 것이다. 그러므로 인명을 바탕으로 중성리신라비의 연대를 501년으로 확정짓는데 제시된 인명 관련 증거는 그 근거가 대단히 박약하다고 하겠다.

이 점과 관련하여 501년설을 주장하는 한 견해는 인명과 관련한 일부 문제에 대해서 여전히 긍정적이다.[70] 사덕지아간지의 경우 동명이인일 가능성도 전혀 배제할 수 없다고 말한다. 그러나 신라시대의 기록물 중에서 동명이인이 확인될 가능성은 매우 귀한 경우라고 보면서 중성리신라비와 냉수리신라비에서 보이는 사덕지 아간지는 인접한 지역, 같은 사탁부 소속, 같은 관등인 아간지를 가지고 있고, 같은 유의 재산권 관련 판결을 담은 교를 내린 주체의 일원이라는 점에서 동명이인이었을 가능성은 거의 없다고 보았다. 물론 100% 단정은 못할지라도, 그럴 가능성은 사실상 배제해도 좋지 않을까 한다는 것이다.

때문에 중성리신라비의 건립연대에 대한 논의는 두 번째의 문제로 넘어가게 되었다. 연대판별의 기준은 인명과는 달리 다른 방법으로 모색해야 한다는 것이다. 이에 중성리신라비에서의 문제 해결방식이나 문장형식 및 사용된 용어가 냉수리신라비와 흡사한 점이 많다는 점이 또 다른 근거로 제시되었다. 지방 촌락에서 발생한 다툼을 중앙 고위층의 '교'를 통해 해결했다는 사실이 비슷하다는 것이다. '고기(故記)'라는 표현방식도 그러하다.[71] 전사인과 전서에서 '전'자가 공통적으로 나타나는 사실도 지적되고 있다. 무엇보다 양자가 꼭 같지는 않지만, 중성리신라비와 냉수리신라비를 대비하여 읽어보면 기본적인 체제나 전체적인 흐름이 상당히 비슷하다는 느낌을 갖게 한다는 것이다.[72] 따라서 이상과 같이 공유하는 몇몇 사례를 근거로 하면 두 비의 건립연대가 그렇게 멀리 떨어졌다고 단정하기란 곤란하지 않을까 싶다고 말한다.

특히 도사라는 지방관명이 함께 보이는 점도 냉수리신라비와의 시차가 많이 난다고 보기 어렵게 하는 요소의 하나로 언급된다. 두 비의 나마 소지자가 모두 직명을 갖지 않은 반면 도사란 직명을 가진 경우는 역으로 관등을 갖지 않았다는 점이다. 이들도 두 비문 사이의 연대폭이 그리 크지 않았으리라는 추정을 보강하여 주는 또 다른 사례라고 할 수 있다는 것이다. 이에 현재로서는 중성리신라비의 건립연대가 501년일 가능성이 가장 높은 것으로 판단하였다.

그러나 501년설이 주장하는 중성리신라비와 냉수리신라비의 공통점에 대해서 441년설은 매우 다양하게 비판하였다. 중성리신라비와 냉수신라비의 문제해결방식이나 문장형식 및 사용된 용어가 흡사한

70) 노태돈, 2010, 앞의 논문, p.53.
71) 이문기, 2009, 앞의 논문, p.41.
72) 주보돈, 2010, 앞의 논문, pp.15~16.
73) 이문기, 2009, 앞의 논문, pp.42~43.

점이 많다는 논거도 부족한 점이 많다는 사실이 우선 지적되었다.[73] 문제해결방식은 만약 정치운영방식이 비슷한 단계라면 얼마든지 비슷할 수가 있으며, 문장형식이나 사용된 용어도 60년의 시차가 있다고 하더라도 흡사할 가능성은 얼마든지 있을 수 있다는 것이다. 그만큼 501년설의 논거가 아직 불안정하다는 것이다.

이에 441년설일 가능성이 여러 측면에서 제기되었다. 그것은 501년설이 주장하듯 형식보다는 내용과 관련된 것이라 할 수 있다. 이때 유사점보다는 차이점이 더 많이 지적되고 있다고 하겠다. 다름 아니라 중성리신라비에 보이는 6부의 문제와 관련된 것이었다.[74] 중성리신라비에서는 처음으로 나타나는 부의 이름이 등장하고 있고, 부명을 띤 인물이 경위가 아닌 이른바 외위를 소지하고 있는 점에 주목할 필요가 있다는 것이다. 이는 아직 부의 명칭이나 구조 자체가 정형화되지 못한 상황을 반영하고 있는 것으로 파악되었다.

중성리신라비에서는 6부를 표기할 때 일관성이 없지만, 냉수리비에서는 일관성을 가지고 있다고 보았다.[75] 이러한 일관성의 측면에서 볼 때 중성리신라비가 냉수리신라비보다 빠르다고 할 수 있다는 것이다. 왕경 6부의 하나인 모단벌탁과, 본파탁에 간지 외에 일벌이라는 관명이 –이를 외위로 파악하지 않고, 촌관으로 본다.– 새로 보이지만, 냉수리비에는 보이지 않는다는 점이다. 이밖에 또한 '궁'자가 왕이 아닌 사람에게도 사용되고 있다는 점도 들고 있다.

이때 중성리신라비에 반영된 6부의 모습은 냉수리신라비나 봉평리신라비의 6부와 비교하면 그 자체 상당히 고졸한 형태라고 할 수 있다는 것이다.[76] 그렇다면 중성리신라비가 501년에 건립되었다고 볼 경우 그 2년 뒤인 503년에 냉수리비가 선립되기까지 6부가 급속히 정비되어 정형화되었다고 이해할 수밖에 없는데, 이러한 이해가 가능할지가 의문이라는 것이다. 즉 501년설은 501년과 503년 사이에 급격한 변화가 일어났다는 것으로 보고 있지만, 441년설은 441년에서 503년에 이르기까지 점진적인 변화가 일어난 것으로 이해하였던 것이다.

441년설은 왕경의 6부 문제만이 아니라 지방통치의 문제를 통해서 중성리신라비와 냉수리신라비 사이에 나타나는 차이점을 더욱 구체적으로 보여주고 있다.[77] 중성리신라비에서는 촌의 유력자를 간지로만 표기하고 있는데 반해 냉수리신라비에서는 촌주가 간지를 지닌 것으로 나온다는 것이다. 촌주라는 직책은 재지세력들이 관직체계 속에 편제되어 간 것을 보여준다고 하면서 더 구체적으로 설명하고 있다. 즉 촌 간지의 성립시기와 관련하여 주목되는 내용은 『삼국사기』 박제상전에 나오는 3명의 촌간 기록이다. 이들이 활동한 시기는 눌지왕 2년(418)으로, 이들을 촌주라 하지 않고 촌간이라고 하고 있다는 점에서 중성리신라비와 맥을 같이 한다는 것이다. 이로 미루어보면 촌 간지는 418년 이전의 어느 시기

---

74) 이문기, 2009, 위의 논문, p.43.
75) 노중국, 2010, 앞의 논문, pp.62~63.
76) 이문기, 2009, 앞의 논문, p.43.
77) 노중국, 2010, 앞의 논문, p.63 및 pp.86~87.

에 만들어졌고, 441년을 거쳐 그 이후에까지 이어졌다고 할 수 있다고 보았다. 따라서 두 비에서 보이는 이러한 변화는 불과 2년 만에 일어날 수 있는 것이 아니며, 중성리신라비와 달리 냉수리신라비는 상당한 시간이 흐르면서 생겨난 변화들이 반영된 것으로 이해하였다. 이제 왕경 6부만이 아니라 지방의 상황을 통해서도 501년 보다 441년설이 보다 설득력이 있음을 드러내주고 있는 것이다.

이와 함께 중성리신라비와 냉수리신라비의 문장작성방식이나 어휘사용방식도 검토되면서 441년설을 지지하는 또 다른 증거도 제시되었다.[78] 냉수리신라비는 의도적으로 어조사 '이(耳)'를 사용하여 문장의 단락을 끊어 놓았는데, 봉평리신라비를 비롯한 그 이후의 비에도 공통적으로 이러한 경향성을 발견할 수 있다고 한다. 그런데 이러한 문장작성방식은 중성리신라비에서는 전혀 의식되고 있지 않다는 것이다. 또한 신라 중앙의 정보전달을 문자로 표현하는데 있어서 냉수리신라비나 그 이후의 비에서는 '교'라는 문자를 일관되게 사용하고 있는 것과 달리 중성리신라비는 '교', '운', '구' 등 매우 다양한 문자를 사용해 표현하고 있다는 점도 지적되었다. 이는 중성리신라비 단계에는 아직 문자를 통한 시각적 권력표출 의지가 냉수리신라비보다 상대적으로 약했음을 의미한다는 것이다. 따라서 중성리신라비의 이러한 문장작성방식이나 어휘사용방식 등으로 볼 때 중성리신라비는 냉수리신라비보다 2~3년이 아니라 훨씬 이전에 작성되었을 가능성이 크다고 말한다.

이러한 점을 고려할 때 501년설보다 441년설이 현재로서는 오히려 더 유력한 것이 아닐까 한다. 501년설이 성립되기 위해서는 우선적으로 501년에서 503년 사이에 매우 인접한 지역에서 어떻게 그와 같은 급격한 변화가 일어날 수 있는가 하는 요인에 대해서 더욱 설명되어야 할 것이다. 그러나 무엇보다 501년설이 설혹 역사적 진실이라고 하더라도 보다 충실한 근거를 설득력 있게 제시하도록 노력하여야 하는 것이 아닐까 생각한다. 특히 공통적인 요소보다 차이점이 더 많이 나타난다는 주장에 대해서 응답을 해야 할 것이다. 지금까지의 정리에서도 드러나고 있듯이 501년설은 441년설이 제기한 비판에 적극적인 모습을 보여주고 있지 않은 실정이다. 그것은 객관적인 근거로서 제시되는 내용의 대부분이 비의 형식적인 부분에 치우치고 있다는 점에서도 쉽게 살필 수 있다. 441년설의 경우처럼 중앙이나 지방의 문제 등에 대해서 보다 구체적인 내용을 통해서 증명해야 할 것이다.

이 글에서 중성리신라비의 분석을 통해 집중적으로 다룬 신라의 지방통치 내용은 441년설을 보충해 주리라 생각된다. 501년설의 주된 근거의 하나로 제시된 도사 관련 부분도 그와 같이 파악할 수 없는 부분이 많다. 도사의 경우 그 공통점을 주목했지만 이미 검토한 것처럼 냉수리비의 단계와 오히려 상당한 차이가 나고 있는 것이다. 도사가 관등을 가지지 않는다는 공통성만으로는 비의 건립연대를 추정하는 근거로 삼기에는 곤란한 부분이 있는 것이다. 그보다는 오히려 도사의 기능을 보다 구체적으로 주목해야 하지 않을까 한다.

사인의 경우에도 그러하다. 중성리신라비는 사인이 도사보다 지방통치에 보다 중요한 역할을 하였

---

78) 윤선태, 2011, 앞의 논문, pp.107~108.

던 것을 나타내주고 있는데, 이와 달리 냉수리신라비는 사인에서 전사인으로 사인이 변화되고 도사가 보다 비중을 차지하는 변화상을 보여주고 있기 때문이다. 4개 마을의 성격이 보여주는 양상도 또한 그 것을 확인할 수 있게 해준다고 하겠다. 이미 촌간과 관련해서 기존의 연구에서 언급한 내용도 그러하지 만, 4개 마을을 기록하는 순서는 아직 촌간에서 촌주로의 변화가 매우 짧은 시기에 이루어질 가능성을 보여주지 못한다. 이밖에 모단벌탁부가 탁부 및 사탁부와 대립하는 양상도 그러하다. 재판의 결과 등을 통해서 살필 때 당시의 상황을 탁부와 사탁부의 일방적인 우위로만 설정할 수 있는가에 대해서도 의문 이 있는 것이다.[79] 그것은 재판과 관련된 실무를 담당한 집단에서는 다른 곳과는 달리 사탁부 출신이 먼저 기록되고 있는 점도 그러하다. 때문에 앞으로 중성리신라비에 나오는 6부의 문제는 보다 더 깊이 다루어보아야 할 필요가 있을 것이다.

VI. 맺음말

지금까지 중성리신라비의 6행과 10행까지의 내용을 중심으로 마립간 시기 신라의 지방통치문제를 새롭게 정리해보았으며, 이를 통해서 비의 건립연대를 알아보았다. 간단히 요약하여 맺음말에 대신하 고자 한다.

중성리신라비에서는 마립간 시기 신라의 지방통치와 관련하여 소송과 관련된 판결을 집행하기 위해 서 지방에 파견된 사인이 나오고 있다. 도사와 함께 금석문에서 확인되는 또 다른 지방관이라고 할 수 있다. 이때 문제가 되는 것은 사인과 도사의 관계이다. 기존의 연구에서는 도사와 사인을 서로 구별하 여 파악하지 않았다. 그러나 처음에는 사인과 도사는 관계는 서로 밀접한 것으로, 사인이 도사로 분화 되어 간 것이 아닐까 하는 생각을 갖게 한다. 다시 말해서 처음에는 중앙에서 파견된 사인이 지방과 관 련된 여러 일을 한꺼번에 담당하다가, 도사 등의 지방관이 새롭게 만들어지면서 그 역할을 분담하게 되 었던 것이다. 따라서 중성리신라비에서 사인은 지방통치와 관련된 전체적인 일을 담당하였으며, 도사 는 이러한 사인을, 지방에 있는 촌락의 유력자들은 다시 도사를 도와주는 관계였다고 하겠다.

사인과 도사에 대한 이러한 검토는 중성리신라비의 건립연대에 대해서도 중요한 시사점을 던져주고 있다. 441년설과 501년설의 두 견해 가운데 일반적으로 501년설이 받아들여지고 있다. 그러나 441년설 에서 제기한 여러 문제들은 501년설에 대한 새로운 이해가 필요함을 보여준다. 501년설에서 주된 근거 의 하나로 제시한 도사와 관련된 부분에서이다. 중성리신라비와 냉수리신라비에 보이는 도사의 공통성

---

79) 501년설을 주장하는 이영호는 이를 모단벌탁부의 승리로 표현한다(앞의 논문, pp.239~240). 그러나 이 경우 지증왕 즉 위 초 왕비를 배출한 모단벌탁부가 왜 탁부와 사탁부로부터 4개 마을의 토지를 빼앗겼는지, 그 이유를 곧바로 설명하기 가 어렵다. 하지만 441년설을 받아들일 경우 이는 당시 눌지왕대 모단벌탁부의 정치적 성장을 보여주는 것으로, 이후 지 증왕대에 들어와서 모량부 출신이 왕비가 된 배경을 이해하는데 도움을 주는 것으로 이해할 수 있을 것이다.

이 주목되었지만, 서로 상당한 차이가 나타나고 있음을 보여주고 있기 때문이다. 중성리신라비는 사인이 도사보다 지방통치에 보다 중요한 역할을 하였던 것을 나타내주고 있는데, 이와 달리 냉수리신라비는 사인의 성격이 변화되고 도사가 보다 비중을 차지하는 양상을 보여주고 있는 것이다. 그렇다면 현재로서는 501년설보다는 441년설이 오히려 더 유력한 것이 아닐까 생각한다.

투고일 : 2011. 10. 28   심사개시일 : 2011. 11. 5   심사완료일 : 2011. 11. 24

참/고/문/헌

김수태, 1997, 「백제의 지방통치와 도사」, 『백제의 중앙과 지방』.

김수태, 2011, 「포항 중성리비와 영일 냉수리비에 보이는 소송」, 『신라 최고의 금석문 포항중성리신라비와 냉수리비』.

김재홍, 2001, 『신라 중고기 촌제의 성립과 지방사회구조』, 서울대 박사학위논문.

橋本 繁, 2011, 「포항 중성리신라비의 연구」, 『조선학보』220.

노중국, 2000, 「백제의 식읍제에 대한 일고찰」, 『경북사학』23.

노중국, 2010, 「포항 중성리비를 통해본 마립간시기 신라의 분쟁처리절차와 육부체제의 운영」, 『한국고대사연구』59.

노태돈, 2010, 「포항 중성리신라비와 외위」, 『한국고대사연구』59.

박성현, 2011, 「포항 중성리신라비 비문의 형식과 분쟁의 성격」, 『한국문화』55.

冨谷至, 2001, 「중국 고대의 죄와 벌」, 『중국사연구』13.

선석렬, 2009, 「포항 중성리신라비의 금석학적 위치」, 『포항중성리신라비』.

윤선태, 2011, 「포항 중성리신라비가 보여주는 소리—6세기 신라의 정보전달에 있어 구두와 문자의 기능」, 『신라 최고의 금석문 포항 중성리신라비와 냉수리신라비』.

이기동, 2011, 「현장연구 중시의 역사학을 제창함」, 『신라 최고의 금석문 : 포항 중성리신라비와 냉수리신라비』.

이문기, 1993, 「신라 중고의 국왕근시집단」, 『역사교육논집』5.

이문기, 2009, 「포항 중성리신라비의 발견과 그 의의」, 『한국고대사연구』56.

이성시, 2011, 「신라 포항 중성리비에 보이는 6세기 신라비의 특질」, 『문자, 그 이후』.

이수훈, 2007, 「신라 중고기 행정촌·자연촌 문제의 검토—성산산성목간과 냉수리비를 중심으로」, 『한국고대사연구』48.

이우태, 2009, 「포항 중성리신라비의 건립연대와 성격」, 『포항중성리신라비』.

이영호, 2009, 「흥해지역과 포항중성리신라비」, 『한국고대사연구』56.

이용현, 2006, 「통일신라의 전달체계와 '북해통 : 안압지 15호 목간의 해석」, 『한국목간기초연구』.

이인재, 2006, 「부여·고구려의 식읍제—삼국지 동이전을 중심으로」, 『동방학지』136.

임기환, 2004, 「초기 관등조직의 성립과 운영」, 『고구려정치사연구』.

전덕재, 2009, 「포항 중성리신라비의 내용과 신라 6부에 대한 새로운 이해」, 『한국고대사연구』56.

전덕재, 2010, 「6세기 금석문을 통해 본 신라 관등제의 정비과정」, 『목간과 문자』5.

주보돈, 1998, 「마립간시대 신라의 지방통치」, 『신라 지방통치체제의 정비과정과 촌락』.

주보돈, 2000, 「신라 중고기 촌의 성격」, 『경북사학』23.

주보돈, 2007, 「한국 고대 촌락사연구의 진전을 위하여」, 『한국고대사연구』48.

주보돈, 2010, 「포항 중성리신라비에 대한 연구전망」, 『한국고대사연구』59.

주보돈, 2011, 「울진 봉평리 신라비와 신라의 동해안 경영」, 『울진 봉평리신라비와 한국고대금석문』.

하일식, 2005, 「신라 왕실 직할지의 초기형태에 대하여−청제비 병진명의 정밀판독과 분석」, 『동방학지』132.

하일식, 2009, 「포항 중성리신라비와 신라 관등제」, 『한국고대사연구』56.

하일식, 2003, 「신라 왕실 직할지의 초기 형태에 대하여」 및 「신라 통일기의 귀족사령과 군현제−관문성 축성시의 역역편성 사례분석」, 『동방학지』122.

홍승기, 1974, 「1~3세기의 '민'의 존재형태에 대한 일고찰−소위 '하호'의 실체와 관련하여」, 『역사학보』63; 2001, 『고려사회경제사연구』.

홍승우, 2011, 「포항 중성리신라비의 분쟁과 판결」, 『신라 최고의 금석문 포항중성리신라비와 냉수리신라비』.

〈日文要約〉

浦項中城里新羅碑に見える新羅の地方統治

金壽泰

　この論文は浦項中城里新羅碑を通して麻立干時期の新羅の地方統治と碑の建立年代を新しく考察したものである。

　中城里新羅碑では麻立干時期の新羅の地方統治と関連して訴訟の関する判決を執り行うために地方へ派遣された使人が出ている。道使と共に金石文から確認されるまた違った地方官であるといえる。この際、問題となることは使人と道使の関係である。既存研究では道使と使人を区別して把握していない。しかし最初は使人と道使の関係は互いに密接なものとし、使人が道使へ分化していったのではないかと思われる。すなわち初めには中央から派遣された使人が地方の仕事をすべて担っていたが、道使なとの地方官が新しく作られてその役割を分担するようになったことである。従って中城里新羅碑に使人は地方統治と関連するすべての仕事を担当し、道使はそのような使人を、地方の有力者はまた道使を助力する関係であったといえる。

　使人と道使に対するこのような検討は中城里新羅碑の建立年代についても重要な示唆点を与えている。441年説と501年説、二つの見解の中で一般的に受け入れられている。しかし441年説から提起された問題は501年説に対する新しい理解が必要であることを示す。501年説の主な根拠の一つとして提示した道使との関連する部分である。中城里新羅碑と冷水里新羅碑に見える道使の共通点が注目されたが、互いにかなりの差が現れていることを示しているからである。中城里新羅碑は使人が道使より地方統治により重要な役割をしていたことを示している。ところが冷水里新羅碑は使人の性格が変化されて道使がもっと比重を占める様相を示しているのである。とすると、現在のところは、501年説より441年説がむしろより有効なのではないかと思う。

▶キーワード：浦項 中城里新羅碑、冷水里新羅碑、使人、道使、訴訟、麻立干 時期、地方統治

南山新城碑 · 月城垓子碑의 再解析

朴方龍*

〈국문 초록〉

　　남산신성비는 1934년 제 1비가 발견된 이래로 파편을 포함하여 현재까지 10기가 발견되어 新羅史 연구에 큰 도움이 되고 있다. 이러한 연구는 비문에 치중되어 비석의 발견 경위와 최초의 立碑狀態에 대한 연구는 소홀히 하였음은 부정할 수 없다. 이에 남산신성비의 발견경위를 통하여 그 출토위치를 개략적이나마 파악해 볼 수 있었으며, 제 9비의 발견으로 최초 남산신성비가 제작되어 성벽 안쪽에 비석의 앞쪽이 통행로에서 보이도록 세워두었다는 사실을 알게 되었다. 아울러 200여기로 추정되는 공사 참가 집단의 명칭을 기록한 종합비가 남산신성내에 세워졌을 가능성이 더욱 커지게 되었다.

　　월성해자비는 이제까지 삼국시대 말쯤에 '首力知奈末' 등의 몇 자 되지 않는 의미를 알 수 없는 비석 조각 정도로만 생각되어 왔으나, 이를 면밀히 再判讀하고 출토장소에 대하여 검토해 본 결과 월성해자와 관련된다는 사실을 확신하게 되었다. 이는 월성해자 '가地區' 축조와 관련된 일종의 工事碑로 볼 수 있어 '月城垓子碑'로 호칭코자 하였으며 7세기 중반 무렵에 작성된 중요한 금석문임을 알게 되었다.

▶ 핵심어 : 남산신성비, 월성해자비, 금석문, 목간

* 국립중앙박물관 고고역사부장

Ⅰ. 머리말

嶺南地域, 특히 慶州에는 新羅時代 金石文資料가 많이 발견되고 있다. 그 가운데 南山新城碑는 1934년 日帝强占期 때 흔치 않은 古碑가 그것도 完形으로 발견되어 學界의 주목을 받기 시작하였고 그 후 碑片을 포함하여 무려 9基라는 많은 숫자가 새로 발견되었으며, 이로 인하여 점차 그 실체가 들어나기 시작 하였다. 그러나 아직 南山新城碑가 南山新城 體城 城壁에 세웠을 것이라는 생각은 하고 있었지만 第9碑가 발견되기 이전에 구체적으로 城壁의 어느 位置에 어떤 형태로 세워겼는지에 대해서는 알지 못하고 있었다.

從來 古代金石文에 대한 學界의 지식과 자료부족으로 1980년대 중반까지만 하여도 雁鴨池 中島 護岸石築에서 발견된 碑片을 南山新城碑로 誤認하는[1] 일까지 있었다. 이 문제는 南山新城碑를 비롯한 古新羅 金石文이 추가로 발견되고 이에 대한 연구의 진척이 크게 이루어지면서 어느 정도 해결 되어가고 있다고 할 수 있게 되었다. 그러나 이제까지의 南山新城碑에 대한 연구는 주로 判讀과 그에 따른 해석에 치중되어 있으며 發見經緯에 대한 상세한 논의는 이루어지지 못하고 있음이 사실이다. 筆者는 慶州에 살면서 南山新城을 踏査하던 중 城內에서 2基(第7碑·8碑)의 碑片을 발견하였고 이를 통하여 이제까지 발견된 南山新城碑가 城內에 있었다는 것을 확인 할 수 있는 계기가 되었다. 第9碑 또한 筆者의 노력으로 國立慶州博物館에 收藏하게 된 것이다.

한편 慶州市 仁旺洞 月城 동쪽 仁旺派出所 앞에서 발견된 소위 "首力知銘刻石〈以下 '月城垓字碑'〉"은 筆者기 1977년 國立慶州博物館에 근무 힐 딩시 未登錄인 재 收藏庫 구식에 놓어 있었던 것으로 '글사있는 돌' 정도로 이해하였을 뿐 큰 관심을 가지지 않았다. 그 이후 1978년 黃壽永 博士의 요청으로 拓本을 뜨게 되었고『韓國金石遺文(1978년)』에 紹介되면서 빛을 보게 되었지만 그 누구도 특별히 관심을 가지지 않았다. 그러다가 2002년 國立慶州博物館의『文字로 본 新羅』特別展에 展示되고 圖錄에 수록되었으나 그때까지도 黃壽永 博士의 소개 수준에서 크게 벗어나지 못하였으며 별로 주목받지 못하였다.

筆者는 최근 이 碑石에 대하여 면밀한 判讀과 出土地 등의 문제를 다시 分析해 본 결과 종래의 견해처럼 단순한 碑片이 아니라, 南山新城碑와 月城垓字 축조와 관련되는 중요한 工事關聯碑石으로 볼 수 있음을 알게 되었다. 이와 같은 점에 착안하여 南山新城碑의 發見經過 및 第10碑의 紹介, 月城垓子碑에 대한 解析을 試圖해 보고자 하였다.

---

1) 朱甫暾, 1985,「雁鴨池出土 碑片에 對한 一考察」,『大丘史學』27, pp.2~6.

Ⅱ. 南山新城碑의 發見經緯

잘 알려져 있듯이 南山新城碑는 원래 200基가 넘는 많은 숫자가 존재했을 것으로 보고 있으나, 이 가운데 지금까지 10基만 발견되었다. 일반적으로 이 비석의 명칭은 秦弘燮의 提案으로 발견된 순서에 따라 第1碑, 第2碑, 第3碑 … 第6碑라고 呼稱되기 시작하였으며,[2] 筆者에 의하여 第7碑~第10碑까지 命名하여 지금까지 이대로 따르고 있다.

1. 第1碑

南山新城碑의 존재가 최초로 알려진 것은 1934년 10월 慶州博物館長 大坂金太郎과 慶州古蹟保存會 囑託 崔南柱에 의하여 第1碑가 발견되면서부터이다. 물론 첫 報告文에서는 "南山新城碑"였다.[3]

이 碑石(慶州博 遺物番號: 慶州 174番)의 원래 位置에 대하여 1934년 大坂金太郎은 金光寺址와 天恩寺址 사이의 "大門址"라 부르는 곳으로 추정하였다고 하였고[4] 秦弘燮은 무슨 근거인지 모르겠다고 하였다.[5] 아마도 발견자가 金憲鎔의 집 앞에서 路石으로 사용되는 비석을 목격하고 古家의 主人 金憲鎔의 이야기를 들은 것으로 보인다. 그러나 여기서 주목되어야 할 부분이 "大門址"라는 사실이다. 이 말은 "큰 대문터"라는 말이 되고 金光寺址와 南澗寺址사이의 附近〈大坂金太郎은 金光寺址와 天恩寺址라고 하였으나〉 일대는 필자가 추정하는 南山新城 北門址를 지칭한 것으로 볼 수 있다. 南山新城은 935년 신라 마지막까지 건재하였던 首都警備司令部 역할과 王宮을 보조하는 역할을 겸하였던 중요한 山城이었기 때문에 正宮 月城과 접근이 용이한 지점에 正門을 두었던 것이다. 南山新城의 출입시설 가운데 '新城北門'은 四城門祭를 올릴 만큼 중요한 城門이었다. 1970년대 후반 필자가 南山을 조사하는 과정에서 金光寺址 뒷길에서 만난 노인의 이야기로는 金光寺址 북동쪽 뒷 담장 역할을 하였던 자리에서 北門으로 이어지는 登山路를 "수렛골"이라 한다는 증언을 들은 바 있다. 이는 곧 신라시대부터 수렛길이 나 있었음을 알 수 있고 南山新城으로 진입하는 正門 역할의 北門과 연결 되었던 것이다. 아마도 신라시대부터 南山新城의 北門은 정문 역할을 하였기 때문에 후대에 와서 "대문터"로 불리고 있었던 것으로 여겨진다. 근래까지도 '大門'은 한 장소의 정문을 의미하고 있는 것에서도 알 수 있다. 따라서 第1碑는 南山新城 北門址 부근에서 옮겨 왔던 것으로 볼 수 있다.

2) 秦弘燮, 1965, 「南山新城碑의 綜合的 考察」, 『歷史學報』 26, 歷史學會, p.1.
   秦弘燮, 1976, 「南山新城碑의 綜合的 考察」, 『三國時代의 美術文化』, 同和出版公社, p.117.
3) 大坂金太郎, 1934, 「慶州に於て新に發見せられる南山新城碑」, 『朝鮮』 235, pp.112~119.
4) 大坂金太郎, 「上揭論文」, p.116.
5) 秦弘燮, 1976, 「南山新城碑의 綜合的 考察」, p.118.

IX	VIII	VII	VI	V	IV	III	II	I	
□	□	干	□	□	喙	音	年	辛	1
□	面	工	□	□	□	乃	崩	亥	2
□	捉	尺	礼	知	□	古	破	年	3
受	上	阿	干	尒	□	大	者	二	4
十	知	□	文	利	知	舍	罪	月	5
一	礼	丁	尺	上	大	奴	敎	廿	6
步	次	次	□	干	舍	含	事	六	7
三	□	干	文	匠	郡	道	爲	日	8
尺	捉	文	知	尺	上	使	聞	南	9
八	上	尺	阿	阿	村	沙	敎	山	10
寸	首	竹	尺	良	主	喙	令	新	11
	尒	生	城	村	阿	合	誓	城	12
	次	次	使	末	良	親	事	作	13
	小	一	上	丁	村	大	之	節	14
	石	伐	阿	次	今	舍	阿	如	15
	捉	面	良	干	知	營	良	法	16
	上	捉	沒	奴	撰	沽	邏	以	17
	辱	上	奈	含	干	道	頭	作	18
	丁	珎	生	村	柒	使	沙	後	19
	次	巾	上	次	吐	沙	喙	三	20

圖1. 南山新城碑 第 1碑　　　　　〈判讀文〉

2. 第 2碑

제 2비(慶州博 遺物番號: 慶州 493番)는 중심부에서 上下 두 조각으로 切斷되었던 것을 나중에 接合한 것이다. 1956년 6월 南山新城 서쪽 기슭에 있는 逸聖王陵 부근에서 下半部가 발견되었고 1960년 12월 하반부 발견위치 부근에서 上半部가 발견되었다. 따라서 이 비석의 원래 위치는 일성왕릉 뒤쪽 성벽이었던 것 같다.

碑文의 첫 머리에 '阿大兮村'이라는 축성담당지명이 있는 점이 이색적이며, 序頭部에서 Ⅱ-18에 '作'字를 缺字한 점이 특이하다.

3. 第 3碑

제 3비(慶州博 遺物番號: 慶州 484番)는 발견당시 慶州市 排盤洞 四天王寺址 부근 李板出氏 宅에 방치되어 있었다고 한다. 이를 당시 秦弘燮 館長에 의하여 1960년 6월에 國立慶州博物館(당시 慶州分館)에 收藏되었으며 秦弘燮 館長은 李板出의 증언에 의하여 1960년 3월 속칭 "뒷거럼지"에서 가져왔다고

圖2. 南山新城碑 第2碑

〈判讀文〉

XI	X	IX	VIII	VII	VI	V	IV	III	II	I	
丁	首	淂	兮	尺	刀	畓	道	年	辛		1
利	叱	毛	村	沙	城	大	使	崩	亥	阿	2
之	兮	□	之	戶	本	支	沙	破	年	大	3
彼	日	之	上	城	西	村	喙	者	二月	兮	4
受	一尺	一尺	人	可	利	道	勿	罪	廿六	村	5
作	□	面	所	沙	之	使	牟	教	日	道	6
七	石	石	平	里	貴	牟	喙	事	南	使	7
步	捉	捉	之	知	干	久	所	爲	山	沙	8
四	人	人	上干	上干	久	所	仇	聞	新	喙	9
尺	一	仁	工	文	利	叱	利	教	城	勿	10
	安	尒	尺	尺	城	孔	城	令	作	生	11
	尒	之	可	美	首	知	道	誓	節	次	12
	之	一伐	尸	叱	□	大烏	使	事	如	小舍	13
	彼	面	□	□	利	郡	沙	之	法		14
	小	石	之	之	之	中	喙	阿	以		15
	石	捉	一伐	一伐	撰	上	級	且	後		16
	捉	人	文	阿	干	人	知	分	三		17
	人	□	尺	大	匠	沙	小舍	村			18

기술하고 있다. "뒷거럼지"에 대해서 秦弘燮 館長은

> "뒷거럼지"의 語源이 무엇인지 알 수 없으며 배반동 "자기등"부락 북방 약 150m지점이다. 南山과는 상당한 거리가 있어 아마도 남산 東麓에서 移置된 것이 아닌가 한다."

라고 하였다.[6] 현재 이판출씨가 옮겨 왔다는 '뒷거럼지'는 國立慶州文化財研究所에서 조사한 보고서에 의하면 "뒷거름정이"라 소개되고 있는데[7] 同一地名인 듯 하다. "뒷거름정이"는 "큰골" 북쪽 골짜기에

---

6) 秦弘燮, 1976, 「南山新城碑의 綜合的 考察」, p.134.
7) 國立慶州文化財研究所, 2004, 「배반동」, 『慶州南山 精密學術調査報告書』, 國立慶州文化財研究所, p.78에서 '뒷거럼정이: 삐디기 알랑골(비둘기가 자주 내려 알을 낳았다는 골짜기) 북쪽의 골짜기'라고 기술하였다. 東南山 어느 골짜기가 틀림없다.

있다고 한 것으로 보아, 東南山 언저리로 추정된다. '자기등부락'의 위치를 확인할 수 없지만 '뒷거럼지(뒷거럼정이)'와 가까운 곳이므로 東南山 기슭 성벽에 있던 것을 배반동으로 옮긴 것일 것이다. 이 비석은 南山新城碑 10基 가운데 대다수가 西南山에서 발견된 것인데 비하여 東南山 성벽에서 출토된 확실한 예로서 주목된다.

圖3. 南山新城碑 第3碑

VI	V	IV	III	II	I	
大烏	小舍	仇	部	後	辛	1
□	文尺	生	主	三	亥	2
石	久	次	刀	年	年	3
捉	匠	大舍	里	崩	二	4
人	吉舍	文尺	受	破	月	5
□	面	仇	作	者	廿	6
下	石	□	廿	罪	六	7
次	捉	小舍	一	教	日	8
大烏	人	里	步	事	南	9
小	□	作	一	爲	山	10
石	□	上	寸	聞	新	11
捉	□	人	部	教	城	12
上	□	只	監	令	作	13
人	□	冬	等	誓	節	14
利	□	大舍	□	事	如	15
□	□	文	□	之	法	16
小烏	□	同	次	喙	以	17
		知	大舍		作	18

〈判讀文〉

4. 第4碑～第6碑

제 4비(慶州博 遺物番號: 慶州 492番)는 제 2비 下端部와 같은 지점인 逸聖王陵부근에서 동시에 발견되어 國立慶州博物館에 收藏되었다. 상반부가 결실되었다. 隸書風으로 잘 쓴 글씨에 속하며 X−3의 '皮一'은 合字로 되어있다.

圖4. 南山新城碑 第 4碑

X	IX	VIII	VII	VI	V	IV	III	II	I	
□										1
次	次									2
□	□	只	古	利	古	□	邏	聞		3
小	□	一尺	一伐	上干	生	大	頭	教	節	4
石	石	書	古	匠	村	舍	沙	令	如	5
捉	捉	尺	生	尺	珎	一善	喙	誓	法	6
上人	上人	夫	城上			支	弩	事	以	7

〈判讀文〉

　　제 5비(慶州博 遺物番號: 慶州 1758番)는 秦弘燮의 「南山新城碑의 綜合的 考察」(『三國時代의 美術文化』, 同和出版公社, 1976)에서 추가하여 처음으로 알려진 것이다. 慶州市 沙正洞 興輪寺址(靈廟寺址) 부근 民家 지표에서 발견되었다고 하였다. 그러나 筆者가 알기로는 1972년 8월 당시 文化財管理局〈現

圖5. 南山新城碑 第 5碑

VII	VI	V	IV	III	II	I	
另	文	一尺	向	道	崩	辛	1
□	尺	城	村	使	破	亥	2
□	一利	促	□	□	者		3
	□	上人	□	□	罪		4
		加	上	喙	敎		5
			干	部	事		6
			同	古	爲		7
			村	支	聞		8
				大舍	敎		9

〈判讀文〉

文化財廳)에서 現在 興輪寺 서쪽을 관통하는 新道路工事를 추진할 당시에 발견된 것이다. 지금의 興輪寺부근에 있었던 民家를 철거하는 과정에서 구들장으로 사용되었던 것을 모아 둔 돌무더기에서 文化財管理局 金正基 所長이 우연히 발견하여 國立慶州博物館에 寄贈한 것이다.

제 6비(慶州博 遺物番號: 慶州 1733番)는 지금까지 발견된 南山新城碑 가운데 가장 작은 18cm×8.0cm 크기이다. 國立慶州博物館에서 1970년대 초반(1974年 무렵) 古物商으로부터 작은 돈을 주고 매입한 것이다. 고물상의 말에 의하면 塔洞 識惠谷 부근의 民家에서 발견한 것으로, 집 주인이 쌀가마니를 고이는 돌로 사용하고 있었던 것이라고 하였다. 南山新城의 西南山地域에서 출토된 것으로 추정되며 南山新城碑가 틀림없다.

圖6. 南山新城碑 第6碑

	II	I	
	尺	工	1
	豆	尺	2
	婁	同	3
	兮	村	4
	□		5

〈判讀文〉

5. 第7碑~第8碑

제 7비(慶州博 遺物番號: 慶州 10584番, 發見當時 '제 8비')는 筆者에 의하여 1985년 3월 20일 南山新城 蟹目嶺 아래의 성벽 안쪽 薛氏墓 축대에서 발견한 것이다. 글자가 있는 앞쪽이 빗물에 쓸려 노출되어 있었는데 오전 11시 무렵이어서 글자가 있음을 알게 되었다. 1985년 이전에 南山新城 城內에서 발견된 최초의 南山新城碑였다.

圖7. 第7碑 發見狀態(남쪽에서)

圖8. 南山新城碑 第 7碑

Ⅳ	Ⅲ	Ⅱ	Ⅰ	
□	[事]	[節]	[辛]	1
□	[爲]	如	亥	2
□	□	法	年	3
□	□	以	二	4
□	□	作	月	5
□	誓	後	廿	6
舍	事	三	六	7
□	之	年	日	8
□	□	[崩]	[南]	9
□	□	[破]	[山]	10
□	□	[者]	[新]	11
□	□	[罪]	[城]	12
□	□	[教]	[作]	13

〈判讀文〉

　第 8碑(慶州博 遺物番號: 慶州 10585番, 發見當時 ‘第9碑’) 또한 筆者가 1987년 1월 25일, 당시 釜山市立博物館 朴志明 學藝室長 內外, 國立慶州博物館 高敬姬 學藝研究官과 함께 南山新城을 踏査하던 중 北門址의 현재 登山路에서 발견하였다. “奈日”두 글자만 있고 양쪽 수평 위치에 글자가 있어야 할 곳

에 아무런 글자가 없어서 南山新城碑로서의 의문의 여지가 전혀 없지는 않으나 城內에서 발견되었으므로 南山新城碑로 이해되고 있다.

圖9. 第 8碑 發見地 南山新城 北門址(外側에서)

圖10. 南山新城碑 第 8碑

	I	
	奈	1
	日	2

〈判讀文〉

6. 第 9碑

第 9碑(慶州博 遺物番號: 慶州 8210番)는 1994년 1월 16일 慶州市 拜洞 425番地에 살던 金東贊(當 36歲)이 西南山 기슭인 拜洞山 172-3번지 지점에서 발견하여 本家의 신발댓돌로 사용하던 것으로 알려져 있다. 筆者는 발견되었다는 날로부터 이틀 후인 1월 18일 발견자로부터 "옛날 오래된 비석 같은 것이 있는데 글자가 희미하게 남아 있다"는 電話를 받았다. 申告人의 전화 내용으로 보아 직감적으로 南山新城碑임을 인식하고 차량과 장비, 인부를 동반하여 그 즉시 반입하였다. 발견자 金東贊에게 발견 경위와 장소에 대하여 물어보았으나 즉시 답변을 듣지 못했다. 계속하여 출토지의 중요성을 이야기하면서 설득한 결과, 망설이다가 마지못해 발견 현장을 案內해 주어서 가 보니, 움푹 파인 구덩이에서 발견된 것이라고만 이야기하였으나 구체적인 답변을 하지 못하였다. 만족한 답변은 듣지 못하였지만 이 碑石이 金東贊의 本家와 아주 가까운 昌林寺址 동쪽 城壁에 해당되는 곳에 있었다는 정보를 확인한데 만족하고 사무실로 돌아왔다. 며칠 후 일요일 오전 10시 무렵 현장부근을 정밀히 조사할 요량으로 南澗寺址를 지나 南山新城碑(第 9碑) 발견지점 가까이 가는데, 사람들이 웅성거리는 소리와 호미 또는 괭이가 돌에 부딪히는 소리가 들려 왔다. 城壁 가까운 곳으로 가 보니 申告者 金東火贊과 젊은 남정네 3~4명이 城壁 여기저기를 돌아다니고 있었다.

金東贊은 筆者를 발견하고 당황하여 어쩔 줄 몰라 하며 대단히 죄송하다고 말하면서 안절부절 하였다. 그러면서 사실은 비석을 발견한 사람은 本人이 아니라 그의 친동생이며 그때 찍은 사진이 있다는 정보를 주었다. 그 사진을 보기를 요청하고 그의 집으로 갔는데 여기저기를 뒤져보더니 사진은 동생이 여러 기관(大學博物館 등)에 주고 없으며 컬러필림만 있다고 하여 필림을 받아 햇빛에 비춰보았다. 그

圖11. 南山新城碑 第 9碑

X	IX	VIII	VII	VI	V	IV	III	II	I	
伯	捉	村	上	生	尺	郡	令	法	辛	1
干	同	□	干	伐	同	上	誓	以	亥	2
[支]	村	次	工	只	村	人	事	作	年	3
村	西	分	尺	次	內	曳	之	後	二	4
戊	西	阿	指	丈	丁	安	伋	三	月	5
七	阿	尺	大	一	上	知	伐	年	廿	6
□□	尺	面	幺	城	干	撰	郡	崩	六	7
	□	促	村	促	斤	干	中	破	日	8
捉	伯	人	上	谷	生	伊	同	者	南	9
人	干	夫	人	村	伐	同	教	罪	山	10
	伊	支	□	伊	別	城	城	徒	新	11
	同	村	一伐	同	利	文	城	事	城	12
	村	支	文	村	支	上	受	爲	作	13
	□□	刀	尺	□	一尺	干	六	聞	節	14
	小石	一尺	伊	尸	文	匠	步	教	如	15
	捉人	面	同	丁	尺					16

〈判讀文〉

圖12. 第9碑 出土地(城內 동쪽에서)

圖13. 第9碑 발견상태(城內 북동쪽에서)

圖14. 第9碑 출토상태(Ⅰ)

圖15. 第9碑 출토상태(Ⅱ)

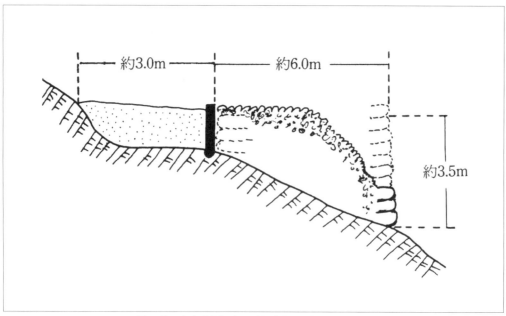

圖16. 第9碑 立碑狀態 復元圖(內城壁의 黑色이 第9碑임)

필림은 발견 당시 비석이 있었던 위치와 상태를 파악 할 수 있는 1급 정보가 남아 있었다.

박물관 사무실로 돌아와 사진으로 인화하여 본 결과 비석을 발견하여 옮겼다는 곳은 지금도 움푹하게 패인 구덩이가 남아 있었던 자리와 일치하였으며, 비석은 성벽 내측 통로 쪽에서 볼 수 있도록 서 있었음을 알 수 있었다. 그리고 신고직후 현장에 도착하여 비석을 발견한 경위 등에 대한 명쾌한 답변을 하지 못한 이유를 알게 되었다. 만약 비석을 수습할 당시 사진을 촬영하지 않았거나, 촬영한 필름을 찾지 못하였다면 南山新城碑의 출토정황을 이해하는데 많은 아쉬움을 남길 뻔 하였다. 유물이 출토된 현장조사에서 기록의 중요성을 다시 한번 확인 할 수 있었다. 南山新城碑의 立碑狀態는 제 9비의 예로 보아 外城壁에서 약 6.0m떨어진 內城壁 자리에 前面이 城內를 향하였음이 확인된 것이다.

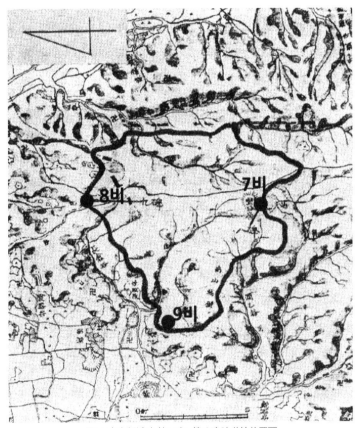

圖17. 南山新城碑 第 7碑～第 9碑의 收拾位置圖
〈國立慶州文化財研究所, 『慶州 南山精密學術調査報告書』에서 轉載〉

7. 第 10碑

第 10碑는 2000년 5월 18일 國立慶州文化財研究所〈慶州 南山 綜合保存整備事業計劃〉에 따른 情密地表調査 중 南山新城에서 약 1.1km 떨어진 九皇洞 '옥다리들' 逸名寺址 부근(國立慶州博物館 동남쪽 논둑)에서 김경동(당시 國立慶州文化財研究所 직원)이 발견한 것이라 한다.[8] 정확한 지점은 행정구역상 慶州市 排盤洞 畓751-3番地이다.

南山新城碑의 右上端部片이며 크기는 27.0cm×16.5cm이고 두께 13.0cm의 붉은색을 띤 화강암으로 만들었다. 字徑은 2.5cm×2.5cm크기이고 古拙한 楷書體이다. 이를 判讀하면 다음과 같다.

<推定部分>

	1	2	3	4	5		6	7	8	9	10	11	12	13
1)	辛	亥	年	二	月		廿	六	日	南	山	新	城	作
2)	節	如	法	以	作		後	三	年	崩	破	者	罪	敎
3)	事	爲	聞	敎	令		書	事	之	□	□	□	□	□
4)	□	□	□	□	□									

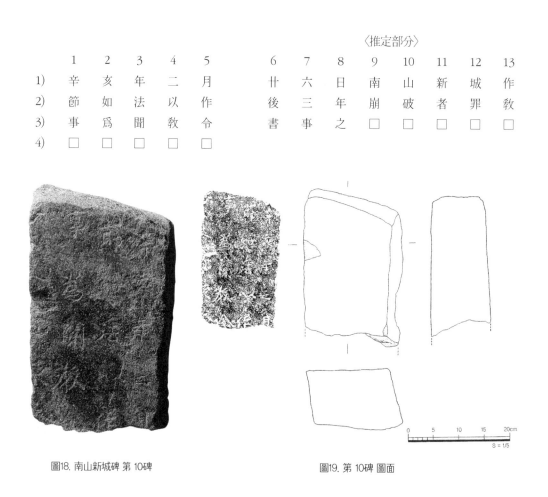

圖18. 南山新城碑 第 10碑   圖19. 第 10碑 圖面

---

8) 國立慶州文化財研究所, 2009, 「남산신성비 제10비」, 『浦項 中城里 新羅碑』, pp.72~73.

모두 5자씩 남아 있으나 마지막 네 번째 行은 本辭部分으로 글자의 3/1정도 字劃만 남아 있어 判讀이 불가능하다.

1~3行의 첫 글자로 보면 各行은 13字 정도이고 他例로 보아 원래는 11行 內外였을 것으로 추정된다. 各行이 13字로 된 점이나 글자의 字體가 第7碑와 매우 유사하다. 이 비석이 출토된 장소로 보아 최초 立碑位置는 東南山 城壁이었다고 보여진다.

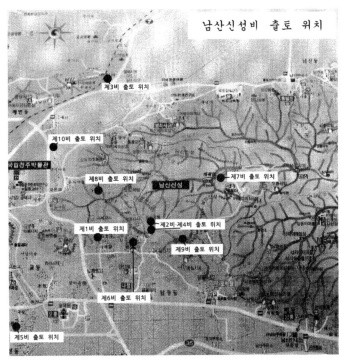

圖20. 南山新城碑 發見位置圖

Ⅲ. 月城垓子碑의 再解析

1. 月城垓子碑의 發見經緯와 判讀

이 碑石은 '新羅刻字石片'〈黃壽永, 『韓國金石遺文』, 一志社, 1978.〉, '新羅刻字石片'〈許興植, 『韓國金石全文』, 亞細亞文化史, 1984〉, '人首力知銘刻石片'〈許興植, 『韓國金石全文』, 亞細亞文化史, 1984.〉, '首力知'銘石片〈國立慶州博物館, 『文字로 본 新羅』, 예맥출판사, 2002.〉으로 알려져 있다. 크기는 높이 31.0cm, 두께 9.0cm이며 慶州市 仁旺洞 仁旺派出所옆에서 발견되었고 製作時期를 新羅末로 추정하고 있다. 확인된 글자 수는 3行 19字이다.

兩面 비석의 형태를 하고 있으나 글자수가 적고 화강석의 면을 다듬지 않은 자연면에 刻字한 관계로 完讀되지 못하여 주목 받지 못하고 있었다. 다만 최초 報告者인 黃壽永 博士는 『韓國金石遺文』에서 다음과 같이 判讀하여 學界에 紹介하였다.

作人居(丁)次及伐車[9]
□人首力知奈末
　□三人□□[10]

筆者가 이를 다시 判讀해 보면 다음과 같다.

〈前面〉
　　作人居丁次及伐車

〈後面〉
　　徒人首力知奈末
　　此三人也

圖21. 月城垓子碑　　　　　　　　　　　　圖22. 模寫圖

〈前面〉의 1行은 黃壽永 博士가 판독한 것과 같고 다만 '丁'으로 推讀한 것을 그대로 따랐으며 許興植 『韓國金石全文 −古代−』또한 '丁'으로 읽었다. 後面의 1行과 2行은 黃壽永과 더불어 許興植도 꼭 같이 읽었으나, 筆者는 1行의 未讀이었던 첫 글자를 '作'으로 읽었다. 後面 2行은 두 글자를 내려서 시작 되는데, 첫 글자는 '此'로, 2~3번째는 모든 判讀者가 찬동하는 '三人'이며, 4번째 글자는 '也'로 보았다. 마지막 글자는 黃壽永, 許興植 등에 의하여 1字가 더 있는 것으로 보았으나 마지막 글자는 없는 것으로 보았다.

筆者가 판독한 결과를 가지고 分析 해보기로 한다. 먼저 이 비석의 性格을 말해주는 것이 〈前面〉의

---

9) 黃壽永, 1994, 「新羅刻字石片」, 『韓國金石遺文(第5版)』, 一志社, p.464.
10) 黃壽永, 1994, 「新羅刻字石片(補)」, 『韓國金石遺文(第5版)』, p.511.

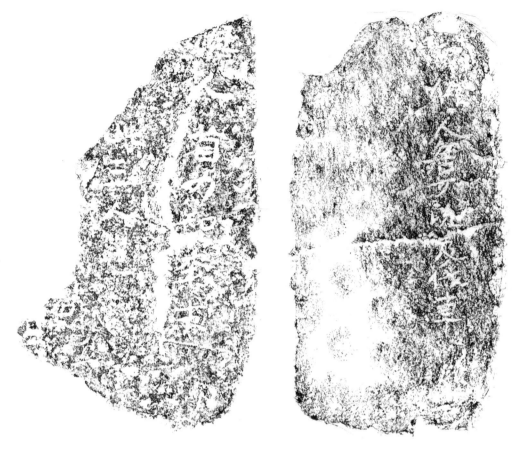

圖23. 月城垓子碑 前面 拓本 　　　　　　　　　　　　　圖24. 後面 拓本

'作人'과 〈後面〉의 '徒人'[11]이다. 이는 職名을 나타내는 것으로 볼 수 있으며 '作人'은 南山新城碑의 '作上人'과 동일한 성격이다. '徒人'은 明活山城作城碑(551년)에서 '抽分下干支徒·□叱分一伐徒·□□利波日徒'와 南山新城碑 第 9碑의 '伊同城徒'(591년), 雁鴨池護岸石出土碑片(推定 明活山城碑, 6世紀後半)의 '一伐徒', 墨書銘有蓋高杯(6~7世紀, 國立慶州博物館所藏)의 '上撰干徒'[12]에서의 '徒'와 같은 의미로 볼 수 있다. 한편 〈前面〉의 '居丁次及伐車'와 〈後面〉의 '首力知奈末'역시 같은 구조이다. '居丁次'와 '首力知'는 人名으로 보는데 아무런 문제가 없으며 틀림없다고 인정되지만, '及伐車'는 級伐湌의 音似로 及干을 表記한 京位 9官等이거나 人名으로 해석해볼 여지가 없지 않다. 필자의 생각으로는 前者이라기보

---

11) 筆者는 처음 '作人'으로 읽었으나 2011. 7. 23. 발표 때에 尹善泰 교수 등 會員의 도움으로 '徒人'으로 고쳐 읽을 수 있었다.
12) 朴方龍, 1996, 「傳 嶺南地方 出土 墨書銘有蓋高杯」, 『碩晤 尹容鎭敎授停年退任紀念論叢』, pp.501~502.

다는 後者, 즉 人名으로 판단된다. 비석의 형태로 보아 前·後 兩面으로 되어있고 後面 3行의 '此三人也'는 앞의 三人을 나타낸다고 보았을 때, 及伐車를 官等보다는 人名으로 해석하는 편이 자연스럽다. 또한 '及伐車'를 級伐湌級의 官等으로 表記했다면 冷水里碑(503년), 鳳坪新羅碑(524년), 川前里追銘(539년) 등에서처럼 '居伐干支'·'及伐干支'·'及伐干'·'及干'으로 表記되어야 한다.

2. 官等으로 본 製作年代

이 碑石에서 '首力知'의 官等을 奈末이라 표기하고 있는데, 이는 京位 11官等인 奈麻의 다른 표기가 확실하다.

後面의 '此三人也'는 前述한 作人을 말한다. 즉 '作人은 居丁次와 及伐車, 首力知 奈末 세 사람이다'로 해석 된다. 따라서 居丁次를 비롯한 세 사람이 어떤 土木工事를 하였다는 것을 나타내는데, 이 공사는 무엇이었을까? 이 비석이 발견된 것은 1976년 雁鴨池 發掘調査가 진행될 당시 尹根一 學藝研究士에 의하여 그 존재가 알려졌고 별다른 行政措置없이 國立慶州博物館에 入庫 되어 미등록 상태로 관리되었다. 이 비석을 처음으로 學界에 소개한 黃壽永 博士는 "1976년 月城과 雁鴨池사이 道路에서 出土"라고 하였으나[13] 筆者가 尹根一로부터 듣기로는 仁旺派出所 앞 道路邊 水路에서 수습하였다고 하였으므로 이 곳은 月城 東門址 입구의 月城垓字 가地區에 해당되는 곳이다. 가地區는 石築으로 된 垓子시설이 있는 지역으로 여기에는 東門으로 통하는 垓子를 건너기 위한 다리시설과 石築水路가 있었다.

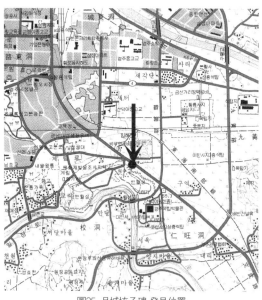

石築垓子는 月池(雁鴨池)에 미치지 못하나 상당한 규모의 크기이며 石築水路와 출입시설의 築造工事에 많은 工力이 투입되었던 것 같다. 아무튼 月城垓子의 土木工事를 완료하고 이를 기념하기 위하여 공사 담당 책임자 3人의

圖25. 月城垓子碑 發見位置

圖26. 月城垓子碑 發見位置

---

13) 黃壽永, 1994, 『韓國金石遺文(第5版)』, 一志社, p.465의 〈註記〉.

人名을 기록한 비석이라고 보아도 좋을 것이므로 "月城垓子碑"라고 호칭하기로 하였다.

月城垓子碑의 제작연대는 언제일까? 우선 글자체가 6世紀代 金石文에서 볼 수 있는 古拙한 맛이 없고 세련된 느낌이 있어 7世紀로 내려 보아야 할 것 같다. 절대적인 기준은 될 수 없겠지만 冷水里新羅碑(503년), 鳳坪里新羅碑(524년), 川前里書石(原銘: 525년, 追銘: 539년) 등 6세기 초반에 해당하는 금석문에는 이 碑片에서처럼 '奈末'로 표기되지 않고 '奈麻'와 '大奈麻'로 표기되고 있는 점으로 보면 아무리 빠르게 잡아도 6세기 중반 이상으로 올라가지 못할 듯 하다. 또한 新羅 金石文에서 이 碑石에서처럼 奈麻를 '奈末'로 쓴 예로는 昌寧拓境碑(561년), 磨雲嶺碑(568년)와 黃草嶺碑(568년), 慶州 塋藏寺阿彌陀如來造像碑(801년)에서 볼 수 있어서 '奈末'의 上限을 6世紀 中半 以後(561년과 568년이 있으므로 6世紀 末이라고 보기는 어려울 듯함) 정도로 보는 편이 무난하다고 본다.

그리고 奈麻를 '乃末'로 표기한 예로는 癸酉銘全氏阿彌陀三尊像(673년), 正倉院 新羅加盤附屬文書(8世紀 前半 추정), 永川 菁堤碑(貞元銘, 798년), 慶南 泗川 船津里遺蹟의 天雲大王銘碑(8世紀 中後半), 禪林院鍾(804년), 菁州蓮池寺鍾(833년), 서울 虎岩山城 한우물 출토 숟가락에서 '仍伐內力知乃末'(8世紀, 統一新羅時代 추정)이 있다. 이는 모두 통일신라시대인 8世紀 前半~9世紀 中半에 이르고 있는 점으로 보았을 때, 이 月城垓子碑의 '奈末'은 '奈末'과 '乃末'의 중간단계인 6세기 後半에서 7世紀中半 사이의 表記였던 것으로 상정된다.

더욱이 이 비석이 출토된 장소가 月城 正宮의 부속시설로서 石築垓字 축조와 관련이 있을 가능성이 매우 크다고 보았을 때, 石築垓子의 축조연대로 추정되고 있는 6世紀 後半에서 7世紀 中半사이 新羅 金石文으로 보는 편이 옳다고 생각된다. 아울러 月城垓子 출토 木簡도 7世紀 무렵으로 比定되므로 서로 발견 지점과 연대로 보아 比較 硏究가 필요할 것이다.

Ⅳ. 맺음말

南山新城碑는 新羅 古代史 硏究에서 빼놓을 수 없는 귀중한 자료임은 너무나 잘 알려진 사실이지만 발견경위와 정확한 출토위치 등은 간과되어 왔다고 하겠다. 이 글은 南山新城碑의 판독이나 村落의 구조 등 古代史的인 측면에서 살펴 본 것이 아니라, 출토당시의 정황, 출토위치에 대하여 지금까지 알려져 있지 않은 점을 再發見하는 마음으로 살펴 본 것이다.

1934년 南山新城碑는 第 1碑가 발견된 이래로 第 10碑에 이르기까지 비교적 심도 있는 논의가 이루어져 왔으나 출토장소와 원래의 立碑位置에 대한 구체적인 논의는 이루어지지 못하였다고 해도 과언이 아니었다. 앞에서 살펴보았듯이 第 9碑가 비록 발견자에 의하여 이동은 된 상태였지만 발견자가 수습 당시의 사진을 찍어 놓아 南山新城 城壁의 內側 通路에 근접하여 前面을 城內로 향하도록 세웠음을 확인 할 수 있게 된 점을 주목하였다. 第 9碑의 예로 보아 지금까지 발견된 南山新城碑 모두는 담당구간에 세워두었음을 알 수 있었고 200餘基로 추정되는 工事集團의 명칭 등을 기록한 綜合碑가 南山新城內에 있을 가능성은 더욱 커지게[14] 되었다.

한편, 南山新城碑에 대해서는 비교적 많은 見解들이 提示되고 있으나 月城垓子碑에 대한 깊이 있는 解析은 이루어지지 않았다. 심지어 前後面 구조로 된 1점의 碑石을 2점인 것으로 잘못 알려지기 까지 하였다. 이 같은 점에서 필자는 兩面碑이지만 내용상 하나로 연결된다는 인식아래, 두 번에 걸쳐 나오는 '作人'과 마지막 3行을 '此三人也'로 판독하고 이에 주목하였다. 즉, 6世紀 後半에서 7世紀 中半 사이 居丁次 등이 月城垓字를 중심으로 한 石築水路와 다리〈橋脚〉 시설 등 土木工事를 한 후 이 사실을 기록한 비석이라 판단하였다. 그러므로 筆者는 이 碑石의 명칭을 "月城垓子碑"라고 命名하였다.

투고일 : 2011. 10. 20   심사개시일 : 2011. 10. 24   심사완료일 : 2011. 11. 10

---

14) 朱甫暾, 2010, 「남산신성비문의 구조와 그 의미」, 『慶州 南山新城』, 慶州市, p.323.

참/고/문/헌

大坂金太郎, 1934, 「慶州に於で新に發見せられろ南山新城碑」, 『朝鮮』235.

秦弘燮, 1965, 「南山新城碑의 綜合的 考察」, 『歷史學報』26, 歷史學會.

秦弘燮, 1976, 「南山新城碑의 綜合的 考察」, 『三國時代의 美術文化』, 同和出版公社.

李鍾旭, 1974, 「南山新城碑를 통하여 본 新羅의 地方統治體制」, 『歷史學報』64, 歷史學會.

黃壽永, 1978·1994, 『韓國金石遺文』第2版·第5版, 一志社.

許興植, 1984, 『韓國金石全文』古代篇, 亞細亞文化社.

朱甫暾, 1985, 「雁鴨池出土 碑片에 對」한 一考察, 『大丘史學』27.

朴方龍, 1988, 「南山新城碑 第8碑·第9碑에 對하여」, 『美術資料』42號, 國立中央博物館.

朴方龍, 1994, 「南山新城碑 第9碑에 대한 檢討」, 『美術資料』53號, 國立中央博物館.

朱甫暾, 2002, 『금석문과 신라사』, 지식산업사.

國立慶州博物館, 2002, 『文字로 본 新羅』, 國立慶州博物館.

國立慶州文化財研究所, 2004, 『慶州南山 精密學術調査報告書』, 國立慶州文化財研究所.

國立慶州文化財研究所, 2009, 『浦項 中城里新羅碑』, 國立慶州文化財研究所.

國立慶州文化財研究所, 2010, 『국립경주문화재연구소 20년의 발자취』, 國立慶州文化財研究所.

朱甫暾, 2010, 「남산신성비문의 구조와 그 의미」, 『慶州 南山新城』, 慶州市.

〈日文要約〉

南山新城碑・月城垓子碑の再解釋

朴方龍

　慶州の南山新城碑は1934年第1碑が發見されてから破片を包めて現在まで10基が發見され新羅史研究に役に立った。このような研究は碑文に傾倒され碑石の發見經緯と最初の立碑狀態に対する研究が軽視されたことは否めない。そこで南山新城碑の發見經緯を通じてその出土位置を概略的に把握でき、第9碑の發見で最初南山新城碑が製作され、城壁の內側に碑石の前面が通行路からみえるように立碑された事實が明らかになった。また、200餘基と推定される工事參加集團の名稱等を記錄した綜合碑が南山新城內に立たれた可能性が大きくなった。月城垓子碑はいままで三國時代末頃に‘首力知奈末’など幾字の意味不明の碑片と考えられたが、綿密に再判讀し出土場所を檢討された結果、月城垓子と關聯する事實を確信することになった。これは月城垓子‘가(カ)地區’築造と關聯する一種の工事碑とみることができ、‘月城垓子碑’と呼ぶことにし、7世紀中半頃に作成された重要な金石文であることがわかるようになった。

▶ キーワード：南山新城碑、月城垓子碑、金石文、木簡

孫吳簡 중 戶籍文書에 대한 再論
– 結計簡을 중심으로 –

張榮强*

〈국문 초록〉

走馬樓孫吳簡에서 가장 일반적으로 보이는 名籍에는 두 종류가 있다. 第Ⅰ類 簡의 종결구는 일반적으로 "右某家口食若干"이고, 第Ⅱ類 簡의 종결구는 "凡口×事× 算×事×"이다. "右某家口食"類의 里 結計簡 중에는 1里의 民戶를 "不任調"戶와 "應役民"의 2가지 통계로 나누는데, 前者는 賦役을 면제하는 民戶를, 後者는 賦役을 부담하는 者를 지칭한다. "口×事× 算×事×" 중, 앞의 "事"는 "口"로 해석하여, 口錢을 납부해야 하는 人數를, 뒤의 "事"는 "算"으로 해석하여, 算賦를 납부해야 하는 人數를 지칭한다. 第Ⅰ類 簡의 주요목적은 인구 통계이고, 第Ⅱ類 簡은 更賦의 人頭稅와 겸해서 口算賦를 징수 납부하기 위해서이다. 이에 상응해서, 第Ⅰ類 簡에 등록된 것은 전체 里의 모든 人戶이고, 結計簡이 통계낸 것은 전체 里의 총 戶數와 총 口數이다. 第Ⅱ類 簡에 등록된 것은 해당 里에서 口算賦를 부담하는 人戶 즉, "應役民"와 吏卒戶다. 里 結計簡 통계 또한 이 두 종류의 人戶의 總數와 口食數이다. 만일 두 종류의 人戶의 총 戶數가 아니라면, 바로 그중에 人頭稅를 납입해야 하는 총 人數이다. "右某家口食"類 簡은 또한 기초대장으로서의 기능이 있고, 그것이 戶籍임은 의심의 여지가 없다. "凡口若干"類 簡은 "黃籍"이라고 부르는데, 이 또한 광의의 戶籍에 속한다.

▶ 핵심어 : 走馬樓吳簡, 事, 不任調, 應役民, 戶籍

---

* 中國 北京師範大學 歷史學院

Ⅰ. 序論

1996년 출토된 走馬樓孫吳簡의 내용은 대부분 帳簿와 名籍이다. 그중 名籍簡을 세분화하면 많은 종류가 있지만, 가장 일반적으로 보고 논의하는 내용은 2가지 종류이다. 第Ⅰ類는 길이 22.7~23.6㎜, 폭 0.6~1.2㎜이며[1], 簡의 종결구는 일반적으로 "右某家口食若干"(이하 "右某家口食"類라고 약칭함.)이다. 第Ⅱ類의 길이는 第Ⅰ類와 동일하고 폭도 크게 차이가 나지 않으며, 簡의 종결구는 "凡口×事× 算× 事×"(이하 "凡口若干"類라고 약칭함.)이다. 2006년 필자는 이미 『孫吳簡中的戶籍文書』[2]를 발표했는데, 당시는 단지 『竹簡[壹]』[3] 자료를 근거로 第Ⅱ類 簡의 내용과 성격을 분석했다. 이후, 『竹簡[貳]』, 『竹簡[參]』이 연이어 출판되면서, 필자를 포함하여 점점 더 많은 학자들이 第Ⅱ類 簡 중 "事"의 함의, 第Ⅰ, Ⅱ類 簡의 성격과 기능 등의 문제를 둘러싸고 토론을 전개했다. 필자는 현재 새로운 생각을 갖게 되었다. 結計簡의 시각에서 이 두 종류의 簡을 다시 분석하려고 하는데, 내용의 상당부분은 필자의 舊說을 수정하는 것이다.

Ⅱ. "右某家口食"簡의 "不任調"와 "應役民"

"右某家口食"類 簡의 상황은 비교적 복잡하다. 家庭 結計簡에서 보면, "口食"의 뒤에는 "訾×"나 "若干男/若干女"로 기재되어 있다. 가족 구성원, 특히 戶主의 기록 형식을 보면, 戶主 앞에는 "里名", "戶人", "爵位"라고 덧붙여 있고, 또한 "民男子" 또는 "吏", "卒"의 신분이 기록되어 있거나, 단지 "大男"이나 "大女"라고만 기록되어 있기도 하다. 비록 세밀한 구별이 있더라도, 이 종류의 簡의 里 結計簡 통계의 내용은 기본적으로 일치한다고 간주한다. 簡[貳]1661—1799號는 廣成鄕廣成里 "右某家口食" 類의 成坨 簡에 속한다. 그 戶主簡은 "民男子楊明年八十六給驛兵 明妻大女敬年六十二"(簡[貳]1778)와 같이 쓰여 있고, 家庭簡의 종결구는 "右士家口食六人"(簡[貳]1661)과 같이 적혀 있는데, 侯旭東 선생이 해당 里의 結計簡의 순서를 아래와 같이 복원했다.

---

1) 일본학자 谷口建速 선생은 많은 종류의 孫吳簡의 尺寸을 구체적으로 측량하였다. 2007, 「竹簡の大きさについて」, 『長沙走馬樓出土吳簡に關する比較史料學的研究とそのデータベース化』, 平成16年度〜平成18年度 과학연구비보조금〈기반연구 B〉연구성과 보고서 참조.

2) 『歷史研究』 2006년 제2기.

3) 本文의 『竹簡[壹]』, 『竹簡[貳]』, 『竹簡[參]』과 인용한 簡號 중 "簡[壹]", "簡[貳]", "簡[參]"이라고 하는 것은 각각 『長沙走馬樓三國吳簡·竹簡[壹]』(長沙市文物考古硏究所·中國文物硏究所·北京大學歷史學系'走馬樓簡牘整理組'編著, 2003, 文物出版社), 『長沙走馬樓三國吳簡·竹簡[貳]』(長沙簡牘博物館·中國文物硏究所·北京大學歷史學系'走馬樓簡牘整理組'編著, 2007, 文物出版社), 『長沙走馬樓三國吳簡·竹簡[參]』(長沙簡牘博物館·中國文物硏究所·北京大學歷史學系'走馬樓簡牘整理組'編著, 2008, 文物出版社)의 약칭이다.

(1)

右廣成里領吏民五十戶口食二百九卅□□人　　　　　　(簡[貳]1671)

　　• 其五戶尫羸老頓貧窮女戶　　　　　　　　　　(簡[貳]1705)

　　□　　• 定應役民卅戶　　　　　　　　　　　　(簡[貳]1704)

其一戶給朝丞　　　　　　　　　　　　　　　　(簡[貳]1702)

其二戶給郡園父　　　　　▼　　　　　　　　　(簡[貳]1701)[4]

簡[參]4269—4360號는 또한 "右某家口食"類 成坨簡이고, 그 戶主簡에는 "宜陽里戶人公乘烝陽年五十四……"(簡[參]4359)라고 적혀 있고, 簡의 종결구는 "右覓家口食五人其三人男二人女"(簡[參]4345)라고 적혀 있다. 그중 里 結計簡 몇 매를 보면,

(2)

其一戶給軍吏　下品　　　　　　　　　　　　(簡[參]4303)

其五戶□□民　下品　　　　　　　　　　　　(簡[參]4302)

其七戶□□女戶不任調　下品之下　　　　　　(簡[參]4301)

定領役民卅七戶　　　　　　　　　　　　　　(簡[參]4300)

李均明 선생과 宋少華 선생이 최근 발표한 『竹簡[肆]』 자료 중에도 역시 일부 순서가 연속되는 것이 있는데, 戶主簡과 家庭結計簡의 형식은 알지 못하지만, "右某家口食"類의 里 結計簡에 속하는 것이 명백하다.

(3)

其七戶貧□民不任調　　　　　　　　　　　　(簡[肆]533)

其二戶縣市王須　　　　　　　　　　　　　　(簡[肆]532)

其一戶郡佃卒　　　　　　　　　　　　　　　(簡[肆]531)

其一百□口男人　　　　　　　　　　　　　　(簡[肆]530)

其一百廿口女人　　　　　　　　　　　　　　(簡[肆]529)

其五戶私學新吏　　　　　　　　　　　　　　(簡[肆]528)

其三戶郡縣吏卒　　　　　　　　　　　　　　(簡[肆]527)[5]

---

4) 侯旭東, 2009, 「長沙走馬樓吳簡〈竹簡[貳]〉"吏民人名年紀口食簿"復原的初步研究」, 『中華文史論叢』2009년 제1기.

5) 李均明·宋少華, 2007, 「〈長沙走馬樓三國吳簡〉竹簡[四]內容解析八則」, 『出土文獻研究』제8집, 上海: 上海古籍出版社. 이하 인용된 竹簡[肆]의 자료는 모두 이 책을 참조했음.

이상 (1), (2), (3)의 里 結計簡은 모두 成坨簡에 속한다.[6] 그 각각 속하는 簡册이 받은 압력의 정도가 각각 달라서 이미 흩어지고 순서가 뒤엉켜버린 데다가, 정리자들의 지식수준이 동일하지 않아서, 위의 (1), (2), (3)의 里 結計簡의 배열순서 또한 완전히 일치하지는 않는다. 그러나 里 結計簡의 주요 내용을 보면, 모두 1里의 戶數, 人數를 총계낸 후 다시 항목을 나누어 그 里의 각종 "吏", "卒" 및 "民"戶를 열거했다. 주의할 만한 가치가 있는 것은 위에서 서술한 里 結計簡 중 "不任調"와 "應役民"의 戶數에 대한 통계가 출현했다는 것이다. "應役民"을 전부 "民"이라 칭함에 따라, "吏", "卒" 종류는 職役을 수행하는 人戶에서 자연스럽게 배제됐다. 소위 "不任調"戶는 다음에서 설명하는 바와 같이 "窮", "老", "刑踵", "女戶" 등을 지칭하고, 그 戶내에 성인 남자가 없어, 職役을 담당하는 것이 불가능하다. (2)번 簡 중에서, "不任調"戶는 또 "應役民"와 비교하여 자연스럽게 民戶범위에 속한다.[7] 즉, "不任調", "應役民"戶는 오직 里 중이 民戶에 대해 분류통계를 낸 것이다. (2)번 里 結計簡 중에 해당 里의 民戶는 "不任調"와 "定領役民"의 2종류로 구분된다. (1)번 簡 중에서 표면에는 오직 "應役民"戶數만 기재하였다. 그러나 簡[貳]1705에서 "其五戶尫羸老頓貧窮女戶"라는 언급은 다음에서 분석한 것에 근거하여 "不任調"戶數에 대한 통계에 속한다. (3)번 簡은 다만 "不任調"의 戶數를 기록한 것이고, 공개된 簡에 따르면, 이런 簡 몇 매의 후면에서 또한 "凡領應役民卌戶" 등의 예가 보인다. 이 때문에 우리는 "右某家口食"類 里 結計簡 중에서 1里의 民戶는 모두 "不任調"戶 와 "應役民"의 두 종류로 나뉜다는 것을 알 수 있다.

위에서 언급한 簡[貳]1705, 특히 簡[參]4301, 簡[肆]533 이외에도 우리는 출판된 3권의 竹簡 중에서 "不任調", "不任調役", "不任役"의 몇몇 統計簡을 발견할 수 있었다.

    ☒□女戶下品之下不任調 ☒　　　　　　　　　　　　(簡[壹]4233)

    ☒　其卅四戶各窮老及刑踵女戶下品之下不任調役　　(簡[參]6327)

    其卅各窮老及刑踵女戶下品之下不任調役　　　　　　(簡[參]6375)

    ……八戶窮獨（？）不任役　　　　　　　　　　　　(簡[壹]959)[8]

---

6) 宋少華 선생의 말에 따르면, 竹簡[肆], 즉 (3) 簡 역시 成坨簡이다.

7) 본문에서 사용하는 "人戶"는 모든 居民戶를 광범위하게 지칭하는 말이다. 그러나, "民戶"는 "吏", "卒"등의 職役戶와 대립하는 戶口종류만을 지칭한다.

8) 원래 釋文에는 "……其八戶罰伍不注役"이라고 쓰여 있다. 뒤에서 두번째 字의 圖版은 ▧인데, "任"자로 석독해야 한다. 기존에 罰字로 석독한 것의 圖版은 ▧이다. 그 字의 윗부분은 ▧가 아니라 "⺈"자인 것 같다. 아랫부분의 좌측은 "身"이라고 모호하게 판별할 수 있다. 아랫부분 우측은 아마도 "弓"의 초서체인 것 같다. 따라서, 이 字는 "窮(窮)"로 석독해야 한다. 지금까지 본 바로는 "不任(調)役"의 簡 중에 "窮"와 고정적으로 함께 쓰이는 것은 두 종류가 있다. 첫 번째 종류는 "窮老"인데, 그 예는 위에서 언급한 簡[參]6327, 簡[參]6375 및 簡[貳]3153 ("☒　其四戶窮老女戶一人□□物故☒"), 簡[貳]7835 ("☒右一人罤蜀(獨)窮老☒") 등이다. 두 번째 종류는 "窮獨"인데, 그 예증은 아래에 인용한 簡[壹]539, 簡[貳]557, 簡[貳]634, 簡[貳]799, 簡[壹]828 및 簡[貳]604 ("☒其八戶老頓窮獨女戶 ☒") 등이 있다. 기존에 "伍"字로 석독한 것의 圖片은 ▧이다. 좌측은 "彳"과 유사하고 우측은 필력으로 판단해 볼 때, "亖"인 것 같다. 즉, 바깥틀을 제거한

이러한 것은 모두 어지럽게 흩어진 簡인데, 그 주위에 산발적으로 분포된 것 중 다수가 "右某家口食"類 簡이다. 一里五十戶를 표준으로 보면(아래에서 상세히 설명함), 簡[壹]959는 里를 단위로 한 통계로 볼 수 있고, 簡[參]6327, 6375는 아마도 鄕의 통계일 것이다. 여기서 언급하는 "窮", "老", "刑踵", "女戶" 등 戶의 차이는 표면상 호주신분에 따라 구별한 것이다.[9]

"蜀"이다. 이것들을 합치면 "獨"(獨)字가 된다. "罰偅"를 "窮獨"으로 해석하든, "窮老"로 해석하든 관계없이, 簡[壹]959는 "不任役"戶數에 대한 통계이다.

필자는 이전에 일찍이 文字學의 시각에서, "罰偅"을 "廢痼", 즉 殘疾로 해석했다.(2004, 「說"罰偅"-吳簡所見免役資料試釋」, 『文物』 2004년 제12기→후에 2010, 『漢唐籍帳制度研究』, 北京：商務印書館에 수록) 그러나, 이런 해석이 틀렸다고 본다.

9) 최근 발표된 里耶秦簡 중에서 戶主의 爵位에 따라 人戶를 분류한 것을 발견할 수 있다. 簡8-17의 예를 들면:

첫 번째 란

　☒□二戶
　|夫：(大夫)一戶
　|夫：(大夫)寡三戶
　|不更一戶
　|小上造三戶
　|小公士一戶

두 번째 란

　士五(伍)七戶☒
　司寇一戶☒
　小男子□☒
　大女子□☒
　•凡卄五☒

簡8-1238에는 "今見一邑二里夫：(大夫)七戶夫：(大夫)寡二戶夫：(大夫)子三戶不更五戶"의 기록이 있다(張春龍, 2009, 「里耶秦簡所見的戶籍和人口管理」, 中國社會科學院考古研究所·中國社會科學院歷史研究所·湖南省文物考古研究所編, 『里耶古城·秦簡與秦文化研究-中國里耶古城·秦簡與秦文化國際學術研討會論文集』, 北京：科學出版社, pp.190-191.) 唐代 吐魯番문서 중에는 戶主의 課役身分에 따라 人戶를 분류한 것이 있는데, 예를 들면, 阿斯塔那78號墓에서 출토된 『唐西州高昌縣順義鄕戶別計數帳』:

　1　順□
　2　老□□□□
　3　次戶□□□□
　4　小戶″□□□□
　5　和平
　6　老戶　″　　寡戶|
　7　丁戶尚尚尚尚尚尚尚″　　小戶″
　8　次戶|
　9　禮讓　　老尚
　10　□□尚　尚尚尚尚尚尚″　　寡″
　11　　　　　　　　小″

(67TAM78：4, 1994, 『吐魯番出土文書』圖文本 제2책, 文物出版社, p.50)

여기서의 "老", "丁", "次", "小", "寡"이 지칭하는 것은 각각 老男, 丁男, 次丁, 小男, 寡妻를 戶主로 하는 人戶이다.

소위 "窮"戶에 대해서는 『周禮』 券9 「地官·大司徒」에서 鄭玄이 "窮者有四: 曰衿, 曰寡, 曰孤, 曰獨"[10]이라고 주를 달았다. "衿"는 바로 "鰥"이다.[11] 이 4가지에 대해서 『孟子·梁惠王下』에서는 "老而無妻曰鰥, 老而無夫曰寡, 老而無子曰獨, 幼而無父曰孤"[12]라고 설명하는데, 이런 표현방식은 지나치게 광범위하다. 『管子·輕重己』 편에서는, "民生而無父母, 謂之孤子; 無妻無子, 謂之老鰥; 無夫無子, 謂之老寡"[13]라고 더욱 분명히 설명한다. 甘肅省 武威市에서 출토된 漢代 詔令에서는 "(男子)六十以上, 毋子男爲鯤(鰥); 女子年六十以上, 無子男爲寡……夫妻俱無子男爲獨寡"라고 명확히 기록하고 있다.[14] 漢代 二年律令의 조문 중의 "子男"은 단지 남자아이를 지칭하는 것에 가깝다.[15] 여자아이는 성년이 되면 바로 출가가 요구된다. 그래서 "鰥", "寡" 및 "獨"戶의 戶內는 노인 이외에도 아마도 여자아이가 동시에 있었을지도 모른다. 二年律令에서 "毋子男爲鯤……"은 바로 당시 사회상 가장 일반적으로 보이는 핵가족과 확대가족을 말한 것인데, 만약 결합가정의 존재를 생각해보면, 상황은 더욱 복잡하게 된다. 그러나 약간 긍정적일 수 있는 것은 "鰥寡孤獨"戶內에는 모두 성년남자와 성년여자가 없다는 것이다. 이런 종류의 民戶는 노동력을 상실한 데다 외롭고 가난하고 의지할 데가 없기 때문에 곧 소위 말하는 "天民之窮者"이다. 예로부터 통치자의 우선 구휼대상이었다.[16] 漢代에, 王文濤 선생의 통계에 따르면, 西漢은 "鰥寡孤獨"에게 谷과 帛을 사여하는 조령을 30차례나 잇달아 반포했고, 東漢도 역시 28차례나 된다.[17] 앞에서 제시한 吳簡도 "老"戶를 언급했다.

孫吳에서 "老"로 분류되기 시작하는 연령은 60세와 61세라는 두 설이 있다.[18] 于振波 선생은 『竹簡[壹]』의 자료를 근거로 孫吳의 호주가 기본적으로 모두 15-60세이고, 60세를 넘긴 남성은 종종 호주 아버지의 신분으로 등록했다는 것을 발견했다.[19] 이에 대해 말하면, 남자는 일반적으로 60세가 넘자마

10) 阮元校刻, 1980, 『十三經注疏』本, 北京: 中華書局, p.706中. 또한 『呂氏春秋·季春紀』에서 高誘의 주석. "鰥寡孤獨曰窮."

11) 『詩·周南·桃夭』 "國無鰥民也", 孔穎達 "鰥或作矜, 同, 蓋古今字異."

12) 『十三經注疏』本, p.2676 下.

13) 黎翔鳳 撰, 2004, 『管子校注』, 北京: 中華書局, p.1529.

14) 武威縣博物館, 『武威新出土王杖詔令冊』(甘肅省文物工作隊·甘肅省博物館編, 『漢簡研究文集』, 蘭州: 甘肅人民出版社, 1984. 에 수록).

15) 張家山漢簡 『二年律令』 중 "子男" 여자아이와 대비해서 말하는 경우가 많다. 예를 들어, 「置後律」에서는 父가 죽고 子男이 爵을 계승할 때, "毋子男以女"; 「傅後律」은 戶를 세우는 순서를 규정한다. "死毋子男代戶, 令父若母, 毋父母令妻, 毋妻令女".

16) 전국시대 말기에 대략 완성된 『周禮·地官·大司徒』에서는 養民하는 방법을 여섯 가지 들고 있는데, 그중 셋째가 "振窮"이다. "三曰振窮".

17) 王文濤, 2007, 『秦漢社會保障研究—以災害救助爲中心的考察』, 北京: 中華書局, pp.141-146.

18) 필자는 漢代에 61세가 "入老"라고 생각하는데 비해(「二年律令與漢代課役身分」, 『中國史研究』 2005년 제2기 참조. →『漢唐籍帳制度研究』에 수록.) 于振波 선생은 60세라고 주장한다.(于振波, 2007, 「略說走馬樓吳簡中的"老"」, 『史學月刊』 2007년 제5기 → 2006, 『走馬樓吳簡續探』, 台北: 文津出版社에 수록)

19) 前揭한 于振波, 「略說走馬樓吳簡中的"老"」. 張朵는 이후에 역시 『竹簡[壹]』, 『貳』 『參』의 자료를 근거로 이 점을 검증했다(2011, 『走馬樓吳簡吏民籍的復原與研究』, 碩士學位, 北京師范大學歷史學院을 참조).

자 호주의 신분을 포기해야 했고, 戶內 다른 성년 남자가 호주를 맡도록 정정했다. 그러므로, 노인이 호주인 가정에 성년남자가 있는 경우은 아주 적었다. 그러나 필자는 "老戶"가 결코 노인을 호주로 하는 가정을 광범위하게 지칭하는 것은 아니라고 추측한다. 앞에서 인용한 『周禮』에서 鄭玄이 기록한 "窮者"는 鰥寡孤獨를 이른다. 그러나 다른 의견도 있다. 『周禮』券34 『秋官·大司寇』에서 "以肺石達窮民, 凡遠近惸獨老幼之欲有復于上而其長弗達者, 立于肺石."라고 기록되어 있고, 이에 대해 鄭玄은 "无兄弟曰惸"[20]라고 주를 달았는데, "惸獨老幼"는 "鰥寡孤獨"와 동의어인 것이 틀림없다. 그중 "幼"는 명확히 "孤"를 지칭하고 "老"는 반드시 "鰥寡" 등의 戶를 지칭한다. 우리는 고대 官府가 "振窮"을 할 때 또한 다른 서술방식을 취한다는 것도 알고 있다. 예를 들어, 漢代 詔를 내리는 것은 일반적으로 "賜鰥, 寡, 孤獨, 不能自存者"와 같은 식이고, 어떤 때는 "篤癃"와 "貧"을 언급한다. 東晉南朝에서는 詔書에서 "鰥寡孤老", "鰥寡, 孤老, 六疾不能自存者."[21]라고 언급했다. 여기서 "老"는 바로 "獨"戶를 지칭한다. 이것으로 보면 "老"戶는 통상적으로 "鰥", "獨" 등의 戶를 지칭한다. 설령 家 중에 오직 노인만 있더라도, 가장 많은 경우는 여자아이도 함께 있는 民戶다. "刑", "踵"은 吳簡에서 항상 보이는 殘疾病症이고, 여기서는 殘疾를 지칭한다. 그들을 戶主를 삼는 家庭은 즉 古代 詔令에서 진휼이 필요하다고 언급되는 "癃" 또는 "六疾"戶이다.

"女戶"문제에 대해서는 논의가 필요하다. 漢代에 특히 東漢 朝廷이 진휼할 때 가장 중요하게 여겼던 대상은 "鰥, 寡, 孤, 獨, 篤癃, 貧不能自存者"였다. "鰥寡孤獨篤癃"戶 이외에도 광의의 貧戶가 있는데, 앞에서 제시한 簡[肆]533에서도 "貧□民"을 "不任調"에 편성했다. 그러나 "不任調(役)"의 여러 簡에서, 여러 차례 "女戶"를 언급하고 있다. "女戶"라는 단어는 傳世文獻 中, 唐人의 주석에서 가장 이르게 보인다. 『後漢書·章帝紀』에 보면 元和2年(85년) 5月에 "加賜河南女子百戶牛酒"라고 詔를 내렸는데, 李賢은 "此女子百戶, 若是戶頭之妻, 不得更稱爲戶; 此謂女戶頭, 卽今之女戶也."[22]라고 주를 달았다. 여기서 "女子百戶"가 "女戶"를 지칭하는 것인가 아닌가가 논의의 대상이 될 수 있다. 그러나 李賢은 시대적 차이를 고려하지 않고, 漢代의 "女戶頭"와 唐代의 "女戶"를 동등하게 보았는데, 이것이 바로 문제이다. 唐代의 "若戶內并無男夫, 直以女人爲戶"[23]의 규정에 따르면, 오직 家에 남자가 없는 상황에서만, 여자는 비로소 호주가 될 수 있었다. 따라서, 唐代의 "女戶"는 女性을 戶主로 삼는 것을 표현했을 뿐만 아니라, 戶의 구성원 모두가 여자라는 사실을 반영하고 있다. 그러나 漢代는 여자가 戶를 세울 수 있는 조건이 훨씬 느슨했다. 1986年 출토된 張家山漢墓 『二年律令·置後律』에 다음과 같은 규정이 있다.

---

20) 『十三經注疏』本, p.233 상단.
21) 『晋書』卷7 「成帝紀」太寧3年(325년)閏8月, 成帝卽位 "賜鰥寡孤老帛, 人二匹"; 咸和元年(326년)二月 丁亥 改元, "賜鰥寡 孤老米, 人二斛". 『宋書』卷6 「孝武帝紀」大明七年(463년) 二月 壬寅, "鰥寡, 孤老, 六疾不能自存者, 厚賜粟帛." 北朝의 史籍 중에서도 역시 "鰥寡, 孤老"의 詔令이 내려진 것이 여러 번 보인다.
22) 『後漢書』卷3 「章帝紀」, p.152.
23) 1983, 『唐律疏儀』卷12 「戶婚律」"諸脫戶者"조, 北京: 中華書局, p.231.

死母子男代戶, 令父若母, 毋父母令寡, 毋寡令女, 毋女令孫, 毋孫令耳孫, 毋耳孫令大父母, 毋大父母令同産子代戶.[24)]

戶內에 남자가 있는 상황에서도 여자가 戶主를 잇는 것이 가능했다. 이것이 漢初의 법령이다. 최근 공개된 里耶秦簡에서 우리는 이 방면의 실례를 발견할 수 있다.

簡8-237의 예를 들면,
　南里戶人大女子分　☑
　子小男子施　　☑

簡8-1629에서는,
　南里婦人夫：寡㠯　☑
　寡小公士靑　☑"

그리고 走馬樓吳簡에도 또한 "民大女郭思年八十三 思子公乘□年六十一給子弟"(簡[貳]1818), "民大女唐聿年七十三 聿子男徐年十□……年九歲([貳]1892)" 등이 기록되어 있다. 秦漢에서 최소한 孫吳에 이르기까지는 여자가 戶를 세우는 상황은 크게 변화가 발생하지 않았다. 문제는 도대체 "女戶"의 함의가 무엇인가 하는 것이다. 우리는 물론 唐代 "若戶內并无男夫, 直以女人爲戶"라는 규정이 법률의 儒家化가 진행되고 나서 여성의 지위 하락을 초래한 후를 반영한다는 것을 확실히 알 수 있다. 그러나 이것이 결코 秦漢시기의 "女戶"가 여자가 호주였다는 것을 지칭한다고 설명할 수 있는 것은 아니다. 張家山漢簡에서 "死母子男代戶, 令父若母"라고 말하였는데, 여자가 원래 호주의 모친 신분으로 호를 잇는 것은 원래 호주의 아들, 손자 및 丈夫가 모두 사망한 후에야 비로소 실현할 수 있지만, 戶內에 다른 아들이 있을 수 있다는 것을 배제하지는 않는다. 위에서 인용한 里耶秦簡, 走馬樓吳簡의 예 중에서, 가족 구성원 중 남자로 간주되는 사람은 바로 모두 호주아들의 신분이었다. 역시 모두 호주의 아들의 신분으로 나타난 것이었고, "聿子男"의 연령이 불명확한 것을 제외하면 다른 사람들은 모두 小男이나 老男이었다. 그러나 『二年律令·戶律』에 따르면,

寡夫·寡婦無子及同居, 若有子, 子年未盈十四, 及寡子年未盈十八, 及夫妻皆㿎(癃)病, 及老年七十以上, 毋異其子; 今毋牠子, 欲令歸戶入養, 許之.[25)]

---

24) 張家山二四七號漢墓竹簡整理小組, 2006, 『張家山漢墓竹簡[二四七號墓]』(修訂本), 北京: 文物出版社, p.60.
25) 張家山二四七號漢墓竹簡整理小組, 2006, 앞의 책, p.55.

모친이 호주가 되고 戶內에 자녀가 없는 상황 하에서는 이미 분가하여 별거하는 아들이 돌아와 부양할 권리가 있다. 분가해서 戶를 세우기 충분한 아들은 자연스럽게 모두 성인이다. 이로 미루어 보아 여자가 호주일 때에도 家내에 성년남자가 있을 수 있다. 이런 가정이 "窮", "老" 모든 戶와 병례하는 것은 불가능하다. 관부도 그 "不任(調)役"을 윤허하는 것은 더욱 불가능했다. 필자는 생각한다. "女戶"는 다른 당대의 이러한 것이 戶內에 남자가 전혀 없는 戶를 지칭할 뿐 아니라 최소한 戶내에 성년남자가 없는 民戶라는 것이다.[26] 고대의 가정은 주로 남자가 생계를 책임지는 것에 기대었는데, 이렇게 家內에 여자가 호주이고 남자노동력이 없는 "女"戶는 전형적인 貧困戶임을 의심할 여지가 없다.[27] 그래서 簡文에서는 이런 戶를 "下品之下"라고 규정하고 그 戶에게 "不任調(役)"의 대우를 해준다.

그러나 孫吳簡 중에는 이런 民戶를 "下品"이라고 칭하는 기록이 있다.

▨頓窮獨女戶三戶下品	(簡[貳]539)
▨ 其六戶窮獨女戶下品	(簡[貳]557)
▨ 其八戶老頓窮獨女戶 ▨	(簡[貳]604)
其十六戶老頓窮獨女戶下品	(簡[貳]634)
□老頓窮獨女戶八戶下品	(簡[貳]799)

簡[貳]828 "▨ 其四戶窮獨女戶下□"에서, 끝부분의 缺字 또한 마땅히 "品"이 되어야 한다. 이와 같은 불일치는 어떻게 이해해야 하는가? 필자는 孫吳의 戶等이 실제로 上, 中, 下의 三品으로 나뉜다고 생각하는데, 소위 "下品之下"는 하나의 독립된 戶等이 아니라 下品 중에서 재산이 가장 적고 가장 貧窮한 일부 民戶를 지칭한다.[28] 여기서 말하는 "下品"과 위에서 언급한 여러 簡에 기재된 "下品之下" 사이에 결코 모순은 없다. 兩者는 각각 편중되게 서술한 것일 뿐인데, 前者는 戶等을 통계낼 때 사용하고, 後者는 구체적으로 말해서 免"調役"의 근거를 강조하는 데 의미가 있다.

簡[壹]4233, 簡[參] 4301에는 "下品之下", "不任調", 簡[參]6327, 6375는 "不任調役", 簡[壹]959 또한 "不任役"이라고 칭한다. 만약 각각 속한 簡册의 성질에 차이가 없다면, 바로 서리가 빠뜨린 것을 표시하는 것이다. 실제로 이런 民戶는 "不任調"일 뿐만 아니라 "不任役"이기도 하다. "役"은 徭役을 지칭하지만 학계는 "調"의 함의에 대해 다른 시각을 갖고 있다. 王素 선생과 高敏 선생은 吳簡中의 "調"가 賦稅로 간주되는 "戶調"를 지칭하며, 동사로 사용되어 調發, 征調로 쓰인다고 하였는데, 이에 대해 격렬한

---

26) 최근에 몇몇 연구는 秦漢史에서 특히 吳簡의 문장에서 항상 여자가 戶主인 가정을 분석을 하지 않은 채로 곧 "女戶"라고 여기는데, 면밀하고 신중함을 잃어버린 것이 명백하다.

27) 『後漢書』 卷96 「陳蕃傳」, 陳蕃가 상소 중에 당시 사람들의 속담을 언급한 부분에 "盜不過五女門"이란 부분에서 "女貧家也" 이다. 이 말은 또한 『東觀漢紀』 卷21 「陳蕃傳」에서도 볼 수 있다.

28) 2004, 「吳簡中的"戶品"問題」, 『吳簡研究』 제1집, 武漢: 崇文書局(→후에 『漢唐籍帳制度研究』에 수록). 설명이 필요한 부분은 이 글의 필자가 2003년 박사후과정을 마치면서 제출한 보고서의 일부분을 연장시킨 것이다.

논쟁이 있었다.[29] 楊際平 선생은 『簡[壹]』에서 보이는 調布簡, 調皮簡을 일일이 분석해서, 吳簡 중의 "調"는 기본적으로 재정배분의 범주에 속한다는 것을 알아냈다.[30] 그러나 바로 "不任調", "不任役", "不任調役" 등 여러 서술에서 보듯이, 여기서 "調"는 명백히 명사이고 "役"과 연용하기도 하므로, 賦稅라고 이해할 수밖에 없다.[31] 필자는 또한 "調"가 바로 戶調를 지칭한다는 관점에 동의하지 않는데, 吳簡 중에는 孫吳에서 戶調를 징발했다는 확실한 증거가 발견되지 않았다. 民이 당시 납부한 賦稅는 주로 口算賦였다.

東漢시기에, "窮", "老", "刑", "踵" 등의 戶는 이미 고정된 구제대상이 되었고, 官府가 그들의 賦役를 면제한 것은 아주 자연스러운 일이었다. "女戶"에는 남성노동력이 없었고 徭役을 부담하지 않았는데, 왜 "不任調"였을까? 漢代의 史籍 중에서 우리는 이미 貧戶의 租賦를 감면한다는 기사를 보았다. 『漢書』 卷10「成帝紀」鴻嘉4年(기원전 17年) 正月에 "被災害什四以上, 民貲不滿三万, 勿租稅"라고 詔를 내렸고, 『漢書』 卷11「哀帝紀」綏和2年(기원전 7年)에는 "其令水所傷縣邑及他郡國災害什四以上, 民貲不滿十万, 皆無出今年租賦"라고 詔를 내렸다.[32] 면제된 것은 바로 재난발생지역의 貧戶였다. 그러나, 漢代 平帝 元始2年(2年) 4月 반포한 규정에서 "天下民貲不滿二万, 及被災之郡不滿十万, 勿租稅"라고 한 것은,[33] 바로 전국에 있는 貧戶에게 은혜가 미쳤다는 것이다. 이 규정이 일상제도화 되었는지는 알지 못한다. 그러나 『風俗通』에서 漢代에 賦役징발의 책임이 있는 鄕"嗇夫"의 직무를 해석할 때, "嗇者, 省也. 夫, 賦也. 言消息百姓, 均其役賦."라고 언급하였다. 소위 "均其役賦"는 『後漢書·百官五』의 견해에 따라, "主知民善惡, 爲役先後, 知民貧富, 爲賦多少, 平其差品."이다.[34] 즉, 賦稅를 징발하는 것을 언급할 때, 貧富를 고려해서, 富者는 많이 징수하고, 貧者는 적게 징수하거나 심지어는 징수하지 말아야 한다는 것이다. 『後漢書』 卷39「劉平傳」의 기사에 의하면, "拜全椒長, 政有恩惠, 百姓懷感, 人或增貲就賦, 或減年從役"[35]이라는 기록이 있는데, 구절 중의 "增貲就賦"의 "賦"는 주로 재산세를 지칭한

---

29) 王素의 관점은 구체적으로 王素·宋少華·羅新, 1995, 「長沙走馬樓簡牘整理的新收獲」, 『文物』1995년 제5기와 2001, 「吳簡所見"調"應是"戶調"」, 『歷史研究』2001년 제4기에서 볼 수 있다.; 高敏의 글은 2000, 「讀長沙走馬樓簡牘札記之一」, 『鄭州大學學報』2000년 제3기와 2007, 「長沙走馬樓吳簡中所見"調"的含義」, 『中華文史論叢』2007년 제1집에서 참조.

30) 2006, 「析長沙走馬樓三國吳簡中的"調"—兼談戶調制的起源」, 『歷史研究』2006년 제1기.

31) 傳世文獻에서 보면, "調役"이란 단어는 일찍이 東晉, 劉宋의 史籍에서 보인다. 예를 들면, 『宋書』 卷2「高祖紀下」東晉義熙八年(412年) 十一月 己卯 上書, "凡租稅調役, 悉宜以見戶爲正"; 『宋書』 卷5「文帝紀」元嘉8年(431) 閏六月 乙巳, "謹待御史省獄訟, 申調役"; 『宋書』 卷53「張茂度傳」盧循 반란, "茂度及建安太守孫訓之并受其符書, 供其調役" 등. 여기의 "調役"은 모두 넓게는 賦稅와 徭役을 지칭한다. 게다가 「高祖紀下」의 용례는 東晉末年 劉裕의 上書에서도 출현한다. 이에 그러므로 『資治通鑑』 卷99「永和7年(351) 十月」조에는 "(桓溫) 八州士衆資調殆不爲國家用"라고 기재되어 있는데, 이에 대해 胡三省은 "調, 賦也."라고 주를 달았다. 吳簡에서 보면, 賦役을 "調役"으로 이해하면, 최소한 三國孫吳時期까지 거슬러 올라갈 수 있다.

32) 『漢書』 卷10「成帝紀」, p.318; 『漢書』 卷11「哀帝紀」, p.337.

33) 『漢書』 卷12「平帝紀」, p.353.

34) 『後漢書·百官五』, p.3624.

35) 『後漢書』 卷39「劉平傳」, p.1296.

다고 간주된다. 그러나 漢代의 "賦"는 대부분 口算賦를 지칭하고, 재산세는 당시 결코 고정세목이 아니었다. 그 구절에서 "就賦"는 "從役"와 대비하여 보면, "知民貧富, 爲賦多少"의 기사와 연관해서, 그 의미는 아마도 당시 貧困戶가 傳主의 은혜에 보답하기 위해 재산을 허위로 보고하는 방식을 채용한 것이 算賦를 납부하는 표준에 도달했다는 것이다. 이것은 바로 東漢 官府가 貧困戶에 대해 優免정책을 확실히 실행했다는 것을 증명한다. "女戶"는 貧困戶의 典型으로 삼아, 孫吳에서 "不任調"로 규정했던 것은 역시 아주 정상적인 것이었다.

"應役民"의 함의를 다시 분석해보자. 본래 "役"은 협의의 徭役을 지칭했지만, 앞에서 인용한 (1), (2), (3) 조, 특히 (2), (3)의 里 結計簡 중에서 "應役民" 모두를 "不任調"와 대조해서 보니, 여기서 "役"은 搖役 이외에도 "賦"의 내용을 마땅히 포함한다. 漢代의 광의의 "役"이 徭役을 지칭하는 것 이외에도 人身에 근거한 口算賦도 마찬가지로 포함한다. 『漢書』卷1下「高帝紀下」5年(기원전 202年) 2月詔에 기재된 것은,

其七大夫以上, 皆令食邑, 非七大夫以下, 皆復其身及戶, 勿事.

顔師古의 주석은,

如淳曰: "事謂役使也." 師古曰: "復其身及一戶之內皆不徭賦也."[36]

"役"와 "事"는 동의어이고, 그 대상은 徭役과 口算을 포함한다. 漢代의 史籍 및 出土文獻 모두에는 "算賦"와 "事"를 연칭한 용례가 있는데, 예를 들면 다음에 인용할 『漢書·賈山傳』에 보면, 漢初에 侍에게 "九十者一子不事, 八十者二算不事" 하도록 했다는 것이다. 安徽省 天長市에서 출토된 "算簿" 역시도 "事算"에 대한 언급이 있다. "事算", "算不事"을 막론하고, 모두 役使의 내용에 口算賦를 포함해서 "事"를 설명한다.[37] 그러나 필자는 소위 "應役"은 앞에서 언급된 것처럼 역시 서리가 기록을 생략한 것이라고 본다. 즉, "不任調"도 "應役民"와 대비하여, "調"와 "役"의 함의가 상호 포용되어야 하는 것이다.

"右某家口食"類의 里 結計簡 중에, "窮", "老", "女戶" 등 民戶는 "不任調"로 칭하고, 口算賦를 주요 부분으로 삼는 賦稅뿐만 아니라 徭役도 면제함을 지칭한다. 그와는 상대적인 "應役民"은 바로 徭役과 賦稅를 부담하는 民戶를 지칭한다.

---

36) 『漢書』卷1下「高帝紀下」, pp.54-55.
37) "役"는 賦役 심지어 橫調의 예를 지칭하는데, 『後漢書』卷96「南蠻傳序」漢武帝 말기 "珠崖太守會稽孫幸調廣幅布獻之, 蠻不堪役, 遂攻郡殺幸"에서도 볼 수 있다. 후대의 史籍 중에 예증이 많이 있다. 예를 들면, 『魏書·食貨志』"魏初不立三長, 故民多蔭附, 蔭附者皆无官役, 豪强征斂, 倍於公賦"나, 『南史』卷5「齊本紀·東昏侯紀」"諸郡役人, 多依人士爲附隸, 謂之屬名……凡屬名多不合役", 南朝든 北朝든지 관계없이, 蔭附豪强者는 官府의 徭役뿐만이 아니라 賦稅도 회피했었다.

Ⅲ. "凡口若干"類 簡의 종결구 중 "事"

第Ⅱ類 簡의 종결구는 "凡口×事× 算×事×"이다. 학자들은 일반적으로 여기서의 "口×"는 戶內의 總口數를 지칭하고, "算×"는 戶內에서 算賦를 납부할 연령에 부합하는 人數를 지칭한다고 보고 있다. 그러나 앞뒤에 있는 2개의 "事"에 대해 어떻게 이해할 지에 대해서는 큰 논쟁을 벌이고 있다.[38] 개괄적으로 말하면, 대략 4가지의 다른 견해가 있다. 첫째, 앞뒤 2개의 "事"는 모두 徭役 혹은 徭役과 관계된 것을 지칭한다. 羅新 선생이 가장 먼저 "事는 아마도 役과 관계가 있는 것"이라고 추측했고,[39] 王子今 선생은 한걸음 더 나아가 "앞의 '事'는 제도 규정에 따라 반드시 服役해야 하는 人數를 말하지만, 뒤의 '事'는 실제로 服役한 人數를 말하는 것"이라고 했다.[40] 둘째, 2개의 "事"는 각각 口算賦와 徭役을 지칭한다. 이런 견해를 가진 학자들도 구체적인 인식에는 역시 차이가 있다. 예를 들면, 필자는 일찍이 앞의 "事"는 口錢, 算賦를 납부한 人數를 지칭하고, 뒤의 "事"는 마땅히 징발해야 하는 徭役의 人數를 지칭한다고 주장했다.[41] 孟彦弘 선생은 앞의 "事"는 力役에 服役하는 人數를, 뒤의 "事"는 실제로 납부해야 하는 算數를 지칭한다고 이해했다.[42] 셋째, 앞의 "事"는 노동능력을 보유한 人을, 뒤의 "事"는 마땅히 服役해야 할 人口를 지칭한다. 于振波 선생[43]과 胡平生 선생[44]도 모두 유사한 견해를 가지고 있다.

---

38) 楊振紅 선생의 최근 글에서는 여기서의 "算"이 성인이 납부하는 算賦를 지칭할 뿐 아니라, 성인이 수행하는 徭役도 포함한다고 간주한다(2011, 「從出土"算", "事"簡看兩漢三國吳時期的賦役結構 −"算賦"非單一項目辨」, 『中華文史論叢』2011년 제1기). 그런데, 이런 방식의 해석은 문제가 있는 것 같다. 秦漢시기의 "算"은 口算을 지칭하든지 貲算을 지칭하든지를 막론하고, 그 특징은 모두 人 또는 物을 계산하여 錢을 징발하는 것이지, 徭役을 "算"에 計入하는 것은 아니다. 예를 들어, 楊振紅 선생이 인용한 『九章算術·衰分』의 기사는 納算年齡(算賦를 납부하는 연령)에 부합하는 人에 대해 徭役을 派徵하는 일이지만, "算"자체에 바로 徭役의 含義가 있다고 말한 것은 아니다. 우리는 漢代부터 최소한 東漢에 이르기까지, 여자가 更徭에 복무하지 않고, 단지 小役에 복무했다는 것을 알고 있다. 설령 여자를 또한 服徭의 列에 計入하더라도, 算賦를 납부하는 사람들과 徭役을 부담하는 사람들은 거의 대체로 일치할 따름이다. 算賦와 徭役을 면제하는 경우가 각각 다르기 때문에, 戶內에서 納算을 하는 人數와 服役을 하는 人數가 항상 불일치하는 것이다. 楊振紅 선생의 해석에 따르게 되면, "凡口若干"類 家庭의 集計 중 "算×"은 도대체 算賦 혹은 徭役을 부담하는 人數를 지칭하는 것인가, 아니면 算賦를 부담하는 자가 또 徭役을 부담하는 경우의 人數를 지칭하는 것인가? 지칭하는 것이 이렇게 명확하지 않다면, 당시의 基層 官吏는 또한 어떻게 이에 근거해 賦役을 정확히 징발할 수 있었을까?
走馬樓 "凡口若干"類의 簡 중에, 그 里의 집계는 통상적으로 "其若干人小口口收錢五合若干", "其若干人大口口收錢卅八合若干" 및 "其若干人算人收錢一百卅合若干"라고 쓴다. 그런데 얼마나 많은 人이 服役했는지를 통계낸 기록은 없다. 여기서 "算人收錢一百卅"과 "算×事×"의 "算"이 지칭하는 것이 일치하는데, 이는 바로 성인이 납부한 算賦이다.

39) 羅新, 2003年 6月 7日, 『吳簡報告之二十三』, http://xiangyata.net/data/articles/e01/101.html.

40) 「走馬樓 "凡口若干事若干"簡例試解讀 −以對"事"的理解爲中心」, 北京吳簡研討班討論稿.

41) 「說孫吳戶籍中的"事"」, 『吳簡研究』 제1집(→ 「孫吳戶籍結句簡中的"事"」라는 제목으로 『漢唐籍帳制度研究』에 수록).

42) 2006, 「吳簡所見"事"義臆說 −從"事"到"課"」, 『吳簡研究』제2집, 武漢: 崇文書局.

43) 于振波, 2004, 「"算"與"事" −走馬樓戶籍簡所反映的算賦和徭役」, 『漢學研究』제22권 2기(→ 후에 2006, 『走馬樓吳簡續探』, 台北: 文津出版社에 수록).

44) 胡平生, 2005, 「〈長沙走馬樓三國吳簡〉第二卷釋文校證」 "口若幹, 事若幹; 算若幹, 事若幹"條, 『出土文獻研究』제7집, 上海: 上海古籍出版社.

넷째, 凌文超 선생은 최근 앞의 "事"는 "小口"錢, "大口"錢, "算賦"를 납부한 總人數를, 뒤의 "事"는 실제 납부한 算數를 지칭한다는 견해를 내놓았다.[45]

 "算×事×"의 서술을 보면, 우리는 먼저 "事"와 算賦의 관계를 먼저 고려해야 한다. 그러나 孟彦弘 선생과 凌文超 선생을 제외하고는, 나를 포함한 다수의 학자들이 처음에 모두 이 "事"와 徭役이 관계가 있다고 여겼다. 그 원인을 탐구해보면, 결국 傳世文獻이 우리에게 전해준 지식으로 귀결된다. 漢代에는 徭役을 면제하는 경우는 많았지만, 口算을 면제하는 경우는 적었다. 그리고 『竹簡[壹]』, 『竹簡[貳]』, 『竹簡[參]』의 통계에 근거하면, "算×事×"에서 두 개 數字가 명확한 簡文은 169사례가 있다. 그중 "算"의 總數字는 464이고, "事"의 總數字는 343인데, 후자가 전자의 약 74%이다. 만약 "事×"를 算賦를 징수하는 人數로 해석하면, 免算의 비율은 최고26%에 달한다. 이것은 전통적으로 알고 있던 지식과 명백히 큰 격차가 있는 것이다. 吳簡 中 免"事"는 모두 어떤 人인가? "凡口若干"類로 끝맺는 簡은 경우에 따라 "算×事復"로 기록하기도 하는데, 구체적으로는 戶內의 家口에서 "復"이라고 기록한 人은 주로 殘疾者, 充役者, 給侍者 등이었다.[46] 『周禮·地官』에서는 鄕大夫의 職掌에 대해 "以歲時登其夫家之衆寡, 辨其可任者. 國中自七尺以及六十, 野自六尺以及六十有五, 皆徵之. 其舍者, 國中貴者, 賢者, 能者, 服公事者, 老者, 疾者皆舍."라고 기록하고 있다. 東漢시대의 鄭衆이 주를 달기를, "徵之者, 給公上事也. 舍者, 謂有復除舍不收役事也……服公事者, 謂若今吏有復除也. 老者, 謂若八十, 九十復獊卒也. 疾者, 謂若今癃不可事者復之."[47]라고 하였다. 『周禮』에서 언급하는 "舍者"와 吳簡에 "復"으로 기록한 대상은 기본적으로 일치한다. "舍"가 "不收役事"를 가리킨다는 鄭衆의 관점에서 보면, 孫吳簡의 "復"은 算賦이 아니라 徭役이어야 할 것 같다.

 그러나 최근 들어 전통지식은 출토사료의 도전을 받게 되었다. 2004년 11월에 安徽省 天長市 紀庄村의 M19 漢墓에서 木簡 34枚가 출토되었다. 그중 編號 M19: 40-1 木簡의 背面이 "算簿"인데,

　　集八月事算二万九, 復算二千卅五.
　　都鄕八月事算五千卅五；
　　南鄕八月事算三千六百八十九；
　　垣雍北鄕八月事算三千二百八十五；
　　垣雍南鄕八月事算二千九百卅一；
　　鞠(?)鄕八月事算千八百九十；

45) 凌文超, 2011, 「走馬樓吳簡采集簡"戶籍簿"復原整理與研究 －兼論吳簡"戶籍簿"的類型與功能」, 『吳簡研究』 제3집, 北京: 中華書局. 그 주요 내용은 또한 凌文超, 『考信於簿:走馬樓吳簡采集簿書復原整理與研究』 제1장에서 볼 수 있다(北京大學 2011年博士學位論文).
46) 前揭한 「說"罰估" －吳簡所見免役資料試釋」에서 孫吳簡에서 "復"을 기록한 例證이 열거되어 있고, 여기서 "復"이 徭役을 지칭한다고 간주하는데, 이 점은 필자가 수정해야 한다.
47) 『十三經注疏』 本, p.716中.

楊池鄉八月事算三千一百六十九.

　・右八月

　・集九月事算万九千九百八十八, 復算二千六十五.[48]

　　木簡에 某縣 8, 9月에 算賦를 징수하는 상황이 기재되어 있다. "復算"는 算賦를 면제한다는 뜻이고, "事算"이 이것과 함께 대비되어 있는 것을 아래에 인용한 "二算不事"의 견해와 다시 연결해 생각해보면, 자연스럽게 "事算"은 실제 징수납부하는 算賦를 지칭하게 된다.[49] "算簿"의 기사에 의하면, 某縣 8月에 事算이 20009, 復算이 2045이고, 9月에는 事算이 19988, 復算이 2065이다. 算賦가 면제된 人數는 算賦를 납부하는 연령에 부합하는 人數(즉, "事算"+"復算")의 9%를 조금 넘게 점유한다. 이 비율은 吳簡의 免"事"의 비율보다 낮지만, 漢代에는 免算이 아주 적었다고 여기는 우리의 견해를 충분히 흔들 수 있다. 그리고 天長簡의 "事算", "復算"과 孫吳簡의 "算×事×", "算×事復"에서 보이는 용어의 일치성은 또한 "事"가 算賦를 지칭한다는 관점을 우리가 다시 고려하지 않을 수 없게 한다.

　　凌文超 선생[50], 張朶 선생[51]은 일찍이 바로 『竹簡[壹]』에 첨부된 "揭剝圖一", "揭剝圖二"로 第Ⅱ類 簡册를 復原했다. 이 양쪽으로 나뉜 簡册은 지나치게 훼손되어, 우리는 "右平陽里領吏民卅六戶口食□百□□人"(簡[壹]10248)의 簡을 1枚 발견한 것을 제외하고는, 기타 유사한 里 結計簡을 다시 찾을 수 없었다. 그러나 第Ⅱ類의 종결구를 가진 家庭簡의 書式과 戶內 가족 구성원에 대한 "算一"의 注記를 고려했을 때, 그것이 속한 里나 鄕의 結計 중 반드시 算賦類의 통계가 있었을 것이다. 우리는 『竹簡[壹]』 4436-4980號에서 총 500여 枚의 簡 중, 대량의 納錢, 納布簡이 분포되어 있는 것 이외에, 또한 宜都里, 宜陽里 및 東陽里 등에 속하는 "凡口若干"類 簡이 흩어져있다는 것을 알아차렸다. 그중 簡 中 몇 매가 주목을 끈다.

　　　其三百卅四人小口々收錢五合一千六百七十　　　　　　(簡[壹]4436)
　　　其六百八人大口々收錢卅八合一万七千卅四錢　　　　　　(簡[壹]4464)
　　　其二百五十二人算人收錢一百卅合三万二百卅　　　　　　(簡[壹]4980)

　　人數로 보면, 이것은 아마도 某里가 아닌 某鄕의 結計簡일 것이다. 이런 예는 또 있다. 『竹簡[貳]』

---

48) 木牘釋文은 「安徽天長西漢墓發掘簡報」(天長市文物管理所·天長市博物館, 2006, 『文物』2006년 제11기)를 참조했다.; 또한 위에서 인용한 楊振红의 「從出土"算", "事"簡看兩漢三國吳時期的賦役結構」의 문장을 근거로 수정함.

49) 袁延勝은 牘文 중 "事"는 徭役을, "算"는 算賦를 지칭하므로, "事算"라는 단어는 徭役과 算賦를 합쳐서 칭하는 말이며, 이는 徭役과 算賦를 합쳐서 칭하는 말이며, 徭役과 算賦를 부담하는 자의 일치성을 표시한다고 주장한다(2008, 「天長紀庄木牘〈算簿〉與漢代算賦問題」, 『中國史研究』2008년 제2기 참조).

50) 凌文超, 2011, 앞의 글, 「走馬樓吳簡采集簡 "戶籍簿"復原整理與研究 -兼論吳簡"戶籍簿"的類型與功能」.

51) 張朶, 『走馬樓吳簡吏民籍的復原與研究』.

4512—4659에는 약간의 東陽里의 "凡口若干"類 簡이 분산되어 있다. 그중에,

其卄八人小口	(簡[貳]4513)
其七十三人算人	(簡[貳]4643)
其一百六十五人大囗	(簡[貳]4653)
右黃簿吏民戶卅口食一百八十人	(簡[貳]4659)

　이것은 당연히 里의 結計이다. "凡口若干"類의 簡에서 "小口", "大口", "算人"의 總計와 같은 것이 여러 차례 출현했다. 우연의 일치로 이해하기는 어려울 것이다. 필자는 바로 여기서 長沙簡牘博物館의 宋少華 선생에게 도움을 청했다. 宋先生의 소개로 지금은 이미 정리가 끝난 簡 중에서, 某里의 成坨 "凡口若干"類 簡을 발견했다. 그 里 結計簡 통계가 바로 "小口", "大口", "算人" 등 항목의 내용이다.

　"凡口若干"類의 鄕이나 里의 結計簡을 명확하게 통계 내는 작업 후에, 우리는 다시 "凡口×事× 算× 事×"의 서술을 대조해서, 뒤에 나오는 "事×"가 그 戶內에서 算賦를 반드시 납부해야 하는 人數를 지칭한다고 아주 자연스럽게 생각하게 되었다. 그 견해를 검증하기 위해, 몇몇 사례의 侍丁의 復除관련 簡文을 다시 보자.

宗妻大女妾年卅二算一八十一復	(簡[壹]2971)
子公乘宗卄四算一八十囗復	(簡[壹]2993)
素寡婦大女思年卅六算一八十囗復	(簡[壹]3322)

　西漢초기에는 바로 노인 봉양에 대한 명확한 규정이 있었다. 『漢書·賈山傳』의 漢文帝 禮高年 "九十者一子不事, 八十者二算不事"라는 기사에 대해, 顏師古는 "一子不事, 蠲其賦役. 二算不事, 免二口之算賦也[52]라고 해석하였다. 그러나 漢武帝 建元 元年(기원전140년)에 "年八十復二算, 九十復甲卒"[53]라는 사면령을 반포한 것과 대조해서 "一子不事"는 당연히 "復甲卒"와 동의어로, "甲卒"의 兵役을 면제한다는 것을 지칭한다. 80세는 2명의 算賦를 면제하고, 90세는 1명의 兵役을 면제한다는, 노인봉양에 대한 규정은 최소한 東漢에서는 아직도 답습 중이어서, 앞에서 인용한 『周禮·地官』에서 鄕大夫의 職掌에 대해 鄭衆이 注를 달 때도, 또한 "八十, 九十復羨卒"라고 언급하였다. 위에서 제시한 3매의 簡 중 "妾", "宗" 및 "思"家의 老人은 모두 80세의 고령이었고, 三人이 侍丁으로서 "復"을 받았던 것은 오직 算賦라고 할 수 있다.[54]

---

52) 『漢書』 卷51 「賈山傳」, p.2336.
53) 『漢書』 卷6 「武帝紀」, p.156.
54) 지금 보면, 算賦를 면제받은 사람들의 범위에는 위에서 언급한 殘疾, 充吏, 給侍 이외에도, 服兵役者를 포함해야 한다.

"算×事×"의 "事"가 납부해야 하는 算賦를 지칭하는 것이라면, "口×事×"의 "事"는 마땅히 口錢과 관계가 있어야 한다. 그러나 吳簡에서 보이는 口錢와 漢代 文獻 기사에는 큰 오차가 있다. 漢代 口錢의 起徵年齡(과세를 시작하는 연령)과 징수 금액이 시기마다 역시 변화가 있었다는 것을 알고 있는데, 그 대략적 상황은 漢武帝 이전에는 3-14세에 대해 口錢 20을 징수했는데, 武帝시기에 23錢으로 증가한 것이다. 漢元帝는 起徵年齡을 올렸고, 이후에는 7-14세에게 口錢23을 징수하는 제도로 정착됐다.[55] 위에서 예로 든 "凡口若干"類의 鄕 혹은 里의 結句簡에 근거하면, 孫吳時期의 口錢은 또한 "大口", "小口"로 나뉘어진다. 그 "大口"는 28錢, "小口"는 5錢을 납부했다. 필자는 과거에 『後漢書·南蠻西南夷傳』의 "歲令大人輸布一匹, 小口二丈"[56]라는 기사에 구애받아, 이렇게 "大口", "小口"로 구분하여 徵稅하는 제도는 주로 長沙의 蠻族을 대상으로 했다고 추측했다.[57] 지금 보면, 이 孫吳에서 활용된 표준은 최소한 長沙 境內의 보통 民衆이다. 吳簡에 나오는 "大口", "小口"는 어떻게 구분하는가? 漢代의 課役身分에 근거하면, "小"는 14세 以下를, "大"는 15세 以上을 지칭한다. 이를 漢代에서 口錢을 납부해야 하는 연령과 결합시키면, 나는 凌文超 선생이 제출한 孫吳의 "小口"錢은 7-14세가 납부하고, "大口"錢은 15세 以上이 납부하는 것이라는 견해에 찬성한다.[58]

漢의 制度에서는 15-60세가 算賦를 납부했다.[59] 만약 孫吳가 15세 以上이 大口錢을 납입한다고 재규정한다면, 15-60세의 人은 이미 算賦를 납부하고 또다시 口錢을 납부하는 것이 아닌가? 그래서 凌文超 선생이 "大口"錢은 오직 그중의 일부 사람이 납부하는 것이라고 추측했는데, 구체적으로 말하면 疾病, 罷癃, 給役 혹은 기타 원인으로 復算된 人이 납부한다는 것이다.[60] 그러나 우리는 아래의 "凡口若干"類 종결구簡을 주목해야 한다.

凡口四事　算二事一　中訾　五　　十　　　　　　　(簡[壹]2944)

凡口四事　算二事一　　訾　五　　▨　　　　　　　(簡[壹]2963)

長沙에서 출토된 東牌樓漢簡 82에서,

　　　　　凡口五事　　　　　　　　▨
　　中　　算三事二　　訾五十　　　▨
　　　　　甲卒一人　　　　　　　　▨

(長沙市文物考古研究所·中國文物研究所, 2006, 『長沙東牌樓東漢簡牘』, 文物出版社, 釋文 p.108; 彩版 p.62)

그 結句簡은 孫吳의 "凡口若干"類 簡과 동일하다. 그중 "事" 뒤의 "二"는 整理者가 闕釋했는데, 凌文超 선생의 의견에 따라 보충했다(前揭한 「走馬樓吳簡采集簡"戶籍簿"複原整理與硏究」 참조). 각 戶의 "算三事二"에서 免除된 것은 바로 甲卒의 算賦이다. 보면, 漢代에 算賦를 면제하는 상황은 우리가 알고 있던 것보다 많다.

55) 『漢書』 卷7 「昭帝紀」 如淳注引 『漢儀』, 『漢書』 卷72 「貢禹傳」 등 참조.
56) 『後漢書』 卷86 「南蠻西南夷傳」, p.2831.
57) 2004, 「說孫吳戶籍中的"事"」, 『吳簡硏究』 제1집, 崇文書局.
58) 凌文超, 앞의 글.
59) 졸고, 「二年律令與漢代的課役身分」.
60) 凌文超, 2011, 앞의 글, 『走馬樓吳簡采集簡"戶籍簿"複原整理與硏究』.

凡口四事　算二事一　誓　五　十　　　　　　　　　　　　(簡[壹]10266)

凡口五事　算三事一　誓　五　十　　　　　　　　　　　　(簡[壹]10305)

凡口六事　算四事二　誓　五　十　　　　　　　　　　　　(簡[壹]10429)

"凡口×事×" 중에서 "事"의 앞뒤 두 숫자가 일치하면, 뒤의 數字는 생략했다. "算×事×"가 반영하는 상황을 보면, 이상의 모든 戶에서 算賦를 납부해야 하는 人數가 納算年齡(算賦를 납부하는 연령)에 도달한 人數보다 적어야 한다. 또한 家內에 모두 免算된 人이 있다. 그러나 "凡口×事×"의 형식이 의미하는 것은, 여러 戶에 있는 모든 人口는 모두 大口錢 또는 小口錢을 납부할 필요가 있다는 것이다. 이것은 바로 算賦를 면제받는 人이 大口錢을 납부해야 할 뿐 아니라, 算賦를 납부하는 人도 마찬가지로 大口錢을 부담한다는 것을 말해준다.[61]

孫吳의 民 중에서 7-14세는 "小口"錢을, 15세 이상은 "大口"錢을 납부할 필요가 있다. 오직 1-6세만이 口錢을 납부하지 않는다. 이전에 이미 공포된 吳簡의 통계에 근거해서 보면, "口×事×"에서 두 數字가 온전한 것은 219例인데, "口", "事"의 總數는 각각 1116과 888이며, "事"의 數는 대략 "口"의 數의 80%이다. 그렇다면, 口錢을 면제받은 사람이 總口數의 20%를 차지한다는 것인데, 이것은 역시 于振波 선생이 『竹簡[壹]』에 근거하여 통계낸 전체 人口에서 1-6세가 차지하는 비율[62]과 대체로 비슷하다.

그리고 또 한가지 문제는, 앞뒤의 "事"가 도대체 실제로 징수한 口, 算錢人數인가, 징수해야 하는 口, 算錢人數를 지칭하는 것인가? 필자는 예전에 戶籍 기능의 각도에서 출발해서, 戶籍은 다음 1재정연도에 징수하는 근거로서 간주된다고 주장하였다. 여기서 "事"는 오직 징수 예상금액일 뿐이다. 지금 다시 징세의 실태방면에서 한번 고찰해보자. 漢代에는 口算, 더욱이 算錢을 月에 따라 여러 차례에 걸쳐서 징수했던 것이다. 江陵鳳凰山10號 漢墓에서 출토된 5號 木簡의 예를 들면,

市陽二月百一十二算算卅五錢三千九百廿正偃付西鄉偃佐縷吏奉受正忠二百卅八

市陽二月百一十二算算十錢千一百廿正偃付西鄉佐賜　　口錢

市陽二月百一十二算算八錢八百九十六正偃付西鄉偃佐縷傳□

市陽三月百九算算九錢九百八十一正偃付西鄉偃佐賜

市陽三月百九算算廿六錢二千八百卅四正偃付西鄉偃佐賜

市陽三月百九算算八錢八百七十二正偃付西鄉偃佐賜

---

61) 즉, 이전에 인용한 東牌樓漢簡의 예:

　　　　　　甲卒一人　　　　　　　　　　𝄇

　　中　　　算三事二　　　誓五十　　　𝄇

　　　　　　甲卒一人　　　　　　　　　　𝄇

甲卒은 兵役에 복역하기 때문에 算賦를 면제한다. 그러나, 口錢은 납입해야 한다.

62) 2004, 『走馬樓吳簡初探』 卷5 「走馬樓戶籍簡性別與年齡結句分析」, 台北: 文津出版社, p.123.

市陽四月百九算算‖六錢二千八百卅四正僵付西鄕僵佐賜

......(63)

심지어 1개월 내에서도 여러 차례 징수했다. 앞에서 본 天長簡에도 역시 某縣에서 8, 9月 算賦를 징수한 상황이 기재되어 있다. 孫吳簡에도 역시 여러 차례에 걸쳐 算錢를 징수한 흔적이 보인다.

入都鄕口算錢五百一十‖█ 嘉禾元年十一月五日傑□丘何誠付庫吏 ☑   (簡[壹]1623)

入俁鄕口算錢一千九百‖█ 嘉禾元年十二月九日□丘□□付庫吏殷 ☑   (簡[壹]1677)

入模鄕嘉禾二年口算錢四千四百   (簡[壹]5212)

入廣成鄕嘉禾二年口算錢四千   (簡[壹]5214)

入南鄕嘉禾二年口算錢一千三百五十   (簡[壹]5229)

入廣成鄕嘉禾二年口算錢一千   (簡[壹]5244)

앞의 두 사례에서 口算錢을 납부한 시점은 각각 11月, 12月이고, 뒤에 나온 사례들은 구체적인 달이 표시되지 않았지만, 각 鄕에서 납부한 액수에 근거하면, 그 해 전부가 아니라 어느 회차에 납부한 口算數일 뿐이다. 지방에서 실제로 징수하는 과정 중에 人口의 生死遷移을 피할 수 없기 때문에, 매월 징수 납부하는 口算數는 이로 인해 변화가 발생할 수 있다. 예를 들면, 市陽里가 2月에 112算을 징수했는데, 3月에는 109算으로 감소했다. 天長簡에 기재된 8, 9月의 事算한 숫자 역시 같지 않다. 이렇게 매년 징수하는 실제 算額은 120錢의 倍數가 되기 어렵다. 그리고, "凡口×事× 算×事×"에서 鄕이나 里를 단위로 하는 賦稅통계항목 중, 우리가 본 것은 모두 "其二百五十二人算人收錢一百卄合三万二百卅"(簡[壹] 4980), "其□百卄人算人收錢百卅(卄) ☑"(簡[壹]9791) 등의 기사이다. 이것은 실제 징수납부한 算賦 액수가 아니라 예측한 액수로 이해할 수 밖에 없다.

여기까지에서 우리는 다음과 같은 결론을 얻을 수 있다. "凡口×事× 算×事×" 중, 앞의 "事"는 "口"로 해석하여, 口錢을 납부해야 하는 人數를 지칭하고, 뒤의 "事"는 "算"으로 해석하여, 算賦를 납부해야 하는 人數를 지칭한다는 것이다. 그러나 논리상 한 가지가 맞지 않는다. "算×"가 納算年齡에 도달한 人數를 지칭하는 것인 이상, 이에 상응하여, "口×" 역시도 交納口錢年齡(口錢을 납부하는 연령)에 부합하는 人數로 해석해야지, 전체 家의 인구數로 해서는 안된다는 것이다. 그러나 앞에서 언급한대로, 孫吳에서는 실제로 口錢을 납부해야 하는 자는 戶內 7세 이상이고, 殘疾, 給吏 등을 포함하는 모든 사람이다. 그 비교 범위를 더 넓히면, 이론상 口錢을 납부해야 하는 것이 바로 戶內 모든 구성원과 맞지 않은가? 학계에서 "右某家口食"類 家庭 結計簡 통계는 戶內의 모든 인구라는 것은 한 점의 의문도 없다. 그러나 우리는 "凡口若干"類 家庭 結計簡에서 "凡口×"와 "口食×"의 혼용현상을 발견하였다. 예

---

63) 裘錫圭, 1974, 「湖北江陵鳳凰山十號漢墓出土簡牘考釋」, 『文物』1974년 제7기.

를 들어 竹簡[壹]10245-10495은 成坨 "凡口若干"類 簡인데, 주로 등록한 곳은 吉陽里, 高遷里, 平陽里 등 人戶인데, 그중 몇 매의 簡을 보자.

吉陽里戶人公乘李奇年六十一 (簡[壹]10405)

右奇家口食五人　訾五十 (簡[壹]10396)

右石家口食三人　算一　中訾　五十 (簡[壹]10478)

簡[壹]10396는 아마도 "李奇" 일가의 集計簡일 것이다. [壹]10478은 某"石"의 家庭의 集計簡이다. 이 두 매의 簡의 종결구 형식은 "右某家口食"類 簡과 완전히 동일하다. 살펴보면, 家庭 結計簡 중에서, "凡口"과 "口食"용어는 동일하지 않지만, 통계조건에 실질 구별이 없다.[64] 그러나 孫吳政府는 어떻게 전부를 籍의 인구에서 이론상 口錢을 납부해야 하는 人으로 여길 수 있었는가? 이런 제도를 제정한 근거는 무엇인가? 우리는 단지 한 가지 추측을 해볼 수 있다. "口錢"의 명칭을 보고 뜻을 짐작할 수 있다. 바로 錢의 수입 (口錢)에 따라서 錢을 지출(出錢)하고, 몇 살부터 起征을 할 지를 국가 재정상황과 황제의 은덕을 바르게 살펴서 결정하였다. 東漢 말기에는 심지어 아이를 낳으면 바로 口錢를 납부하는 규정이 있다. 『零陵先賢傳』은 鄭産이 里嗇夫였을때, "漢末多事, 國用不足, 産子一歲, 輒出口錢, 民多不擧. 産乃敕民勿得殺子, 口錢當自代出. 産言其郡□縣, 爲表上言, 錢得除."[65]라는 기록을 싣고 있다. 우리는 항상 이것을 지방 폭정이라고 지적했지만, 정상적 상황하에서 稅制를 조정할 수 있는 권한이 있는 것은 오직 中央政府만 일지도 모른다. 여기서 "國用不足"이라고 말했을 뿐 아니라, 郡縣에서 "爲表上言"라고 말했는데, 단지 1살 아이에게 口錢을 징수하는 것은 국가행위로 이해할 수밖에 없다. 여기까지 고려해 보면, 우리는 孫吳政府가 한편으로는 舊制를 계승해왔지만, 전부를 籍의 인구로 두는 규정해서 이론상 모두 口錢을 부담하게 하는 예를 보았다. 또 한편으로는 민심을 수렴하기 위해 실제 징수연령을 漢代 규정인 7세로 회복했다는 것도 아마도 근거가 없지는 않을 것이다.

Ⅳ. "凡口若干"類 簡과 "右某家口食"類 簡의 기능

필자는 일찍이 第Ⅰ類와 第Ⅱ類 簡의 기능을 분석하면서, 第Ⅰ類 즉 "右某家口食"簡은 주로 人口 통계이고, 第Ⅱ類 즉 "凡口若干"簡은 賦役 징발을 위한 것이라고 했다. 현재 "事"의 새로운 해석에 따라,

---

64) 필자는 이전에 "右某家口食"類 簡 통계의 家내의 "口食"數는 家내의 모든 人口를 포함한다고 생각했었다. 그러나 "凡口若干"類 통계의 人數는 아마도 奴婢, 客 등의 부가된 人口를 배제했을 것이다. (2009, 「"前秦建元二十年籍"與漢唐間籍帳制度的變化」, 『歷史研究』2009년 제3기 →『漢唐籍帳硏究』에 수록) 이 관점 역시 수정해야 한다.

65) 1989, 『水經注』卷38「湘水」, 楊守敬, 熊會貞 疏·段熙鐘 点校·陳橋驛 復校, 『水經注疏』, 南京: 江蘇古籍出版社, p.3130.

필자의 견해를 第Ⅱ類 簡목적이 口算賦를 주된 人頭稅[66]로 징수납부하는 것이고, 徭役을 포함하는 것은 결코 아니라고 수정했다. 여기서 다시 里 結計簡의 각도에서 第Ⅰ, Ⅱ類 簡의 기능에 대해 한걸음 더 나아가 논술하고자 한다.

史籍에서 漢代의 里의 규모에 대한 견해는 하나가 아니다. 後漢시대사료에서 기술한 것은 『後漢書·百官五』에서 "里魁掌一里百家"라고 하였고, 『風俗通』에는 "里有司, 司五十家"라고 되어있다.[67] 이전에 공개된 吳簡을 보면, 里의 규모와 관련해서 두 가지 종류의 다른 기록이 있다. 하나는 1里가 50戶로 구성되어 있다는 것이다. 예를 들면,

右廣成里領吏民五十戶口食二百九十□人	(簡[貳]1671)
•右弦里領吏民五十戶口食三百卅人	(簡[貳]1947)
•右□里領吏民五十戶口食……	(簡[貳]2320)
•集凡五唐里魁周□領吏民五十戶口食二百八十九人	(簡[肆]380)
•集凡小赤里魁黃三領吏民五十口食□百卅五人	(簡[肆]428)
•集凡曼溲里魁□忽領吏民五十戶口食二(?)百五十七人	(簡[肆]568)

簡[壹]4102 "……界所正領□□□五十戶口食二百 ☑", 簡[壹]4123 "☑□□五十戶口食合二百六十七人 ☑" 및 簡[貳]1663 "☑五十戶口食四□□☑"에서 기재된 것은 당연히 1里의 戶數이다. 이외에, 簡[貳]2529 "□凡廣成鄉領 吏 民□□五十戶口食二千三百一十人"에서 廣成鄉의 戶數 또한 50의 倍數이다. 각 里의 戶數는 이와 같이 평균적으로 획일화되어 있는데, 이는 다음과 같은 사실을 알려준다. 吳簡의 里는 아마도 戶口통계단위였을 뿐, 漢代에는 行政區劃의 기능을 갖추고 있지 못했다는 것이다. 다른 기사에서는 1里에 2, 30戶, 혹은 심지어 10여 戶로 구성되어 있다는 것이다. 예를 들면,

☑□中里領吏民卅八戶☑	(簡[壹]8162)
•右平陽里領吏民卅六戶口食□百□□人	(簡[壹]10248)
•右吉陽里領吏民卅六戶口食一百七十三人	(簡[壹]10397)
右石門里領吏民十一戶口食卅五人	(簡[參]6073)

---

66) 更賦도 그렇다. "凡口若干"類 簡에서 "更"를 등록한 注記는 여러 簡에서 보인다. 簡[壹]3939 "斗弟公乘床年卅八算一更一"에서 보인다. 鄉總計에 속하는 것은 簡[壹]4985 "☑右小武陵鄉領四年吏民一百九十四戶口九百五十一人更口算□□一千三百卅四錢", 簡[壹]9407 "□□卅領吏民戶二百五十五戶口一千一百一十三人收更口算錢合六万二千一百一十八錢"(원래 석문에 잘못이 있다. 凌文超 선생이 앞의 글에 제시한 의견에 따라 이를 수정했다.)이 있다. 여기서의 "更"은 簡[壹]9786 "其□人更人收錢三百☑"에 근거했을 때, 명백히 漢代의 文獻에서 말하는 更賦이다.

67) 『後漢書·百官五』, p.3625.

一里五十戶와는 명백하게 같지 않다. 이런 차이는 각 里의 실제 규모가 동일하지 않게 조성되었기 때문인가? 高遷里의 예를 보자.

{
　右高遷里｜Ⅱ Ⅱ ｜領吏民五十戶……口食二百五十七人　　　　　(簡[參]4460)
　· 右高遷里領吏民卅八戶口食一百八十人　　　　　　　　　　　(簡[壹]10229)

같은 里인데도 기재된 戶數와 口數의 차이가 아주 크다. 이것이 里 사이의 차이가 있다는 것을 배제하더라도, 구체적인 연도와 무관하다는 것을 반영할 지도 모른다. 우리는 一里五十戶라고 기재된 結計簡의 주위는 모두 "右某家口食"類 簡이고, 1里에 2, 30戶라고 기재된 結計簡의 주위에 분포된 것은 "凡口若干"類 簡이 아닌 것이 없다. 이 점은 成坨簡에서 더욱 분명하게 볼 수 있다. 예를 들어, 『竹簡[壹]』 중에서 "凡口×事× 算×事×"類 簡에 속하는 簡10245-10464는 吉陽里, 高遷里, 東陽里, 平陽里 等의 人戶를 포함하는데, 그중 里 總計簡 2枚를 보자.

　　　　右平陽里領吏民卅六戶口食□百□□人　　　　　　　　　(簡[壹]10248)
　　　　右吉陽里領吏民卅六戶口食一百七十三人　　　　　　　　(簡[壹]10397)

앞의 廣成鄕 廣成里의 "右某家口食"類 簡冊에 실려있는 里의 結計는,

　　　　右廣成里領吏民五十戶口食二百九卌□□人　　　　　　　(簡[貳]1671)

이를 보면, "右某家口食"類 簡의 里 結計 중 통계낸 것은 里內 모든 人戶이지만, "凡口若干"類 簡 통계는 오직 그중 일부의 人戶이다.

第Ⅱ類 簡 통계의 人戶는 어떤 部分의 人戶인가? 위에서 언급한 侯旭東 선생은 廣成里의 名籍冊을 복원할 때, 簡[貳]1671號의 아래 몇 枚의 里의 分計簡의 順序를 다음과 같이 추측하였다.

　　· 其五戶尢羸老頓貧窮女戶　　　　　　　　　　　　　　　　(簡[貳]1705)
　　☑ · 定應役民卅戶　　　　　　　　　　　　　　　　　　　(簡[貳]1704)
　　其一戶給朝丞　　　　　　　　　　　　　　　　　　　　　(簡[貳]1702)
　　其二戶給郡園父　　　▼　　　　　　　　　　　　　　　　(簡[貳]1701)

凌文超 선생의 배열 순서는 다음과 같다.

其一戶給朝丞　　　　　　　　　　　　　　　　　　　(簡[貳]1702)

其二戶給郡園父　・　　　　　　　　　　　　　　　　(簡[貳]1701)

・其五戶尫羸老頓貧窮女戶　　　　　　　　　　　　　(簡[貳]1705)

☒　・定應役民卅戶　　　　　　　　　　　　　　　　(簡[貳]1704)[68]

앞에서 이미 서술한 대로, 簡[貳]1705 는 역시 그 里의 "不任調" 戶數의 통계이다. 만약 簡[貳]1702, 1701을 1704 아래에 위치시켜, 실제로는 바로 "給朝丞", "給郡園父" 등 戶를 應役民으로 여긴다. 이런 이해는 명백하게 문제가 있다. 凌文超 선생의 배열이 더욱 실제에 부합한다. 위에서 인용했던 簡[參]4269-4360號 중 里 結計簡 4매를 보면,

其一戶給軍吏　下品　　　　　　　　　　　　　　　　(簡[參]4303)

其五戶□□民　下品　　　　　　　　　　　　　　　　(簡[參]4302)

其七戶□□女戶不任調　下品之下　　　　　　　　　　(簡[參]4301)

定領役民卅七戶　　　　　　　　　　　　　　　　　　(簡[參]4300)

"□□民" 역시 職役을 부담하는 人戶여야 한다. 1戶 "給軍吏", 5戶 "□□民", 그리고 7戶 "不任調" 등 모두 13戶는 "應役民"에 속하지 않는다. 다시 여기에 "應役民" 37戶를 더하면, 每里 50戶라는 기준에 딱 부합한다. 앞에서 설명했던 것처럼, 이 里의 "應役民"도 口算賦를 부담하는 民戶이다. "尫羸老頓貧窮女戶", "□□女戶" 자체가 "不任調"라서 자연스럽게 "應役民"에는 속하지 않는다. 그러나 위에서 인용한 "給朝丞", "給郡園父", "給軍吏" 및 이런 종류에 속하는 "給郡吏", "給縣吏" 등은 실제로 "不任役"戶의 상황과 다르다.

이렇게 각종 職役을 수행하는 가정 중에서 戶主는 물론 "給吏"였기 때문에 算賦가 면제되었지만, 본인은 "大口"錢을 납부해야 했다. 또 아래에 인용한 여러 簡을 보면, 그 가족 구성원에 역시 "算一"의 注記가 있으므로, 곧 納算을 해야 했다는 뜻이다. 그들은 "應役民"의 범위에서 배제되었지만, 그들이 郡縣의 民戶에 속하지 않았기 때문에, 실제로는 그들이 口算賦를 납부해야 했던 것이다. 예를 들어 위에서 언급한 簡[壹]10397, 簡[壹]10248에서 보이는 것은 "凡口若干"類 里 結計簡을 통계낸 것은 "吏民" 若干戶, 若干口이고, 民戶 이외에도 吏戶를 포함하였다.[69] 우리는 "凡口若干"類 簡에 등재된 "州吏", "縣吏" 戶의 예를 발견할 수 있다. 바로 위에서 언급된 簡[壹]10245-10464簡册 중에서 있다.

---

68) 전게한 凌文超의 「走馬樓吳簡采集簡"戶籍簿"復原整理與研究」.

69) "吏民"名籍 중의 "吏戶"는 광범위한 호칭으로, 실제로는 "給朝丞", "給郡園父" 등 각종 職役을 포함하는 人戶이다.

(1)

    吉陽里戶人公乘區張年卅八算一給州吏　　　　　　　(簡[壹]10367)

    張妻大女□年卌九算一　　　　　　　　　　　　　(簡[壹]10359)

    張父□年七十五　　　　　　　　　　　　　　　　(簡[壹]10349)

(2)

    高遷里戶人公乘張喬年卅算一給縣吏　　　　　　　(簡[壹]10412)

    喬妻大女健年卅五算一　　　　　　　　　　　　　(簡[壹]10415)

    喬子女士年二歲　　　　　　　　　　　　　　　　(簡[壹]10399)

    喬兄□年卅八算一刑左足　　　　　　　　　　　　(簡[壹]10400)

현재 "不任調"戶를 등재하는 현상은 발견하지 못했다. 第Ⅱ類 簡이 口算賦를 징발하기 위한 목적으로 사용되었다는 것을 고려하면, 필자는 "凡口若干"類 簡에 등록된 것은 오직 그 里에서 口算賦를 부담하는 人戶, 즉 "應役民"와 각종 吏卒戶이며, 里結計簡을 통계낸 것은 바로 이 두 종류의 人戶의 총 戶數이고, 口食數는 두 종류 人戶의 總口數가 아니라, 바로 그중에서 人頭稅를 납부해야 하는 총 人數라는 것이다.[70]

V. 餘論

이 두 종류의 簡 중 어느 종류가 진정한 戶籍에 속하는가? 우리가 지금까지 본 바에서 최초로 명확하게 戶籍의 實物이라고 칭한 것은 『前秦建元二十年(384)三月高昌郡高寧縣都鄉安邑里籍』이다. 이 籍에는 5戶의 人家가 등재되어 있다. 그중 가장 온전하게 보전되어 있는 張晏戶는,

6. 高昌郡高寧縣都鄉安邑里民張晏年卅三

7.   叔聰年卅五物故　　叔女弟想年九　　　桑三畝半

8.   母荊年五十三　　　晏妻辛年卅新上　　城南常田十一畝入李規

9.   叔妻劉年卅六　　　丁男一　　　　　　得張崇桑一畝

10.   晏女弟婢年卅物故　丁女三　　　　　　沙車城下道北田二畝

11.   婢男弟隆年十五　　次丁男三　　　　　牽加田五畝

12.   隆男弟駒[年　]　　[次丁女一]　　　　[舍一區]

---

70) 실제로는 바로 해당 里의 "大口"錢과 "小口"錢을 납부하는 총 人數이다.

| 13. | 駒女弟[□年 　] | [小女一] | [建元卅年三月籍] |
| 14. | 聰息男[奴年 　] | 凡口九[71] | |

　이 籍은 3개의 란으로 분류되어 있다. 첫 번째 란에는 戶內의 가족 구성원의 상황을 등록해 놓았고, 두 번째 란에는 家庭의 丁을 통계 내놓았고, 세 번째 란은 家庭의 주요 재산을 기재한 것이다. 張晏戶의 가족 구성원은 비교적 많다. 첫 번째 란이 부족해 "想", "辛"을 바로 두 번째 란에 썼다. 漢代의 籍에 재산의 내용을 기재하는지 아닌지, 토론의 여지가 있다. 그러나 확실한 것은 東漢시기에 전문적 貲簿가 출현했다는 것이다. 그래서 孫吳의 第Ⅰ, Ⅱ類 簡 모두에서 재산의 내용은 보이지 않는다. 필자는 예전에 戶籍용어("凡口")와 家口에 대한 丁의 분류 등의 각도에서, 『前秦建元籍』의 두 번째 란과 孫吳의 "凡口若干"類의 簡이 서로 비슷하다고 생각했다.[72] 그러나 만약 우리가 『前秦建元籍』에서 丁의 통계란에 賦稅가 기재되지 않은 것을 알아챘다면, 그 籍面에 標注된 "新上" 注記는 그 籍이 최소한 몇 년에 한 번 만들었다는 것을 나타내는 것이다. 이것은 賦稅를 징수납부하기 위한 목적으로 1年에 한 번 제작할 수 밖에 없는 "凡口若干"類 簡과는 큰 차이가 있다. 반대로 인구를 통계내는데 목적이 있는 "右某家口食"類 簡에 더욱 가깝다. 그래서 "右某家口食"과 "凡口若干"類의 簡의 관계를 살펴볼 때, 前者는 里內의 모든 人戶를 등록하고 그중에서 "應役戶", 吏卒戶와 "不任調"戶에 대해 분류통계를 진행했다. 後者는 단지 口算賦를 부담해야 하는 "應役民"과 吏卒戶를 등록하고 다시 그 里에서 납부해야 하는 인두세를 추산하였다. 前者가 기초장부의 기능을 갖추고 있다는 것에 의심의 여지가 없다.[73] 그러나, "凡口若干"類 簡이 광의의 戶籍의 성질을 가진다는 것은 아마 부정하기 쉽지 않을지 모른다.

　우리가 지금 본 바로는 가장 이른 시기이면서 비교적 체계적 戶律 조문은 張家山漢簡『二年律令』에 나온다. 거기에 기재된 것에 의하면 당시 郡, 縣은 "民宅園戶籍, 年細籍, 田比地籍, 田命籍, 田租籍"의 正, 副本을 각각 보관하고 있었다. 뒤의 3종은 田籍계열에 속하고, 앞의 2종은 그것을 名數이라고 칭하는데, 또한 人戶의 이동에 따라 籍을 이관하는 절차가 필요했다. "宅園戶籍"이 때때로 "戶籍"으로 칭해진 것으로부터 이것이 戶籍임은 의심의 여지가 없다. 그리고 "年細籍"도 마땅히 넓은 의미의 호적에 속한다. 양자는 무엇이 다른가? 前者는 "宅園"이라고 덧붙여 있고 바로 籍 중에 田園과 宅舍의 내용이 기록되어 있다. 「戶律」 역시 家內에 "田宅, 奴婢, 財物"이 발생, 변동할 때를 언급하고, "皆上如戶籍"

---

71) 原文은 榮新江·李肖·孟憲實 主編, 2008, 『新獲吐魯番出土文獻』, 北京: 中華書局, pp.176-179 참조.
　　이후 필자는 圖版에 근거해 原文을 정정한 바 있다. 〈前秦建元二十年籍〉與漢唐間籍帳制度的變化 참조.

72) 전게한 〈前秦建元二十年籍〉與漢唐間籍帳制度的變化.

73) 결코 "右某家口食"類 簡이 모두 戶籍이라고 말하려는 것은 아니다. 이렇게 호주 앞에 里名, 爵位가 써있지 않거나, 大男(大女)혹은 民男子 등의 신분이 명확하게 주기되어 있는 사람이 만약 호적의 자료에 편제되지 않았다면, 이것은 바로 별도로 제작된 목적이 있을 것이다. 추가로 설명하자면, 이 두 종류의 簡의 기능에 비추어 보아, "右某家口食"類 簡은 이전 戶籍 data에 대한 통계이고, "凡口若干"類 簡은 다음 해의 戶籍 data의 예측치일 것이다. 즉, 우리가 발견한 것은 동일한 연도의 data에 속하는 두 종류의 簡冊이 각자 편제된 연도가 실제로는 동일하지 않다는 것과 같다.

이 요구되는데, 즉 변동결과를 호적상에 반영한다는 것이다. 候者는 "年細"또는 "年籍爵細"라고 칭하고, 개인 신분자료의 완전한 정리에 더욱 중점을 둔다. 湖北省 荊州市 高台墓에서 일찍이 木牘이 출토되었다. 編號M18:35-丙의 牘文은 漢文帝 7年(기원전 174년) "燕"이 冥世로 옮긴 名數인데, 그 시대는 『二年律令』이 공포된 呂后 2年(기원전 186년)과 아주 가깝다. 牘文의 내용을 보면, 그 名數는 宅園戶籍을 따르지 않은 것이 확실하므로 年細籍일 수밖에 없다. 가구가 등록된 부분 아래쪽에 "家優, 不算不顧(雇)"라고 쓰여 있다. 성질이 孫吳의 "凡口若干"類 結計簡과 일치한다.[74]

魏晉南朝의 戶籍은 항상 "黃籍"으로 칭해졌고, 走馬樓吳簡에도 역시 "黃簿"가 있다. 王素 선생이 『勸農掾番琬白爲吏陳晶舉番倚爲私學事』의 牘文에서 칭하기를,

1 東鄉勸農掾番琬叩頭死罪白:被曹敕, 發遣吏陳晶所舉私學番
2 倚詣廷言. 案文書:倚一名文. 文父廣奏辭: "本鄉正戶民, 不爲遺脫." 輒
3 操黃簿審實, 不應爲私學. 乞曹列言府. 琬誠惶誠恐, 叩頭死罪
4 死罪.   詣 功 曹
5   十二月十五日庚午白[75]

"簿"와 "籍"은 같은 의미이다. 여기서 番倚가 逃戶인지 아닌지 심사하는데 사용된 "黃簿"가 어떤 종류의 戶籍이었는지 확정하기는 어렵지만, 吳簡에는 확실히 "凡口若干"類의 簡을 黃簿라고 지칭하는 例證이 있다. 앞에서 언급한 簡[貳]4659 "右黃簿吏民戶卌口食一百八十一"은 "凡口若干"類 里 結計에 속하는 것이 분명하다. 『太平御覽』卷 606에서 『晉令』을 인용해서 "郡國諸戶口黃籍, 籍皆用一尺二寸札. 已在官役者載名."라고 언급했다.[76] 西晉의 造籍制度는 孫吳와 크게 다르다. 그렇지만, 黃籍은 "在官役者載名"이 孫吳의 "凡口若干"類의 簡에서 賦役을 부담하는 人戶의 특징과 일치한다는 것을 강조한다.

[번역: 이경원(서울대학교 동양사학과 석사과정)]

투고일 : 2011. 10. 26   심사개시일 : 2011. 11. 4   심사완료일 : 2011. 11. 27

---

74) 상세한 내용은 『孫吳簡中的戶籍文書』의 제1부분 "戶籍簡的判定"을 참조.
75) 1999, 「長沙走馬樓三國孫吳簡牘三文書新探」, 『文物』1999년 제9기.
76) 『太平御覽』卷606, p.2726 하단.

사료

1962, 『漢書』, 北京: 中華書局 標點本.

1965, 『後漢書』, 北京: 中華書局 標點本.

1974, 『晋書』, 北京: 中華書局 標點本.

1974, 『宋書』, 北京: 中華書局 標點本.

1974, 『魏書』, 北京: 中華書局 標點本.

1982, 『資治通鑑』, 胡三省注, 北京: 中華書局.

1980, 『十三經注疏』, 阮元校刻, 北京: 中華書局.

1983, 『唐律疏儀』, 長孫無忌, 北京: 中華書局.

1960, 『太平御覽』, 北京: 中華書局.

黎翔鳳 撰, 2004, 『管子校注』, 北京: 中華書局.

楊守敬, 熊會貞 疏·段熙鐘 標點·陳橋驛 復校, 1989, 『水經注疏』, 南京: 江蘇古籍出版社.

張家山二四七號漢墓竹簡整理小組, 2006, 『張家山漢墓竹簡[二四七號墓]』(修訂本), 北京: 文物出版社.

長沙市文物考古研究所·中國文物研究所·北京大學歷史學系'走馬樓簡牘整理組'編著, 2003, 『長沙走馬樓三國吳簡·竹簡[壹]』, 文物出版社.

長沙簡牘博物館·中國文物研究所·北京大學歷史學系'走馬樓簡牘整理組'編著, 2007, 『長沙走馬樓三國吳簡·竹簡[貳]』, 文物出版社.

長沙簡牘博物館·中國文物研究所·北京大學歷史學系'走馬樓簡牘整理組'編著, 2008, 『長沙走馬樓三國吳簡·竹簡[參]』, 文物出版社.

長沙市文物考古研究所·中國文物研究所, 2006, 『長沙東牌樓東漢簡牘』, 北京: 文物出版社.

唐長孺 主編, 1994, 『吐魯番出土文書』圖文本 제2책, 北京: 文物出版社.

榮新江·李肖·孟憲實 主編, 2008, 『新獲吐魯番出土文獻』, 北京: 中華書局.

단행본

北京吳簡研究班, 2004, 『吳簡研究』제1집, 武漢: 崇文書局.

王文濤, 2007, 『秦漢社會保障研究－以災害救助爲中心的考察』, 北京: 中華書局.

于振波, 2004, 『走馬樓吳簡初探』, 台北: 文津出版社.

_____, 2006, 『走馬樓吳簡續探』, 台北: 文津出版社.

張榮强, 2010, 『漢唐籍帳制度研究』, 北京: 商務印書館.

논문

高敏, 2000, 「讀長沙走馬樓簡牘札記之一」, 『鄭州大學學報』2000년 제3기.

___, 2007, 「長沙走馬樓吳簡中所見'調'的含義」, 『中華文史論叢』2007년 제1집.

裵錫圭, 1974, 「湖北江陵鳳凰山十號漢墓出土簡牘考釋」, 『文物』1974년 제7기.

羅新, 2003年6月7日, 『吳簡報告之二十三』, http://xiangyata.net/data/articles/e01/101.html.

凌文超, 2011, 「走馬樓吳簡采集簡'戶籍簿'復原整理與研究—兼論吳簡'戶籍簿'的類型與功能」, 『吳簡研究』제3집, 北京: 中華書局.

_____, 2011, 『考信於簿: 走馬樓吳簡采集簿書復原整理與研究』, 博士學位論文, 北京大學歷史學系.

孟彦弘, 2006, 「吳簡所見'事'義臆說—從'事'到'課'」, 『吳簡研究』제2집, 武漢: 崇文書局.

武威縣博物館, 1984, 「武威新出土王杖詔令册」, 甘肅省文物工作隊·甘肅省博物館編, 『漢簡研究文集』, 蘭州: 甘肅人民出版社.

楊際平, 2006, 「析長沙走馬樓三國吳簡中的'調'—兼談戶調制的起源」, 『歷史研究』2006년 제1기.

楊振紅, 2011, 「從出土'算'·'事'簡看兩漢三國吳時期的賦役結構—'算賦'非單一項目辨」, 『中華文史論叢』2011년 제1기.

王素·宋少華·羅新, 1995, 「長沙走馬樓簡牘整理的新收獲」, 『文物』1995년 제5기.

___, 1999, 「長沙走馬樓三國孫吳簡牘三文書新探」, 『文物』1999년 제9기.

___, 2001, 「吳簡所見'調'應是'戶調'」, 『歷史研究』2001년 제4기.

王子今, 「走馬樓凡口若干事若干'簡例試解讀—以對'事'的理解爲中心」, 北京吳簡研討班討論稿.

于振波, 2004, 「'算'與'事'—走馬樓戶籍簡所反映的算賦和徭役」, 『漢學研究』제22권 2기.

_____, 2004, 「走馬樓戶籍簡性別與年齡結句分析」, 『走馬樓吳簡初探』, 台北: 文津出版社.

_____, 2007, 「略說走馬樓吳簡中的'老'」, 『史學月刊』2007년 제5기.

袁延勝, 2008, 「天長紀庄木牘'算簿'與漢代算賦問題」, 『中國史研究』2008년 제2기.

李均明·宋少華, 2007, 「長沙走馬樓三國吳簡·竹簡[四]內容解析八則」, 『出土文獻研究』제8집, 上海: 上海古籍出版社.

張榮強, 2005, 「二年律令與漢代課役身分」, 『中國史研究』2005년 제2기.

張春龍, 2009, 「里耶秦簡所見的戶籍和人口管理」, 中國社會科學院考古研究所·中國社會科學院歷史研究所·湖南省文物考古研究所編, 『里耶古城·秦簡與秦文化研究—中國里耶古城·秦簡與秦文化國際學術研討會論文集』, 北京: 科學出版社.

張朵, 2011, 『走馬樓吳簡吏民籍的復原與研究』, 碩士學位論文, 北京師范大學歷史學院.

天長市文物管理所·天長市博物館, 2006, 「安徽天長西漢墓發掘簡報」, 『文物』2006년 제11기.

胡平生, 2005, 「"長沙走馬樓三國吳簡"第二卷釋文校證」 '口若幹, 事若幹; 算若幹, 事若幹' 條, 『出土文獻研究』제7집, 上海: 上海古籍出版社.

侯旭東, 2009, 「長沙走馬樓吳簡·竹簡[貳]'吏民人名年紀口食簿'復原的初步研究」, 『中華文史論叢』2009년 제1기.

谷口建速, 2007, 「竹簡の大きさについて」, 『長沙走馬樓出土吳簡に關する比較史料學的研究とそのデータベース化』.

〈中文摘要〉

再论孙吴简中的户籍文书－以结计简为中心的讨论

张荣强

走马楼孙吴简最常见的名籍有两类, 第Ⅰ类结句简通常作"右某家口食若干", 第Ⅱ类结句简写作"凡口×事× 算×事×"。"右某家口食"类的里结计简中, 一里民户分"不任调"户和"应役民"两类统计, 前者指蠲免赋役的民户, 后者则是承担赋役者。"口×事× 算×事×"中, 前一"事"释"口", 指应缴纳口钱的人数, 后一"事"释"算", 指应缴纳算赋的人数。第Ⅰ类简主要目的是统计人口, 第Ⅱ类简是为了征纳口算赋兼及更赋的人头税。与之相应, 第Ⅰ类简登录的是全里所有人户, 结计简统计的是全里的总户数和总口数; 第Ⅱ类简登录的仅是该里承担口算赋的人户亦即"应役民"和吏卒户, 里结计简统计的也是这两类人户的总数, 相应的口食数若非两类人户的总口数, 就是其中应纳人头税的总人数。"右某家口食"类简更具有基础台帐的作用, 其是户籍无疑; "凡口若干"类简被称作"黄簿", 也属于广义上的户籍。

▶ 關鍵詞 : 走马楼吴简、事、不任调、应役民、户籍

『日本書紀』에 보이는 古代韓國의 漢字文化의 影響(續篇) -山田史御方와 三宅臣藤麻呂-

森 博達*

〈국문초록〉

　『日本書紀』(30卷, 720년 편찬)는 표기의 성격에 의해 α群·β群·권30의 세 가지 유형으로 나뉜다. 그 중 β群(卷1~13·22~23·28~29)은 和化漢文으로 쓰여져 있어 한반도의 漢字文化와 佛敎漢文과의 공통적 특징이 보인다. 그래서 본고에서는『日本書紀』에 보이는 한반도의 漢字文化와 佛敎漢文의 영향에 대해서 논하고자 한다. 또 β群의 述作者로 추정되는 山田史御方과 최종단계의 加筆者로 보이는 三宅臣藤麻呂의 출자와 경력에 대해서도 언급한다.

　① 『日本書紀』의 문장에는 誤用과 奇用이 많은데, 그것들은 주로 β群에 偏在해 있다. α群에서 보이는 열외는 原史料의 반영과 後人의 加筆로 처리되었다. 본고에서는 대표적인 誤用과 奇用을 2가지씩 들었다. 전자는「有」字의 誤用과 부정어 어순의 잘못을 예로 들었으며, 후자는「因以」와 종결사「之」字를 예로 들었다.

　② 필자는 山田史御方을 β群의 述作者로 추측하고 있다. 山田史는 한반도 출신의 도래계 씨족이다.

＊ 日本 京都産業大學

御方은 학승으로 신라에서 유학하고 귀국후 환속해 대학에서 가르치게 되었다. β群은 佛典과 佛敎漢文의 영향을 받고 있다. 佛敎漢文의 영향으로 생각되는 용어에 「未經幾~」라는 어구가 있는데, β群에만 5례 보이고 있다. 또 부사 「亦」을 주어의 앞에 위치한 용법은 正格漢文에서는 誤用이여도, 佛敎漢文에서는 자주 볼 수 있다. 이러한 용례는 『日本書紀』에 40례 보이는데, 39례가 β群에 偏在되어 있다.

③ 新羅碑石에는 「䓁」字가 3례 나타나고 있다. 「䓁」는 生僻字로 佛典에는 이용되지만 漢籍에는 거의 이용되지 않는다. 『日本書紀』에는 11례가 사용되고 있는데, 그 중 4례는 韓國關係記事, 2례는 後人의 加筆이고, 나머지 5례도 後人의 加筆일 가능성이 높다. 필자는 加筆者를 三宅臣藤麻呂로 추측하고 있다. 書記의 加筆 부분의 문장에는 다수의 倭習과 吏讀的인 표기가 보인다. 「䓁」字도 藤麻呂의 加筆로 생각한다면 이해하기 쉽다.

④ 『日本書紀』에는 이외에도 古代韓國의 吏讀용법과 공통되는 變格語法이 있다. 여기에서는 주어의 앞에 위치하는 「別」字, 具格助詞 「以」字, 動名詞語尾 「在」字를 가지고 그 분포를 검토했다.

⑤ 필자는 『日本書紀』編纂의 最終段階의 加筆者를 三宅臣藤麻呂로 추측하고 있다. 三宅氏의 姓에는 三宅臣·三宅人·三宅連·三宅史가 있고, 그 중 三宅臣 이외는 한반도에서 渡來한 歸化人인 것이 확인되었다. 이것에 의하면 三宅臣도 도래계일 가능성이 높다.

▶ 핵심어: 日本書紀 區分論, 變格漢文, 吏讀, 佛敎漢文, 山田史御方, 三宅臣藤麻呂

Ⅰ. 머리말

필자는 拙著 『日本書紀』의 수수께끼를 풀다(日本書紀の謎を解く)』에서 음운과 문장을 분석해 『日本書紀』(「書記」로 약칭)를 α群·β群·권30의 세 가지 유형으로 나누었으며, 편찬의 최종단계에 潤色 加筆이 행해진 것도 밝힌 바 있다. 또 β群의 述作者는 山田史御方(야마다노후히토미카타)로 비정하고, 潤色 加筆者는 三宅臣藤麻呂(미야케노오미후지마로)를 상정했다. 本稿에서는 두 사람의 출자와 경력도 포함해 書記에 있어서 고대한국 한자문화의 영향을 논하겠다.

Ⅱ. 『日本書紀』區分論과 『日本書紀』成立論

『日本書紀』(30卷, 720년 편찬)는 일본 최초의 정사이다. 고대사 연구에 있어서 중요한 문헌이며 고대의 언어와 표기를 알 수 있는 보고이기도 하다.

필자는 본래 중국어 음운학을 전공해서 대학시절에 『日本書紀』의 萬葉假名에 흥미를 가졌다. 그 연구를 정리했던 것이 졸저 『고대의 음운과 일본서기의 성립(古代の音韻と日本書紀の成立)』(1991년 大修

館書店)이다. 그 핵심은 書記의 일부 卷들(α群)의 萬葉假名는 도래 중국인에 의해 중국원음으로 표기된 것이라는 점이다. 예를 들면 萬葉假名에 표기되었던 가요는 128수이고, 제109번 (卷24)의 가요는 다음 과 같다.

波魯波魯儞 渠騰曾枳舉喻屢 之麻能野父播羅
ハロハロニ ことそキこユル シマのヤブハラ
〈아득히 먼 곳에서 말하는 소리가 들려, 섬의 수풀에서〉

이 가요는 당시 중국북방표준음(正音)으로 일본어의 음운을 정확하게 음역하고 있다. 더욱이 당시 일본어의 악센트까지 중국어의 성조로 완전하게 구분해서 기록하고 있다(高山倫明, 1981, 「原音声調か ら觀た日本書紀音仮名表記試論」).

이어서 나의 관심은 『日本書紀』의 萬葉假名만이 아니라 그 문장과 편수과정에도 관심을 가지게 되 었다. 그래서 1999년에 『일본서기의 수수께끼를 풀다—述作者는 누구인가(日本書紀の謎をく—述作者 は誰か—)』(中公新書)를 저술했다. 書紀구분론을 바탕에 두고 音韻·訓詁·考據의 학문에 의해 『日本書 紀』를 분석하고 성립과정의 해명을 시도했던 것이다. 결론은 다음과 같다.

『日本書紀』30권은 표기의 성격 차이를 바탕으로 α群(卷 14~21·24~27), β群(卷 1~13·
22~23·28~29), 권 30의 세 유형으로 나눌 수 있다.
持統期에 續守言과 薩弘恪이 正音에 의해 正格漢文으로 α群을 述作했다. 守言은 卷14부
터, 弘恪은 卷24부터 담당했다. 文武朝에 이르면 山田史御方이 倭音에 의해 和化漢字로
β群을 撰述했다.
元明朝에 紀朝臣清人(기노아소미기요히토)가 卷30을 撰述했다. 동시에 三宅臣藤麻呂가
兩群(α群·β群)을 漢籍 등에 의해 윤색을 가했으며, 게다가 약간의 記事를 加筆했다. 清
人의 述作은 倭習이 적었지만, 藤麻呂의 가필에는 倭習이 두드러졌다.

올 가을에 새로운 拙著 『일본서기 성립의 진실—고쳐 쓴 주도자는 누구인가—(日本書紀 成立の真実 —書き換えの主導者は誰か—)』가 출판되었는데 위의 결론은 기본적으로 변하지 않았다. 목차는 다음과 같다.

第一章：日本書紀の研究方法と今後の課題
第二章：日本書紀箚記
　第一節：編修論「聖徳太子伝説と用明·崇峻紀の成立過程」
　第二節：研究論「懷徳堂·五井蘭洲の『刪正日本書紀』に驚嘆する」

　　제1장에서 제3장까지는 2001년 이후의 졸고에 수록되었던 것이고, 제4장과 제5장이 새롭게 쓴 것이다. 제4장「書記研究の新展開」는 주로 이전 저술 이후 각 분야에서 진전되었던 書記연구를 소개하고 검토를 추가한 것이다. 文章論·天文學·体例論·出典論 등 새로운 성과에 의해 書記의 실태가 한층 명확해지고 있다. 일찍이 관심을 가져주지 않았던 α群·β群 이론은 넓고 깊게 연구되고 있다.

　　제5장「書記成立論」은 書記의 문장을 분석해 편찬의 주도자를 추정한 것이다. 이전 저술의 부제는「述作者는 누구인가(述作者は誰か)」였다. 書記의 言語·文字를 분석해 書記區分論을 세우고, 각 권의 표기 성격과 편수과정을 명확하게 하는 것에 주안점을 두었다. 書記의 편찬은 국가의 大事業이었다. 편수 방침의 결정과 原史料의 선정은 정치적으로 유력한 일본인이 주도했던 것임에 틀림없다. 이 장의 제1절과 제2절에는 卷24「皇極紀」와 卷25「孝德紀」의 倭習을 摘出하고, 최종단계에서 대량으로 가필되었던 箇所를 지적했다. 제3절에는 書記가 未定稿인 것을 지적하고, 편찬주도자를 특정하기에 이르렀다.

Ⅲ. 문장으로 본『日本書紀』區分論

　　필자는『日本書紀』의 萬葉假名을 정밀하게 조사한 결과 正音(중국 북방 표준음)에 기초로 하는 α群과 倭音(漢字의 日本音)을 기초로 하는 β群으로 명확하게 구분되는 것을 발견했다. 倭音이란 음운 레벨에서의 倭習이다. 語彙·文法·文體의 倭習을 조사하지 않으면 안된다. 倭習이란 일본어적 발상에 기초한 漢文의 誤用(잘못된 용법)과 奇用(특수한 용법)이다. 조사 결과 대량의 倭習이 β群에 치우쳐 있는 것이 판명되었다. 아래에 대표적인 誤用과 奇用을 두 가지씩 들어보자.

1. 是玉今有石上神宮. 〈이 옥은 지금 石上神宮에 있다〉卷6「垂仁紀」
2. 高枕而永終百年, 亦不快乎. 〈역시 유쾌하지 아니한가〉上同
3. 然後洗眼. 因以生神, 號曰天照大神. 〈그것에 의해 신을 낳았으니〉卷1「神代紀上」
4. 臣雖知其逆, 未受太子命之. 〈아직 태자의 명령을 받지 않았습니다〉卷12「履仲即位前紀」

1의 「有」字는 「在」字의 잘못이다. 倭訓은 모두 「あり」이기 때문에, 倭訓에 의한 잘못일 것이다. 이 誤用의 분포는 【표 1】과 같다. 전체 16례 가운데 14례가 β群에 치우쳐 있다. 나머지 2례는 α群으로 ⓐ 「此等蝦夷國有何方」과 ⓑ 「國有東北」이다. 모두 卷26「斉明紀」의 分注에 引用된 「伊吉連博徳(이키노무라지하카토코)書」의 文章이다. 史料名을 明記한 原文 그대로 転載했기 때문에 誤用이 남았을 것이다.

2는 反語文이기 때문에 語順은 「不亦快乎」가 되어야만 한다. 부정어의 어순이 잘못된 것이다. 일본어의 어순에 영향을 받았을 것이다. 이러한 誤用의 分布도 【표1】과 같다. 총 14례 가운데 12례가 β群에 치우쳐 있으며, 나머지 2례는 α群으로 다음과 같다.

ⓒ 「大臣大連·將相諸臣, 咸推寡人. 寡人敢不乖. 〈과인은 과연 배신하지 않을 수 있을까〉 (卷17)
ⓓ 「斯等深不悟情, 〈이 사람들은 깊이 마음 속으로 생각하지 않고〉 (卷25)

이 가운데 ⓒ는 문맥으로 생각하면 「나는 (신하의 추대를) 감히 배신할 수 없다. (그러므로 즉위한다)」라고 하는 의미이다. 正格漢文에서는 「不敢乖」가 아니면 안 된다. 「敢不乖」에서는 「감히 배신하지 않을 수 있을까」로 反語文이 되어 즉위할 수 없다. 실제로 이 기사는 『吳志』「孫體傳」의 「將相諸侯, 咸推寡人. 寡人敢不承受璽符」에 의해 윤색되었다. 小島憲之(고지마노리유키)에 의하면 漢籍에 의한 윤색은 書記 撰述의 최종단계에서 α群을 중심으로 더한 것이다. 그러므로 이 ⓒ도 후인이 윤색할 때의 잘못일 것이다.

ⓓ는 卷25「孝德紀」의 大化 2年 詔勅에 있다. 「孝德紀」의 조칙에는 다른 誤用과 奇用도 많고, 「大寶令」頒下(702년) 이후의 용어인 「御宇」도 보인다. 그러므로 「孝德紀」의 조칙은 α群의 기본적인 편찬이 종료된 시점에서 『日本書紀』 撰上(720년)까지의 사이에 후인이 가필했던 것으로 생각된다.

3의 접속사 「因以」字는 正格漢文에서는 사용이 드물어 奇用으로 생각된다. 書記에서의 분포는 【표1】과 같다. 전체는 113례이고, 전부 β群(卷4에만 없음)에 치우쳐 있다.

4의 끝부분의 「之」字는 한국 變格漢文의 종결사와 같은 용법으로 正格漢文에서는 奇用이다. 書記에서의 분포는 【표 1】과 같다. 이 문제에 대해서는 「『日本書紀』區分論と終結辭の「之」字」(2009년 6월,

국제심포지움「고대문자자료로 본 동아시아의 문화 교류와 소통」, 동북아역사재단주최, 서울)에서 자세하게 논했고, 작년 여름 목간학회 하계 워크숍의 발표「日本書紀에 보이는 韓國古代漢字文化의 影響」(『木簡과 文字』6, 2010년)에서도 개요를 설명했다. 이 奇用은 書記에 모두 243례이며, 227례가 β群에 치우쳐 있다. 나머지 16례 가운데 15례가 α群, 1례가 卷30에 나타난다.

α群의 용례는 다음의 2 종류로 나눌 수 있다.

　　ⓔ 吾起兵伐入鹿者, 其勝定之.〈승리하는 것은 반드시 정해져 있다〉(卷 24「皇極紀」2
　　　年 11月条·山背大兄王自殺)
　　ⓕ 百済國主謂臣言, 塞上恆作惡之.〈塞上는 늘 악행을 저지른다〉(卷 24「皇極紀」元年
　　　2月条·百済弔使의 報告)

ⓔ는 卷24의 山背大兄(야마시로 오오에)王의 자살기사에 나타나 있다. 이 시가에는 倭習이 많다. 동일기사 가운데에서 語彙와 語順의 잘못을 1례씩 제시하고자 한다.

①「山背大兄王等対曰~」의「対」는 語彙의 誤用이다. 正格漢文에서「対曰」은 낮은 지위에 있는 사람이 높은 지위의 사람에게 대답해 말씀드리는 경우에 국한한다. 이 장면은 山背大兄王이 낮은 지위의 三輪文屋君에 답하는 것이다. 그러므로「対曰」은 잘못된 것이며,「答曰」로 기록해야 한다.

②「速可向山求捉彼王」의「速可」는 語順이 잘못된 것으로「可速」이 맞다.

올 가을에 간행된 졸저『日本書紀成立論』에서는 山背大兄의 자살기사를 후인에 의한 가필로 생각했다.

【注記】書記 편찬의 최종단계에서 특히 대량의 가필이 시도되었던 부분은 3곳이다. 첫 번째는 卷24「皇極紀」의 山背大兄王의 자살기사이다. 두 번째는 卷24「皇極紀」의 卷末에 있는「乙巳의 變」이다. 세 번째는 卷25「孝德紀」「大化의 改新」의 조칙이다. 여기에서는 山背大兄王을 성인으로 묘사하고, 그를 멸한 蘇我入鹿(소가노이루카)를 惡逆非道의 權臣으로 묘사하고 있다. 더욱이 그 入鹿를「乙巳의 變」때에 암살했던 中大兄(나카노오오에) 皇子(후에 天智天皇)와 中臣鎌足(나카토미노가마타리)을 영웅으로 묘사하고 있다. 이「乙巳의 變」의 결과 다음의「大化의 改新」에 보이는 근대적인 율령국가가 탄생했다고 하는 것이 알려지고 있다.

어떻든 간에 종결사「之」字가 α群에 나타난 열외 15례 중, 8례는 ⓔ처럼 倭人에 의한 가필과 原資料의 반영으로 생각된다. 나머지 7례는 모두 ⓕ의 것처럼 한국관계기사이다. 그것은 原資料의 반영과 후대인의 가필로 생각된다.

【표 1】 대표적인 誤用·奇用의 분포

誤用·奇用 ＼ 群卷	β群												
	1	2	3	4	5	6	7	8	9	10	11	12	13
「有」의 誤用						3	2		1		1	1	2
부정사의 어순 오류				1	4							1	
접속사「因以」	7	6	2		2	6	10	4	19	7	3	2	4
종결사「之.」	4	9	2		8	10	24	4	12	8	12	4	11

α群								β群		α群				β群			計
14	15	16	17	18	19	20	21	22	23	24	25	26	27	28	29	30	
												2			4		16
			1					3	3	1							14
								10	2					8	21		113
1	2		1		5		3	28	17	2	1			17	46	1	232

Ⅳ. β群의 문장과 山田史御方

β群의 述作은 文武朝에 시작되었다고 생각된다. 小川淸彦의 「日本書紀의 曆日에 대하여」에 의하면 書記에는 두 종류의 曆이 사용되었다. 卷13의 「安康卽位前紀」까지는 새로운 「儀鳳曆」을 사용했고, 安康元年부터는 오래된 「元嘉曆」을 사용했다. 현실에서는 文武 2년(698)부터 儀鳳曆이 단독으로 시행되었다. 그러므로 β群의 撰述者는 文武朝 이후의 학자에서 찾아야 한다.

필자는 山田史御方이 가장 유력한 후보라고 생각한다. 山田史는 한반도 출신의 渡來系 씨족이다. 御方은 학승으로 신라에서 유학하고, 귀국 후 환속해 대학에서 가르쳤다. 707년에는 「優學士〈학사를 우대한다〉」로 賞賜되고, 721년에는 「文章의 師範」으로 포상받았다. β群은 불전과 불교한문의 영향을 받아들이고 있는데 御方의 경력은 β群의 성격과도 합치하는 것이다.

β群에 있어서 불교한문의 영향에 대해서는 拙作 『일본서기의 수수께끼를 풀다(日本書紀の謎を解く』에서 「未經幾~」라고 하는 어구를 제시한 바 있다. 書記에서의 분포는 【표 2】와 같고, β群에서만 5례가 보인다. 1례를 소개하고자 한다.

　1. 熊襲既平, 未經幾年, 今更東夷叛. 〈구마소가 평정되었으나, 아직 몇 년이 지나지 않았는데, 지금 다시 동방의 천한 국가(東夷)가 배신했다.〉(卷7 景行紀)

「未經幾~」라는 어구를 처음으로 언급한 것은 太田善麿의 『古代日本文學思潮論(Ⅲ)』으로, 제자 瀬

間正之가「『未經』・『既經』 一師說『太安万侶日本書紀撰修參与說』をめぐって一」(1999)에서 이 어구의 출전을 조사했다. 그 결과 이 어구는 漢籍에서 출전을 찾는 것이 불가능하지만,『經律異相』 등 불전에는 많이 보이는 常套句라는 것이 명확하게 되었다.

「未經幾～」라고 하는 어구는 『万葉集』에도 두 차례 사용되고 있다. 그 1례는 β群의 述作者를 고찰하는데 있어서 흥미롭다. 卷2의 123번 노래의 題詞는 다음과 같다.

　　2. 三方沙弥娶園臣生羽之女未経幾年臥病作歌三首.〈三方(にかた) 沙弥가 園臣生羽의 딸을 아내로 취한지 아직 얼마 자나지 않아서 병석에 누워 지은 노래 3首〉

「沙弥」는 少年僧을 가르킨다. 三方沙弥는 젊어서 환속하고 부인을 거느렸을 것이다. 이「三方沙弥」을 山田史御方으로 필자는 추측하고 있다.「御方」은「三方」으로도 표기되고 있다. 御方(三方)의 출자와 경력은 위에 서술한 것과 같다.

이제 β群에 보이는 불교한문의 영향으로 생각되는 용례를 보충하고자 한다. 副詞인「亦」이다. 부사는 보통부사와 특별부사 두 가지로 나뉜다.「亦」은 보통부사이고, 正格漢文에서는 주어와 술어 사이에 위치하며,「～도 또한(～もまた)」이라는 순서이다. 그런데 書記에는 부사「亦」을 주어의 앞에 위치하고,「또한～(また～)」(접속사)로 사용되는 예가 적지 않다. 正格漢文에서는「亦」에 접속사의 용법은 없기 때문에 그것은 잘못 사용된 것이다. 書記에는 誤用이 40례가 있다.『日本書紀』의 원문 및 그 이후의 現代語 번역은 小學館「日本古典文學全集本」에 따른다. ( ) 안의 卷數 뒤 숫자는 小學館本의 페이지를 의미한다. 말미에「?」를 붙인 것은 불확실한 誤用例이다.

　　1. 因白, 亦吾姉磐長姫在.〈그리하여「또한 제 누이가 磐長姫에 있습니다」라고 아뢰었다.〉(卷2①140)
　　2. 并亦天神能令一夜有娠.〈그리고 또한 天神은 하룻밤에 임신시킬 수 있다고 하는 것을 알게 하려고도 생각하여〉(卷2①148)
　　3. 亦其卒怖走, 屎漏于褌.〈또 적의 병졸은 겁먹고 도주하여 대변이 속옷(褌)에 흘러 내렸다.〉(卷5①282)
　　4. 然意所不快, 亦形姿穢陋.〈그러나 마음은 기뻐할 바가 없으며, 또한 용모와 자태도 아름답지 않습니다.〉(卷7①344)
　　5. 亦素幡樹于船舳, 参向而啓之曰,〈또 白旗를 뱃머리에 세우고 찾아뵈면서 삼가 ～라고 아뢰었다.〉(卷7①348)
　　6. 是五人並其為人強力, 亦衆類多之.〈이 다섯 명은 모두 타고난 힘이 강하고, 또 그 부하도 많습니다.〉(卷7①350)
　　7. 亦血流之処曰血田也.〈또 피가 흘러간 곳을 血田이라고 한다.〉(卷7①352)

8. 亦土地沃壤而曠之. 〈또 토지는 비옥하고 넓습니다.〉(卷7①364)

9. 亦蝦夷悉叛, 屢略人民. 〈또 蝦夷는 모두 모반을 일으키고 자주 인민을 약탈하고 있다.〉(卷7①368)

10. 亦山有邪神, 郊有姦鬼. 〈또 산에는 邪神이 있고, 들판에는 악귀가 있다.〉(卷7① 370)

11. 亦是天下則汝天下也. 〈또 이 천하는 그대의 천하이다.〉(卷7①372)

12. 亦其処作陵. 〈또 거기에 능을 조성했다.〉(卷7①386)

13. 其為人強健, 亦身有翼. 〈그 성격은 강건하고, 또 몸에는 날개가 있어서〉(卷9①418)

14. 今既獲財国. 亦人自降服. 〈지금 이미 財国을 얻었다. 또 상대편도 스스로 항복한 것이다.〉(卷9①428)

15. 天皇崩, 亦皇后西征. 〈天皇이 崩御하고, 또 后가 西方을 征討하여,〉(卷9①436)

16. 亦稚日女尊誨之曰. 〈또 稚日女尊이 가르침을 주어 ～라고 말했다.〉(卷9①438)

17. 亦事代主尊誨之曰. 〈또 事代主尊이 가르침을 주어 ～라고 말했다.〉(卷9①438)

18. 亦表筒男·中筒男底筒男三神誨之曰. 〈또 表筒男·中筒男·底筒男의 세 神이 가르침을 주어 ～라고 말했다.〉(卷9①438)

19. 亦麋鹿·鳧·雁多在其嶋. 〈또 大鹿·鴨·雁이 그 섬에는 많이 있다.〉(卷10①488)

20. 亦我兄二天皇, 愚我而軽之. 〈또 내 형인 두 천황이 나를 어리석다고 경멸하신 것은〉 (卷13②102)

21. 大伴大連金村奏曰, 亦臣所憂也. 〈大伴大連 金村는 奏上해서, 「나도 또한 걱정하고 있다.」라고 했다.〉(卷18②336)

22. 亦佞媚者, 対上則好説下過. 〈또 아첨하고 꼬리치는 자는 윗사람을 대해서는 좋아하고, 아랫사람의 잘못을 고하고,〉(卷22「憲法」第六条. ②544)

23. 亦毎国置屯倉. 〈또 國 마다 屯倉을 두었다.〉(卷22②554)

24. 亦畏服皆用錦·紫·繡·織及五色綾羅. 〈또 衣服은 모두 錦·紫·繡·織과 五色의 綾羅를 사용했다.〉(卷22②558)

25. 亦臣有小才. 〈또 신하에게 작은 재주가 있다면〉(卷22②568)

26. 秋七月, 亦掖玖人二十口来之. 〈7월 가을에, 또 屋久島 사람 20인이 왔다.〉(卷22② 572)

27. 亦栗隈采女黒女迎於庭中引入大殿. 〈또 栗隈采女黒女가 뜰에서 맞이하여 大殿으로 안내했다.〉(卷23③26)

28. 亦大臣所遣群卿者. 〈또 大臣들이 보낸 群卿은,〉(卷23③30)

29. 亦先王臨没, 謂諸子等曰. 〈또 先王이 돌아가실 때에 자식들을 불러 ～라고 말씀하셨다.〉(卷23③34)

30. 亦時寒波嶮.〈또 요즘은 춥고 파도도 높다.〉(卷29③354)

31. 亦四月朔以後, 九月三十日以前, 莫造比滿沙伎理梁.〈또 4월 1일부터 9월 30일까지 比滿沙漠伎理가 梁을 설치하는 것을 금지했다.〉(卷29③362)

32. 亦因幡国貢瑞居根.〈또 因幡国이 진귀한 벼를 貢上했다.〉(卷29③394)

33. 亦膳夫·采女等之手繦·肩巾, 並莫服.〈또 膳夫·采女들의 手繦(어깨띠)와 肩巾(어깨에 걸치는 얇은 천)은 모두 착용해서는 안된다.〉(卷29③416)

34. 戊寅, 亦地震動.〈戊寅에 다시 지진이 있었다.〉(卷29③422)?

35. 亦其眷族多在者,〈또 그 眷族이 다수인 자는,〉(卷29③424)

36. 亦百姓課役並免焉.〈또 人民의 課役도 면제했다.〉(卷29③426)

37. 亦裝束有不備,〈또 裝束을 갖추지 않으면,〉(卷29③426)

38. 亦丹波国氷上郡言,〈또 丹波国 氷上郡이 ~라고 아뢰었다.〉(卷29③442)

39. 亦歌人等賜袍袴.〈또 歌人들에게 袍와 袴를 내렸다.〉(卷29③456)

40. 亦智祥·健勲等別献物,〈또 智祥·健勲 등이 별도로 헌상했던 물건은,〉(卷29③458)

전체 40례의 분포는【표 1】에 있다. α群에는 1례 있고, 나머지 39례는 β群에 偏在하고 있다. α群의 1례는 21번인데, 이것은 편찬의 최종단계에 있어서 가필된 것이라고 생각된다. 그 근거는 직접 天皇의 勅語에 있다. 그 勅語에는「毎念於茲, 憂慮何已.〈이것을 생각하면 우려함이 그칠 것이 없다.〉」라는 문장이고, 그「於」의 용법이 문제가 된다. 일본어의 直接目的語의 格調語「ヲ」에「於」,「于」,「乎」를 이용하는 예가 22례인데, 그 대부분이 α群에 偏在하고, 게다가 후인의 가필로 생각되는 문장에서 나타나고 있다(拙著『日本書紀 成立の眞實』46~48쪽 참조). 결국 21번은 α群 본래의 述作者(中國人)의 잘못은 아닌 것이다.

이렇게「亦」字를 主語의 앞에 위치한 용법은 正格漢文에서는 誤用이고, 이것들은 β群에 偏在한다. 그러나 최근 駒沢大学의 불교학자인 石井公成氏에게 私信(7월 28일 날짜 e-mail)을 받고, 불교한문에는「. 亦我~」처럼「亦」이 주어 앞에 오는 용례도 많다고 하는 교시를 받았다. 그래서 SAT(大正蔵 검색)에서「. 亦我~」를 조사해보니 다수의 용례가 있다. 여기에서는「. 亦我~」,「. 亦汝~」,「. 亦彼~」,「. 亦此~」에서 각각 하나씩 소개하고자 한다.

ⓐ 亦我當得無上正眞道」『寶鏡經』(No.0322) 0016a01-0016a12 (後漢安息國安玄述, 厳佛調譯)

ⓑ 亦汝六根更非他物.『首楞嚴經』(No. 0945) 0024b23 - 0024c11 (唐天竺沙門般剌密帝譯)

ⓒ 亦彼當來. 及現在佛之有侍者.『般泥洹經』(No. 0006) 0184c19 - 0185a16 (失譯)

ⓓ 亦此善威光天子初所問佛.『大法炬陀羅尼經』(No. 1340) 0661c17 - 0662a17 (隋北

天竺三藏法師闍那崛多等譯）

이후에는 β群에서 佛敎漢文의 영향을 더욱 넓게 검토하지 않으면 안된다.

【표 2】誤用·奇用의 분포

群卷 誤用·奇用	β群												
	1	2	3	4	5	6	7	8	9	10	11	12	13
⑤「未經幾~」							2				1		1
⑥「亦」+ 主語		2			1		9		6	1			1
⑦「導」													
⑧「別」+ 主語													
⑨ 具格助詞「以」							1		1		1		1
⑩ 動名詞語尾「在」													

α群								β群		α群				β群			計
14	15	16	17	18	19	20	21	22	23	24	25	26	27	28	29	30	
														1			5
				1				5	3						11		40
1	1				2	1	1		3	2							11
1					2						2			1	1		7
								1	1		1				3		10
											2						2

V. 編纂 최종단계에서의 加筆

작년 여름 목간학회 하계워크샵에서 「『日本書紀』에 보이는 古代韓國 漢字文化의 影響」이라는 발표를 했을 때, 「導」字도 다루었다. 「導」字는 漢籍에는 거의 보이지 않으며, 正格漢文에서는 冷僻字이다. 그러나 『佛體行集經』(隋·北天竺闍那崛多譯)과 『法苑珠林』(668년, 唐·道世撰) 등 佛典에는 다수 사용되고 있다. 또 삼국시대의 비석에서는 「浦項中城里新羅碑」에 1례, 「迎日冷水里新羅碑」에 2례가 보인다.

『日本書紀』에는 이 「導」字가 11례 사용되고 있으며, 다음과 같다.(분포는 【표 1】참조)

【정정과 사과】작년 여름 발표에서는 필자가 착각해서 1~3의 3례만 소개했다. 필자의 疎漏이므로 사과하고 정정합니다. 이 11례는 「新版日本古典文學全集」(小學館)의 『日本書紀』를 따른다. 國文學研究資料館의 「本文データベース検索システム」에는 「導」字는

冷僻字이기 때문에 한 자도 검색되지 않는다(「テキスト表示」에는 ■로 되어 있다). 또 中村啓信編『日本書紀総索引』에는 2·3·11의 3례가 빠져있다.

1. 目大連対曰, 臣覩女子行歩, 容儀能似天皇. 天皇曰, 見此者咸言, 如卿所遵, 〈目大連은 답하길, 「제가 여자의 걷는 모습을 보았는데 그 容姿가 天皇과 아주 비슷합니다」라고 아뢰었다. 天皇은 「이 여자를 본 자는 모두 너와 같은 말을 했다. ~」고 말씀하셨다.〉卷14「雄略紀」元年三月是月条, 天皇의 발언(②150)

2. 億計王惻然歎曰, 其自遵揚見害孰與全身免厄也歟. 〈스스로 자신의 이름을 드러내어 죽임을 당하는 것과 몸을 안전하게 보호하여 어려움을 면하는 것 어느 쪽이 나은가.〉卷15「顕宗即位前紀」億計王의 발언(②230)

3. 聖明王曰, (中略) 別汝所遵, 恐致卓淳等禍, 非新羅自強故, 所能爲也. 〈또 너희들이 앞서 얘기했던 卓淳 등의 화를 입는 것을 두려워 하는 것은~〉卷19「欽明紀」二年四月条, 百済聖王의 발언, 韓國關係記事(②370)

4. 德率次酒·杆率塞敦等, 以去年閏月四日到來云,「臣等以來年正月到.」如此遵而未審. 〈~라고 말했지만 어떻습니까〉同 15년 正月 丙申条, 百済가 派遣했던 中部 木刕施德文次 등의 발언, 韓國關係記事(②426)

5. 若吾等至国時, 大使顕遵吾過, 是不祥事也. 〈만일 大使가 우리들의 과실을 폭로한다면 좋지 않을 것이다. 卷20「敏達紀」元年6月条, 高麗副使 등의 발언, 韓國關係記事(②468)

6. 臣等帰蕃先遵国王. 〈우선 신 등이 귀국해서 國王에게 말씀드리겠습니다. 卷21「崇峻即位前紀」2年 6月 是月条, 百済調使의 발언, 韓國關係記事(②520)

7. 然今群卿所遵天皇遺命者, 小小違我之所聆. 〈그러나 지금 群卿이 말했던 天皇의 遺命은~〉卷23「舒明即位前紀」山背大兄王가 이야기한 발언(③26)

8. 然未有可遵之時, 於今非言耳. 〈그러나 아직 얘기할 시기가 아니었기 때문에 지금까지 말하지 않았던 것이다.〉同, 山背大兄王가 이야기한 발언(③28)

9. 然是事重也. 不能伝遵. 〈하지만 이번 일은 중대하여 人便으로 전하여 말씀드릴 수가 없습니다.〉同 大臣(蘇我蝦夷)가 山背大兄王에게 아뢰었던 발언(③32)

10. 如卿所遵其勝必然. 〈경이 말했던 것처럼 된다면 틀림없이 이겼을 것이다. 卷24「皇極紀」, 二年十一月, 自殺 前에 山背大兄王의 発話(③80)

11. 有人遥見上宮王等於山中, 還遵蘇我入鹿. 〈돌아와 蘇我入鹿에게 고했다.〉同, 2年 11月, 山背大兄王의 멸망 상황(③80)

이상의 11례가 「遵」字의 용례이다. 이 문장을 검토하고자 한다.

1의 前文은 「容儀能似天皇」이다. 「能」字는 誤用으로 여기서는 「良」字가 적당하다. 두 글자 모두 倭訓이 「よく」이기 때문에 잘못된 것이다. 즉, 後人의 加筆이라고 생각된다. 2는 「誇揚」이라는 숙어가 사용되고 있는데, 이러한 숙어는 漢籍과 佛典서 보이지 않는다. 아마도 「ことあげ(특별히 내세워 말함) 또는 名乗る(자신의 이름을 말하다)」라는 倭語를 기초로 하는 造語일 것이다.

3~6의 4례는 한국관계기사이다. 3은 백제 성왕의 발언인데, 「別汝所誇」의 「別」字는 흥미롭다. 正格漢文에서는 「別」字에 보통부사의 용법이 있어도 접속사의 용법은 없다. 하지만 여기서는 「別」이 주어의 앞에 위치하고 있어 접속사로서 사용되고 있다. 즉 正格漢文에서는 誤用인 것이다. 이러한 「別」字의 誤用은 書記에서 7례 보이고, 古代韓國의 變格漢文(吏讀文)에도 보인다. 상세한 것은 후술하겠다.

남은 7~11의 5례는 모두 山背(야마시로) 大兄王의 이야기이다. 山背大兄王은 書記에 성인으로 묘사되고 있는 聖德太子(厩戸皇子)의 세자이지만 후에 일족이 멸망했다. 7~9의 3례는 β群의 卷23 「舒明卽位前期」에 있는 田村皇子(舒明)와 皇位를 다투었던 기사이다. 유력 皇族으로 알려져 있다.

7은 바로 뒤에 「天皇命以喚〈天皇의 명령으로 불려오게 되다.〉」이라는 문장이 있다. 正格漢文이라면 「以天皇命喚」이 올바르다. 「以」字를 목적어로 뒤에 위치한 것은 韓國變格漢文의 具格助詞 「以」字와 같은 용법이다. 상세한 것은 후술하겠지만 「誇」字와 함께 생각하면 한국의 한자문화의 영향일 가능성이 높다.

10~11의 2례는 卷24 「皇極紀」에 실려져 있다. 山背大兄王가 逆臣인 蘇我入鹿에 공격당해 부득이하게 자살하여 일족이 멸망한 기사이다. Ⅱ장에서 설명한 것처럼 이 山背大兄王의 자살 기사에서는 왕은 성인으로서 묘사되고 있다. 또 卷24는 α群이지만 이 기사에는 倭習이 다수 있다. 入鹿을 비도한 逆臣으로서 묘사하고 있기 때문에 書記 편찬의 최종 단계에 後人이 가필했던 것으로 필자는 생각한다. 7~9의 3례도 山背大兄王의 기사였다. 卷23은 β群인데 山背大兄王이 皇位를 다툴 정도의 유력 황족인 것을 시사하고 있다. 이것도 후인의 가필일 가능성이 있다고 생각된다.

결국 11례 중 3~6의 4례는 韓國關係記事, 1~2의 2례는 後人의 加筆이다. 나머지 5례 중에 10~11의 2례는 후인의 가필이고, 7~9의 2례도 그 가능성이 있다고 생각된다.

그렇다면 그 가필자는 누구일까? 『續日本記』에 의하면 和銅 7年(714)에 從六位 上紀朝臣 淸人과 正八位 下三宅臣 藤麻呂에 대해서 國史撰述의 詔가 내려졌다. 당시 書記 편찬소에는 두 개의 일이 남아있었다. 卷30 「持統紀」의 撰述과 諸卷에 윤색·가필하는 작업이다. 위계와 경력으로 보면 淸人이 추로 卷30을 撰述하고, 藤麻呂가 윤색·가필을 담당했던 것이다.

淸人은 그 후 몇 차례 더 賞賜를 받았다. 「文章의 師範」으로 일컬어지며, 문장박사에도 임명되어, 從四位下로 생애를 마감하였다. 한편 藤麻呂는 다른 기록이 없어 문장으로 이름을 날리지는 않았던 것 같다. 書記의 加筆된 부분의 문장에는 수 많은 倭習과 吏讀的인 표기가 보이고 있다. 藤麻呂의 加筆이라고 생각하면 이해하기 쉽다.

Ⅵ. 韓日(日韓)共通의 變格語法

앞 장에서 卷19 「欽命紀」에 보이는 백제 聖王의 발언을 언급하면서 그 「別汝所導」라는 문장을 검토했다. 「導」字만이 아니라 「別」字에 흥미를 느꼈기 때문이다. 「別」字가 주어의 앞에 위치하고 있어 正格漢文으로서는 誤用이다. 이러한 「別」字의 誤用은 書記에 7례가 있고, 古代韓國의 變格漢文(吏讀的 표기)에도 보인다. 書記의 7례는 다음과 같다(분포는 【표 2】참조).

1. 別小鹿火宿禰, 從紀小弓宿禰喪 来時, 〈한편 小鹿火宿禰는 紀小弓宿禰의 喪을 치르기 위해서 와서〉 卷14 「雄略紀」 9年5月(②184)

2. 聖明王曰, 「~. 別汝所導, 恐致卓淳等禍, 非新羅自強故, 所能爲也. 〈또 너희들이 앞서 말했던 卓淳 등의 화를 입는 것을 두려워하는 것은 ~〉 卷19 「欽明紀」 二年四月条, 百済聖王の発話, 韓国関係記事(②370)

3. 別的臣敬受天勅來撫臣蕃, 〈한편 的臣은 삼가 天皇의 勅命을 받아 當地에 부임하여 저희 나라를 다스렸습니다.〉 同 14年 8月 百済의 上表文, 韓國關係記事(②424)

4. 別鹽屋魚·神社福草·朝倉君·椀子連·三河大伴直·蘆尾直, 此六人奉順天皇. 〈특별히 塩屋鯏魚~蘆尾直 이 6인은 天皇의 명령을 遵奉했다.〉 卷25 「孝德紀」, 大化2年 3月辛巳(19日), 東國朝集使 등에게 내린 詔(③146)

5. 伊吉博得言, (中略) 別倭種韓智興·趙元寶, 今年共使人歸. 〈伊吉博得은 (중략) 「따로 日本人과의 혼혈아인 韓智興·趙元寶는 금년 使者와 함께 귀국했다」고 말했다.〉 同, 白雉5年 2月, 分注 「伊吉博得言」(③196)

6. 別巫祝之類不在結髮之例. 〈특별히 巫·祝의 부류는 머리를 묶는 예에 포함되지 않는다.〉 卷29 「天武下」 13年 4月의 詔(③436)

7. 別淨廣貳已上, 一品一部之綾羅等, 種々聽用. 〈따로 淨廣貳 이상은 一品一部의 羅綾 등 여러 가지를 쓰는 것을 허용한다.〉 卷30 「持統紀」, 4年 4月 庚申의 詔(504)

이상의 7례 중 1과 4의 2례는 後人에 의한 加筆일 것이다. 2와 3의 2례는 韓國關係記事 原史料에 기반을 둔 것일지도 모른다. 5는 分註에 인용되었던 「伊吉博得(伊吉連博德·이키노무라지 하카도코)의 말로 原史料를 轉載한 것이다. 卷26 「齊明紀」의 分注등 에서도 倭習으로 가득찬 「伊吉連博德書」가 인용되고 있다. 6과 7의 2례는 群은 아닌데, 모두 새로운 시대의 조칙이기 때문에 原資料를 轉載한 것일지도 모른다.

이와 같은 「別」字의 용례는 古代韓國의 碑文에서도 보인다.

ⓐ 「丹陽新羅赤城碑」 : 「別官賜□□□□□合五人之」

ⓑ「壬申誓記石」：「又別先　辛未年七月二十二日　　大誓」

ⓐ에 대해서 주보돈 선생은 「별도로 官은…」이라고 해석했다(『譯註韓國古代金石文』Ⅱ, 1992, 36쪽). 「官」이라는 말에 대해서는 「의미는 분명하지 않으나 관청을 의미하는 듯하다」라고 주석을 더했다.

ⓑ에 대해서는 남풍현의 『吏讀研究』에서 「또 따로 먼저 辛未年 七月二十二日 크게 맹서하였다」로 해석하고 있다. 그것은 「別+主語」는 아니지만 유사한 용법이고, 書記에는 다수 보인다.

앞 장에서는 7례의 「喚」字의 용례에 이어서 「天皇命以喚〈天皇의 명령으로 불려오게 되다.〉」라는 문장이 있는 것을 지적했다. 이 「以」字는 韓國 變格漢字의 具格助詞 「以」字와 같은 용법이다. 작년 여름 발표에서도 지적했지만 분포는 【표 2】와 같고, 총 10례 중 9례가 β群에 偏在한다. α群의 1례는 다음과 같다.

1. 每五十戸一人以宛諸司.〈50호마다 한 사람씩 가지고 여러 有司에 충당하라〉卷25
   「孝德紀」, 大化2年正月의 詔勅(③132)

卷25「孝德紀」는 α群에 있음에도 불구하고 詔勅을 중심으로 대량의 倭習이 보인다. 필자는 편찬의 최종단계에 있어서 후인의 가필이라고 생각한다. 天智天皇와 中臣鎌足을 찬미하기 위한 가필일 것이다. (이와 관련하여 이 문장에 보이는 「宛」字는 正格漢文으로서는 誤用이다. 宮南池 木簡과 관련될지도 모르는 흥미 깊은 문제로 이번 발표에서 주제로 할 생각이었다. 하지만 釋文에 대해서 정설이 없기 때문에 주제로서 다루지 않고 【附記】에서 설명한다.)

卷25의 詔勅에는 다른 곳에도 吏讀와 공통된 어법이 보인다. 動名詞語尾의 「在」字이다. 書紀에는 다음의 2례가 있다(分布는 【表 2】참조).

1. 故今顯示集在黎民.〈그러므로 지금 여기에 모여 있는 인민에게 顯示한다.〉卷〈25「孝
   德紀」大化2年 2月 戊申의 詔(③136)
2. 又詔, 集在國民, 所訴多在.〈또 詔를 내려 「여기에 모여 있는 國民은 많은 호소할 것
   을 가지고 있다.～」고 말씀하셨다.〉同詔(③138)

2례 모두 卷25「孝德紀」大化2年 2月 戊申의 詔에 있고, 後人의 加筆이라고 생각된다.
古代韓國에 있어서 「在」字의 吏讀的 표기는 다음의 2례를 들 수 있다.

ⓒ「戊戌塢作碑文」：「此成在□人者」
ⓓ「甃興寺鐘銘」：「此願起在　清嵩法師　光廉和尚」

Ⅶ. 加筆者 三宅臣藤麻呂

제 Ⅴ 장에서도 서술했듯이 필자는 書記 편찬의 최종단계에서의 加筆者로서 三宅臣藤麻呂(이먀케노오미후지마로)를 상정했다. 藤麻呂의 事蹟은 앞서 서술한 『續日本記』의 기사 외에는 보이지 않는다. 그 문장은 倭習이 풍부하며 變格漢文의 이두적인 용법도 보인다. 藤麻呂는 한국에서 온 渡來系 씨족의 자손인 것은 아닐까.

유감스럽게도 『新撰姓氏錄』에는 「三宅臣」은 실려 있지 않다. 다른 三宅臣에 대해서는 攝津國皇別에 「三宅人(미야케노 히토)」가 실려있다. 또한 右京蕃別下에는 「三宅連(무라지)」가 실려 있는데 「新羅國王天日桙命(아메노히호코노미야코토)之後也」로 기록되어 있다.

더욱이 「三宅史(후히토)」는 河內國諸蕃에 실려 있고, 「山田宿禰(야마다노스쿠네) 同祖」로 기록되어 있다. 佐白有淸의 『新撰姓氏錄』 考證篇 第5 에 의하면 「山田의 氏名은 河內國交野郡山田鄉(大阪府枚方市山田·牧野一帶)의 지명에 바탕을 두었다」고 한다. 또 「山田宿禰의 舊姓은 史, 후에는 連」이라고 했다. 「山田史」라면 내가 β群의 述作者로 상정하고 있는 山田史御方과 同族으로 한반도에서 온 도래계 씨족이다.

그런데 『新撰姓氏錄』에는 「三宅人」이 吉士(기시)系 씨족으로 「蕃別」(도래계)이 아니라 「皇別」에 수록되어 있다. 安倍(아베)氏의 同族이라 칭하고 皇別이라 主張하고 있었기 때문이다. 「吉士」는 新羅 官位 「吉士」에서 유래했다. 「吉士」는 「蔚珍鳳坪碑」의 「吉之智」로 소급될 것이다.

「三宅臣」은 『新撰姓氏錄』에 실려 있지 않다. 하지만 다른 三宅氏의 出自를 검토해보면 「三宅臣」도 다른 三宅氏와 같은 한반도에서 온 도래계 씨족이 되는 것이다.

Ⅷ. 맺음말

나는 拙著 『日本書紀의 수수께끼를 풀다(日本書紀の謎を解く)』 (1999)를 집필 중 「다음은 한국이다」라고 직감했다. 10년 전 이화여대 어학당에서 1년간 한국어를 공부하고, 그 이후로 한국의 선생들과 교류하는 기회가 조금씩 늘어났다. 덕분에 일본고대의 한자문화에 대한 인식도 깊어지게 되었다. 『日本書紀』도 예외는 아니어서 한국고대 한자문화를 알지 못한다면 연구는 심화될 수 없다. 또한 반면에 『日本書紀』는 한국고대의 한자문화를 알 수 있기 때문에 중요한 자료가 된다. 한국의 국어학자를 시작으로 한 선생들에게 기대하는 바이다.

『日本書紀』는 일본최초의 역사서이고, 한국관계기사도 대량으로 기재되어 있다. 물론 書記에는 사실만이 아니라 정치적인 의도에 의한 창작도 포함되어 있다. 그러나 書記구분론의 진전에 의해 書記에서 사실과 창작을 구별하는 조건이 정리되었다. 한국고대사를 연구하는 선생님들에게도 書記의 문헌비판을 통해 고대사의 실상을 해명해 주시기를 기원한다.

書記연구에 남겨진 나의 최대 과제는 한국관계기사의 신뢰성이다. 즉 原史料의 반영인가 후인에 의

한 가필인가하는 문제이다. 물론 兩者 모두 존재한다. 이후 표기와 문장을 분석해 하나하나의 기사를 구체적으로 검토하지 않으면 안 될 것이다.

【附記：宛字에 대해서】

新井白石『同文通考』「誤用門」에는「宛俗充字」로 설명하고 있다. 周一良(1998)「說宛」은『遊仙窟』(唐, 張文成撰, 日本에 傳存)이나『入唐求法巡禮行記』(円仁)의 예를 들면서「充」의 異體字가「宛」字와 유사하기 때문에(「⺍」이「宀」)「宛」으로 誤寫되어 정착한 것으로 설명했다.「孝德紀」의「宛」字도 같은 일본적 용법이라고 이야기 한다. 그밖에『古事紀』,『風土記佚文』과「平城宮木簡」에서도 보인다. 또 백제목간「扶餘宮南池」Ⅱ에서도「宛」인 것 같은 字가 보인다. 이용현(2008)「韓國木簡의 現在 百濟木簡-新出資料를 中心に」에 의하면 이들 목간은 宮南池가 조성된 서기 600년 이전의 사비시기의 것으로 추정된다. 이용현의 釋文은 다음과 같다.

- 「蘇君□□日□敬白□之心□□□」
- 「宛所可□故□□□□□□」

더욱이 이 목간에 대해서 다음과 같이 해설하고 있다.

내용에서「蘇君」이 표면에 있고 거기서부터「宛」이 시작되는 면에서 문장이 이어진다고 보았다. 전체적인 판독은 곤란하지만「敬白」이라는 文句로 보면 書信類의 문장일 것이다. 궁남지가 조성될 때에 이것에 관련되었던 役人들이 만들었던 목간으로 생각된다.

다만 이 字의 석문에는 다른 견해도 있다. 바로 김재홍(2001)「扶餘 宮南池 遺蹟 出土 木簡과 그 意味」(431쪽)에는「死所」로 해석하고 있다.

- A面「死所可□故□□田弓閑間□」
- B面「蘇君蒔守日令□白有之心□□⁊」

이용현의 석문이 옳다면 書簡文에 사용되었던「宛所」가 되어「孝德紀」와 같은 용법으로 생각된다. 그렇다면 일본의「宛(앞, あて)」은 백제의 한자문화의 영향을 수용해서 생겼을 가능성이 생긴다.

「宛」字와「充」의 異體字란 異同 판정이 쉽지 않기 때문에 일본의 경우도 寫本과 実物에 맞춰서 재해석할 필요가 있다.

[번역：오택현(동국대 사학과 박사과정)]

투고일 : 2011. 9. 5   심사개시일 : 2011. 9. 22   심사완료일 : 2011. 10. 6

史料·工具書

『(新訂增補國史大系本) 日本書紀』二卷, 吉川弘文館.

『(新編日本古典文學全集) 日本書紀』三卷 (1994·1996·1998), 小島憲之等校注·譯, 小學館【本書での書紀の本文と訓読は,この小學館本に拠った】

『(日本古典文學大系) 日本書紀』上·下二卷 (一九六五·一九六七), 坂本太郎等校注, 岩波書店.

『日本書紀總索引』(一九六四～一九六八) 四卷, 中村啓信編, 角川書店.

日本語·研究論著

榎本福寿, 1978, 「『日本書紀』の句法-『以』をめぐって-」, 『國語國文』四七-九.

太田善麿, 1962, 『古代日本文學思潮論(Ⅲ)-日本書紀の考察-』, 桜楓社.

小川清彦, 1946, 「日本書紀の曆日について」, 内田正男編『日本曆日原典』(雄山閣, 1978年) 所収.

加藤謙吉, 2001, 『吉士と西漢氏』, 白水社.

小島憲之, 1962, 『上代日本文學と中國文學』(上), 塙書房.

佐伯有清, 1962, 『新撰姓氏録の研究』本文篇, 吉川弘文館.

佐伯有清, 1983, 『新撰姓氏録の研究』考證篇第五, 吉川弘文館.

瀬間正之, 1999, 「『未経』·『既経』」-師説『太安万侶日本書紀撰修参与説』をめぐって-」, 『古事記·日本書紀論叢』群書.

高山倫明, 1981, 「原音声調から観た日本書紀音仮名表記試論」, 『語文研究』五一.

森 博達, 1977, 「『日本書紀』における万葉仮名の一特質-漢字音より観た書紀区分論-」, 岩波書店, 『(月刊)文學』45-2.

森 博達, 1991, 『古代の音韻と日本書紀の成立』, 大修館書店.

森 博達, 2001, 「日本書紀の研究方法と今後の課題」, 『東アジアの古代文化』106, 大和書房.

森 博達, 2003, 「日本書紀成立論小結-併せて万葉仮名のアクセント優先例を論ずー」, 『國語學』, 通巻二一四号.

森 博達, 2005 a , 「聖徳太子伝説と用明·崇峻紀の成立過程-日本書紀箚記·その一-」, 『東アジアの古代文化』122, 大和書房.

森 博達, 2005 b , 「懐徳堂·五井蘭洲の『刪正日本書紀』に驚嘆する-日本書紀箚記·その一-」, 『東アジアの古代文化』123, 大和書房.

森 博達, 2005 c , 「文章より観た『日本書紀』成立区分論-日本書紀箚記·その三-」, 『東アジアの古代文化』124, 大和書房.

森 博達, 2005 d , 「日本書紀の万葉仮名と上代語のアクセント-日本書紀箚記·その四-」, 『東アジアの古代文化』125, 大和書房.

森 博達, 2009, 「日·韓俗漢文の世界−『日本書紀』, 区分論と終結辞「之」字−」, 東北亜歴史財団, 『고대 문자자료로 본 동아시아의 문화 교류와 소통』.

森 博達, 2011, 『日本書紀 成立の真実−書き換えの主導者は誰か−』, 中公公論新社(11月10日刊).

李鎔賢, 2008, 「百済木簡—新出資料を中心に」, 『アジア古典學としての上代文學の構築』, 上代文學会 東京大學超域文化科學專攻比較文學比較文化, 上代文學会, http://fusehime.c.u−tokyo.ac.jp/ eastasia/j/activity/20080810_02.html

韓國語

金在弘, 2001, 「扶余宮南池遺蹟出土木簡과 그 意義」, 『宮南池 II』, 國立扶余文化財研究所.

南豊鉉, 2000, 『吏讀研究』, 太學社.

森 博達 著·심경호 譯, 2006, 『일본서기의 비밀−』, 황소자리.

森 博達, 2010, 「日本書紀에 보이는 古代韓國漢字文化의 影響」, 『木簡과文字』6, 韓國木簡學會.

徐鍾學, 1995, 『吏讀의 歷史的 研究』, 嶺南大學校出版部.

韓國古代社會研究所, 1997, 『譯註韓國古代金石文』 II, 駕洛國史蹟開發研究所.

中國語

周一良, 1989, 「說宛」, 『紀念陳寅恪先生誕辰百年學術論文集』; 『周一良集』第三卷, 1998, 遼寧教育出版社.

〈日文要約〉

『日本書紀』に見える古代韓国の漢字文化の影響(続篇)
－山田史御方と三宅臣藤麻呂－

森 博達

　『日本書紀』(30巻、720年撰)は表記の性格によって、α群・β群・巻30に三分される。β群(巻1～13・22～23・28～29)は和化漢文で書かれており、韓半島の漢字文化や仏教漢文と共通の特徴が見られる。また、『日本書紀』は編纂の最終段階で、後人によって加筆されているが、そこにも韓半島の漢字文化の影響が見られる。本稿では『日本書紀』に見られる韓半島の漢字文化や仏教漢文の影響について論じる。またβ群の述作者と推定される山田史御方や最終段階での加筆者と見なされる三宅臣藤麻呂の出自や経歴についても言及する。

　① 『日本書紀』の文章には誤用や奇用が多いが、それらは主にβ群に偏在する。α群に現れる例外は原史料の反映や後人の加筆として処理できる。本稿では代表的な誤用と奇用を二種ずつ挙げた。前者は「有」字の誤用と否定詞の語順の誤りを挙げ、後者は接続詞の「因以」と終結辞「之」字を例に挙げた。

　② 私は山田史御方がβ群の述作者と推測している。山田史は韓半島出身の渡来系氏族である。御方は学僧として新羅に留学し、帰国後還俗し、大学で教えることになった。β群は仏典や仏教漢文の影響を受けている。仏教漢文の影響と考えられる用語に「未経幾～」という語句があり、β群にのみ5例見られる。また副詞「亦」を主語の前に置く用例は、正格漢文としては誤用であっても、仏教漢文にはしばしば見られる。この用例は『日本書紀』に40例見られるが、39例まではβ群に偏在する。

　③ 新羅碑石には「遵」字が3例現れている。「遵」は生僻字で、仏典には用いられるが漢籍にはほとんど用いられない。『日本書紀』には11例が用いられているが、そのうち4例は韓国関係記事、2例は後人の加筆であり、残りの5例も後人の加筆の可能性が高い。私は加筆者を三宅臣藤麻呂と推測している。書紀の加筆箇所の文章には数多くの倭習や吏讀的な表記が見られた。「遵」字も藤麻呂の加筆と考えれば、理解しやすい。「遵」字も藤麻呂の加筆と考えれば、理解しやすい。

　④ 『日本書紀』には、他にも古代韓国の吏讀的用法と共通する変格語法がある。ここでは主語の前に置かれる「別」字、具格助詞「以」字、動名詞語尾「在」字を取り上げ、その分布を検討した。

　⑤ 私は『日本書紀』編纂の最終段階での加筆者を三宅臣藤麻呂と推測している。三宅氏には姓により三宅臣・三宅人・三宅連・三宅史があり、このうち三宅臣以外は韓半島からの渡来帰化人であることが確認される。これによれば三宅臣も渡来系である可能性が高い。

▶ キーワード: 日本書紀區分論、変格漢文、吏讀、佛教漢文、山田史御方、三宅臣藤麻呂

木簡研究 現場에서의 2가지 試圖*

馬場基**

〈국문 초록〉

일본에서 출토문자자료연구의 최신사정·최첨단 성과에 관한 2개의 화제를 소개하고자 한다.

첫 번째 화제는 디지털기술과 목간연구에 관한 것이다. 나라문화재연구소(이하 奈文研으로 약칭)에서는 과학연구비보조금의 지원을 받아 적극적으로 디지털 기술을 활용한 업무의 효율화와 데이터 베이스郡의 구축과 공개로 더욱 연구를 진행하고 있다.

우선 출토된 방대한 削屑을 디지털 사진을 축으로 한 アノテーションツール(Annotation Tool)에 의해 효율적으로 정리하는 방법에 대해 소개한다. 다음으로 木簡 畵像 DB·木簡字典을 기초로 해서 개발된 DB郡의 소개, 東京大學 史料編纂所와의 제휴 등으로 DB개발에 의해 가능하게 된 공동연구의 사례, 또 이러한 성과를 활용한 디지털 처리된 연구사례로서 목간 위의 어떤 부분에 어떤 의미 있는 내용이 기재되어 있는 것이 많은데, 그렇다고 할 때 기재된 표기 패턴 추출과 관련된 연구를 소개하고자 한다.

* 본고는 한국목간학회 제6회 국제학술회의의 구두보고에 기초한다. 발표의 기회를 준 한국목간학회, 사무관련자, 그 외에 노력해주신 김재홍 선생님, 학회 당일 통역 등을 도와주신 小宮秀陵 선생님을 비롯한 학술회의 운영에 관련된 모든 분께 진심으로 감사 말씀을 드리고자 한다.

또 발표에 대해 적절하고 따뜻한 비평을 더해 주신 이병호 선생님, 질문으로 많은 도움을 주신 윤선태 선생님, 본고를 작성하도록 도움을 주신 회장의 많은 분들께도 사례 말씀을 드리고자 한다. 이병호 선생님으로부터 받은 지적은 본고 본문 중에 반영시키고자 했으며, 그 결과 내용적인 깊이가 더해졌다고 생각된다.

** 日本 独立行政法人 国立文化財機構 奈良文化財研究所 都城発掘調査部 主任研究員

두 번째 화제는 목간을 어떠한 관점에서 다루어 연구하는가에 대한 방법론적인 것이다. 이번에 제시하고 싶은 것은 「목간의 작법론」이라고 하는 시점·사고방식이다. 「목간의 작법론」은 「목간은 사람이 사용했던 도구」라고 하는 것에서 「사람」과 목간의 관계를 중시한다. 목간이 도구로 활용되기 위해서는 작성자와 수신측, 혹은 사회전체에 다양한 공통이해와 규칙이 필요했을 것이다. 「목간의 작법론」은 이러한 사고방식에서 구체적인 場面에 따라 목간을 분석하여 목간의 사회적 존재상황, 그러한 라이프 사이클(Life cycle)의 의의, 목간문화를 생각해 목간의 자료적 특성을 파악하고, 또 목간이 지니고 있는 역사정보를 보다 깊숙이 끌어내어 입체적인 사회 양상을 검토하는 것이 가능하다고 생각된다. 몇 개의 사례 소개도 섞어가며 이 견해를 소개하고 싶다. 「목간의 작법론」은 최신연구 상황이라기보다 보고자의 개인적 최신고찰에 속한다.

▶ 핵심어: 木簡·木簡学·木簡文化, 史料論·資料論, 古代社會, 律令制, 日韓關係·日韓比較

Ⅰ. 머리말

이번에는 일본에서의 출토문자자료연구의 최신현황·최첨단의 성과에 관한 두 가지 화제를 소개하고자 한다.

첫 번째 화제는 디지털 기술과 목간연구의 관한 것이다. 근년 디지털 기술의 발전은 눈부시다. 사진촬영도 세계적으로 필름 생산의 중단이 이어지면서 디지털 사진의 활용이 불가피해지고 있다. 이 와중에 奈良文化財研究所(이하 奈文研으로 약칭)에서는 과학연구비 보조금을 받아 적극적으로 디지털 기술을 활용해서 업무의 효율화, 데이터베이스群의 구축과 공개와 함께 연구도 진전시키고 있다. 이것들의 성과와 과제 등을 소개하고자 한다.

두 번째 화제는 목간을 어떠한 관점에서 다루어 연구하는가 하는 방법론적인 것이다. 목간연구의 심화는 한편으로는 연구의 개별분산화로 귀결되고 있다고 생각된다. 그래서 보고자는 보다 포괄적으로 파악할 수 있는 연구의 방향성을 모색하고 싶다. 다만 이 2가지의 화제는 최신 연구 상황이라기보다 보고자의 개인적 최신고찰에 속하는 것이다.

Ⅱ. 디지털 기술과 목간 연구

1. 削屑의 정리와 디지털 기술

奈良文化財研究所에서는 1980년대부터 木簡의 데이터베이스화를 진행하여 「木簡 데이터베이스(이하 木簡 DB로 약칭)」를 구축해왔다. 木簡 DB는 人文系에서는 선구적인 DB로 현재 목간연구에서 빠질 수 없는 중요한 연구자원이 되었다.

木簡 DB는 목간을 발굴조사·보고한 각 조사기관이 발행하는 보고서류의 기재를 바탕으로 작성되고 있다. 직접 보고서의 데이터를 이용하지 않는 경우, 일본 목간학회의 학회지인 『木簡硏究』에 수록된 「○○년 출토 목간」에 개재된 정보를 가지고 데이터를 작성한다.

이러한 木簡 DB에는 「공개용」 외에 외부에서 열람할 수 없는 「업무용」도 있다. 업무용 木簡 DB에는 奈文研에서 목간 관리를 위해 데이터도 넣을 수 있다. 유물의 고유번호, 수납되어 있는 바트(Vat: 넓적한 접시)번호, 사진번호, 보존처리 완료 여부, 복제품의 유무 등이 그것이다. 즉, 木簡 DB는 전국출토목간의 종합적 DB로서의 성격 외에 奈文研 내부 유물 관리대장으로서의 역할도 가지고 있는 것이다.

奈文研에 있어서 목간의 정리체계는 손으로 쓴 관찰기록을 기본으로 하며, 원본크기의 사진이 붙은 臺紙 등 몇 가지 소스(Source)로 구성된다(그림 1). 이와 같은 아날로그·종이 매체에 의해 데이터를 작성 후, 그것을 木簡 DB에 입력한다. 얼핏 두 차례의 수고로 보이지만 유물의 확실한 파악과 상세한 관찰을 위해서는 인간의 손과 눈에 의한 상세한 관찰 등을 여러 차례 반복할 필요가 있고, 한편으로 자료관리의 효율이나 공개의 촉진을 위해서도 DB화는 빠뜨릴 수 없다. 앞으로도 기본적으로는 이러한 순서를 답습할 방침이다.

그러나 예외적인 경우도 존재한다. 출토점수가 방대하여 손으로 기록을 작성해서는 작업 속도를 따라잡을 수 없는 경우이다.

과거 長屋王家·二条大路 木簡群 (합계 115,000점 정도)이 출토되었을 때는 35㎜ 필름 카메라에 의해 「假寫眞」으로 臺紙를 작성하거나, 관찰기록을 동반하지 않고 文字만을 메모하여 읽은 듯한 「假釋文」에 의해 정리 작업을 진행했다. 출토량이 방대하고 평소의 정리 수순으로는 작업이 더디기 때문에 행한 임시적 조치였었다. 하지만 정식 보고서 작성 때에는 다시 보고서 수록의 범위에 대해서 손과 눈을 통한 관찰기록의 작성과 원본 크기의 정식사진 촬영을 하고 있다.

한편 2008년에 실시되었던 平城 제429차·440차 조사에서는 SK19189라고 칭하는 동서 약 11m, 남북 약 7m로, 검출된 깊이 약 1m의 土坑에서 방대한 양의 목간이 발견되었다. 이 유적에서는 削屑 등을 많이 포함하고 있는 것이 확인되었기 때문에 土坑 내의 흙을 모두 수거하여 돌아와 정리실에서 세척, 선별작업을 시행했다. 가지고 온 흙은 정리용 컨테이너로 2,800상자에 달한다. 이 중 제429차 조사분인 컨테이너 약 150상자에 대해서는 세척을 마쳤는데, 그 중에 출토된 목간은 약 25,000점에 이른다. 단순계산하면 45만점 정도의 목간 출토가 예상되는 것이다.

더욱이 429·440차 출토 목간의 정리작업 중인 2010년에는 平城 제466차 조사에서 2,000점의 목간이 출토되는 등 작업의 번거로움과 바쁨이 극에 달했다. 와중에 당초 長屋王·二条大路 방식으로 정리하려 했지만, 흑백 35㎜ 필름의 입수가 곤란해져 작업방법의 변경이 필요하게 되었다.

그래서 제1단계인 35㎜ 필름을 대신해 디지털카메라를 이용한 디지털 화상촬영을 시행하고 그 화상을 출력해 臺紙를 작성하는 방법으로 변경하였다. 사진촬영의 디지털화는 사진보관의 영속성이라는 점에서 銀鹽寫眞의 이용보다 뒤떨어질 가능성이 있는 반면, 작업에서는 사진현상에 동반하는 시간차가 해소되어 효율의 향상이 보인다. 정식 보관용 데이터와는 별도로 일상적·임시적 용도에서는 디지털 사진의 우위성이 명료해지고 있다고 할 수 있다.

그리고 현재 제2단계로서「木簡アノテーションツール(Annotation Tool)」을 개발하여 디지털 화상 데이터에 직접 출토지 등의 메타 정보를 부여하거나 유물고유번호의 자동 배정, 假釋文을 기입(입력)하는 방법을 시험 중이다. 목간디지털화상 위에 필요한 정보를 기입한 파일을 세트로 관리해, 필요에 따라 출력하거나 입력된 정보에 의해 검색하는 등의 작업이 가능하게 되어 있다.

이 방식이 궤도에 오른다면 槪報 작성 외의 작업효율이 비약적으로 향상되고, 또한 木簡 DB로의 데이터 이행도 가능해진다. 목간의 정리작업과 유물·정보의 관리, 더욱이 公表의 효율 향상에 큰 역할을 하리라 생각된다.

資料體를 디지털 화상으로 기록하고, 그 화상위에 자료체 정보를 「アノテーションツール(Annotation Tool)」으로 추가해가는 방식은, 현재 東京大學史料編纂所에서도 검토하고 있으며, 奈文研과 공동으로 연구가 추진되고 있다.[1]

2. 데이터베이스郡의 확충

앞에서 서술한 木簡 DB는 人文系 연구자원 DB의 개척자의 역할을 했지만, 데이터를 보여주는 방식 등은 현재 관점에서 본다면 약간 오래된 면이 있다. 텍스트 기반의 DB이고 또한 세로쓰기에 대응하지 못하기 때문이다.

그러나 기초적인 단계이기 때문에 시스템의 변경 등이 가능하다는 이점도 가지고 있다. 이 같은 木簡 DB라는 재산과 그 특성에 비추어보면, 오늘날의 연구·사회의 요청에 대응할 수 있는 DB群의 개발이 필요하다고 생각된다.

그래서 木簡 DB 본체를 基幹的 DB로서 그대로 유지하고, 木簡 DB 데이터에 신규데이터를 부여하여 발전·활용형 DB를 정비한다는 방책을 결정하였다.

木簡 DB가 텍스트 데이터를 중심으로 한 DB이므로 화상표시에 약점이 있으며 출토 문자자료 釋讀을 위한 「字書」 정비가 필요하다고 생각되었기 때문에 목간문자화상의 검색과 표시를 중심으로 한 「목간화상 데이터베이스·木簡字典」을 개발·공개했다[2](그림 2). 또한 東京大學史料編纂所에서 추진되고 있던 古代 人名 데이터베이스 개발에 협력하여, 목간에서 인명을 추출한 「목간 인명 데이터베이스」도 개발·공개했다.[3] 현재 개발이 완료된 데이터베이스로는 「묵서토기문자 데이터베이스」가 있다. 또한

---

1) 과학연구비 보조금으로 「뼈 디지털 화상 관리 시스템의 확립에 근거하는 역사사료정보의 고도화와 구조전환의 연구」를 진행하고 있다. 연구대표자인 山家浩樹(도쿄대학 사료편찬소·교수)는 연구분담자나 연구협력자로 참가하여 공동연구를 진행하고 있다.
2) 馬場基, 2008, 「木簡文字画像データベースの研究開発」, 『推論機能を有する木簡など出土文字資料指導認識システムの開発 研究成果報告書』, 奈良文化財研究所.

목간에 태그(tag)를 부여하여 목간의 문자배열이 아니라 그것에 쓰여진 의미를 이끌어내거나, 데이터베이스 검색 결과에 연결(Link) 기능을 부가해서 다른 데이터를 참조할 수 있도록 보완한 木簡字典도 거의 개발을 완료했다. 그밖에 DB 구조로 되어 있지 않지만 목간 관련 용어해설도 전산화를 진행하고 있다.

위에서 설명한 DB는 겉으로 보기에는 각각 단독으로 성립되어 있지만, 실제로는 정보의 상호 공유·융통이나 표면에는 드러나지 않는 보조적인 DB의 공유, 또는 앞으로의 발전성 확보를 위한 데이터 등을 이면에서 떠받치는 역할을 하고 있다. 목간 인명 DB에서는 인명의 시기를 일정범위로 좁히기 위해 목간출토 유구연대관 DB를 작성하고 있다. 이번에는 인명의 시기를 좁히는 데만 사용했지만, 목간에 관한 모든 데이터의 시기 확정에 이용이 가능한 DB이다.

木簡字典에는 목간화상을 타일(Tile) 모양으로 나누고 그 타일의 범위를 지정해 문자화상을 추출하는 방법을 택하고 있다(그림 3). 이것은 복수문자를 자유롭게 검색하기 위한 방책이지만, 동시에 각각의 문자에 관해서 木簡畵像上에서의 위치정보를 가지고 있는 것도 된다. 이 자료는 후술하는 것과 같은 발전연구에 중요한 요소가 되고 있다.

DB에는 ① 국민(인류) 공유의 재산인 문화재·목간을 널리 공개하기 위한 수단, ② 연구자에 의해 연구 추진된 보조적 수단, ③ 목간조사자의 조사도구라는 다양한 측면이 기대된다. 奈良文化財研究所는 연구기관이지만 동시에 행정기관에 직접적으로 관계된 측면도 가지고 있다. 조직의 사회적 사명에서는 문화재 보호법의 정신에 따라 문화재보호와 공표에 힘쓰는 것이 요구된다. 또한 공적조사연구기관으로서 연구의 기초를 가진 연구 인프라 정비에도 힘쓰지 않으면 안된다. 이러한 목적에 의해 DB는 대단히 유효한 수단의 하나라고 할 수 있다.

더욱이 DB개발 그 자체가 연구를 심화시키는 점도 있다. DB에 어떠한 정보를 게재할 것인가, 그것을 어떤 식으로 보이게 할 것인가, 검색의 방법이었던 검토를 위한 것은 ④ 목간을 어떻게 이해·표현한 것인가하는 목간조사·관찰방법의 반성·심화가 필요하다. 이러한 검토 결과 현재 이루어지고 있는 기록의 집적으로부터 넘쳐나는 관찰결과를 어떻게 DB化할 것인가 하는 과제를 떠올릴 수 있다.

또한, ⑤ DB를 공개하는 것에서 많은 연구자, 시민들의 지적, 의견을 받음으로써 이를 연구에 반영하는 것이 가능해진다. 그리고 ⑥ 다른 기관의 DB와 제휴하여 수시로 높은 수준의 DB群의 형성이 가능해지며, ⑦ DB 제휴 개발을 통해 쌍방의 연구교류를 촉진할 수도 있다. 현재 奈文研은 東京大學史料編纂所의 電子 草書(くずし字)字典과의 제휴검색을 개발·공개하고 있는데[4] 이 개발 당시에는 문자라는 것의 이해(異體字의 범위 등)를 둘러싼 논의나, 데이터의 집적방법에 관한 상호검토(자료를 어떤 단위

---

3) 渡辺晃宏·馬場基, 2011, 「「木簡人名データベース」の開発と公開」, 『目録学の構築と古典学の再生 研究成果報告書』, 東京大学史料編纂所研究成果報告2009-4, 東京大学史料編纂所.

4) 井上聡·馬場基, 2010, 「文字字形総合データベース作成の試み ―電子くずし字字典データベースと木簡画像データベース·木簡字典の連携について―」, 『人間文化研究機構情報資源共有化研究会報告集1』, 人間文化研究機構.

로 해서 화상으로 표현할지 등)를 통한 資料體 이해를 둘러싼 논의 등을 거듭해왔다. 여기에 현재 漢字 規範字體 DB(통칭 'HNG')와의 제휴를 염두에 두고 同 DB개발집단과의 의견교환을 계속하고 있다(그림 4). 이상과 같이 DB개발은 자료공개·연구 인프라 정비에 큰 역할을 담당하며, 더욱더 새로운 연구와 연구 성과를 낳는 중심축이 될 수도 있는 것이다.

3. 디지털 기술의 활용을 통한 신규연구의 모색

디지털 기술을 활용한 목간연구도 향후 하나의 중요한 기법이 된다고 생각한다. 그 사례를 소개하고자 한다.

木簡字典 DB에는 목간화상을 타일 형상으로 분할하고 釋文의 문자마다 타일의 범위를 지정하는 식으로 데이터를 설정하고 있다. 픽셀(Pixel) 단위에 비하면 상당히 조잡한 것이지만 釋文의 문자는 각각 畫像上에서의 위치정보를 가지게 된다. 이 위치 정보를 이용해 木簡上의 기재 분포를 분석하는 연구를 하고 있다.

기재내용은 釋文 그대로도 분석이 가능하지만 기재의 의미내용에서 분석하는 편이 큰 성과로 이어진다고 예상된다. 그래서 『平城宮木簡』1~6, 『平城京木簡』1~3에서 정식 보고 된 목간에 대해서 釋文에 태그 부착을 시행했다(그림 5). 오히려 이 태그가 부착된 데이터는 新規木簡字典에서도 이용하게 되어 있다.

부여된 태그에 관해서는 木簡字典의 문자 위치정보 데이터를 참조한다. 이것에 의해 태그의 목간화상 위에서의 위치정보를 얻는 것이 가능하다. 이번 분석에서는 목간 위에서의 상대적 위치를 분석했다. 한편 목간상의 구체적인 위치(상단부로부터의 길이를 ㎝로 파악한다) 등도, 法量 등 각종 메타 데이터를 태그가 붙여진 釋文과 동일 파일에 기재하고 있기 때문에 가능하다.

분석에서는 목간을 상하 방향으로 64개, 좌우 방향으로 16개로 구분한 구역을 설정했다. 그리고 각각의 태그(=의미)가 각각의 영역에 나타나는 빈도를 정리하는 방법을 사용했다. 이 분석방법의 개발과 데이터의 정리(변환)은 桜美林大學 講師인 末代誠仁氏에 의한 것이다.

현재 분석을 진행하면서 태그를 붙이는 방법에 개선할 여지가 있다고 판명되었기 때문에 수정을 하고 있다. 여기에서는 실험적인 데이터 일부를 소개하고자 한다(그림 6). 목간에 보이는 「고유지명」의 분포를 보면 목간의 上半部에 집중적으로 보이지만 하부에도 약간의 분포가 보인다. 이를 「國名」에 국한해서 분포를 관찰하면 완전하게 목간의 상단부, 특히 상단부 1/3 정도에 집중하고 하단부에는 분포하고 있지 않다. 「郡名」의 경우를 보면 목간의 상단부 2/3 정도에 집중하지만 상단부분과 하단부에서도 약간 확인할 수 있다. 이러한 경향은 하찰목간의 기재서식의 영향을 받은 것으로 보이지만, 국명 분포가 매우 한정된 범위에 집중되는 데 반해 군명 분포는 흩어지는 양상이 보인다는 것은 하나의 특징이라고 할 수 있다. 이와 관련하여 郷名의 분포는 郡名과 유사한 곡선을 보여주고 그 정점이 약간 하단부로 내려와 있다.

한편 「人名」의 분포에 주목하면 그 분포는 목간 전체에 미친다. 목간 상단 1/4 정도보다 아래쪽에 그 분포가 농후하며 중앙부근이 정점이 된다. 인명과 지명에서는 목간에서 기재장소에서 큰 차이가 인지되는 양상을 쉽게 확인할 수 있다.

이 분석을 바탕에 둔 데이터가 축적된다면 전혀 읽히지 않는 목간에 대해서도 그 목간의 어느 부분에 어떠한 내용이 쓰여 있을 가능성이 높은가 등을 예상하는 것이 가능해져, 메타 정보나 읽을 수 있는 부분의 정보를 통해 범위를 좁혀나간다면 예상의 정확도를 향상시키는 것도 가능하게 될 것이라고 생각된다.

Ⅲ. 「木簡의 作法」論의 呈示

1. 木簡의 作法論이란

일본에서 목간 연구는 하나의 목간에 기재된 내용만을 중심으로 분석하던 단계에서, 목간이라는 자료를 작성에서부터 폐기까지의 라이프 사이클(Life Cycle)을 확인하고 이를 바탕으로 그 내용을 검토하던 단계를 거쳐, 오늘날에는 함께 출토된 목간을 「群」으로 파악해 검토하거나 공반된 유물과 유적을 함께 총합적으로 이해하는 단계로 나아가고 있다. 이처럼 연구가 전개되는 과정에서 목간 분석의 중요한 관점으로서 「紙木併用」이나 앞서 설명한 「라이프 사이클」 또는 「考古遺物로서의 특성」 등이 강조되고 있다.

연구 절차 등이 어느 정도 고정화된 것은 연구의 質에 일정한 수준을 부여한다는 의미로서 바람직한 면도 있지만, 한편으로 形骸化라는 폐해도 초래한다. 목간에 관한 논문에서 출토유적에 관해 상세히 서술할 필요 없는 분석까지도 유적과 출토유구에 관한 보고서를 그대로 베낀 것처럼 기재하는 듯 한 예가 散見된다. 결과적으로 목간이라는 자료를 확실히 마주하는 일이 소홀히 되는 것이 우려된다. 일본의 고대목간은 정보가 단편적이지만 목간의 수는 비교적 많다. 그렇다고 해서 반드시 다루기 쉬운 자료라고 할 수는 없으므로, 연구상의 절차·작업에 대해서 향후에도 각 연구자가 확실히 고려할 필요가 있다고 생각된다.

그런데 보고자는 한일문화재연구소에 의한 공동연구에 참가하여 한국목간과 일본목간의 비교연구를 할 기회를 가졌다. 또한 奈良大學敎 敎授인 角谷常子가 주최한 공동연구 「동아시아 목간학의 확립(東アジア木簡學의 確立)」에 참여하는 경험도 가졌다. 이것들의 비교연구·공동연구에 참가하던 중에 위에 서술한 생각을 강하게 가지게 되었고, 「개개의 목간에서 귀납적으로 이끌어내는 포괄적 목간자료분석의 방향성」을 생각할 수는 없을까 하는 생각에 이르게 되었다.

그리고 이러한 점에서 2인의 先學에 의한 2가지 중요한 문제 제기에 주목하게 되었다. 첫 번째는 佐藤信氏가 제창한 「書寫의 場」이라고 하는 사고방식이다.[5] 文字를 쓰는 구체적인 場面을 상정함으로써 목간이용의 특성을 밝히려는 것이다. 구체적인 場面을 상정하는 일의 중요성을 보여주고 문자를 서사하는 「시간」「공간」「인간」의 존재를 재발견한 관점이다. 또 하나는 윤선태씨가 제창한 「木簡文化」라는 사고방식이다.[6] 중국, 일본의 목간과 한국 목간의 형상이나 문자를 쓰는 방식의 차이를 「木簡文化의 차이」로서 전체적으로 파악한 것이다. 즉, 목간을 「文化」로서 종합적으로 파악하는 시점이다.

「文化」라는 시점은 대단히 중요하지만, 구체적인 분석·검토의 방향성·관점은 나타나지 않았다. 그래서 「書寫의 場」이란 시점이 주목되는데, 목간이 가진 「場」은 「書寫의 場」만으로는 한정되지 않고, 보다 다양한 「場」이 존재하기 때문이다. 그러므로 이처럼 선학의 중요한 시점과 중요한 관점을 토대로 「서사의 장」이라는 방향성을 계승하면서 「목간문화」를 찾기 위한 것이 보고자가 현재 제창하고 있는 시점·문제의식 「木簡의 作法」이라는 것이다.[7]

「木簡의 作法」에 의한 분석 목적은 아래와 같다.

> 「인간에 의한 목간의 구체적 이용에 대한 복원적 검토를 시도함으로써 목간문화의 모습, 더 나아가서 사회에서 목간의 역할을 살핀다. 그리고 최종적으로는 목간문화·목간의 사회적 역할에서 그 사회의 역사적 특성 등을 밝히는 것을 지향한다.」

이 배경에는 다음과 같은 기본적 이해가 있다.

> 「목간은 사람에 의해 사회 속에서 이용된 하나의 도구이다.」

이것을 바꿔 말하면 목간의 이용을 필요로 하거나 그것을 요구당하거나 혹은 수용하여 받아들였던 사회가 존재했다고 하는 것이다. 보다 구체적으로 각 목간에 입각해서 생각한다면, 목간을 이용하는 사회에서 생활하는, 목간을 이용했던 사람, 목간을 수용하고 받아들였던 사람이 존재했음을 의미한다. 결국 목간에는 그것과 동시대에 관련을 가졌던 매우 많은 「사람」의 존재가 전제되는 것이다.

연구자는 무심코 연구자 자신의 문제관심 등 오늘날의 관점에서 목간을 파악하는 경우가 많다. 또한 「목간」만을 보는 습관 혹은 목간에 직접 쓰인 내용만을 생각하는 버릇이 있는 것 같다는 느낌도 든다. 다만 목간은 처음부터 그 이용자―일본고대목간의 경우라면 일본 고대인들이나 사회― 속에 존재하는 것이다. 그들이 목간을 작성하고, 이용하며, 폐기했기 때문에 지금의 우리들이 목간을 눈으로 직접 볼 수 있는 것이다.

---

5) 佐藤信, 2002, 『出土文字資料の古代史』, 東京大学出版会.

6) 尹善泰, 2009, 「木簡からみた漢字文化の受容と変容」, 『東アジア古代出土文字資料の研究』, 雄山閣.

7) 이하 「목간의 작법」에 대해서는 「東亜的簡牘与社会－東亜簡牘学探討」(中国法政大学法律古籍研究所·奈良大学簡牘研究会·中国法律史学会古代法律文献専業委員会共催, 2011年8月29~30日, 中国北京花園飯店에도 개략을 보고한 것이다. 그 자리에서 김병준 선생으로부터 후술하는 신라 월성 출토 목간에 대해서는 왕의 명령을 전하는 목간으로서 허술하지 않은 것인가라고 지적을 받았다. 이 점을 근거로 해 본고에서는 일본에서의 궁녀의 宣을 보여주는 삭설의 양상과 宿紙 이용 등을 첨기했다.

그리고 이러한 목간의 이용자들은 생활이나 업무 가운데서 목간을 이용하면서 관련을 맺고 있다. 사회구조와 역사적 변천을 의식하면서 사용했던 것은 아니다. 그들이 목간을 이용해 온 배경에는 목간이용의 동기, 이용 상의 규칙(Rule)이나 관습, 목간이용을 뒷받침한 요소 등이 존재한다. 결국 어떤 목간한 점이 존재하고, 유효하게 이용하기 위해서는 律令法을 필두로 하는 법령, 다양한 관습, 전달 상대와의 정보연락에 관한 공통의 이해, 무효화의 절차 등, 다양한 조건이 그 배경으로 필요했던 것이다. 이제까지 법령에 관계된 것에 대해서는 항상 의식해 온 것처럼 생각되지만, 그 이외의 많은 조건에 대해서는 등한시한 부분이 많았다. 그렇지만 각 목간에 관해서 그 「존재이유(혹은 존재가능이유)」를 구체적으로 탐구하여 다양한 조건을 풀어나가는 작업이 필요하다고 생각된다. 목간은 목간만이 단독으로존재했던 것이 아니기 때문이다.

2. 木簡의 作法論 관점에서의 분석사례

그럼 木簡의 作法論이라는 관점에서 몇 개의 검토사례를 소개하고자 한다.

1) 若犬養門 출토 대형목간을 둘러싸고

平城宮 남쪽에는 3개의 문이 열려있다. 동측의 壬生門, 중앙의 朱雀門, 서측의 若犬養門이다. 이 가운데 若犬養門 주변의 발굴조사에서 목간이 출토되었다.

출토목간 가운데는 大學寮 부근에서 말을 도둑맞았다는 내용이 기록된 장대한 목간이 있다[8](그림 7). 『木簡研究』의 해설에는 이 목간의 장대함을 근거로 周知를 위해 세운 札, 즉 「告知札」일 것 같다고 설명하고 있다. 반면 이것에 대해 記載가 앞면과 뒷면에 이루어진 것, 문장의 내용도 大學寮의 관계자에 대한 告知를 의뢰한 것(이것에 대해 告知札은 통상 「告知」라는 어구로 시작한다), 하단을 확실히 날카롭게 한(告知札은 흙에 꽂아서 세우기 위해 하단부를 날카롭게 한 것으로 생각된다) 흔적이 없는 점등에서 告知札이 아닌 문서목간이라는 견해도 제시되었다.[9] 이렇게 생각할 경우 목간의 폐기 원인이문제가 된다. 大學寮는 平城宮 바깥으로 상정되며 若犬養門 바깥일 가능성도 있다. 다만 그 경우 폭30m를 넘는 二条大路를 건너 일부러 平城宮의 문 옆에 버린 것이 된다. 그 밖에 大學寮 관련목간도 발견되지 않아서 폐기의 場面을 생각하기에는 부자연스럽다고 하지 않을 수 없다.

이 점에 대해서 渡辺晃宏氏는 大學寮는 목간을 받은 것이 아니며 목간작성자(=말을 도둑맞은 인물)가 매우 화가 나 문 앞에서 이 목간을 폐기했을 가능성을 상정하고 있다.[10] 場面으로서는 재미있지만이 목간을 문서목간으로 생각할 경우 이 정도의 상상력을 동원하지 않으면 그 폐기상황은 이해하기 어렵다는 이야기다. 그리고 또 문서목간이라 보기에는 이례적으로 큰 편이다. 이 목간의 제출자는 지방출

---

8) 『平城宮発掘調査出土木簡概報』15, 16페이지 상단.

9) 清水みき, 1991, 「告知札」, 『月刊考古学ジャーナル』339 등이다.

10) 渡辺晃宏, 2010, 『平城京一三〇〇年全検証』, 柏書房.

신으로 도성에서 이 정도 크기의 목재를 확보하는 일은 쉬운 일은 아니었다고 생각된다. 어떤 이유에서 억지로 대형 목간을 작성했다고 생각하는 편이 자연스럽다고 생각한다.

한편 告知札로 볼 경우는 어떨까. 이제까지 발견된 告知札에 대해서도 흙에 실제로 세운 흔적과 장기간 비바람을 맞은 흔적이 남아있는 것은 그다지 보이지 않는다. 따라서 주된 문제가 되는 것은 앞면과 뒷면에 기재하는 방법과 문구의 이해일 듯하다.

그래서 주목되는 목간이 있다. 傳世品인데 중세의 制札이다.[11] 중세의 制札에는 종이 문서와 세트로 보관용과 게시용으로 발행되는 경우 외에 正文으로서 보관된 制札, 즉 게시되지 않은 制札＝목간의 사례도 분명히 존재한다는 것이 확실하게 되었다. 특히 「내건다」는 행위와 밀접하게 관련된 制札 가운데에서 실제로는 게시되지 않은 경우가 존재하고 있다. 이 경우 게시하기 위한 制札을 발행하는 일은 사무절차상 중요한 행위이고, 그것을 게시하는가, 불가하는가는 별개의 문제였다는 의미일 것이다.

또 이러한 制札 등의 문서와 목간이 그것을 발급 받는 대상이 준비했으며 발급한 측에서는 서명 등 권위를 부여하는 일을 할 뿐이었다는 사례에서 살펴본다면, 사무절차와 文字面이 반드시 일치하지 않는 양상을 확인할 수 있다.

이 制札의 視點과 律令의 규정을 바탕으로 생각해보면 하나의 가능성을 떠올릴 수 있지 않을까(그림 7). 告知札은 상대가 그 기재내용을 읽고 이해한 다음에 대응하리라고 기대한 것은 아니었다. 말의 도망 등 법률상 告知해야 하는 사태가 발생했을 때, 법률상(혹은 관습상) 필요하다고 여겨지던 절차에 지나지 않았던 것은 아닐까. 관청에 신고하는 동시에 告知札을 작성하는 것이 절차로서 요구되었던 것은 아닐까 생각되는 것이다.

그렇기 때문에 告知札이 장기간에 걸쳐 게시되었던 흔적이 확실히 보이지 않는 게 전혀 이상한 일은 아니다. 告知札을 작성하여 그것을 마땅한 장소에 가져가는 것이 절차이지 실제로 그것이 기능하는 것은 별로 기대하지 않았다. 그리고 그렇다면 告知札은 당시 識字率과는 완전 무관하게 존재했던 것이다. 다만 이 절차를 밟지 않는다면 만일 분실물이 발견되어도 정당성을 주장하기 어렵다.

若犬養門 출토의 대형목간도 같은 맥락에서 이해할 수 있지 않을까. 분실 등의 신청은 그 告知가 가능한 목간과 함께 이루어질 필요가 있었다고(혹은 있다고 생각해서 작성했다고) 하면 어떨까. 양면에 문자가 기록된 것도 실제로 읽혀지는 기능을 할 것으로 기대하지는 않았다고 한다면 일반적인 이해라 할 수 있을 것이다. 본래가 제출서류였다면 그 文句의 문제도 분명해질 수 있다. 크기는 게시에 알맞은 크기가 요구되었던 것으로 생각한다면 이해할 수 있다고 생각된다.

若犬養門 출토목간의 해석에 대해서는 斷案이라고 말하기는 어렵다. 다만 告知札의 성격에 대해서는 이러한 「作法」 속에서 작성되었다고 하는 이해가 크게 어긋나지는 않는다고 생각된다.

---

11) 田良島哲, 2003, 「中世木札文書硏究の現狀と課題」, 『木簡硏究』25.

2) 揭示·形狀의 메시지(Message)성

목간을 정보 게시를 위해 사용한 예는 告知札 이외에도 존재한다. 그중 메시지의 전달 방법에 대해서 힌트를 주는 사례가 있다. 바로 고대 일본의 북단과 남단에서 확인된 2개의 말뚝 모양(杭狀)의 목간이다[12](그림 8). 岩手県과 鹿児島県에서 발견된 2점은 A田地의 권리와 관련된 목간으로 B田地 주변에 게시되었던 목간이다. 板狀이 많은 일본 목간 가운데서는 드물게 棒狀의 형상을 하고 있다. 하단부를 뾰족하게 해서 말뚝 모양으로 박아 넣어 사용했던 것으로 생각된다. 棒狀의 목간에 田地의 권리 관계에 관한 내용을 기재하고 그 田地 근처에 박아 넣음으로써 사람들에게 보여주는 하나의 作法을 확인할 수 있다.

이러한 발신방법을 수신자는 어떻게 받아들였을까. 在地社會에서 충분한 識字率이 존재하고 모든 사람들이 문자의 기재내용을 읽고 이해했다고는 생각되지 않는다. 法令 등의 게시는 게시와 동시에 그 내용을 음성으로 소리 내어 읽어주었다는 지적을 고려한다면[13] 이것들의 杭狀木簡에 관해서도 田地에 박아 넣을 때 내용을 낭독했을 가능성을 상정할 수 있다.

그리고 특이한 형상이 있는 점에도 주목하면, 말뚝 모양의 목제품에 「문자」가 기입된 것과 田地 가장자리에 박아 놓았다고 하는 모습 그 자체가, 그 田地에 대한 규제를 표현한다고 하는 가능성을 생각할 수 있다. 이 경우 수신자는 문자를 읽을 필요는 없다. 문자를 읽지 않아도 어떤 문자가 기록되어 있는데 그 형상과 목간을 박은 장소와 서로 맞물리면서 재지사회에서 충분한 메시지를 발신하고 있었다고 상정되는 것이다.

또한 발견상황=폐기상황도 매우 흥미롭다. 어느쪽으로도 C말뚝열 안의 하나인 말뚝(杭)인 D木簡의 문자가 위아래가 거꾸로 되어 발견되었다. 말뚝열 가운데 하나라는 상황에서, 문자를 기재한 목간으로서의 기능을 잃어버린 상태로 목재로 이용되었다고 생각된다. 그리고 목간으로 재사용될 때는 위아래가 거꾸로 바뀌어서 사용되었다.

목간으로 이용되고 있을 때 하단부는 흙에 박아 세우기 위해 날카롭게 만들었다. 즉, 본래의 방향대로 이용하는 편이 수고로움을 덜 수 있을 텐데 일부로 위아래를 거꾸로 하여 목간 상단을 깎아내서 이용한다는 수고로움을 더하고 있다. 이러한 수고로움에는 어떤 이유가 있다고 생각하는 것이 자연스러울 것이다. 가장 생각하기 쉬운 것은 위아래를 거꾸로 하여 목간으로서의 효력을 무력하게 했다고 하는 가능성일 것이다. 田地쪽에 박힌 것이 목간의 發信力의 일부인 까닭에 그 게시 방법을 소멸시킴으로써

---

12) 『木簡研究』32호에 수록된 '岩手県·道上遺跡出土木簡'과 『木簡研究』24호에 수록된 '鹿児島県·京田遺跡出土木簡'이다. 출토상황에 대해서는 각각 『木簡研究』 지면에 있는 소개는 다음과 같다.
   '道上遺跡出土木簡'은 검출시에는 상하가 바뀐 상태로 꽂혀 있어 말뚝으로서의 상하와 목간으로서의 상하가 바뀌어 있는 상태였다. 이것은 목간이 항렬의 구성재에 전용된 것이라고 추정된다.
   '京田遺跡出土木簡'은 본래는 하단을 날카롭게 해서 단독으로 세울 수 있게 한 말뚝모양의 목간을 상하를 바꿔 당초 상단을 날카롭게 해 항렬의 말뚝의 한 개로서 재이용하고 있었다.

13) 平川南, 2001, 「示札の語るもの」, 『発見！古代のお触れ書き』, 大修館書店 등이다.

목간의 효력을 소멸시켰던 것이다.

이상으로 남과 북의 말뚝 모양의 목간을 통해 형태의 선택, 문자의 기재, 게시 방법, 효력의 소멸이 라는 일련의 흐름 속에서 여러 가지 「作法」이 존재하고, 그 作法에 따르는 것으로서 목간이 효력을 발 휘하고 있었다는 양상을 간파하는 것이 가능하다고 생각된다.

형상의 메시지성과 폐기방법의 관련성에 대해서 일본목간은 在地에서의 소환장 검토에서 지적되고 있다.[14] 소환장에 해당하는 목간은 재지사회에서는 2척(약 60㎝)의 크기를 하나의 기준으로 했다는 것이다.

다만 서식은 「郡符」의 형식을 취하는 것, 「검文」의 형식인 것 등 약간의 불규칙성이 보인다(그림 9). 한편 도성 주변에서 작성·이용되었던 소환장은 크기는 다양하지만 서식은 상당히 높은 공통성을 가지고 있다. 이 정도의 차이는 서울과 地方의 차이가 존재하고 있는 것은 아닐까 한다.

소환된 인물이 자신에 대한 소환이 정당하다(사실이다)고 인식할 때 使者에 의한 구두 전달만이 아니라 소환장의 제시가 중요한 의의를 가졌던 것은 상상하기가 어렵지 않다. 上記의 상황에서 본다면 도성 주변에는 소환장의 형태·크기가 아니라, 서식과 기재내용이 의의를 가졌던 것으로 생각된다. 이것은 수신자 측의 識字와 서식에 대한 지식을 전제로 한 운용방법이라 할 수 있다. 한편 지방목간에서는 크기에 의의가 있어 문자의 기재는 그다지 중요하지는 않았던 것은 아닐까. 이것은 수신자 측의 識字는 전제되지 않았다고 말할 수 있다.

그리고 지방에서의 소환장이 의도적으로 절단되어 폐기된 것은 종래 지적한 대로이다. 즉 「길이」를 없애버린다면 목간이 가진 發信力과 정당성은 소멸되는 것이다.

3) 목간과 口頭傳達과 신라목간의 作法

일본 고대에 있어서 구두전달의 중요성은 갑작스럽게 지적되고 있다. 크게는 구두전달에서 문자로 전달된다고 하는 흐름이 지적되고 있다. 문자의 기재도 크게는 紙木 병용에서 종이로, 또 일상적인 나무에 기재한 경우와 중요한 경우는 종이에 기재하는 것으로 파악된다고 할 수 있다. 일본 고대의 목간은 구두전달의 세계와 공존하고 있었다. 이 점은 상식에 속하는 내용인데, 한편으로 목간을 분석할 때에는 의식되는 것이 반드시 많은 것은 아니다.

하지만 女官의 「宣」을 기록했던 削屑과[15] 최근에는 「口宣」이라고 기록된 목간도 출토되는 등,[16] 구두전달을 메모한 목간과 구두전달을 바탕으로 작성된 문서목간이 존재했던 것은 명백하다. 특히 女官의 「宣」은 內裏 북쪽 외곽에서 출토된 削屑이고, 그 배경에는 天皇의 意思, 즉 천황이 내린 구두전달이 존재했을 가능성이 높다. 이러한 場面은 平安時代에는 종이를 이용하고 있는데, 예를 들어 藏人이 사

---

14) 平川南, 2003, 『古代地方木簡の研究』, 吉川弘文館.

15) 『平城宮木簡』 82~84호.

16) 『平城宮發掘調査出土木簡槪報』 38, 20페이지 상단. 「左弁官口宣」으로 쓰기 시작한다.

용한 것이 「宿紙(헌 종이를 풀어서 다시 만든 재생지. 품질이 나쁘다)」인 점도 고려하면 奈良時代에는 목간이 이용되고 있었다고 보아도 좋을 것이다.

이처럼 천황의 意思는 口頭가 원칙으로 文字는 어디까지나 그 메모와 명령을 받은 신하가 작성한 것이라는 짐은 흥미 깊은 사실과 잘 대응한다. 渡辺晃宏氏의 분석에 따르면 일본의 문서목간은 우선 上申文書로부터 성립한다고 한다.[17] 아뢰다는 행위에는 文字로 된 書類를 添付하는 작업이 필요하겠지만 명령은 口頭가 바로 근본이었다고 할 수 있을 것이다.

목간과 구두전달의 관련성은 구두전달과는 아무 연관이 없다고 생각되는 荷札木簡에서도 나타난다.[18] 하찰목간의 본질은 물품의 속성을 나타내는 「부찰」로 생각되지만, 한편으로는 「文書」로 분류된 進上狀과 유사한 경향을 가진 목간 등도 존재한다. 또한 분석을 해보면 매우 간편한 서식을 따르는 貢進物의 하찰이나 처음부터 荷札을 붙이고 있지 않은(문자로 注記하지 않은) 貢進物도 광범위하게 존재했을 가능성을 떠올리게 된다. 이 물품들은 贄에 많고 왕권에 가깝다. 그러므로 이러한 물품을 공납할 때는 「口頭로 하는 進上文言」과 함께 납입되었다고 생각해야 할 것이다(進上狀은 「행위」에 대한 부찰이라는 것이 나의 견해이다. 上申文書도 또한 마찬가지의 성격으로 생각할 수도 있을 것이다).

목간과 구두전달이 이처럼 상호보완적이고 공존했다고 생각한다면, 紙木 병용만이 아니라 口頭와 문자의 분담도 중요한 관점으로서 생각할 필요가 있다. 구두의 전달이 어떤 단계에서 문자로 정착되었는가. 그 경우 口頭 그대로 전달된 정보와 문자로 기록된 부분의 구분은 어떻게 이루어지고 있는지 등은 매우 흥미롭다.

그리고 口頭와 목간의 관계 또는 형상과 메시지의 관계가 함축된 것으로 보이는 사례가 月城 출토 목간 가운데 존재하고 있다고 생각된다. 바로 『月城垓子』10~12호이다. 여기에 대한 고찰의 상세한 내용은 『日韓文化財論叢Ⅱ』(한국어판은 『韓日文化財論叢Ⅱ』로서 국립문화재연구소에서 발행)을 참고하기 바라며,[19] 여기서는 결론적인 부분만을 서술하겠다.

이 3점의 목간에서 공통되는 점은 다음과 같다.

① 문자를 쓰기 위해 면을 만들지는 않았다
② 하단은 각 방향에서 칼을 넣어 조정했다.
③ 하단부에 마디가 있으며 그 형태가 타원형이다.
④ 전체 길이가 약 20㎝(153호가 최대 24㎝. 다만 필기면의 길이는 3점 모두 거의 같음)
⑤ 출토지점이 근접함

---

17) 渡辺晃宏, 2008, 「木簡から万葉の世紀を読む」, 『奈良時代の歌びと』, 高岡市万葉歴史館. 이 논문에서는 음성에 의한 전달과 목간의 관계에 대해서도 깊이 개입한 언급이 있다.
18) 馬場基, 2008, 「荷札と荷物のかたるもの」, 『木簡研究』29.
19) 馬場基, 2011, 「木簡の作法と100年の理由」, 『日韓文化財論叢Ⅱ』, 独立行政法人国立文化財機構奈良文化財研究所·大韓民国国立文化財研究所. 한국어판은 2010, 『韓日文化財論叢Ⅱ』, 국립문화재연구소에 수록되었다.

①~④ 특징은 한국목간에서도 다른 곳에서는 예가 발견되지 않는 것이 3점 목간의 큰 특징이라 할수 있다. 柱狀이라고 하는 형상은 반드시 筆寫에 적합한 형상이라고는 말하기 어렵고, 이 목간을 작성할 때에 다른 어떤 이유에 의해 円柱狀의 형태를 적극적으로 선택되었을 가능성이 높다.

결국 이 3점의 목간은 동일한 방식으로 목재를 다루었으며 같은 형상의 목간으로 제작되었으며, 더욱이 출토지가 근접하다는 사실을 함께 고려해보면, 거의 같은 장소·場面에서 어떤 목간의 作法(재료의 선택·형상의 선택·사용·폐기)에 기초해서 사용되었다고 생각된다. 「典太等教事」「教」「白」「敬白」등의 기재내용을 고려한다면, 국왕의 의사와 그것을 받아 실현하는 비서관이 거처하는 왕권중추부에 밀착된 場面일 듯하다. 국왕이나 왕권의 신변 가까운 곳에서 그들의 음성에 의한 의사 교환을 문자화하고 전달하는 목간의 가능성이 상정되며, 円柱狀이라는 형상은 그러한 場面 특유의 선택이었다고 생각할 수 있을 것이다.

음성, 場面, 형상과 다양한 요소로 가득했던, 신라의 목간 作法 가운데 하나였던 것이다.[20]

Ⅳ. 맺음말

이상 두 가지 점에 대해서 서술했다.

디지털 기술은 목간의 조사·연구의 모든 場面에서 활용할 수 있다. 한편, 그런 까닭에 기초적인 조사는 더욱 신중히 축적해나갈 필요가 있다. 기술에 휘둘리지 않는 한편 기술에 뒤떨어지지 않고 계속 따라잡아나가는 노력도 요구된다. 데이터베이스 등은 「한 번 만들고 나면 그만」이 아니라 손쉽게 유지, 보수하는 일이 가능해서 정보의 추가도 할 수 있는 것으로 만들고 채워나가는 노력도 요구된다 할 수 있다.

그러기 위해서는 조사기관을 중심으로 해서 모든 연구자가 공동으로 작업을 수행해나가는 것이 요구될 것이다. 디지털 기술이라 하더라도 그 개발과 유지·운용에 해당하는 것은 살아있는 인간의 몫인 것이다.

그런데 書寫의 場이라고 생각하는 편에서 관심을 갖기 시작한 것은 날마다 목간을 보면서 「글자를 잘 쓰는구나」「글씨를 쓰는 게 서투르네」와 같이 고대 관인들에 대한 소박한 생각이 쌓여갔던 데 있으며, 이것을 연구 레벨에서 고찰하고 싶다고 생각하게 된 계기는 하찰을 분석함에 있어 「荷物과의 관계성」이라는 관점의 缺落을 깨달은 데 있다.

한편으로 木簡文化라는 관점에 끌리게 된 것은, 왜 일본과 밀접한 관련이 있는 가야지역에서는 6세기 목간이 대량으로 출토되어 목간의 사용이 일본에 미치지 못했을까 하는 의문을 갖게 된 것이 계기가

---

20) 위의 내용에 이해에 대해서는 전술한 「東亞的簡牘与社会－東亞簡牘学探討」을 서술할 때, 李成市氏로부터 「宮人」이라고 하는 기재에 주목한다면 내정적인 양상이 보다 한층 밝혀질 것이라는 교시를 받았던 적이 있다.

되었고, 신라목간의 막연함과 일본목간과의 거리감을 느끼던 중에 나주 복암리 목간이 너무나 일본 목간과 유사하다는 것에 놀랐을 때에는 단번에 연구 레벨로서의 관심으로 고조되었다.

목간은 도구이다. 도구를 사용하는 것은 사람이고, 배경에는 다양한 문화가 있다.

따라서 글을 쓸 수 있는 것만으로도 나무를 잘라내는 것만으로는 목간은 작성되지 않는다. 간단한 付札 정도는 만들 수 있을지라도, 그 체계적인 운용과 사회에의 활용에는 더욱더 방대한 노하우와 기술의 축적, 결국 「목간문화」가 필요하다. 사원 건축 등의 기술은 직접 그 곳에 종사하는 공인집단만으로도 바로 가능하지만, 全國 지배에 직결된 목간 시스템은 보다 넓은 저변을 필요로 한다. 즉, 목간문화가 다양한 「書寫의 場」을 가져오게 되는데, 그것을 받는 사람에게까지 퍼지지 않는다면 목간의 본격적인 운용은 불가능하다.

이 「木簡文化」가 빠져 있었기 때문에 일본에서는 6세기에 목간이 본격적으로 운용될 수 없었다. 본격적인 행정운용의 노하우·기술의 축적이 없었던 것이다. 이것이야말로 對馬海峽을 목간이 좀처럼 건너지 못했던 이유라고 생각한다.

그리고 7세기 말에 확인되는 일본목간문화가 百濟木簡文化와 유사하다면, 지배시스템으로서의 목간과 목간문화가 어디에서 어떤 계기로 비롯된 것인지는 매우 명백할 것이다. 백제·고구려의 멸망, 그것에 수반된 백제·고구려민은 그들마다 다르게 축적해 왔던 노하우·기술을 자신에게 접합시켜 일본열도에 대량으로 이동해 왔다. 이것에 의해 일본열도에 있어서 행정 노하우·기술량은 비약적으로 증대하고, 말단에게까지 미쳐 목간의 본격적인 운용이 가능하게 되었다고 생각된다. 일본열도에서는 독자적으로 축적할 수 없었던 노하우·기술을 인적인 이동에 의해 단번에 이입할 수 있었던 것이다.

그래서 이러한 「목간의 작법」에 기초한 분석에서 얻은 견해는 또 하나 흥미로운 시사점을 준다.

일본 고대사연구에서는 「법률·제도」와 「실태」가 대치적으로 파악되어 쌍방의 차이가 주목되는 것이 많다. 그렇지만 「법률·제도」와 「실태」가 괴리되어 있었다고 해도, 이것이 대립적이라면 국가운영은 성립되지 않는다. 양자의 차이는 대립적인 것은 아니고 연속적으로 결착되어 있을 필요가 있다. 양자를 결부하고 있는 것은 「운용」일 것이다. 「법률·제도」와 「실태」의 양극으로 파악하는 것은 불충분하고 양자를 연속시키는 「운용」도 생각할 필요가 있다.

또한 사견에 따르면 목간도 또 「법률·제도」와 「실태」를 결부시켜 존재했다. 이 견해를 근거로 삼으면서 목간이 「도구」라는 관점이라면 상기의 「운용」의 구체적 하나의 예가 목간, 혹은 「목간의 작법」·「목간문화」라고 위치 부여되는 것이 가능할 것이다. 그리고 「운용」의 구체적 예인 「목간의 작법」의 연원은 조선반도에서 찾아진다.

결국 중국에서 직접 유입을 지향했던 「법률·제도」, 중국의 사회상황과는 동떨어졌던 문명 상황에 있는 일본열도의 「실태」, 조선반도에서의 낙랑군·대방군 이래의 중국문명과의 접촉에서 시작하는 행정운영에 관한 많은 노하우·기술의 축적[21]=「운용」의 3자에 의해 일본고대국가는 지탱되고 있었던 것이다.

7세기 후반 이래 급속한 국가체제의 정비에 백제 유민의 영향이 큰 것은 자세히 지적되고 있지만 그 구체상은 그다지 나타나지 않았던 것으로 생각된다. 목간의 작법·목간문화의 이입이라는 관점에서 보면 그 중요한 역할은 「운영」의 확립이었다. 율령법을 서사하거나 수정하는 정도라면 일본열도의 사람들에게도 가능했을지도 모른다. 일정 수의 지식인이 들어가도 좋다. 한정되었던 범위에서 율령법을 적용시키는 정도에서도 같은 형태이다. 그러나 이것을 전국규모에서 시행하기 위해서는 「운용」을 제외하는 것은 가능하지 않다. 그 중요한 열쇠를, 조선반도에서 축적되었던 노하우·기술의 이입을 수용하는 것으로, 일본 고대율령국가는 성립되었다.

명치유신 후의 유신정부에 있어서 구 막부관리가 행정의 실무·운영에 숙달되었던 인재로서 활용되었던 것은 잘 알려져 있다. 어느 정도 나아간 법률·제도가 만들어져서도 그 운용이 가능하지 않았다면 국가는 혼란했을 것이다. 일본 고대율령국가에서도 사정은 마찬가지일 것이다. 운용체계가 정비되는 것이야말로 법률·제도는 실태와 직면하는 관계성을 가지는 것이 가능하다.

木簡의 作法論은 아직 충분하게 확립된 개념은 아니다. 그렇다 해도 「木簡의 作法論」이라는 시각·문제의식을 가지면서 목간을 분석하는 것이 木簡文化의 해명, 나아가 목간을 통한 역사 해명을 풍부하게 한다는 주장이다.

諸賢의 지도와 비판을 간절히 바라는 바이다.

[번역: 오택현(동국대학교 사학과 박사과정)]

투고일 : 2011. 10. 28   심사개시일 : 2011. 11. 4   심사완료일 : 2011. 11. 25

---

21) 李成市氏로부터 漢代의 樂浪·帶方郡의 설치가 한반도에 큰 영향을 주고, 생활레벨까지 漢文化가 유입되어 영향을 주었던 것에 대해서 耳杯의 이용을 예로한 교시를 얻었다. 중국문화와의 직접적인 접촉이 일상적인 도구의 이용에까지 변화를 가져온 사실은 행정의 운영 등도 포함한 광범위한 영향의 존재를 시사한다. 李成市氏로부터 구체적인 사료를 교시 받았음에도 불구하고 필자의 우둔함으로 인해 깜빡 잊고, 나태함에 의해 찾아내지 않아 제시할 수도 없다. 이 점을 깊이 사과한다.

실물크기 목간사진의 부정적인 예

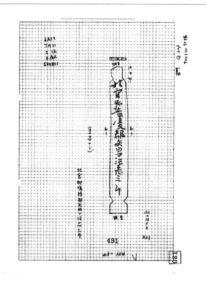

손으로 쓴 기록(記帳 노트)의 예

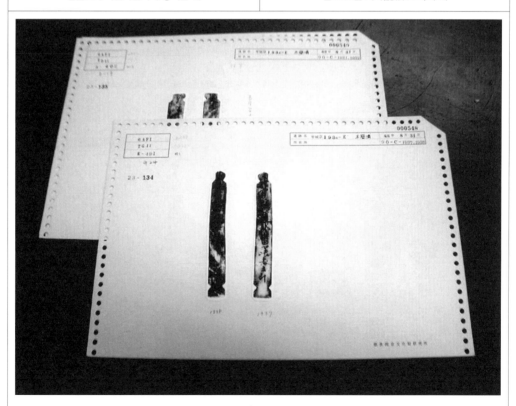

실물크기 사진을 붙인 정리台紙의 예

그림 1

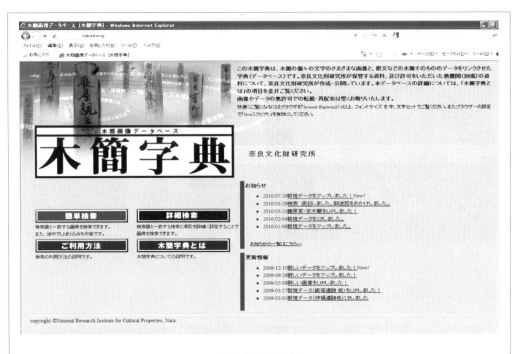

木簡字典의 첫 페이지

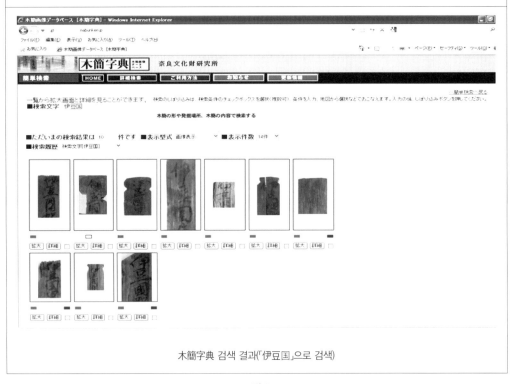

木簡字典 검색 결과(「伊豆国」으로 검색)

그림 2

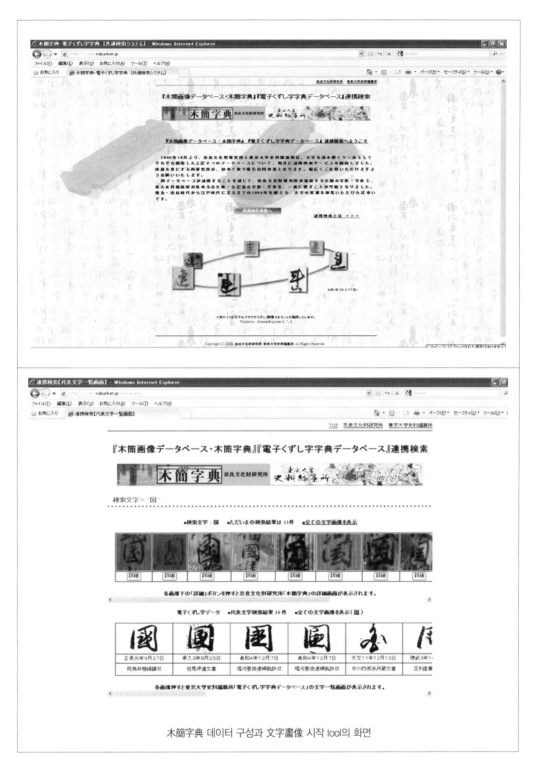

木簡字典 데이터 구성과 文字畵像 시작 tool의 화면

그림 3

[木簡情報]
画像番号=6AAAFO3501191　（→木簡画像全体の情報を示す）
文字数=7
メッシュサイズ=14×57　　（→設定したメッシュの情報）
[0001]　　　　　　　　（→その木簡で何文字目かを示す）
地区名=6AAAFO35　　　（→以下木簡のメタ情報）
R番号=0119
文字列=・須恵郷調塩三斗・葛木部小墨
文字位置=2　　　　　　　（→木簡データベーステキストでの文字位置。表裏情報分ずれる。）
文字=須
画像開始位置=62　　　　　（→メッシュでの文字位置表示）
画像分割対象文字画像数=11×11
[0002]
地区名=6AAAFO35
R番号=0119
文字列=・須恵郷調塩三斗・葛木部小墨
文字位置=3
文字=恵
画像開始位置=183
画像分割対象文字画像数=9×9

[0003]
地区名=6AAAFO35
R番号=0119
文字列=・須恵郷調塩三斗・葛木部小墨
文字位置=4
文字=郷
画像開始位置=132
画像分割対象文字画像数=13×11
[0004]
地区名=6AAAFO35
R番号=0119
文字列=・須恵郷調塩三斗・葛木部小墨
文字位置=5
文字=調
画像開始位置=25
画像分割対象文字画像数=13×10
[0005]
地区名=6AAAFO35
R番号=0119
文字列=・須恵郷調塩三斗・葛木部小墨
文字位置=6
文字=塩
画像開始位置=89
画像分割対象文字画像数=11×9
[0006]
地区名=6AAAFO35
R番号=0119
文字列=・須恵郷調塩三斗・葛木部小墨
文字位置=7
文字=三
画像開始位置=153
画像分割対象文字画像数=9×8
[0007]
地区名=6AAAFO35
R番号=0119
文字列=・須恵郷調塩三斗・葛木部小墨
文字位置=8
文字=斗
画像開始位置=157
画像分割対象文字画像数=9×12

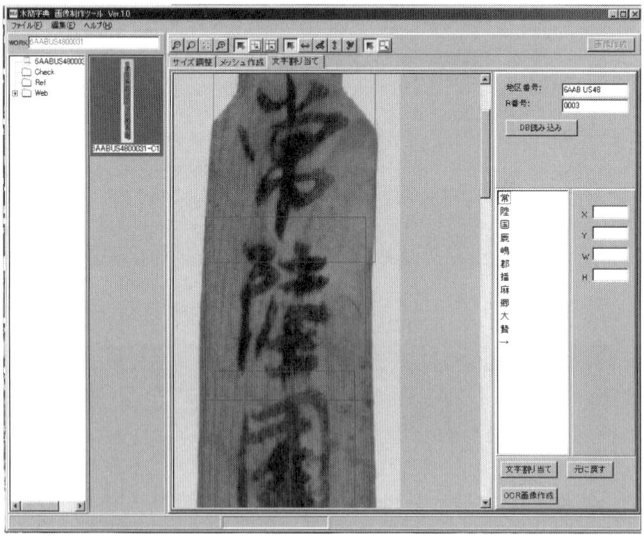

木簡字典·전자 초서 사전 제휴 검색의 첫 페이지

木簡字典·전자 초서 사전 제휴 검색의 검색결과(「國」으로 검색)

그림 4

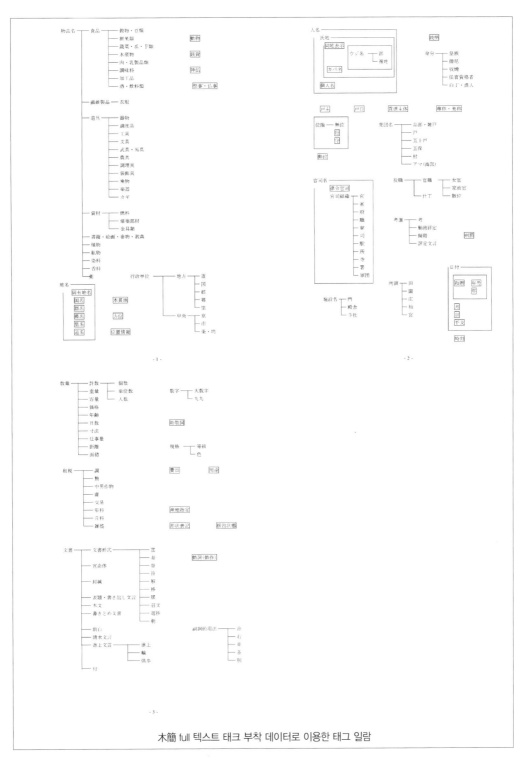

木簡 full 텍스트 태크 부착 데이터로 이용한 태그 일람

그림 5

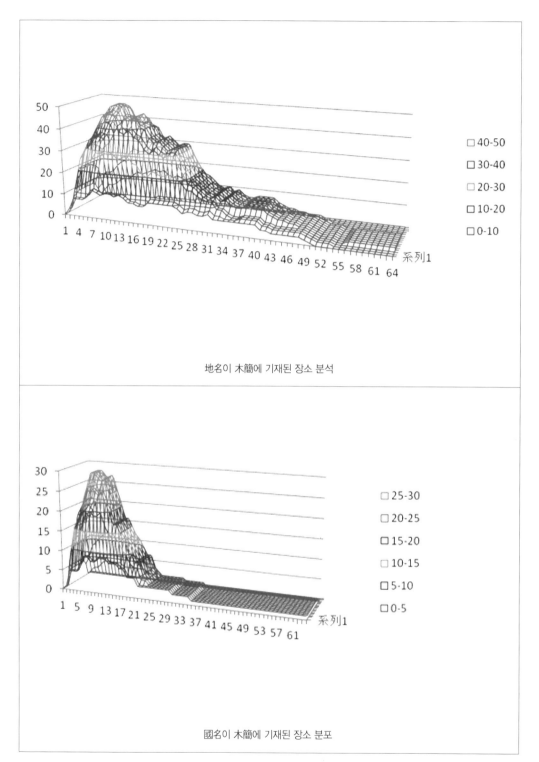

地名이 木簡에 기재된 장소 분석

國名이 木簡에 기재된 장소 분포

그림 6-1

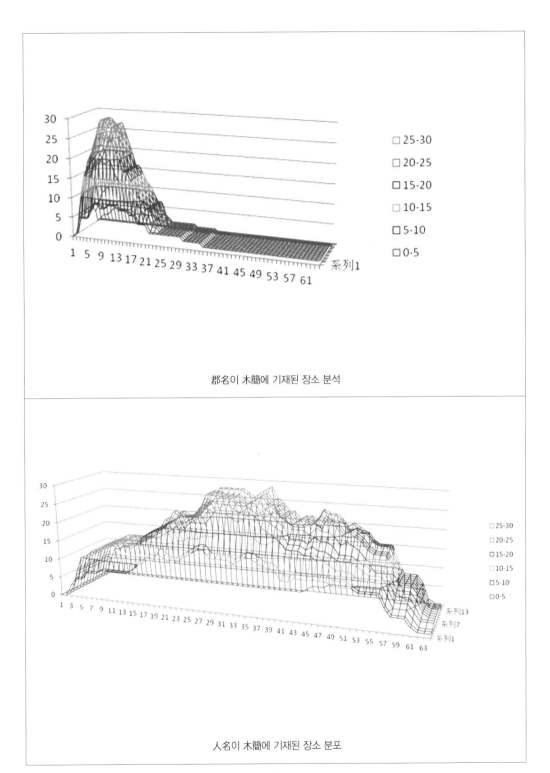

郡名이 木簡에 기재된 장소 분석

人名이 木簡에 기재된 장소 분포

그림 6-2

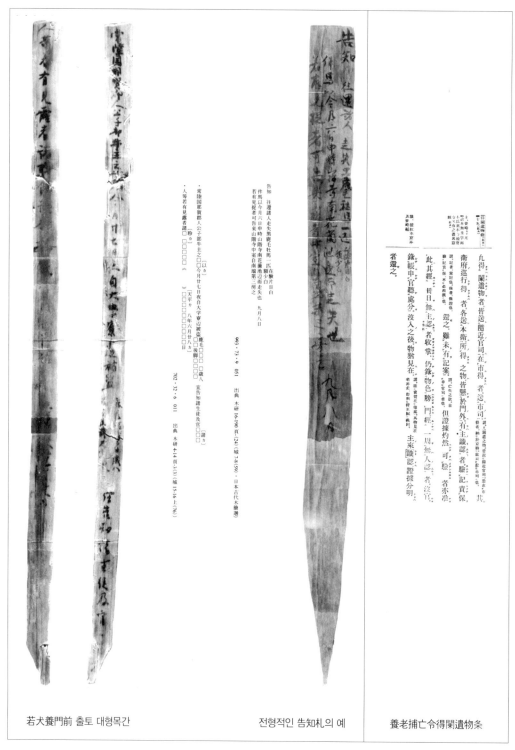

告知　往還諸人走失黒鹿毛牡馬一匹在驛鈴月白

件馬以今月六日申時山階寺南花薗池辺走失也
若有見捉者可告來山階寺中宿自南端第三房之
　　　　　　　　　　　　　　　九月八日

　　　　　　　　　　　993・73・9　051

　　　　　　出典　木研 16（190　頁）（24）（城 7 8,159）・日本古代木簡選

・常陸国那賀郡人公子部牛之□□〔以ヵ〕今月廿七日夜自大學辺被盜毛□□□歳八
・人等者有見捉者諸□□□□□《　宜告知諸生徒及官□□》□□□□□□□□日

　　　　　　　　　　　702・32・6　011

　　　　　　　出典　木研 4・14 頁・3（3）（城 15.16 上（76））

凡得闌遺物者皆送隨近官司在市得
　　者送市司〔謂八闌遺之物於村坊得者送隨近官司若於市中得者送市司〕其
衛府巡行得　者各送本衛所得　之物皆懸於門外右〔主識認記責保〕
　　謂於京中得者也其在外界准此
此其輕　闕日無〔主認者收掌〕仍錄物色懸　門經　一周無人認者
　　謂責保未必肯為也　環　之　雖未有記案　者亦准
錄申官聽處分沒入之後物猶見在〔者還主若賣者酬其價其物見在
者卽還本主〕

者還之

養老捕亡令得闌遺物条

　　若犬養門前 출토 대형목간　　　　　　　전형적인 告知札의 예　　　　　　養老捕亡令得闌遺物条

그림 7

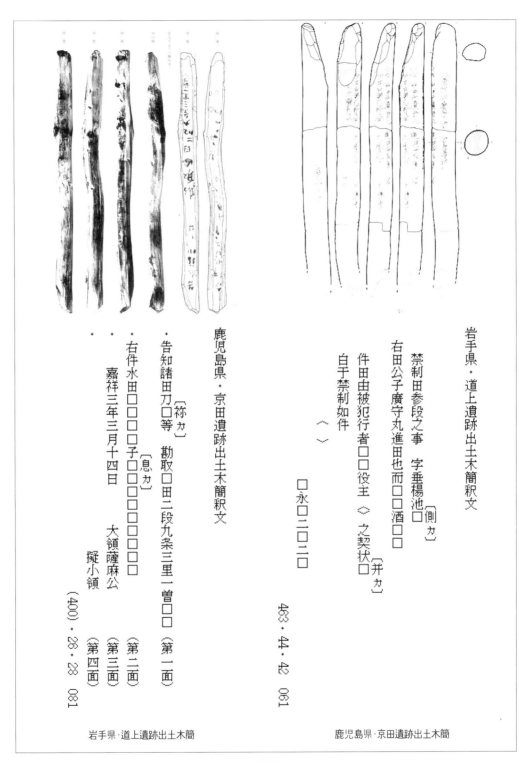

岩手県・道上遺跡出土木簡釈文

禁制田参段之事　字垂楊池□
　　　　　　　　　〔側ヵ〕
右田公子廣守丸進田也而□□酒□□

件田由被犯行者□□役主 ◇ 之契状□
　　　　　　　　　　　　　　〔并ヵ〕
自于禁制如件

〈　〉

　　　　　　　　　　　　　□永□二□二□

　　　　　　　　　　　463・44・42　061

鹿児島県・京田遺跡出土木簡釈文

　　　　　　　　　〔祢ヵ〕
・告知諸田刀□等　勘取□田二段九条三里一曽□□　（第一面）
　　　　〔息ヵ〕
・右件水田□□□□子□□□□　　　　　　　　　　（第二面）
・　　　　　　　　　□□□　　　　　　　　　　　（第三面）
・嘉祥三年三月十四日　　大領薩麻公　　　　　　　（第四面）
　　　　　　　　　　　　　　擬小領

　　　　　　　　　　　（400）・26・28　081

岩手県・道上遺跡出土木簡　　　　　　鹿児島県・京田遺跡出土木簡

그림 8

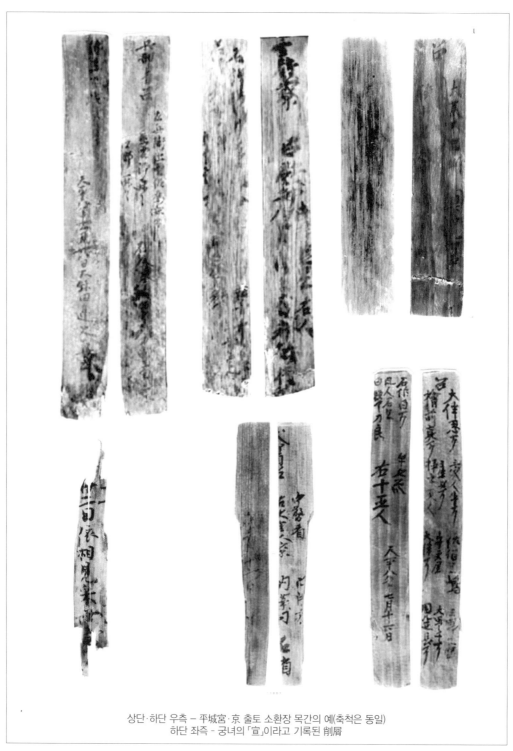

상단·하단 우측 – 平城宮·京 출토 소환장 목간의 예(축척은 동일)
하단 좌측 – 궁녀의 「宣」이라고 기록된 削屑

그림 9

渡辺晃宏, 2008, 「木簡から万葉の世紀を読む」, 『奈良時代の歌びと』, 高岡市万葉歴史館.

渡辺晃宏, 2010, 『平城京一三〇〇年全検証』, 柏書房.

渡辺晃宏·馬場基, 2011, 「「木簡人名データベース」の開発と公開」, 『目録学の構築と古典学の再生　研究成果報告書』, 東京大学史料編纂所研究成果報告2009-4, 東京大学史料編纂所.

馬場基, 2011, 「木簡の作法と100年の理由」, 『日韓文化財論叢Ⅱ』, 独立行政法人国立文化財機構奈良文化財研究所·大韓民国国立文化財研究所.

馬場基, 2008, 「木簡文字画像データベースの研究開発」, 『推論機能を有する木簡など出土文字資料指導認識システムの開発　研究成果報告書』, 奈良文化財研究所.

馬場基, 2008, 「荷札と荷物のかたるもの」, 『木簡研究』29.

尹善泰, 2009, 「木簡からみた漢字文化の受容と変容」, 『東アジア古代出土文字資料の研究』, 雄山閣.

田良島哲, 2003, 「中世木札文書研究の現状と課題」, 『木簡研究』25.

井上聡·馬場基, 2010, 「文字字形総合データベース作成の試み －電子くずし字字典データベースと木簡画像データベース·木簡字典の連携について－」, 『人間文化研究機構情報資源共有化研究会報告集1』, 人間文化研究機構.

佐藤信, 2002, 『出土文字資料の古代史』, 東京大学出版会.

清水みき, 1991, 「告知札」, 『月刊考古学ジャーナル』339.

平川南, 2001, 「?示札の語るもの」, 『発見！古代のお触れ書き』, 大修館書店.

平川南, 2003, 『古代地方木簡の研究』, 吉川弘文館.

〈日文要約〉

木簡研究現場での二つの試み

馬場基

日本での出土文字資料研究の最新事情・最先端の成果に関連する、二つの話題を紹介したい。

一つ目の話題は、デジタル技術と木簡研究に関するものである。奈良文化財研究所（以下奈文研と略称）では科学研究費補助金の交付を受け、積極的にデジタル技術を活用した業務の効率化やデータベース群の構築と公開、さらに研究をも進めている。

まず、出土した膨大な削屑をデジタル写真を軸にしたアノテーションツールによって効率的に整理する方法について紹介する。次に、木簡画像DB・木簡字典をはじめとする開発したDB群の紹介、東京大学史料編纂所との連携などDB開発によって可能になる共同研究の事例、さらにはこうした成果を活用してデジタル処理した研究事例として、木簡上のどの場所にどういった意味内容が記載されることが多いか、といった表記パターン抽出の研究を紹介する。

二つ目の話題は、木簡をどのような観点で捉えて研究するか、という方法論的なものである。今回提示したいのは、「木簡の作法論」という視点・考え方である。「木簡の作法論」では、「木簡は人が使った道具」だということから、「人」と木簡の関わりを重視する。木簡が道具として活用されるためには、作成者や受取側、あるいは社会全体で様々な共通理解やルールが必要だったはずである。「木簡の作法論」では、こうした考え方から具体的な場面に則しつつ木簡を分析することで、木簡の社会での存在状況、そのライフサイクルの意義、木簡文化を考えて木簡の資料的特性を捉え、また木簡の持つ歴史情報をより深く引き出して立体的に社会の様相を検討することが可能になると考えている。いくつかの事例紹介も交え、この見方を紹介したいと思う。なお、「木簡の作法論」は、最新研究状況というより、報告者の個人的最新考察に属している。

▶ キーワード：木簡・木簡学・木簡文化、史料論・資料論、古代社会、律令制、日韓関係・日韓比較

신/출/토 목/간 및 문/자/자/료

사천왕사지 발굴조사 성과와 추정 사적비편

최장미 *

Ⅰ. 머리말
Ⅱ. 사천왕사지 발굴조사 성과
Ⅲ. 추정 사적비편 검토
Ⅳ. 맺음말

〈국문 초록〉

사천왕사는 경주 시내에서 동남쪽에 위치한 낭산 남쪽의 낮은 언덕의 평탄 대지에 조성되어 있다. 『三國遺事』, 『三國史記』 기록에 의하면, 사천왕사는 당나라와 전쟁을 하던 신라가 호국의 목적으로 절을 짓고 문무왕 19년(679)에 완성하였다고 한다. 통일신라 초기에 창건된 사천왕사는 쌍탑가람배치가 처음 등장하였으며, 특히 2기의 목탑을 배치한 첫 사찰로 감은사(682년 창건)와 함께 당시 건축·미술·불교문화사 등을 연구하는 데 있어서 기준이 된다.

본고에서는 2006년부터 실시된 경주 사천왕사지유적 발굴조사 성과와 사천왕사지 출토 비편에 대해서 간략하게 살펴보았다. 새로 발견된 추정 사적비편은 동쪽 귀부 앞 후대 배수로에서 출토되어 비석이 세워져 있었던 위치를 정확하게 비정할 수는 없지만, 이수와 함께 출토되고, 재활용된 점 등을 생각하면 그 범위가 동쪽 귀부를 크게 벗어나지 않을 것으로 생각된다. 출토된 비편은 단편이기 때문에 현재 이에 대한 내용이나 성격규명 등을 할 수 없는 상황이며, 향후 더 많은 자료가 확인되어 내용이 밝혀지기를 바란다.

▶ 핵심어 : 사천왕사, 귀부, 문무왕릉비, 사적비

* 국립경주문화재연구소

I. 머리말

사천왕사지(사적 제8호)는 경주 시내에서 동남쪽에 위치한 낭산(狼山) 남쪽의 낮은 언덕(해발 약 53m)에 위치하고 있다. 언덕의 평탄 대지에 조성된 사역은 남쪽으로 완만한 경사를 이루며 동·서 귀부로 이어진다.

『三國遺事』에 의하면, '文武王 때 唐과 전쟁을 하던 신라가 명랑법사의 건의로 낭산 신유림(神遊林)에 절을 세우고 문두루비법(文豆婁秘法)을 행하자 갑작스런 풍랑이 일어 당나라 배가 모두 침몰하였다'고 한다. 이때의 사천왕사 모습에 대해 '채색 비단으로 절을 짓고 풀로 오방신상을 만들고'라고 기록하고 있다. 이후 『三國史記』 기록에는 문무왕 19년(679)에 절을 완성하였다고 한다.[1]

『三國史記』 직관조(職官條)에 나타난 '사천왕사 성전'이라는 관청 이름은 사천왕사가 당시 〈成典寺院〉이었음을 알려준다. 특히 이곳에서 행해진 문두루비법으로 볼 때 호국사찰뿐만 아니라 밀교사찰(密敎寺刹)로서의 사천왕사 성격을 알 수 있다. 『고려사』에 따르면 고려 문종 때에도 사천왕사에서 문두루도량을 27일간 열었다는 기록이 남아 있다.[2] 그러나 김시습의 시를 통해 볼 때, 15세기 후반경에는 사찰의 기능이 사라지고 민가로 변해버렸음을 알 수 있다.[3]

사천왕사는 통일신라 초기에 창건된 사찰로 쌍탑가람배치가 처음 등

그림 1. 사천왕사지 유적 전경

---

1) 『三國史記』 卷第七 新羅本紀 第七 文武王 十九年條.

 "秋八月 太白入月 角干天存卒 創造東宮 始定內外諸門額號 四天王寺成 增築南山城".

2) 『高麗史』 卷第9 世家9 문종 28년 "秋七月 … 庚子 設文豆婁道場 於東京四天王寺 二十七日 以禳蕃兵".

장하였으며, 특히 2기의 목탑을 배치한 첫 사찰로 682년에 창건된 감은사와 함께 당시 건축·미술·불교문화사 등을 연구하는 데 있어서 기준이 된다.

현재 사천왕사지가 자리하고 있는 낭산 일대에는 신라왕경, 월성, 황룡사지, 분황사, 보문리사지, 경주남산 등과 같은 삼국~통일신라시대의 생활유적과 불교유적이 있고, 구릉 주변으로는 선덕여왕릉, 傳신문왕릉 등이 있고, 도로를 사이에 두고 망덕사지가 위치하고 있다.

들판에 노출된 상태로 방치되어 경작과 분묘조성 등으로 훼손이 가속화되고 있는 사천왕사지에 대한 보존·관리 방안의 필요성이 대두되어 국립경주문화재연구소에 의해 2006년 4월부터 발굴조사가 실시되었다. 발굴조사 전에도 금당지, 동·서 목탑지, 추정 동·서 단석지(壇席址)[4] 등의 윤곽이 육안으로 확인되었으며, 발굴조사를 통해 묻혀 있던 강당지, 회랑지, 익랑지 등이 추가로 확인되었다.

특히 2010~2011년에 걸친 귀부 주변의 발굴조사를 통해 통일신라의 비각지(碑閣址) 및 석교 등이 확인되었고, 새로운 비석편도 출토되어 당시 사천왕사를 복원하는 데 있어 좋은 자료를 제공해 주었다.

II. 사천왕사지 발굴조사 성과

1. 금당지

금당지의 중심은 동·서목탑지의 남북중심에서 북쪽으로 약 24.2m, 추정 단석지 남북중심에서 남쪽으로 20.7m 지점의 가람 남북중심축상에 위치한다.

건물의 규모는 정면 5칸, 측면 3칸으로, 기단은 지대석, 면석[5], 갑석을 갖춘 가구식기단(架構式基壇)이다. 상층기단 지대석 외곽에 운두가 높은 원형초석이 상층기단 초석열에 맞춰 배치되어 있고 그 주변으로 문양전(보상화문전, 연화문전 등)을 깔고 장대석을 두른 이중기단으로, 전면, 후면에 각각 2개소, 좌·우 각각 1개소씩 계단이 설치되어 있다. 주칸거리는 도리방향 약 355cm이고, 보방향은 어칸 약 430cm, 협칸 약 355cm이다.

금당지의 중심부에는 장방형의 판석 2매를 붙인 방형의 본존불 지대석이 놓여 있으며, 양 옆으로는 원형 대석과 이형 대석의 협시 지대석이 자리하고 있다. 이 지대석 전방 좌우에는 아래가 넓고 위로 가면서 좁아든 원주형의 유공초석(직경 70cm)이 있는데, 지름 20cm, 깊이 30cm 내외의 원형주공이 마련되

---

3) 『梅月堂詩集』 卷12 遊金鰲錄 「天王寺址(今爲人家)」 "文豆婁法出西天 神印宗源自朗傳 明信一期雖幻得(明信卽左氏語) 不知 玆事可安邊".

4) 금당지 북편에 위치하고 있는 이 건물지의 명칭에 대해서는 많은 의견이 제시되었다. 독특한 형식의 초석과 기단구조로 그 용도에 대해서는 아직 불분명하여 필자는 삼국유사의 기록(『三國遺事』 卷第二 文虎王 法敏條- ...後改訟寺名四天王寺 至今不墮壇席)을 참고로 하여 단석지로 명명하였다. 본 건물지의 명칭에 대해서는 향후 발굴조사 후 면밀한 자료 검토를 통해 다시 논하고자 한다.

5) 잔존한 면석은 2기로 아무런 장식이 없으며, 크기는 길이 131cm×높이 65cm, 길이 64cm×높이 62cm이다.

그림 2. 금당지

어 있다. 내진 초석 주변에 'ㄱ' 모양으로 판석과 무문전이 확인되었는데, 불단 또는 불벽 시설로 추정된다.

금당지의 기단부는 생토를 정지한 후 할석·천석(50~80㎝)을 깔고 그 위에 적갈색토를 성토하여 편평하게 다지는 과정을 반복적으로 되풀이하여 조성하였다. 10~20㎝ 두께로 그러한 과정을 7단 반복하고, 그 위 60~70㎝ 두께로 암석 알갱이가 섞인 적황갈색 점질토와 마사가 섞인 황색토를 반복적으로 성토하여 약 210㎝의 높이로 기단부를 축조하였다. 기단부 축조 후 기단토를 'U'자형으로 굴광(최대 직경 230㎝)하여 천석과 할석을 쌓아 올려 초석 적심을 구축하였다.

지금까지의 발굴조사 결과를 토대로 살펴보면 사천왕사지 금당은 현재 남아 있는 금당지의 기단 규모보다 작은 선대 금당지가 있었다가, 지금 규모의 금당지로 확장되었을 가능성이 있다. 돌을 쌓아올려 구축한 기단을 사용하다가 어느 시점에선가 금당의 확장이 필요하여(혹은 수리의 가능성) 기존의 기단토 뒷부분에 잇대어 기단부를 확장하여 현재 규모로 조성한 것으로 보인다.[6]

---

6) 금당지 내 북Tr.의 평면조사에서 부석(敷石)이 끝나는 북편으로 생토가 10㎝ 내외 너비로 확인되고, 그 북편으로 다시 황갈색사질점토의 기단토가 확인되었다. 또한 동Tr.에서도 부석 끝의 북편과 동편에서 생토가 확인되었고, 생토 밖으로 다시 황갈색사질점토의 기단토가 연결되고 있다. 서Tr.에서도 기단 지대석보다 안쪽(서편)으로 약 115㎝ 지점에서 부석이 끝나고 생토가 확인되었다. 기존의 기단토를 사선방향(╲)으로 잘라내고 황갈색토와 돌을 섞어 그 뒷부분에 잇대어 확장했기 때문에 기단부 바닥 부분에는 선대 금당 굴광선 뒷부분에 있던 생토가 그대로 남아 있게 되었다.

2. 동·서탑지

동·서탑지는 정면 3칸, 측면 3칸의 방형구조로, 중앙에는 방형의 사리공(상단 너비 30㎝, /깊이 8㎝, 하단 너비 23.5㎝/깊이 25㎝)이 있는 심초석(사방 약 116㎝)이 자리하고 있다. 기단형태는 가구식전석축기단(架構式塼石築基壇)으로 각 기단 면의 중앙에 계단이 위치하고 있다. 주칸거리는 도리칸, 보칸 모두 약 215㎝이다.

상층 기단 지대석 중간 중간에 일정 간격을 두고 우주와 탱주 홈이 마련되어 있다. 우주와 탱주 사이에는 당초문전을 쌓아 올렸고, 이 당초문전으로 구획된 공간 안에 녹유소조상을 부착하였는데, 이를 통해 녹유소조상이 탑의 면석으로 사용되었음을 확인할 수 있었다.

그림 3. 서탑지

그림 4. 동탑지

기단부는 대지를 정지한 후 큰 할석과 천석을 쌓고, 그 위에 풍화암반이 섞인 사질점토를 다져서 편평하게 한 후, 동일한 과정을 반복하여 11단으로 판축하여 성토하였음을 확인하였다. 성토된 기단을 다시 굴착한 후 그 내부에 적심을 놓고 방형초석과 심초석을 안치하였다. 사천주 초석 상면에서 바닥까지의 깊이는 약 230㎝이고, 기단 굴광선은 상층기단에서 220㎝ 떨어진 지점이다.

녹유소조상(높이 90㎝, 너비 70㎝, 두께 7~9㎝)은 앞서 언급했듯이 기단 지대석 위에 부착되어 면석의 용도로 쓰였는데, 녹유소조상의 배치상태는 모서리부분에서 A–B–C상이 한 세트를 이뤄, 계단을 중심으로 좌우에 각각 3매씩 4면에 모두 24개가 부착되어 있었다.

그림 5. 녹유소조상 3D스캔

3. 추정 단석지

　금당지 중심에서 북쪽으로 20.7m, 동서로 각각 20.6m 떨어진 곳에 위치한 추정 단석지는 정면 3칸, 측면 3칸의 방형구조의 건물지로 초석간격은 150㎝로 매우 좁다. 각 초석의 중앙부에는 지름 22㎝, 깊이 23㎝의 원형 구멍이 있고, 원공 주변에 약 55㎝ 크기의 방형 모각(模刻)을 이중으로 하였고 이 모각은 다시 초석의 네 귀퉁이로 연결된다. 초석의 측면에는 인접 초석과 이어진 듯한 고맥이 형태의 부분이 남아 있는데 너비는 약 30㎝이다. 단석지 내부에 있던 부식토를 제거하자, 서단석지에서 방형초석(45×37㎝) 2기가, 동단석지에서 1기(40×41㎝)가 확인되었다.

| 그림 6. 추정 서단석지 | 그림 7. 추정 동단석지 |

건물지 외곽 초석 중심에서 235㎝ 떨어진 곳에 납작한 돌이 방형으로 돌아가고 있는데, 이는 단석지 기단의 기초시설이었을 것으로 추정된다. 특히 남쪽 중앙부 기단 석열에서 남북 160㎝, 동서 230㎝의 범위로 판판한 돌을 장방형으로 만든 것이 확인되었는데, 계단 또는 출입구 시설이 있었던 것으로 보인다. 이 계단시설의 동쪽으로는 보상화문전(32㎝)이 30㎝ 간격으로 세워져 있는데, 가운데 전은 문양이 북쪽을 향하고 있고, 좌우의 전은 문양이 남쪽을 향하고 있어 특징적이다.

기단부는 금당지와 탑지처럼 부석하여 축조한 것이 아니라 초석 중심에서 외곽으로 110㎝ 지점에서 암회색토를 굴광하여 풍화암반이 섞인 명갈색토와 적갈색점질토를 성토하여 조성하였다.

서단석지의 북서모서리 쪽에서 보상화문전을 방형으로 구획한 공간이 확인되었는데, 보상화문전의 문양면은 모두 밖을 향하고 있고, 문양이 없는 내부는 주칠이 되어 있었다. 문양전으로 구획된 내부 공간에서 토기가 깨진 상태로 출토되었다.

4. 익랑지·회랑지

익랑지는 금당지의 좌우에서 회랑과 직각으로 이어지는 동서 방향으로 확인되었다. 규모는 정면 9칸, 측면 1칸으로 주칸거리는 약 2.6m로 거의 등간격이며 동서 길이는 약 24m이다. 익랑에 사용된 초석들은 모두 결실되었지만 적심석은 양호하게 남아 있다. 금당지 서편에서 원형주좌에 방형의 초반석이 있는 비교적 소형의 초석이 확인되었는데, 위치를 통해 추정해 보면, 이 초석이 익랑지 초석일 가능성이 있다.

동·서회랑지는 각각 동·서탑의 심초석에서 약 19m 떨어진 곳에 위치하고 있으며 남회랑지는 금당지 중심에서 약 44.6m 남쪽에 위치한다. 회랑지의 초석 역시 모두 결실되었지만, 적심석의 잔존 상태는 비교적 양호하다.

서회랑지의 잔존 유구는 1칸(2.6×3.0m)×32칸으로 단랑(單廊)구조이다. 동회랑지는 북편의 철로에 의해 일부 결실되었으며, 동익랑지의 남쪽에서만 적심이 양호한 상태로 확인되었다. 남회랑지는 문지 동편으로 도리칸 11칸, 보칸 1칸의 적심이 확인되고 있으며, 서편은 후대 민묘 조성으로 인해 모두 결실된 상태이다.

회랑의 기단부는 동회랑지에서 상당히 양호한 상태로 남아 있었는데, 편평한 돌을 깐 다음 그 위에 무문전을 쌓아 올린 전축기단으로 보인다.

익랑지와 회랑지가 만나는 지점의 동서 외곽부분에는 돌과 무문전으로 구획한 공간(너비 200㎝)이 확인되었는데, 회랑에서 익랑으로 통하는 문 또는 계단시설로 추정하고 있다.

5. 귀부

동·서 귀부는 모두 1매의 판석을 조각한 것으로 남향하고 있다. 등 위에 있는 귀갑은 육각형이 3단으로 겹쳐진 모습이다. 귀갑 바깥 테두리 부분에는 상하로 각각 2줄의 선을 구획하고 그 안에는 당초문을 새겼고, 주연부에는 'ㄴ'자형의 연속되는 문양띠를 돌려서 마무리했다. 목 뒤에서 꼬리를 향하여 마치 등뼈를 연상케 하는 1열의 비늘이 조각되어 있고, 목에는 3개의 주름살이 표현되어 있다. 귀갑 아래에 뻗은 앞발과 뒷발의 발톱은 각각 5조·4조이며 꼬리는 뒤에서 보았을 때 좌측으로 젖혀 감추고 있다.

귀갑 중앙에는 복련의 연판문으로 주위를 장식한 세장방형의 비좌를 만들었다. 비신홈은 동·서 귀부 모두 가로 90㎝, 세로 20㎝ 내외이고, 서귀부의 비신홈은 2단을 이루며 24㎝ 내외(상단 깊이 15㎝, 하단 깊이 9㎝)로 깊으며, 동귀부 비신홈은 1단, 깊이는 약 11㎝이다.

그림 8. 서귀부　　　　　　　　　　　　　　　　　그림 9. 동귀부

동귀부의 북쪽과 서쪽에서는 지대석과 지대석 위에 놓인 기단석, 원공이 있는 초석 등이 확인되었다. 확인된 북서, 북동 양 모서리의 지대석은 'ㄱ', 'ㄱ'자형이며, 그 사이에 놓인 지대석은 폭 20~40㎝, 높이 30㎝ 내외의 장대석이다. 귀부 북편에서 확인된 기단석은 상면이 잘 치석되어 있으며 남북 160㎝, 동서 130㎝, 폭 50㎝, 두께 55㎝의 'ㄱ'자형 석재와 길이 235㎝, 폭 50㎝, 두께 70㎝의 장대석으로 토압에 의해 약간 밀려난 상태다. 'ㄱ'자형 기단석의 모서리 부분은 사선방향으로 16㎝ 정도 모각되어 있으며, 석재의 외곽에서 안쪽으로 30㎝ 지점에는 단이 져서 약간 높아진다. 지대석과 동일하게 양 모서리의 기단석도 'ㄱ', 'ㄱ'자형으로 치석되어 있었을 것으로 추정된다. 기단석 안쪽에서 초석(70×75㎝) 1점이 확인되었는데, 초석 중심에 원공(직경 22㎝, 깊이 18㎝)이 있으며, 직경 42㎝, 높이 4㎝의 운두와 직경 55㎝의 주좌가 마련되어 있다.

비각의 기단은 5~40㎝ 크기의 할석과 흙을 사용하여 축조하였다. 규모는 동서 약 630㎝이고, 남북은 후대 교란되어 명확하게 알 수 없으나, 기단토를 바탕으로 약 630㎝로 추정할 수 있다.

서귀부는 남쪽으로 7번 국도와 연접해 있고, 북쪽으로는 후대에 조성된 건물지로 인해 전체적인 조사를 진행할 수 없었으나, 동귀부와 동일하게 귀부 주변에 비각으로 추정되는 유구가 확인되었다. 미조사 지역을 제외하고 모든 면에서 폭 20~40㎝, 높이 30㎝ 정도의 지대석이 노출되었으며, 북서쪽 모서리 부분에서는 'ㄱ'자형 지대석이 확인되었다. 동귀부에서 확인된 기단석과 초석은 출토되지 않았다. 비각의 기단은 천석과 할석을 사용하여 구축하였으며, 규모는 동서 약 630㎝이고, 남쪽은 도로로 인해 조사할 수 없어 명확하게 알 수 없으나 630㎝로 추정할 수 있다.

6. 석교

귀부 북면 지대석 끝에서 북쪽으로 약 60㎝ 지점에서 동서방향으로 배수로가 확인되었다. 잔존 길이는 57.6m(사역의 중심축선에서 서쪽으로 20m, 동쪽으로 약 37.6m)이나, 동서가 대칭이라고 생각한다면, 동·서회랑의 너비(약 81m)와 비슷한 규모로 추정된다.

배수로는 폭 60㎝, 깊이 50㎝ 내외로, 생토를 굴광하여 양 단에 석재를 놓고 축조한 것으로 보인다. 동서귀부 주변으로는 남쪽 석열은 장대석, 북쪽은 할석을 이용해 열을 맞춰 축조하고, 그 외곽으로는 남북쪽 모두 할석으로 축조되어 있다. 석열은 대부분 1단이나 일부는 2단까지 잔존한 상태이다.

석교는 가람배치 남북중심선에 대칭되게 2개소가 확인되었다. 중문지 중심축에서 남쪽으로 약 40m, 사역 중심축선에서 동서방향으로 약 3.6m 지점에서 앞서 설명한 동·서귀부 북편에 조성된 배수로를 건널 수 있도록 조성되어 있다.

확인된 석교는 평교형식으로 귀틀석, 청판석, 엄지기둥으로 구성된 소형(너비 290㎝, 길이 120㎝)이며 약간의 반원상을 이루고 있다. 현 표토하 120㎝ 지점에서 확인된 다리바닥을 형성하는 청판석은 3개로, 가운데 부분(길이 60㎝, 너비 105㎝)은 약간의 아치를 이루고 크게 만들어져 있으며, 양단(길이 약 30㎝, 너비 110㎝)은 편평한 모습을 이루고 있다. 1매의 석재로 만들어진 귀틀석(길이 130㎝, 너비 30㎝)이 가운데와 양 끝에 위치하고, 3개 2조의 청판석이 조합되어 1개소의 다리를 구성하고 있다. 가장자리 귀틀석 남북 양 끝에는 엄지기둥이 위치한 결구홈이 있고, 부러진 8각의 엄지기둥 1매가 배수

그림 10. 석교 전경

로에서 확인되었다.

석교 북쪽으로는 무문전과 보상화문전(사방 33㎝)이 깔려 보도를 형성하고 있으며, 그 외곽에는 무문전을 세로로 세워서 마무리한 것을 확인할 수 있었다. 석교에서 중문지까지는 높이차가 있기 때문에 석교 북편의 전돌은 약한 경사를 이루며 깔려 있어, 이 배수로상의 석교를 건너 중문으로 출입하였을 것으로 추정된다. 이 석교는 단순 배수로를 건너기 위한 기능적인 면에 치중

그림 11. 동쪽 석교 전돌 노출 상태(북에서)

했던 다리라기보다 불교적인 상징성이 더 강하게 반영된 것으로 생각해 볼 수 있다.

III. 추정 사적비편 검토

1. 사천왕사지 출토 비편 검토

현재 사천왕사지에서 출토되었다고 전해지는 비편은 문무왕릉비, 추정 사적비 등으로 알려져 있으며, 국립경주박물관, 동국대학교 경주캠퍼스박물관에 소장되어 있다.

그중 사천왕사지 서쪽 귀부에 세운 것으로 추정되는 문무왕릉비는 조선 정조 때 비편 2개가 확인되어[7] 중국 청나라 고증학자 유희해(劉喜海)가 해동금석원(海東金石苑)에 그 탁본을 실었다.[8] 그 후 비편에 대한 행방을 알 수 없다가 1961년 비편 가운데 하나[9]가 경주시 동부동 주택에서 발견되어 국립경주박물관에 보관되어 있으며, 2009년에 그 상단부가 경주시 동부동에서 재발견되었다.[10]

문무왕릉비는 적갈색 화성암에 가로 3.2㎝, 세로 3.3㎝의 크기로 음각선을 긋고 그 안에 2㎝ 정도의 크기로 글자가 새겨져 있다. 비문을 통해 신문왕 2년(682) 7월 25일에 능비를 건립하였고, 비문을 지은 사람은 급찬 국학소경(國學少卿) 김□□임을 알 수 있다. 이 비문은 파손된 부분이 많아 판독하기 어려우나 신라에 대한 찬미, 신라 김씨의 내력, 무열왕과 문무왕의 업적, 백제의 평정 사실 및 문무왕의 유언, 장례에 관한 사실, 비명 등을 기술한 것으로 추정된다.[11]

그 외 사천왕사에서 출토되었다고 전해지는 것으로 국립경주박물관에 소장되어 있는 비편[12]과 1976

---

7) 1796년 경주부윤을 지낸 홍양호의 이계집(耳溪集)에 비편이 발견된 사실이 처음 전한다.

8) 국립문화재연구소, 2005, 『한국금석문자료집(상)』.

9) 이 비편은 현재 우리가 알고 있는 문무왕릉비편으로, 높이 55㎝, 너비 94㎝, 두께 28㎝이며, 적갈색의 화성암이다.

10) 1961년과 2009년에 재발견된 비편은 해동금석원에 실려 있는 문무왕릉비편으로 앞뒷면 4매가 실려 있다.

11) 국립문화재연구소, 2005, 『한국금석문자료집(상)』.

12) 첫 번째 비편은 諸鹿央雄가 수습한 것으로 '遠雅志…蘭而…'라는 내용이 있는 비편이다(朝鮮總督府, 1916, 『朝鮮古蹟圖

년 사천왕사 당간지주 동편에서 확인되어 동국대학교박물관에 소장되어 있는 비편[13]이 있다.

사천왕사지 서귀부에는 문무왕릉비가,[14] 동귀부에는 신문왕릉비가 세워져 있던 것으로 추정되어 왔는데,[15] 이번에 사천왕사지 동귀부 주변에서 새롭게 발견된 비편과 함께 면밀한 검토가 필요할 것으로 생각된다.[16]

2. 신발견 추정 사적비(事蹟碑, 寺蹟碑)편 검토

지난 3월 확인된 추정 사적비편[17]은 사역 남편에 위치한 동쪽 귀부 앞쪽 기단 석열에서 이수(螭首)편 1점과 함께 발견되었다. 귀부는 앞서 언급하였듯이 비각 시설이 있었을 것으로 추정되는데, 동쪽 귀부 남편에 지대석과 기단석이 사라지고 난 후, 배수로를 조성할 때 파손되어 깨어져 있던 비석을 재활용한 것으로 추정된다. 원래 조성되어 있던 비각의 기단토 내 돌보다 큰 돌을 사용하여 기단토 위에 곡선형으로 배수로를 조성하였는데, 이는 후대 동쪽 귀부 북편건물지를 축조할 때 조성되었을 가능성이 높다.[18]

이 비편은 화강반암을 석재로 사용한 가로 55㎝, 세로 11㎝, 두께 14㎝ 정도의 비편으로, 매끈하게 다듬은 비면에는 3.5㎝ 정도의 간격으로 가로, 세로 음각선이 그어지고 그 안에 글자가 새겨져 있다. 글자는 2~2.5㎝ 크기이며, 해서체이다.

비편이 가로로 길게 조각나 있어 비문은 15행이나 남아 있어도 1행당 1~3자씩 밖에 존재하지 않아 문맥이 거의 연결되지 않고, 내용 역시 알기 어려우나 글자는 비교적 뚜렷하다. 현재 「神將, 大王, 十六日, 巨嶽, 特, 道, 疆, 月, 徹, 英」 등의 30자 정도가 확인되고 있다.

2011년 3월에 수습된 이 비편은 앞서 언급하였듯이 기존의 문무왕릉비와 비교할 때 출토위치와 재질이 완연히 다르기 때문에 문무왕릉비로 볼 수 없다. 따라서 이 비편은 사천왕사지 내력을 기록한 사적비나 사천왕사와 깊은 관련을 지닌 고승의 탑비로 추정해 볼 수 있을 것이다.

향후 귀부 주변에 대한 정밀발굴조사가 진행되어 더 많은 비편이 발견되어 사천왕사와 관련된 역사

譜』第四冊, p.473(1588), 東京國華社).

　　두 번째 비편은 大坂金太郎가 발견한 '帝 …書'라는 내용이 있는 비편이다. 이를 홍사준은 문무왕릉비편으로 추정하였다.
　　홍사준, 1962, 「신라문무왕릉단비 추기」, 『고고미술』제3권 9호, 고고미술동인회.

13) '…年…次壬辰…凶震悼…'라는 내용이 있는 비편으로 임진은 효소왕 1년(692)으로 추정된다. 허흥식, 1984, 『韓國金石全文 古代』, 아세아문화사.

14) 홍사준, 1962, 「신라문무왕릉단비 추기」, 『고고미술』제3권 9호, 고고미술동인회.

15) 황수영, 1976, 「금석문의 신례」, 『한국학보』5, 일지사.

16) 2011년 3월에 발견된 추정 사적비편은 기존에 알려진 문무왕릉비와 재질면에서 다르기 때문에 또 다른 비의 존재를 생각하여야 할 것으로 보인다.

17) 문무왕릉비편과 비교할 때 재질이나, 방형 계선의 크기 등에서 차이를 드러내고 있다. 황수영의 견해에 따르면 신문왕릉비로 추정되나, 비의 점모가 확인되지 않아 단정할 수 없는 상황이다. 금년 3월 24일자 문화재청 보도자료 참고.

18) 동쪽 귀부 북편건물지의 시기는 내부에서 출토된 진단구를 통해 15세기 중반으로 추정된다.

그림 12. 추정 사적비편 출토상태(동쪽 귀부)

그림 13. 추정 사적비편

									(相)	徹	(津)		
						(蓮)	帝	神	巨	挺	而	英	?
			十	効	郊	(一)	疆	之	將	嶽	志	迴	
月	時	大	六	款	波	道	特	(魚)					
	顯	王	日	宜	(達)								

그림 14. 추정 사천왕사 사적비편 판독문

적 실체가 조금이라도 더 밝혀지기를 기대하는 바이다.

Ⅳ. 맺음말

이상으로 사천왕사지 유적 발굴조사 성과와 올해 발견된 사천왕사지 출토 비편에 대해서 간략하게 살펴보았다.

사천왕사지 발굴조사는 통일신라 초기 사찰 가람배치를 연구하는 데 있어 새로운 자료를 제공해 주었으며, 특히 2010년과 2011년에 확인된 비각지와 그 북편의 배수로, 석교, 비편 등은 당시 사찰의 입구를 복원할 수 있는 중요한 자료이다. 비석을 세운 귀부가 동서 양쪽에 자리하고 있고, 그 뒤로 배수로가 있으며, 아치형의 다리를 통해 그 배수로를 건너면, 보상화문전이 깔린 보도를 걸어 중문에 이르러 사찰로 들어갈 수 있었음을 생각해 볼 수 있다.

새로 발견된 추정 사적비편은 동쪽 귀부 앞 후대 배수로에서 출토되어 비석이 세워져 있었던 위치를 정확하게 비정할 수는 없지만, 이수와 함께 출토되고, 재활용된 점 등을 생각하면 그 범위가 동쪽 귀부를 크게 벗어나지 않을 것으로 생각된다. 그러나 출토된 비편이 단편이기 때문에 현재 이에 대한 내용이나 성격규명 등을 할 수 없는 상황이다. 향후 더 많은 자료가 확인되어 내용이 밝혀지기를 바란다.

투고일 : 2011. 7. 23　　　　심사개시일 : 2011. 8. 24　　　　심사완료일 : 2011. 10. 5

참/고/문/헌

『三國史記』

『三國遺事』

『高麗史』

『梅月堂詩集』

朝鮮總督府, 1916, 『朝鮮古蹟圖譜』第四册, 東京國華社.

국립문화재연구소, 2005, 『한국금석문자료집(상)』.

허흥식, 1984, 『韓國琴石全文 古代』, 아세아문화사.

홍사준, 1962, 「신라문무왕릉단비 추기」, 『고고미술』제3권 9호, 고고미술동인회.

황수영, 1976, 「금석문의 신례」, 『한국학보』5, 일지사.

국립경주문화재연구소, 2011, 『경주 사천왕사지 발굴조사(6차)』자문회의자료집.

〈日文要約〉

四天王寺址 發掘調査 成果と 推定 事跡碑片

崔 ジャンミ

四天王寺は慶州市内の東南側に位置する狼山の南端の平坦な丘陵に造成されている。

『三國遺事』、『三國史記』によると、四天王寺は唐と新羅の戦争時、護国の目的に寺を造営し、文武王19年(679)に完成した。統一新羅初に造営された四天王寺は最初に雙塔伽藍配置が登場し、特に2基の木塔を最初に配置した寺利として感恩寺(682造営)と共に当時の建築・美術・仏教文化史などを研究する基準となる。

本稿では2006年から実施した慶州四天王寺址の発掘調査成果と出土碑片について簡単に調べてみた。新しく発見した事跡碑と推定されている碑片は東側の龜趺前の排水路から出土し、碑石が建てられていた正確の位置を比定できないが、螭首と共に出土し再活用されている点からその範囲は東側の龜趺を大きく外れないと考えられる。出土した碑片は断片なのでその内容と性格の糾明はできないが、向後より多くの資料が確認されて明かされることを期待する。

▶ キーワード：四天王寺、龜趺、文武王陵碑、事跡碑

안성 죽주산성 신라시대 집수시설 발굴 문자자료 *

강형웅**

〈국문초록〉

　죽주산성은 삼국시대부터 조선시대까지 운영되었던 성이다. 성 주변으로는 고려시대 왕실사찰인 봉업사지를 비롯하여 매산리사지, 매산리 고분군 등의 고려시대 유적이 분포하고 있다. 산성이 위치한 죽산면은 동쪽으로 장호원이나 이천, 남쪽으로 진천과 청주, 북쪽으로 용인, 서쪽으로 안성, 평택 방면으로 연결되어 있다. 이러한 지리적 여건으로 인하여 죽산지역은 교통의 중심지이자 군사적 요충지로 주목을 받아왔다.

　집수시설은 산성 동문지 안쪽에 형성되어 있는 평탄지에서 확인되었다. 이곳은 동쪽을 제외한 삼면이 능선으로 둘러싸여 있어 성 내부에서 가장 수량이 풍부한 곳이다. 집수시설은 신라시대의 것이 6기, 조선시대의 것이 2기가 확인되었다.

　신라시대 집수시설은 지형적 여건에 따라 암반을 굴착하거나 퇴적된 뻘층을 정리한 후 조성하였다. 석재를 수직으로 쌓거나 일정 높이에서 내어쌓기를 하는 등 석축 방법은 일정하지가 않다. 석축 또한 정교하지가 않아 각 집수시설은 최소 1차례의 수축 또는 개축이 이루어졌다.

　집수시설 내부에서는 다양한 기종의 토기들이 출토되었다. 이외에도 A3 집수시설에서는 제의용으로

---

* 이 글은 2011년 7월 23일 한국목간학회 제12회 정기발표회에서 발표하였던 「안성 죽주산성 신라시대 집수시설」을 수정·보완한 것이다.

** (재)한백문화재연구원 조사2팀장

추정되는 자루형 목제품이 출토되었다. A6 집수시설에서는 묵서흔이 확인된 용도미상의 목제품 1점과 일부에 눈금이 새겨진 목제품 1점이 출토되었다.

　죽주산성의 신라시대 집수시설은 계곡부의 지형을 최대한 활용한 배치양상을 보인다. 비록 허술하게 축조하여 개축의 흔적은 나타나나 여러 기를 동시에 조성하여 운영된 특징이 나타난다. 또한 출토유물은 양상이 차이가 없고, 6세기 후반에서 7세기로 편년된다. 즉 죽주산성의 신라시대 집수시설은 오랫동안 사용되지 않았던 것으로 보인다.

▶ 핵심어 : 죽주산성, 신라시대, 집수시설, 목제품, 운영기간

Ⅰ. 머리말

　죽주산성은 삼국시대부터 조선시대에 이르기까지 사용된 성으로 현재 경기도 기념물 제69호로 지정되어 있다. 이 성 주변으로는 고려시대 왕실사찰인 봉업사지를 비롯하여 매산리사지, 매산리 고분군 등이 분포하고 있다. 죽주산성에서 집수시설이 확인된 곳은 동문지 안쪽에 형성되어 있는 평탄지이다. 평탄지의 규모는 동서 120m, 남북 80m 정도이며, 해발고도는 195~205m, 조사 지역의 전체면적은 4,268㎡이다. 이곳에 대해서는 현재까지 3차례(2~4차)의 발굴조사[1]가 이루어졌으며, 추후 연차조사가 실시될 예정이다. 3차례의 조사결과 평탄지에서는 신라시대 집수시설 6기, 조선시대 집수시설 2기를 비롯하여 조선시대에 조성된 배수로와 축대, 수혈유구 등도 확인되었다.

　이 글에서는 신라시대에 조성된 집수시설에 대해 살펴보고자 한다. 조사 당시 집수시설에 대한 명칭은 조선시대 집수시설과 구분하기 위해 신라시대를 A, 조선시대를 B로 명하였으며, 지형이 높은 서쪽에서 동쪽방향으로 1~6의 번호를 부여하였다. 즉, 신라시대 집수시설의 유구명은 A1~A6이다. 그리고 개축된 집수시설은 조성순서별로 ①, ②를 부여하여 유구를 구분하였다. 각 집수시설은 형태와 규모, 출토유물에 대해 간략히 설명하고, 신라시대 집수시설의 성격에 대해 살펴보고자 한다.

Ⅱ. 유적의 위치와 환경

　죽주산성은 경기도 안성시 죽산면 매산리 산106번지에 위치한다. 산성이 위치한 죽산은 북쪽으로 비

---

1) 2차 조사 : 2006년 11월 28일~2007년 11월 9일.
　3차 조사 : 2008년 11월 26일~2009년 9월 5일.
　4차 조사 : 2010년 5월 24일~2010년 10월 29일.

봉산(해발 372m), 서쪽으로 도덕산(해발 366m)과 칠장산(해발 492m), 남쪽으로 차령산맥이 지나고 있어 삼면이 막힌 반면, 동쪽으로는 개방되어 있는 분지를 이루고 있다. 이로 인하여 죽산은 현재 안성시의 행정구역에 편입되어 있으나, 조선시대까지는 안성과는 독립된 행정구역으로 존재하여 왔다.

안성시의 수계는 대부분이 안성천 유역인 반면 죽산은 남한강 유역의 지류인 청미천에 속하고 있다. 그러나 동쪽으로는 청미천을 통하여 장호원이나 이천 방면으로의 소통이 용이하고, 남쪽으로는 차령산맥의 고개길로 통하여 진천으로 연결된다. 또한 북쪽으로는 청미천 상류를 통하여 용인으로 통하고, 서쪽으로는 칠장산─도덕산 줄기를 통하여 안성 방면으로 연결된다. 즉, 죽산은 남한강 유역권에 위치하지만 금강 유역권에 속하는 진천, 청주 지역과 안성천 유역권에 속하는 안성, 평택 지역과 접하고 있어 타 지역으로 가는 관문의 구실을 하고 있다. 이 같은 지리적 여건으로 인하여 고대부터 죽산은 교통의 중심지이자 군사적 요충지로 주목을 받아왔다.

죽주산성은 죽산 분지의 북쪽에 위치하고 있다. 비봉산에서 동남쪽으로 약 1㎞ 떨어진 해발 229m의 봉우리를 중심으로 축조된 포곡식 산성이다. 죽주산성에서는 서쪽이 비봉산에 의해 막혀있지만 다른 방향으로는 청미천과 죽산천에 의해 형성된 평야지대가 형성되어 있다. 이로 인하여 서쪽을 제외한 삼면은 조망권이 매우 좋다.

집수시설이 확인된 동문지 안쪽의 평탄지는 산성의 중성 내부 중 가장 낮으면서 넓은 개활지이다. 이곳은 서쪽과 북쪽, 남쪽이 능선으로 둘러싸여 있다. 삼면의 능선에서 흘러내리는 우수는 개활지로 집중되는 지형이다.

Ⅲ. 집수시설

1. A1 집수시설

A1 집수시설은 크게 1차례의 수축흔적이 확인되었다. A1-① 집수시설은 평면형태가 사다리꼴형이며, 내부규모는 동서 13.2m, 남북 8.7m, 잔존높이는 0~88㎝이다. 이곳의 암반면은 서쪽이 높고 남쪽이 낮은 경사면이어서 벽을 조성하기 전에 암반 상면에 퇴적되어 있던 흑갈색 점토+모래+잡석층을 편평하게 정리한 후 벽을 조성하였다. 그로 인해 지형이 높은 부분은 암반 위에 면석을 올려놓았으며, 낮은 부분은 뻘층 위에 면석을 놓았다. 그리고 굴착이 용이한 암반면에는 0.8~1.2m의 폭으로 굴착하여 벽을 조성하였으며, 면석이 놓일 암반면은 'ㄴ'자형으로 홈을 조성하여 내부로 밀리는 것을 방지하기도 하였다. 내부면석은 현재 0~7단이 잔존하며, 면석으로 사용된 석재는 주로 장방형, 방형 등의 할석재이다. 일부에는 3~4단 높이와 비슷한 대형석재를 놓아 벽을 조성하기도 하였다. 벽은 평면 1~2열이 확인되며, 일부 면석은 열과 수직으로 길게 놓아 뒤채움 석재와 물리도록 하였다.

A1-② 집수시설은 A1-① 집수시설의 내벽에 석재를 덧대어 조성하였다. 집수시설의 규모는 동서 11.4m, 남북 7.5m, 잔존높이는 0.3~2.1m이다. 이 집수시설은 초축과는 달리 석재의 치석이나 쌓기

방법이 부실하여 많이 붕괴된 상태였다.

A1 집수시설의 바닥에서는 투창 뚫린 대부장경호 굽다리편, 굽형 또는 단추형 손잡이가 달린 뚜껑편이 출토되었다. 그리고 초축벽과 수축벽 사이에서는 삼각형의 견부압날문이 시문된 대옹편과 신라시대 대부장경호구연부 등이 공반되어 출토되었다. 이외에도 한쪽을 뾰족하게 깎은 목제품도 출토되었다.

2. A2 집수시설

A2 집수시설은 1차례의 수축이 이루어졌다. A2-① 집수시설의 평면형태는 방형이며, 내부규모는 동서 4m, 남북 4m이며, 잔존높이는 15~46㎝이다. 동벽 부분은 대부분이 유실된 상태이며, 남벽과 북벽에서 1~2단 정도가 확인되었다. 평면 1~2열이 확인되며, 면석 중 일부는 열과 수직으로 길게 놓아 뒤채움 석재와 물리도록 하였다.

A2-② 집수시설은 평면형태가 장방형이며, 내부규모는 동서 5m, 남북 3.5m이다. 사용된 석재는 초축 집수시설보다는 크기가 작은 부정형의 할석재를 사용하였다. 이 집수시설은 처음의 방형에서 동벽은 확장되고, 북벽은 축소된 형태이다. 그리고 남벽은 초축벽 위에 소형 할석재를 올려놓았다. 또한 동벽을 확장한 후 기존의 동벽을 그대로 두어 상부에서 내려오는 물을 한 번 막아주는 역할을 했던 것으로 생각된다.

A2 집수시설에서는 바닥층에서 신라시대 회청색경질의 入자형 뚜껑이 출토되었으며, 자비용으로 사용된 것으로 추정되는 발형토기도 함께 수습되었다. 그리고 특수기와로 추정되는 유물도 출토되었다. 유구는 1차례의 수축흔적이 확인되나 유물의 양상은 동일한 것으로 보아 짧은 시기에 수축이 되었던 것으로 생각된다.

3. A3 집수시설

A3 집수시설의 평면형태는 동서방향이 긴 장방형이며, 규모는 내부길이가 동서 7.4m, 남북 5.6m이며, 잔존높이는 석재 상면에서 암반까지가 20~90㎝, 석재 단은 20~50㎝이다. 이곳의 암반면은 북서쪽이 높고 남동쪽이 낮은 형태이다. 집수시설을 조성하기 위해 지형이 높은 쪽은 암반면까지 정리하였으나, 낮은 쪽은 암반면 위로 10~20㎝로 부엽층을 조성하고, 그 위로 암회색 점토+모래로 수평을 맞춘 후 벽을 조성하였다. 3~5단부터는 아래의 석재에서 15~25㎝ 정도 내어쌓기를 하였다. 석재 중 일부는 벽과 수직방향으로 길게 놓아 위의 석재들이 물리게 하였다. 모서리 접합부는 남벽과 동벽은 석재를 수직으로 접합하였으나, 동벽과 북벽, 그리고 서벽과 북벽은 모서리부분에 석재를 45° 틀어서 놓아 벽의 열이 자연스럽게 돌아가는 형태이다.

여기서는 유물은 반구형의 형태를 가지며, 인화문이 시문된 뚜껑편, 장방형의 투창이 뚫린 굽다리편, 목제품 파편 등이 출토되었다. 이외에도 자루형 목제품[2]도 출토되었다.

4. A4 집수시설

A4 집수시설에서도 1차례 수축흔적이 확인되었다. 4-① 집수시설은 북쪽편 모서리 일부만이 잔존한다. 평면형태는 잔존상태로 파악이 불가능하며, 잔존길이는 동서 1.1m, 남북 0.4cm이며, 잔존높이는 17~50cm이다. 현재 1~4단이 확인되며, 평면 1열로 조성되었다. 면석은 석재의 높이가 비슷하여 단은 일정한 편이다. 벽의 모서리 부분은 석재를 평면 90°로 접합하여 조성하였다.

4-② 집수시설은 서쪽편이 유실되었으나, 잔존상태로 보아 평면형태가 삼각형이었을 것으로 추정된다. 다만 남서쪽 모서리 부분은 곡선으로 회절하도록 조성하였다. 이는 상부에서 내려오는 물의 방향을 지형에 따라 바꿔주기 위한 것으로 생각된다. 잔존하는 벽의 규모는 길이가 2.1~5m, 높이가 25~60cm 이다. 현재 1~8단이 잔존하며, 평면 1열로 조성하였다. 면석으로 사용된 석재는 대부분이 중·소형의 부정형 할석재이나 아래의 1~2단에서는 장방형 석재를 놓기도 하였다. 석재들은 면을 맞추어 쌓아 빈 공간을 최소화 하였다.

여기서는 단추형 손잡이의 入자형 뚜껑, 굽에 장방형의 투창이 뚫린 고배, 대형호의 구연부, 격자문이 타날된 동체편 등이 출토되었다.

5. A5 집수시설

A5 집수시설은 평면형태가 남북이 긴 장타원형이며, 내부규모는 남북 830cm, 동서 430cm, 잔존높이는 40~80cm이다. 내부 벽은 3~6단이 확인되며, 평면 1열로 조성되어 있다. 벽의 면석으로 사용된 석재는 부정형의 할석재가 대부분이며, 세장방형, 장방형 등의 석재들도 확인된다. 벽은 수직으로 조성하였으며, 다양한 크기와 형태의 석재들을 사용하여 단이 일정하지는 않다.

이 집수시설은 북쪽과 남쪽에 내벽과 타원형으로 연결되는 석재열(a열)이 확인되며, 내벽과의 폭은 약 20~60cm 정도이다. 그리고 내벽에서 약 1m 떨어져 석재열(b열)이 돌아가는 것이 확인된다. 이를 종합하여 보면 A5 집수시설은 최소한 2차례의 수축이 있었을 것으로 추정된다.

집수시설의 바닥은 크기가 10×10cm 정도의 소형 할석재들을 빈틈없이 깔아놓은 것이 확인되며, 이 석재들 상면에서는 대부완, 완, 호형토기 등과 용도미상의 대형 목재들이 출토되었다.

6. A6 집수시설

A6 집수시설은 A5 집수시설에서 동쪽으로 8m 떨어진 지점에서 확인되었으며, 크게 1차례의 개축흔적이 확인되었다. A6-①은 현재 북벽과 동벽 일부만 확인되며, 평면형태나 전체적인 규모는 알 수 없다. 벽은 현재 4~6단 정도가 확인되며, 평면 1열로 조성되어 있다. 면석으로 사용된 석재는 대부분이 부정형의 할석재이며, 일부 장방형, 삼각형 등의 형태도 나타난다. 벽체는 수직으로 축조하였으며,

---

2) 자루형 목제품은 실제 사용된 공구보다는 제의나 신앙활동에 사용된 것으로 보고 있다. 이재환, 2011, 「전인용사지 출토 '용왕'목간과 우물·연못에서의 제사의식」, 『목간과 문자』7. p.90.

다양한 형태와 크기의 석재를 사용하여 단이 일정하지 않다. 일부 구간은 아래 1단에 장방형 또는 세장방형의 대형석재를 놓기도 하였다. 1차 집수시설의 바닥은 남서가 높고 북동이 낮은 풍화암반면이다.

A6-②는 평면형태가 장방형에 가까우며, 내부 규모는 남북이 800㎝, 동서가 500㎝, 잔존높이가 0~100㎝이다. 벽의 면석은 현재 0~10단이 남아있으며, 평면 2열로 조성되어 있다. 면석으로 사용된 석재는 대부분이 부정형의 할석재이며, 일부 장방형 방형 등의 석재도 확인된다. 벽체는 서쪽만 뒤쪽으로 약 10° 정도 기울여 쌓았으며, 다른 쪽은 수직으로 축조하였다. 또한 서쪽의 벽만 외부로 30~60㎝ 정도 떨어져 2단으로 조성되어 있다. 면석은 다양한 크기와 형태의 석재를 사용하여 단이 일정하지 않다. 2차 집수시설의 바닥은 지형이 낮은 곳을 대형석재와 할석들로 채워 넣어 지형이 높은 곳과 어느 정도 수평을 맞춘 후 그 위에 점토를 깔고 소형 할석재를 촘촘히 깔아놓았다. 2차 집수시설의 바닥에서는 고배, 굽다리편, 개, 대부완, 완, 호형토기, 단경호, 우각형 파수편 등이 출토되었다. 바닥 상면에 퇴적된 층에서도 고배편, 굽다리편, 대부발, 개, 단경호, 장경호, 인화문토기편, 견부압날문토기편이 출토되었으며, 바닥에서 출토된 것과 유사하다. 또한 이 집수시설의 바닥과 바닥 위층에서는 묵서흔이 보이는 목재가 출토되었다. 이 목재는 그 용도가 불분명하다. 묵서도 '하(下)'자로 추정되는 글자 하나만 확인될 뿐 다른 글은 판독도 어려운 상태이다. 바닥 위층에서 출토된 목재는 자로 추정된다. 전부 5개의 파편상태이며, 일부 접합이 가능하다. 총길이 약 68㎝, 폭 2.1㎝이다. 표면은 깎은 흔적이 나타나며, 한쪽 면에는 눈금으로 추정되는 홈이 1.1~1.2㎝ 가량의 일정한 간격으로 일부 확인된다. 눈금이 있는 부분에서 '천○인(千○仁)'으로 추정되는 묵서의 흔적이 확인되나 정확한 판독은 어려운 상태이다. 이 목재는 눈금이 있는 것으로 보아 어떠한 것을 측정하기 위한 용도였을 것으로 추정된다.

Ⅳ. 맺음말

3차례의 발굴조사에서 확인된 신라시대 집수시설은 6기이다. 6기의 집수시설은 전체 배치가 'S'자형으로 되어 있다. A1~A4호 집수시설은 일직선상으로 배치되었으나 A4 집수시설 아래로 화강암반이 있어 이 암반을 피해 지형이 낮은 북쪽편에 A5~A6 집수시설을 배치하였다. 즉, 원래의 지형을 최대한 활용한 배치형태라 볼 수 있다.

집수시설의 축조양상은 다른 성에서 발견된 것에 비해 상당히 허술하게 축조되었으며, 이로 인하여 여러 차례에 걸쳐 개축이 있었음을 알 수 있다. 하지만 개축과는 별도로 출토된 유물의 양상이 차이가 없고, 6세기 후반에서 7세기 전반으로 편년되는 것으로 보아 단기간에 변화가 있었던 것으로 생각된다.

대체로 신라산성에서 확인되는 집수시설은 단독으로 조성되어 물을 모았다가 성 밖으로 배출하는 구조로 되어있는 것이 특징이다. 그러나 죽주산성에서 확인된 집수시설은 여러 기가 지형에 따라 조성되어 있으며, 상부의 집수시설에 물이 차서 아래로 흘러넘치는 구조로 되어 있다. 이와 비교할 만한 유적은 연못과 연못을 수로로 연결하여 물이 흐르게 조성한 경주 월성의 해자가 있다. 요컨대 죽주산성의 신라시대 집수시설은 축조양상이 부실한 반면 여러 기를 조성하여 운영한 것이 특징이다. 동문지 안쪽의 평탄지에 대한 발굴조사가 완료된다면 산성 내 집수시설의 운영방법 연구에 중요한 자료를 얻을 수 있을 것으로 생각된다.

투고일 : 2011. 7. 19   심사개시일 : 2011. 7. 28   심사완료일 : 2011. 8. 30

참/고/문/헌

김윤아, 2007, 「고대 산성의 집수시설에 대한 연구」, 한양대학교대학원 석사학위논문.

단국대학교 매장문화재연구소, 2002, 『안성 죽주산성 지표 및 발굴조사』.

_____, 2006, 『안성 죽주산성 남벽정비구간 발굴조사』.

박광춘, 2008, 「삼국~통일신라시대 산성 집수지에 관한 연구 −백제·신라산성을 중심으로−」, 동아대학교대학원 석사학위논문.

이재환, 2011, 「전인용사지 출토 '용왕'목간과 우물·연못에서의 제사의식」, 『목간과 문자』7.

한백문화재연구원, 2007, 『안성 죽주산성 2차 및 연장발굴조사 완료약보고서』.

_____, 2009, 『안성 죽주산성 3차 및 연장발굴조사 완료약보고서』.

_____, 2010, 『안성 죽주산성 4차 및 연장발굴조사 완료약보고서』.

_____, 2011, 『안성 죽주산성 성벽 보수구간 내 유적 −동벽·남벽 일부−』.

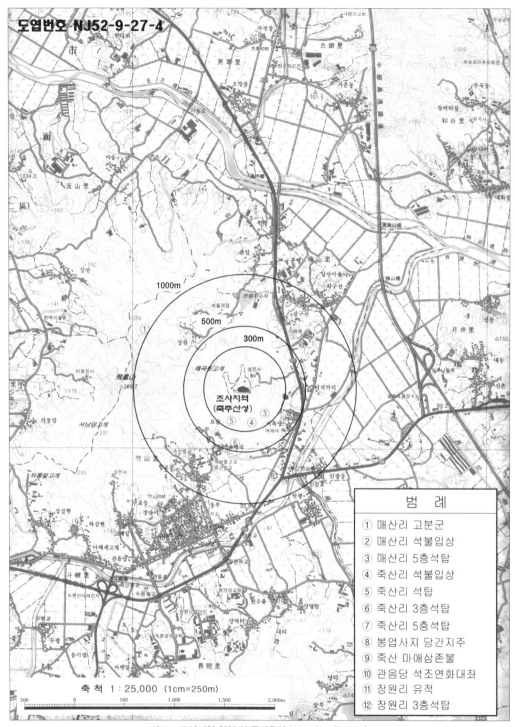

도엽번호 NJ52-9-27-4

1000m

500m

300m

조사지역
(죽주산성)

축 척 1 : 25,000 (1cm=250m)

500   0   500   1,000   1,500   2,000m

범 례
① 매산리 고분군
② 매산리 석불입상
③ 매산리 5층석탑
④ 죽산리 석불입상
⑤ 죽산리 석탑
⑥ 죽산리 3층석탑
⑦ 죽산리 5층석탑
⑧ 봉업사지 당간지주
⑨ 죽산 마애삼존불
⑩ 관음당 석조연화대좌
⑪ 장원리 유적
⑫ 장원리 3층석탑

지도 1. 조사지역 위치 및 주변유적 분포도(S=1/25,000)

산신제각

암반

A-1호

A-2호

A-3호

A-4호

암반

A-5호

B-1호
A-6호

A-7호

배c열

B-2호

배b열

배a열

0   25M

범 례	
	신라시대 집수시설
	조선시대 집수시설

도면 1. 2~4차 발굴조사 현황도(S=1/400)

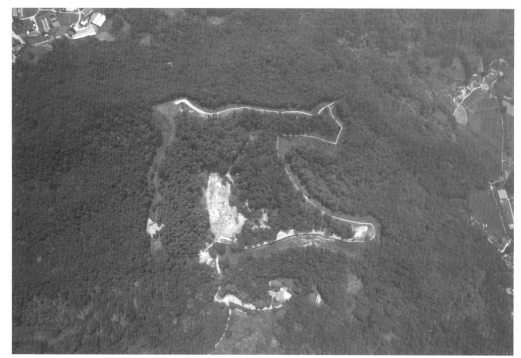

사진 1. 죽주산성 원경

사진 2. 2·3차 발굴조사 전경(A1~A4, B1·B2 집수시설)

사진 3, 4차 발굴조사 전경(A5, A6 집수시설)

사진 4. A1-① 집수시설 전경

사진 5. A1-① 집수시설 북벽 외부토층

사진 6. A1-① 집수시설 동벽 하부토층

사진 7. A1-① 집수시설 서벽

사진 8. A1-① 집수시설 남벽

사진 9. A1-① 집수시설 동벽

사진 10. A1-① 집수시설 북벽

사진 11. A1-① 집수시설 바닥 출토유물

사진 12. A1-① 집수시설 바닥 출토목재

사진 13. A1-② 집수시설 전경

사진 14. A1-② 집수시설 동벽

사진 15. A1-② 집수시설 북벽

사진 16. A2-① 집수시설 전경

사진 17. A2-① 집수시설 남벽

사진 18. 집수시설 바닥 출토유물

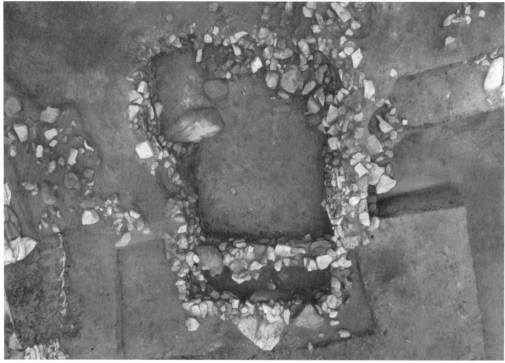
사진 19. A2-② 집수시설 전경

사진 20. A2-② 집수시설 북벽

사진 21. A2-② 집수시설 북벽 세부사진

사진 22. A3 집수시설 전경

사진 23. A3 집수시설 동벽

사진 24. A3 집수시설 서벽

사진 25. A3 집수시설 출토유물1

사진 26. A3 집수시설 출토유물2

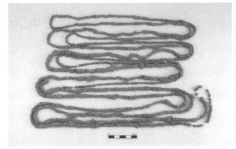

사진 27. A3 집수시설 출토 토제 목걸이

사진 28. A3 집수시설 출토 목제품

사진 29. A4 집수시설 전경

사진 30. A4-① 집수시설 북벽

사진 31. A4-② 집수시설 남벽

사진 32. A4-② 집수시설 남·서벽 회절부

사진 33. A4-② 집수시설 출토유물

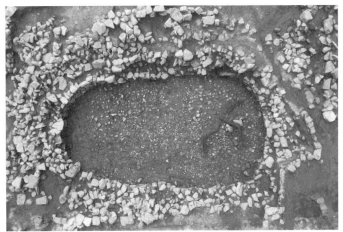

사진 34. A5 집수시설 전경

사진 35. A5 집수시설 남벽

사진 36. A5 집수시설 동벽

사진 37. A5 집수시설 서벽

사진 38. A5 집수시설 바닥 목재 출토상황

사진 39. A5 집수시설 출토유물1

사진 40. A5 집수시설 출토유물2(바닥)

사진 41. A6 집수시설 전경

사진 42. A6-①·② 집수시설 북벽

사진 43. A6-① 집수시설 북·동벽 회절부

사진 44. A6-② 집수시설 서벽

사진 45. A6-② 집수시설 북·서벽 회절부

사진 46. A6-② 집수시설 출토유물(바닥)

사진 47. A6-② 집수시설 출토 나막신

사진 48. A6-② 집수시설 목재(바닥층)

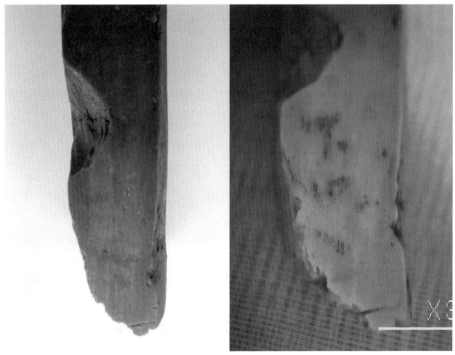

사진 49. 사진 48 세부사진1

사진 50. 사진 48 세부사진2(자외선)

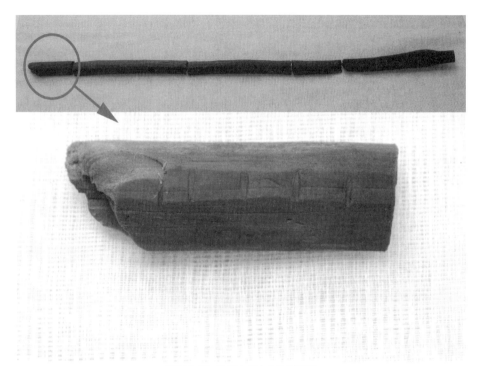

사진 51. A6-② 집수시설 추정 목제 자

사진 52. 사진 51의 세부사진1

사진 53. 사진 51의 세부사진2(자외선)

⟨Abstract⟩

A Receiving Reservior of Silla Period in Jukju Mountain Fortress, Ansung

Kang, hyeong-ung

Jukju Mountain Fortress is operated between the period of the Three States and Joseon. Koryo Dynasty ruins-bongeop temple site of Koryo royal temple, maesanri temple site, maesanri tombs-is located around the fortress. Juksan-myeon in located mountain fortress is connected to Janghowon or Ichon of east, Jinchon or Cheongju of south, Yongin of north, Anseong or Pyeongtaek of west. Juksan area have received considerable attention by transport center and national defense due to the geographical conditions.

A Receiving Reservior is verified dead level inside the east gate. It is a great volume of water inside the fortress because three sides was encircled by ridge except east. A Receiving Reservior was verified six of the Silla period and two of the Joseon period.

A Receiving Reservior of the Silla period constructed after excavate bed rock or rake mud stratum allow for topographic condition. Reinforcing stone wall followd no fixed patterns such like building verticality or extro-building at the uniform height. Each Receiving Reservior does repair or rebuilding at least once because of loose stone wall.

The inside of Receiving Reservior excavated multiform earthenware. In addition to A1-Receiving Reservior excavated wooden grip. A6-Receiving Reservior excavated a piece of wooden good of purpose unknown and a piece of engraved on the scale.

A Receiving Reservior of the Silla period in Jukju mountain fortress placed the best use of valley. Even if stone wall does repair or rebuilding, but several reservior constructd and used at the same time. Also there is no difference between each Receiving Reservior was excavated relics, and period was from the late-sixth century to the seventh century. As a result, A Receiving Reservior of the Silla period in Jukju mountain fortress was not used for a long time.

▶ Key words : Jukju Mountain Fortress, Silla period, Receiving Reservior, Wooden grip, Operation.

마도3호선 목간의 현황과 판독

임경희*

〈국문초록〉

2011년 5월부터 10월까지 충청남도 태안군 근흥면 마도 해역에서 고려시대 선박인 마도3호선에 대한 수중발굴조사가 이루어졌다. 거의 완전한 형태로 남아 있는 마도3호선에서는 30점의 목간도 발굴되었다.

마도3호선 목간은 태안선, 마도1호선, 마도2호선 목간에 이어 4번째로 발굴된 고려시대 목간이다. 기존의 목간과 마찬가지로 침몰선박에 실린 화물의 발송지, 발송자, 수취인, 화물의 종류와 수량 등을 명시적으로 알려주고 있어 선박과 적재 화물의 역사적 성격을 파악할 수 있는 결정적인 자료다.

마도3호선은 수취인으로 나오는 辛允和와 俞千遇의 官歷, 무인집정 金俊의 立府을 종합적으로 살피면 1264~1268년 사이에 침몰된 선박이라는 것을 알 수 있다. 呂水縣을 포함한 김준이 事審으로 관여하고 있는 지역에서 거둬들인 화물을 싣고 가던 중 태안 마도 해역에서 침몰한 선박이다. 최종 목적지는 아마도 강화도였을 가능성이 크다.

특히, 마도3호선 목간은 고려 무신집권 후반 김준정권의 삼별초 운영 실태와 중앙과 지방의 관계를 알려주는 새로운 사료의 발견이라는 의미가 크다. 목간에 의하면 삼별초 중 좌·우별초는 三番으로 나누어져 있으며, 기존의 하급 무반이라고 추정했던 別抄都領은 4품도 맡는다는 새로운 사실이 드러난다.

* 국립해양문화재연구소

또한 중앙의 관직자가 자신의 본관(또는 내·외향, 처향 등)에 대한 연고권을 갖는 사심제에 대한 실상 파악에 중요한 점을 알려주고 있다. 모두 사료의 부족으로 연구가 미진했던 분야로 향후 이 분야 연구에 많은 도움을 줄 것이다. 덧붙여 막연하게 추론했던 고려시대 사람들은 무엇을 먹고 살았는지 생생하게 알려주고 있어, 수중발굴 목간으로 고려시대 역사상을 훨씬 풍부하게 복원할 수 있게 되었다.

▶ 핵심어 : 마도3호선, 목간, 신윤화, 유천우, 김준, 삼별초, 여수현, 사심

Ⅰ. 머리말

2011년 5월부터 10월까지 충청남도 태안군 근흥면 마도 인근해역에서 고려시대 선박인 마도3호선에 대한 수중발굴조사가 이루어졌다. 거의 완전한 형태로 남아 있는 마도3호선과 목간 30점, 도기호 28점 등 총 299점의 유물이 발굴되었다.

2007년 태안선부터 화물이 적재된 고려시대 선박 발굴 조사에서는 계속해서 화물표로 쓰인 목간이 발굴되고 있다. 태안선, 마도1호선, 2호선과 마찬가지로 마도3호선 목간 역시 화물표로 쓰인 것이다. 목간은 마도3호선 유물의 편년, 선박의 항로, 적재 화물의 유통 관계 등을 밝히는 중요한 단서다.

이 글은 마도3호선 목간에 대한 현황 소개와 판독문을 제시하는 것이 목적이다. 이전 수중발굴 고려시대 목간에 비해 글자에 또렷이 남아 있어 판독에 별다른 어려움을 없는 편이다. 목간은 마도3호선의 성격을 연구하는 단서가 될 뿐만 아니라 고려시대 역사상을 이해하는 중요한 실마리를 제공하고 있다.

Ⅱ. 마도3호선 목간의 현황과 형태적 특징

마도3호선에서는 총 30점의 목간이 발굴되었다. 6월 14일 J9그리드에서 목간편이 최초로 발견되었고 이후 8월 말부터 9월 말까지 한 달에 걸쳐 집중적으로 나왔다. 〈표 1〉은 마도3호선 발굴 목간을 간략하게 정리한 것이다.

마도3호선 목간의 형태상 특징 중 첫 번째는 그 크기가 이전 수중 발굴 고려 목간에 비해 작다는 점이다. 크기가 작은 이유는 주로 도기호나 대나무 상자에 묶여 있거나 혹은 묶여 있을 것으로 추정되는데, 화물종류에 따라 목간 크기가 달라진다는 이전의 마도1호선, 2호선 목간과 동일한 양상이다. 반면 일부 화물 종류가 곡물류인 것은 크기가 크다. 즉 화물표를 어디에 매다는지에 따라서 크기가 결정된다고 할 수 있다.

두 번째 특징은 화물표로 매달기 위해 〉〈 모양의 홈을 판다는 점이다. 몇몇 목간에서는 끈이 묶인 채로 발굴되어 그 사용법을 정확하게 알 수 있다. 홈은 목간 윗부분에 주로 파서 머리와 몸통을 구분하

〈표1 마도3호선 발굴 목간 현황표〉

연번	발굴일	발굴구역	유물번호	재질	연번	발굴일	발굴구역	유물번호	재질
1	6.14	J9	36	목간(편)	16	9.4	F6	161	죽찰
2	8.4	L7	68	목간	17	9.5	G6	170	죽찰
3	8.25	J10	112	목간(편)	18	9.5	G6	171	죽찰(편)
4	8.26	M7	125	목간	19	9.7	K7	176	목간
5	8.26	M7	126	목간	20	9.7	L7	186	죽찰
6	9.1	L8	132	목간	21	9.8	G6	190	죽찰
7	9.1	L8	133	목간	22	9.8	K6	206	목간
8	9.1	L9	138	죽찰	23	9.8	G6	207	죽찰
9	9.2	K9	140	죽찰	24	9.9	K7	221	목간
10	9.3	거름망	159	목간(편)	25	9.17	K9	224	죽찰
11	9.3	거름망	160	목간(편)	26	9.17	H7	228	죽찰
12	9.3	K9	172	죽찰(편)	27	9.19	선체내부	229	목간
13	9.4	K9	154	죽찰	28	9.21	G7	236	죽찰
14	9.4	F6	156	죽찰	29	9.24	L8	265	죽찰
15	9.4	K9	158	죽찰(편)	30	9.24	L8	267	죽찰(편)

는 경계가 되기도 한다. 묵서는 주로 홈 아래 몸통부분부터 적혀 있는 것이 일반적이지만, 때로는 머리 부분부터 적혀 있는 것도 있다. 또한 일반적인 형태와 달리 홈을 경계로 몸통과 머리 위치가 반대인 것도 있다.

목간의 재질은 대나무와 나무가 비슷한 숫자로 발굴되었는데, 대나무가 좀 더 많다. 그런데 죽찰의 경우 묵서의 순서가 바뀐 경우가 있다. 즉 대나무를 반으로 쪼개 안쪽에서부터 글을 쓰는 것이 일반적인 형태로, 마도1호선 죽찰은 모두 이 경우에 해당한다. 그런데 마도2호선부터 나타나기 시작한 특징 중의 하나는 대나무 겉면부터 글을 써서, 안쪽에서 마무리되는 경우도 보인다는 점이다. 마도3호선에서도 나타나는 특징이다.

Ⅲ. 마도3호선 목간의 판독

이 장에서는 마도3호선 목간 중 19점에 대한 판독문을 제시하도록 하겠다.
범례 : □-판독중. ×-결락, ■-묵흔 있음, ( )-추정

1. 마도3-0804-L7-목간

판독 :

〈앞면〉 主□□□□主宅上生鮑□□拾
合□□以田出□□□

〈뒷면〉 使者善才

해석 :

〈앞면〉 주□□□□님 댁에 올림. 전복,
□□ 10 합쳐서 □□. 전출로
□□□

〈뒷면〉 사자 선재

앞   뒤

마도3-0804-L7-목간

3편으로 분리된 채 발굴되었다. 〉〈 모양의 홈을 경계로 머리와 몸통으로 구분할 수 있다. 몸통은 3편으로 분리되었는데, 윗편의 일부가 결락되어 유실되었다. 몸통의 오른쪽 일부 역시 결락되어 유실되었다.

묵서는 몸통의 앞 뒤 모두 있으며, 앞면 21자 뒷면 4자다. 앞면 글자는 홈 아래 부분부터 시작했으며 두 줄로 적어 있다. 첫째 줄 두 번째 글자의 일부가 결락되어 정확하게 판독할 수 없으며 현재로서는 4글자로 보았지만, 정확한 판독이 이루어지면 변동 가능성이 있다.

첫 번째부터 主宅 앞 글자까지는 화물의 수취인이다. 主자는 ~님이라고 할 수 있으며 主宅上은 앞의 수취인 댁에 올린다는 표현이다. 태안선 이후 수중발굴 고려 목간에서는 화물의 수취인 뒤에 宅上(또는 宅)내지는 戶付(또는 戶)가 적혀 있다. 모두 수취인과 발송

인간의 관계를 밝혀주는 용어였다. 그런데 마도3호선에서는 택상 앞에 主를 붙여 더욱 높이고 있어 흥미롭다.

　　화물 종류는 현재 판독이 진행 중인 글자가 많아 정확하게는 알 수 없으나, 다만 生鮑 즉 전복은 확실하다. 鮑자의 包부분은 결락되었으나 뒤의 2번 목간을 통해서 글자를 정확하게 알 수 있다. 두 번째 줄 첫 번째와 두 번째 글자는 묵서는 뚜렷하지만 어떤 것인지는 확정할 수 없어 판독 중으로 표시했다. 앞의 전복과 함께 두 가지가 합쳐진 수량을 제시한 것으로 보인다. 이러한 화물들은 '以田出'이라는 표현이 보이고 있어, 전출로 올려보낸 것을 알 수 있다. 뒷면에는 使者善才 네 글자가 적혀 있는데, 발송자다.

2. 마도3-0826-M7-목간

　　판독 :
　　　　〈앞면〉 主□□□□主宅上生鮑肆缸L수결
　　　　〈뒷면〉 使者善才
　　해석 :
　　　　〈앞면〉 주□□□□님 댁에 올림. 전복 네 항아리. 수결
　　　　〈뒷면〉 사자 선재

　　4편으로 분리된 채 발굴되었다. 상단 오른쪽을 보면 홈을 다듬은 흔적이 뚜렷한데 아마도 〉〈 모양의 홈이 있었던 것으로 보인다. 홈 윗부분은 유실되었다. 하단은 뒷면의 형태적 특징과 앞면의 묵서명을 종합하면 약간의 유실부만 있는 것으로 보인다.

　　명문은 앞면과 뒷면 모두 있으며, 앞면 11자(수결 제외) 뒷면 4자다. 마도3-0804-L7-목간과 수취인과 발송자가 동일하다. 두 번째 글자는 앞의 1번 목간과 마찬가지로 가운데 부분이 분리되었는데, 묵서가 유실되었는지 여부는 알 수 없다. 수취인 다음에는 主宅上이 적혀 있는 것도 1번과 동일하다. 화물 종류는 전복이고, 수량은 네 항아리다. 두 번째 줄에는 수결만이 적혀 있다. 뒷면에는 발송자로 사자 선재가 나온다.

3. 마도3-0826-M7-목간

판독 :

      〈앞면〉 X □□□主宅上生鮑醢
           X □□雉三以畓出□□
      〈뒷면〉 X 使者善才

해석 :

      〈앞면〉 □□□□님 댁에 올림. 전복젓
           ■■ 꿩 셋. 답출을 (올린 것
           임),
      〈뒷면〉 사자 선재

앞   뒤

마도3-0826-M7-목간

수취인에 대한 묵흔이 앞의 1번 2번 목간과 동일해서 상단은 유실되었다는 것을 알 수 있다. 하단은 끈을 묶기 위해 홈을 판 흔적이 뚜렷이 남아 있다. 아마도 홈을 경계로 아래 부분은 유실된 것으로 보인다.

글자는 앞 뒤 모두 있으며, 앞면 17자 뒷면 4자다. 수취인은 앞의 1번, 2번 목간과 동일인으로 역시 뒤에는 主宅上이라고 표현되어 있다. 화물종류는 전복 젓갈과 꿩 세(마리)인데 모두 '以畓出'이라고 명시했다. 뒷면에는 발송자인 사자 선재가 적혀 있다.

이상의 1번, 2번, 3번 목간과 함께 이 글에서는 소개하지 않는 목간편(앞의 표1의 연번 27번) 총 4점은 동일한 수취인과 발송인이 적혀 있는 목간이다. 향후 판독을 계속 진행하면 수신자와 화물종류가 밝혀질 수 있을 것으로 기대한다.

4. 마도3-0901-L8-목간

판독 :

      〈앞면〉副事審宅上缸壹
      〈뒷면〉次知上丞同正吳수결

해석 :

〈앞면〉 부사심 댁에 올림. 항아리 하나.

〈뒷면〉 올린 것을 맡은 사람. 승 동정 오. 수결.

앞면 위 부분 수피 일부만 벗겨졌을 뿐 완형으로 발굴된 목간이다. 〉〈 모양의 홈을 팠는데, 목간을 화물에 매달기 위한 끈을 묶은 곳이다. 끈은 유실되어 없어졌다. 앞면의 홈이 뒷면 보다 훨씬 좁고 깊게 파였고, 뒷면으로 갈수록 넓어진다. 홈 위의 머리 부분은 연꽃 봉우리처럼 뾰족하게 다듬었다. 홈 아래 몸통 부분도 매우 정연하게 다듬어 정육면체에 가깝다.

묵서는 앞 뒤 모두 있으며, 앞면 7자 뒷면 7자(수결 제외)다. 수취인은 부사심이고, 화물 종류는 항아리 하나다. 항아리 자체가 아니라 그 안에는 다른 목간에서 보이는 것처럼 어패류 또는 액체를 담았을 것으로 추정된다.

물건을 올린 사람 즉 보낸 사람은 丞同正인 吳某다. 이제까지 마도1호선, 2호선 목간에는 차지의 역할에 대해서는 선적인지 발송인지 또는 화물을 거둬들인 사람인지 정확하지 않았다. 그런데 마도3호선 목간에는 上 또는 宅上(표1의 연번 30번), 載船이 次知 다음에 적혀 있어 역할이 좀 더 분명해졌다. 아래 5번 목간의 수취인은 여수현 부사심이고, 발송과 관련된 인물로 "次知 丞同正吳"가 나온다. 4번과 5번 목간은 수취인과 발송인이 동일한 것으로 보인다. 그렇다면 上과 載船 모두를 丞同正 吳某가 했다는 것을 알 수 있다.

5. 마도3-0907-K7-목간

판독 :

〈앞면〉 呂水縣副事審宅田出皮麥□斗▆

〈뒷면〉 次知載船丞同正吳수결

해석 :

〈앞면〉 여수현 부사심 댁(에 올림). 전출 겉보리 □말 ▆

〈뒷면〉 배에 싣는 걸 맡아함. 승 동정 오. 수결

마도3호선의 발송지를 알려주는 유물이다. 형태상으로도 독특한 점이 있다. 즉 일반적으로 화물표 목간은 〉〈 모양의 홈을 판 후 끈을 묶어 해당 화물에 매달았다. 그런데 5번 목간은 홈의 형태가 독특하다. 뒷면을 살펴보면 상단이 매우 잘 다듬어져 있는 것을 확인할 수 있다. 다시 앞면을 보면 마치 계단식으로 나무 표면에서 후면으로 층을 두고 다듬어 나갔다. 두 번째 층은 일부러 다듬은 것인지 결락된 것인지는 확정하기 어렵다. 그렇지만 끈을 묶어서 〉〈 모양의 홈처럼 단단히 고정되지는 않겠지만 줄이 풀리지 않고 묶여 있을 수는 있는 공간을 만든 것이다. 목간 사용법의 다양함을 확인할 수 있다.

상단에서 하단으로 내려오면서 점차 좁아지고, 아래 부분에서 3편으로 나눠져 있다. 하단은 유실 여부를 판단하기 어렵지만, 앞면 묵흔과 뒷면 수결이 비교적 잘 남아 있는 것으로 보아 유실되었더라도 일부만 되었을 가능성이 크다. 목간은 글을 적기 위해 표면의 수피는 벗겨내고 평평하게 다듬었지만, 옆면은 다듬지 않아 수피가 남아 있다.

글자는 앞 뒤 모두 있다. 총 몇 글자인지는 알 수 없다. 향후 적외선 촬영 이후 확정할 수 있을 것으로 생각한다. 화물의 수취인은 呂水縣 부사심이다. 여수현은 麗水縣과 같은 곳이다. 여수현 부사심에게 보내는 물건인데, 다른 지역에서 거둬서 보낸 것이라고는 생각하지 않는다. 따라서 여수현은 마도3호선의 발송지일 가능성이 크다. 그렇지만 마도1호선, 2호선과 마찬가지로 화물의 발송지가 여수현 하나에만 국한되었을 것이라고 단정하지는 않는다. 4번 목간의 수취인은 부사심이고, 발송자는 승 동정 오모로 5번 목간과 동일하다. 4번 부사심 역시 여수현의 부사심을 말하는 것이라고 생각한다.

화물 종류는 전출 皮麥이다. 피맥은 밀기울(밀을 빻아 체로 쳐서 남은 찌꺼기)이라는 뜻도 있지만, 겉보리로 볼 수도 있다. 이후 □斗가 적혀 있어 화물의 수량을 나타낸 것으로 보이고, 2~3글자 정도의 묵흔이 있다. 이어 줄을 바꿔 왼쪽에 3~4글자 정도의 묵흔이 있다. 적외선 촬영을 진행하면 명확해 질 것으로 기대한다. 뒷면에는 발송자가로 次知載船丞同正吳이 나온다.

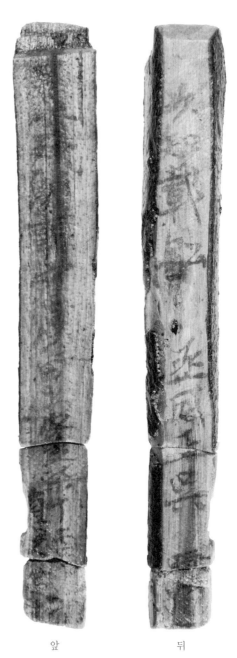

앞　　　　뒤

마도3-0907-K7-목간

6. 마도3-0901-L9-죽찰

판독 :

〈앞면〉右三番別抄本□上
〈뒷면〉乾蟶壹石

해석 :

〈앞면〉우삼번별초의 본□에 올림.
〈뒷면〉마른 홍합 한 섬.

〉〈 모양의 홈을 파서 목간을 화물에 매달기 위한 끈을 묶었다. 초본류의 끈이 묶인 채 발굴되어 목간의 사용법을 정확하게 알려준다. 왼쪽 홈 아래가 약간 결락되었다. 뒷면은 홈 위 부분에 대나무 마디가 있는 것을 확인할 수 있고, 그 아래 부분이 일부 결락되었다. 하단은 유실부가 없다.

명문은 앞 뒤 모두 있으며, 앞면 8자 뒷면 4자. 수취인은 우삼번별초 본□다. □은 판독이 진행 중인데 뒤에 宅이나 戶가 붙지 않은 점, 8번 목간에서 都라고 표현한 목간 역시 宅이나 戶가 적히지 않은 점을 미루어보면 개인이 아닌 집단을 의미하는 글자로 생각한다. 卄 또는 丿一으로 보이는 글자 아래 夫가 적혀 있는데 本府를 의미하는 것이 아닐까. 이점은 9번 목간의 都자 역시 마찬가지 의미로 보인다. 이렇게 본다면 수취인은 우삼번별초라는 집단이 될 수 있다.

화물종류는 마른 홍합이다. 蟶자에 홍합이라는 의미는 자전에는 보이지 않는다. 홍합을 담치라고도 하는데, 고려시대 홍합을 의미하는 한자로 같은 소리를 가진 글자를 선택해서 쓴 것이 아닌가 한다. 수량은 한 섬인데, 숫자는 갖춘 자로 썼다. 石자는 마도1호선, 마도2호선 목간에서와 마찬가지로 一이 생략된 채로 적혀 있다.

7. 마도3-0903-미상-죽찰

판독 : Ⅹ 上布拾疋
해석 : Ⅹ 포 10필을 올림.

수중발굴조사에서는 유물을 덮고 있는 갯벌을 에어펌프를 이용해 제거하는 작업(제토)이 이루어진다. 그런데 제토과정 중에 아주 작은 유물의 경우 펌프에 빨려 들어가는 경우가 있어, 이런 유물의 유실을 방지하기 위해 수면 위로 나온 에어펌프의 배출구에 거름망을 설치한다. 이 목간은 거름망에서 수습한 것이다. 따라서 발굴구역은 알 수 없다. 완형이 아닌 편으로 수습되어 형태적 특징도 알 수 없다.

묵서는 앞면에만 있으며 총 4자다. 수취인이 적혀 있었을 것으로 추정되는 부분은 유실되었다. 화물의 종류는 布이고 수량은 10필이다.

8. 마도3-0903-K9-죽찰편

    판독 : X 本□布拾
    해석 : X 본□ 포 10필(을 올림)

  7번 목간과 마찬가지로 선상의 거름망에서 수습한 것으로 3편이다. 묵서는 4자를 확인할 수 있다. 本□는 앞의 5번 목간과 같은 것이다. 화물종류는 포(布)로, 맨 마지막 글자는 일부만 남아 있지만 拾자로 판독했다.

9. 마도3-0904-K9-죽찰

    판독 :
        〈앞면〉右三番別抄都上
        〈뒷면〉乾蛺壹石
    해석 :
        〈앞면〉우삼번별초 都에 올림.
        〈뒷면〉마른 홍합 한 섬.

  완형의 죽찰이다. 〉〈 모양의 홈을 파서 목간을 화물에 매달기 위한 끈을 묶었다. 홈 위 부분에는 대나무 마디가 하나 있다.
  묵서는 앞 뒤 모두 있으며, 앞면 7자 뒷면 4자다. 화물의 수취인은 우삼번별초 都라고 나온다. 都는 12번 목간에 보이는 都領에서 한 글자가 빠진 채로 적혀 있었다고 볼 수도 있지만 다르게 생각할 여지도 있다. 즉 뒤에 宅이나 戶가 붙어 있지 않다는 점을 보면 앞의 5번 목간과 마찬가지로 우삼번별초라는 집단 모두를 가리키는 용어일 수 있다. 즉 本□와 같은 의미를 가지는 것이 아닌가 한다. 화물종류는 마른 홍합이고, 수량은 한 섬이다.

10. 마도3-0904-F6-죽찰

판독 :

〈앞면〉辛允和侍郎宅上

〈뒷면〉生鮑醢一缸

해석 :

〈앞면〉 신윤화 시랑 댁에 올림

〈뒷면〉 전복 젓갈 한 항아리

마도3호선의 연대를 추정할 수 있는 중요한 유물이다. 〉〈 모양의 홈을 경계로 머리와 몸통으로 구분할 수 있다. 머리 부분은 6각형으로 다듬었다. 몸통 중간 부분이 약간 결락되었으나 완형으로 남아 있다. 앞뒷면 모두 잘 다듬었다.

명문은 앞면과 뒷면 모두에 있으며, 앞면 7자 뒷면 5자다. 수취인은 신윤화로 그의 관직은 시랑이다. 신윤화는 『高麗史節要』에 元宗 원년(1260) 將軍으로 나온다. 장군과 시랑이 같은 4품이라는 점을 생각하면, 1260년을 전후한 시기라고 추정할 수 있다. 화물 종류는 전복 젓갈이고 수량은 한 항아리다.

11. 마도3-0904-K9-죽찰편

판독 : X (重)房右番上(布) X

해석 : X (중)방 우번에 베를 올림 X

앞　　　　　뒤

마도3-0904-F6-죽찰

2개의 편으로 나눠진 채 발굴되었다. 묵서는 앞면에만 있으며, 확인 가능한 글자는 6자다. 맨 앞의 글자는 결락되어 정확한 판독은 어렵지만 남아 있는 획으로 볼 때 重자일 가능성이 크다. 4번째 글자는 두 편에 걸쳐있는데 番자로 보인다. 화물의 수취인이 중방 우번이다. 앞의 우삼번별초본□, 우삼번별초도와 함께 중방우번이라는 개인이 아닌 집단(조직/관청)이 나오는데 이 점은 이전의 수중발굴 고려목간과의 차이가 난다. 마지막 글자 역시 일부만 남아 있지만 布자로 판독했다. 화물 종류가 포라는 것을 알 수 있다.

12. 마도3-0904-F6-죽찰

판독 :

〈앞면〉 右三番別抄本□上
〈뒷면〉 犭脯小(蛾)合盛箱子

해석 :

〈앞면〉 우삼번별초 본□에 올림
〈뒷면〉 犭脯와 작은 홍합을 합쳐 상자
에 담음

〉〈 모양의 홈을 경계로 머리와 몸통으로 구분할 수
있다. 머리의 왼쪽 일부가 결락되었다. 몸통은 완형이
다. 다만 대나무 결에 따라서 두 편으로 나눠졌으며,
앞뒷면 모두 군데군데 결 방향대로 갈라져 있다. 몸통
오른쪽 부분도 두 편으로 나눠졌다.

묵서는 앞뒤 모두 있으며 앞면 8자 뒷면 8자다. 화
물의 수취인은 6번, 8번 목간과 마찬가지로 우삼번별
초 본□다. 화물의 종류는 犭脯와 홍합이고, 상자에
담아서 보낸 것을 알 수 있다. 견포가 정확히 무엇을
의미하는지는 알 수 없다. 개고기와 사슴고기 모두 가
능하기 때문이다. 또한 마도3호선에서는 다량의 사슴
뼈와 약간의 개고기 뼈도 함께 발굴되어 더욱 확정하
기가 쉽지 않다. 화물을 상자에 담은 것으로 보아 홍
합은 말린 것이었을 가능성이 크다. 또한 마도3호선에
서는 대나무상자도 한 점 발굴되었는데, 이외에도 몇
개의 상자가 더 있었을 것으로 생각된다.

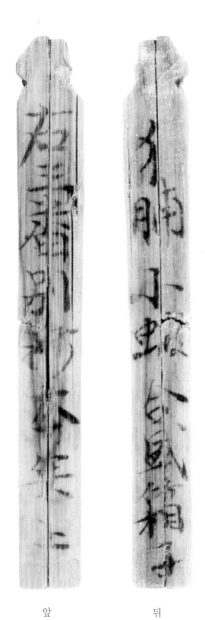

앞　　　　뒤

마도3-0904-F6-죽찰

13. 마도3-0905-G6-죽찰

판독 :

〈앞면〉 右三番別抄都領侍郎宅上
〈뒷면〉 沙魚盛箱子一

해석 :

⟨앞면⟩ 우삼번별초도령 시랑 댁에 올림
⟨뒷면⟩ 상어를 상자 하나에 담음

  ⟩〈 모양의 홈을 경계로 머리와 몸통으로 나눌 수 있
다. 마도1, 2호선 죽찰과 마찬가지로 마도3호선 유물
도 대나무를 반으로 쪼개 만들었다. 그런데 마도1호선
이 일률적으로 대나무 안쪽부터 글을 적은 거에 비해,
마도2호선과 3호선 죽찰은 대나무 겉면부터 글을 적은
경우가 있다. 이 때문에 목간의 앞면과 뒷면의 구별은
수중발굴 고려목간의 일반적인 특징 중 하나인 수취인
이 화물의 종류나 수량보다 앞서 적혀 있다는 점에 맞
춰 목간 내용을 기준으로 앞뒷면을 구별했다. 몸통 아
래 부분에서 대나무 결에 따라 한 줄은 길게, 두 줄은
짧게 갈라져 있다. 뒷면은 갈라짐 현상이 더욱 심하다.
  묵서는 앞 뒤 모두 있으며, 앞면 11자 뒷면 6자다.
수취인은 우삼번별초도령으로 시랑이다. 13번 목간이
발굴된 당시에는 앞의 10번 목간의 시랑(신윤화)와 동
일 인물이라고 생각했지만, 후에 金侍郎이 적힌 목간
이 나와 단정할 수 없게 되었다. 어느 인물인지 확정
할 수는 없지만 13번 목간은 고려시대 삼별초 연구에
있어서 매우 중요한 내용을 담고 있다. 즉 삼별초의 우
별초가 삼번으로 나눠져 있었다는 사실과 각 번의 도
령이 하급무반이 아닌 정4품의 시랑도 맡았다는 점이
다. 좌별초도 이와 유사했을 것으로 생각한다. 삼별초
에 대한 구체적인 조직이나 운영방법을 연구할 수 있
는 매우 중요한 자료다.
  화물 종류는 沙魚다. 자전적 의미로 사어는 모래무
지와 상어 두 가지 뜻을 모두 가지고 있다. 그런데 마
도3호선의 발송지는 呂水縣이 나오고 있으며, 이 목간

앞　　　　　　뒤
마도3-0905-G6-죽찰

은 다량의 상어 뼈가 들어있던 대나무상자와 함께 발굴되었다. 때문에 목간에서의 沙魚는 상어라고 보
는 것이 타당하다. 상어는 건조 상태로 유통된 것으로 추정된다. 수량은 한 상자다. 대나무 상자가 도
기호처럼 일정 정도의 체적량을 가지는지는 현재로서는 알 수 없다.

14. 마도3-0907-L7-죽찰

판독 :
> 〈앞면〉 俞承制宅上
> 〈뒷면〉 生鮑醢古乃只一

해석 :
> 〈앞면〉 유 승제 댁에 올림
> 〈뒷면〉 전복젓갈 묵은 것 하나

앞   뒤

마도3-0907-L7-죽찰

10번 목간과 함께 마도3호선의 연대를 추정할 수 있는 유물이다. 〉〈 모양의 홈을 경계로 머리와 몸통으로 구분할 수 있다. 목간을 화물에 매달기 위해 판 홈은 오른쪽 것이 왼쪽 보다 크다. 머리 부분은 끝을 다듬어 육각형이다. 결락되거나 유실된 부위가 없는 완형이다.

명문은 앞 뒤 모두 있으며, 앞면 5자 뒷면 7자다. 수취인은 유 승제다. 승제는 承宣의 별칭이고 신윤화와 15번 목간에 나오는 김영공과 같은 시기에 승선직에 있는 俞氏로 俞千遇가 있다. 유천우는 원종 초에 樞密院右副承宣, 1265년 知奏事였고 1269년 叅知政事로 승진한다. 따라서 앞의 신윤화와 연결해 생각한다면 마도3호선은 원종초(1260년 즉위)에서 1268년 사이라고 추정할 수 있다.

화물 종류는 전복젓갈인데, 古乃只라고 적혀 있고, 마지막에 수량을 나타내는 一이 적혀 있다. 고내지의 古는 오래됨, 옛 이라는 의미를 가지며, 乃只는 내기라고 읽을 수 있다. 따라서 고내지는 옛것, 묵은 내기로 해석할 수 있다.[1] 젓갈이라는 특성상 一은 젓갈을 담은 그릇의 수량을 말하는 것으로, 마도1~3호선 모두 젓갈은 缸을 단위로 했는데, 이 역시 마찬가지였을 것으로 생각한다.

---

1) 이상의 古乃只에 대한 해석은 필자의 문의에 대해 목포대학교 국문과 조용호 선생님의 의견이다.

15. 마도3-0908-G6-죽찰

판독 :

　　〈앞면〉 事審金令公主宅上
　　〈뒷면〉 蛺醢生四十合伍一缸玄礼

해석 :

　　〈앞면〉 사심 김 영공님 댁에 올림
　　〈뒷면〉 홍합 젓갈과 생것 40 합쳐서 51항
　　아리. 현례

목간을 화물에 매달기 위한 〉〈 모양의 홈을 팠으나,
홈 윗 부분은 유실되었다. 3편으로 나눠진 채 발굴되었
다.

명문은 앞 뒤 모두 있으며, 앞면 8자 뒷면 11자다. 수
취인은 事審金令公이다. 令公은 諸王들에게만 쓰이던 극
존칭인데, 사심에게 영공이라는 호칭을 쓸 수 있는 사람
은 누구였을까. 신윤화와 유천우를 통해 마도3호선이
1260년대에 좌초되었다는 점은 이미 밝혔다. 그 시기 일
반 신료로 영공이라는 용어를 쓸 수 있는 사람은 무인집
정 金俊에 한정된다. 또한 김준은 1264년 府를 개설하고
海陽候에 봉해진다는 점, 김준의 內鄕이 海陽縣이라는
점을 고려하면 더욱 확실해진다. 유천우의 관력과 연결
해서 판단하면 마도3호선은 1264년부터 1268년 사이의
선박이라고 할 수 있다. 화물종류는 홍합 젓갈과 생것인
데, 수량이 매우 많다. 즉 총 51항아리에서 생것은 41항
아리 젓갈을 10항아리다. 마지막 玄礼는 발송자다.

16. 마도3-0908-G6-죽찰

판독 :

　　〈앞면〉 事審金令公主宅上
　　〈뒷면〉 蛺醢一缸入三斗玄礼

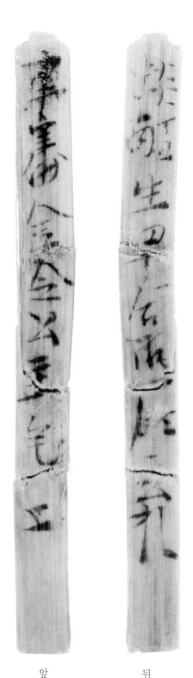

앞　　　　뒤
마도3-0908-G6-죽찰

해석 :

〈앞면〉 사심 김 영공님 댁에 올림
〈뒷면〉 홍합 젓갈 한 항아리. 세 말을
담음. 현례

〉〈 모양의 홈을 경계로 머리와 몸통으로 구분할 수
있다. 머리 부분은 상단을 평평하게 다듬어 세모꼴이
다. 몸통은 중간이 부러진 채 발굴되었다. 유실부위는
없는 완형이다.

글자는 앞 뒤 모두 있으며, 앞면 8자 뒷면 9자다. 수
취인은 사심 김영공으로 앞에서 밝혔듯이 무인집정 김
준이다. 화물 종류는 홍합 젓갈 한 항아리인데, 세말을
담았다는 것을 명시했다. 현례는 발송자다.

17. 마도3-0909-K7-목간

판독 :

〈앞면〉 俞承制宅上
〈뒷면〉 乾蛱壹石

해석 :

〈앞면〉 유 승제 댁에 올림
〈뒷면〉 마른 홍합 한 섬.

〉〈 모양의 홈을 경계로 머리와 몸통으로 구분할 수
있다. 목간을 화물에 매달기 위해 사용한 끈이 묶여진
채 발굴되었다. 머리 상단은 평평하게 다듬었다. 몸통
하단에 대나무 결을 따라 두 군데가 갈라졌다. 뒷면 아
래 부분은 검게 흑화현상이 나타난다.

글자는 앞 뒤 모두 있으며, 앞면 5자 뒷면 4자다. 화
물의 수취인은 14번 목간에서 밝혔듯이 유천우다. 화
물종류는 마른 홍합이고, 수량은 한 섬이다.

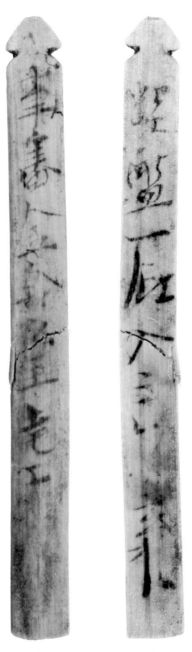

앞　　　　　뒤

마도3-0908-G6-죽찰

18. 마도3-0917-H7-죽찰

판독 :

〈앞면〉 奇待郞宅上

〈뒷면〉 次知吳

해석 :

〈앞면〉 기 대랑 댁에 올림

〈뒷면〉 차지 오

〉〈 모양의 홈을 경계로 머리와 몸통으로 구분할 수 있다. 홈이 중간 부분에서 머리와 몸통이 분리된 채 발굴되었다. 몸통 하단에서 일부 유실되었으나 특별한 결락부위는 없으며 거의 완형에 가깝다.

명문은 앞 뒤 모두 있으며, 앞면 5자 뒷면 3자다. 수취인은 기 대랑이다. 고려시대 대랑이라는 관직명은 찾아지지 않는다. 혹시 侍郞을 잘못 적은 것이 아닌가 생각하지만 단정짓기는 어렵다. 화물종류와 수량 등은 보이지 않는다. 발송자는 차지 吳라고 간단히 적혀 있는데 앞의 4번, 5번 목간에 나타나는 次知 丞同正 吳와 동일인물일 가능성도 있다. 이제까지의 수중발굴 고려 목간 중 완형으로 발굴되었지만, 명문에 화물종류가 전혀 적혀 있지 않은 경우는 태안선에서 나온 "崔大卿宅上"이 유일했다. 도자기 이외에는 화물로서 적재된 물품이 없었다고 판단되는 태안선 목간조차 수취인이 최대경이 아닌 경우에는 모두 沙器 또는 砂器로 종류를 적었다. 그런데 고급 어패류와 곡물류, 포까지 다양한 화물품목이 나오는 마도3호선에서 화물종류가 적히지 않은 이유가 무엇인지 궁금하다. 화물표는 화물에 매달아서 사용한다는 점을 생각하면, 화물 종류를 굳이 적지 않아도 어떤 물건인지를 알기 때문에 이렇게 썼을 것이라고 추정할 수 있다.

19. 마도3-0921-G7-죽찰

판독 :

〈앞면〉 金侍郞主宅上

〈뒷면〉 生鮑一缸入百介玄礼

해석 :

〈앞면〉 김 시랑님 댁에 올림

〈뒷면〉 전복 한 항아리. 100개를 담음. 현례

〉〈 모양의 홈을 경계로 머리와 몸통으로 구분할 수 있다. 머리 부분은 양쪽이 결락되었다. 몸통은

온전한 형태로 남아 있다.

명문은 앞 뒤 모두 있으며, 앞면 6자 뒷면은 8자다. 수취인은 김 시랑이다. 화물종류는 전복, 수량은 한 항아리인데 그 안에 백개를 담았다. 현례는 발송자로, 사심김영공이 수취인으로 나오는 15번, 16번 목간과 동일하다. 그렇다면 여기에서의 김시랑은 김준과 같은 집안 사람일 가능성이 크다.

Ⅳ. 맺음말

마도3호선 목간은 태안선, 마도1호선, 마도2호선 목간에 이어 4번째로 발굴된 고려시대 목간이다. 기존의 목간과 마찬가지로 침몰선박에 실린 화물의 발송지, 발송자, 수취인, 화물의 종류와 수량 등을 명시적으로 알려주고 있어 선박과 적재 화물의 역사적 성격을 파악할 수 있는 결정적인 자료다.

마도3호선은 수취인으로 나오는 신윤화와 유천우의 官歷, 무인집정 김준의 立府을 종합적으로 살피면 1264~1268년 사이에 침몰된 선박이라는 것을 알 수 있다. 여수현을 포함한 김준이 事審으로 관여하고 있는 지역에서 거둬들인 화물을 싣고 가던 중 태안 마도 해역에서 침몰한 선박이다. 최종 목적지는 아마도 강화도였을 가능성이 크다.

특히, 마도3호선 목간은 고려 무신집권 후반 김준정권의 삼별초 운영 실태와 중앙과 지방의 관계를 알려주는 새로운 사료의 발견이라는 의미가 크다. 목간에 의하면 삼별초 중 좌·우별초는 삼번으로 나누어져 있으며, 기존의 하급 무반이라고 추정했던 별초도령은 4품도 맡는다는 새로운 사실이 드러난다.

또한 중앙의 관직자가 자신의 본관(또는 내·외향, 처향 등)에 대한 연고권을 갖는 사심제에 대한 실상 파악에 중요한 점을 알려주고 있다. 모두 사료의 부족으로 연구가 미진했던 분야로 향후 이 분야 연구에 많은 도움을 줄 것이다. 덧붙여 막연하게 추론했

앞   뒤

마도3-0921-G7-죽찰

던 고려시대 사람들은 무엇을 먹고 살았는지 생생하게 알려주고 있어, 수중발굴 목간으로 고려시대 역사상을 훨씬 풍부하게 복원할 수 있게 되었다.

마도3호선 목간은 이러한 역사적 의미와 함께 고내지(古乃只)라고 하는 이두식 표현이 처음으로 나오는가 하면, 홍합을 뜻하는 한자로 담(蟫)이라는 글자도 보인다. 한국 중세 한자와 이두 연구의 중요한 자료가 될 전망이다.

투고일 : 2011. 10. 24   심사개시일 : 2011. 11. 14   심사완료일 : 2011. 11. 29

참/고/문/헌

임경희·최연식, 2008, 「태안 청자운반선 출토 고려 목간의 현황과 내용」, 『木簡과 文字』창간호.

임경희, 2009, 「태안 대섬 고려 목간의 분류와 내용」, 『高麗靑磁寶物船』, 국립해양문화재연구소.

임경희, 2011, 「태안선 목간의 새로운 판독-발굴보고서를 보완하며」, 『해양문화재』4.

임경희·최연식, 2009, 「태안마도1호선 발굴 목간의 현황과 내용」, 『木簡과 文字』5.

임경희, 2010, 「마도1호선 목간의 분류와 주요 내용」, 『태안마도1호선-수중발굴조사보고서』.

임경희, 2010, 「마도2호선 목간의 판독과 분류」, 『木簡과 文字』6.

임경희, 2011, 「마도2호선 목간의 분류와 내용고찰」, 『태안마도2호선-수중발굴조사보고서』.

국립해양문화재연구소, 2009, 『高麗靑磁寶物船』.

국립해양문화재연구소, 2010, 『태안마도1호선-수중발굴조사보고서』.

국립해양문화재연구소, 2011, 『태안마도2호선-수중발굴조사보고서』.

〈日文要約〉

馬島3号船の木簡と判読

林敬熙

2011年5月から10月まで、忠清南道泰安郡近興面馬島の海域で高麗時代の船舶である馬島3号船に対する水中発掘調査が行われた。ほぼ完全に原形をとどめている馬島3号船からは、30点の木簡も発掘された。

馬島3号船の木簡は泰安船、馬島1号船、馬島2号船の木簡に続き、4番目に発掘された高麗時代の木簡である。従来の木簡と同じように、沈没船に積まれていた貨物の発送地、発送人、受取人、貨物の種類や数量などが明示されており、船舶と積載貨物の歴史的な性格を把握することができる決定的な資料である。

馬島3号船は、受取人として名前がある辛允和と兪千遇の官歴、武人執政・金俊の立府から総合的に判断すると、1264～1268年の間に沈没した船舶であることがわかる。呂水縣をはじめ金俊が事審官として関わる地域から取り立てた貨物を積んで運ぶ途中、泰安の馬島海域で沈没した船舶である。最終目的地はおそらく江華島であった可能性が高い。

特に、馬島3号船の木簡は高麗武人執政期後半の金俊政権による三別抄の運営の実体と、中央と地方の関係を示す新たな史料の発見という大きな意味を持つ。木簡を調べると、三別抄のうち左・右別抄は三番に分かれており、これまで下級武班と推定されていた別抄都領は四品も担当したという新たな事実が明らかになった。

また中央の官職者が自身の本貫(または内・外郷、妻郷など)に対する縁故権を持つ事審制に関する実情を把握するための重要な点を示している。すべて史料が不十分で研究が進んでいなかった分野であり、今後この分野の研究に大きく貢献すると思われる。さらに漠然と推論されていた高麗時代の人々が何を食べて暮していたのかをありのままに物語っており、水中発掘された木簡により高麗時代の歴史像をより豊かに復元することができるようになった。

▶ キーワード：馬島3號船、木簡、辛允和、兪千遇、金俊、三別抄、呂水縣、事審

2010년 秦漢魏晉 簡牘의 연구 개술[*]

魯家亮[**]

〈국문초록〉

  본고에서는 주로 2010년 秦漢魏晉簡牘 연구의 개황을 간단히 소개하고, 玉門花海畢家灘묘장 棺板에 보이는 "晉律註" 등과 같은 기타 유형의 출토자료나 일본 飛鳥·藤原宮의 符呪木簡 등과 같은 약간 늦은 시기의 간독자료를 언급할 것이다. 필자는 2010년 진한위진 간독에 관한 수많은 연구 성과를 빠짐없이 볼 수 없었을 뿐만 아니라 이 시기에 언급된 내용이 복잡하고 분류가 어려웠으며, 의학·수학·역법·음율 등과 같은 비교적 전문 영역을 포함하고 있기 때문에 관련연구에 대한 성과, 개술과 분류에 있어서 편차가 있을 수 있다. 이러한 누락과 부족한 부분에 대해서는 연구자 여러분들의 양해를 구하며 이 글이 진한위진간독 연구에 관심 있는 연구자에게 편리함을 제공할 수 있기를 바란다. 다음과 같이 자료 출토 연대의 선후에 따라 간독의 텍스트 정리, 연구 상황을 소개하고, 계속해서 진한위진간독 자료의 종합적 연구를 분류별로 개술한다.

▶ 핵심어 : 진, 한, 위, 진, 간독

---

*　이 글은 武漢大學簡帛研究中心 主編, 『簡帛』第六輯(2011年 11月), 上海古籍出版社에 실린 논문을 번역한 것이다.
**　中國 武漢大學歷史學院

I. 秦 簡牘의 研究

1. 雲夢睡虎地4號秦墓木牘과 11號秦墓竹簡

尹在碩 선생은 『睡虎地秦墓竹簡』을 한국어로 번역하고 주석을 덧붙였다.[1] 曹旅寧 선생은 새로 출토된 진한간독을 결합하여 수호지진간 〈編年記〉의 성질을 새롭게 검토하였는데, 이것은 묘주가 평상시 열독한 일종의 역사 도서이며, 그중에 개인기사와 진왕 政 10년 후의 시사 뉴스에 관해서는 묘주가 잊지 않으려고 나중에 표시해둔 것이라고 하였다. 따라서 〈編年記〉는 묘주 喜의 개인 역사저술이라고 할 수 없다.[2] 方勇 선생은 〈編年記〉의 52簡 첫 번째 란에 원래는 "祿"으로 隸定되었으나 "祿"으로 隸定해야 하며, "祿"은 와전된 잘못된 글자라고 설명하였다.[3]

白於藍 선생은 〈爲吏之道〉篇 일부 석문을 역대 서적과 출토문헌자료를 결합하여 새롭게 해석하였다. 특히 8–11簡 첫째란 "嚴剛毋暴" 단락, 50簡 둘째란에서 3簡 셋째란의 "除害興利" 단락 및 33–37簡 둘째란의 "戒之戒之, 材(財)不可歸" 단락에 대해 언급하였다.[4]

彭浩 선생은 수호지진간 〈徭律〉 중 일부 간문의 의미와 관련 문제에 보충 설명을 하였다. 예를 들면, "御中發徵"은 중앙정부의 업무를 처리하는 관 또는 기구가 요역을 징발한다는 점이다. 일반적으로 어사대부 및 담당기구가 징집문서를 발송하는데, 이는 『漢書』 백관공경표와 秦漢 출토간독 자료에 기재된 내용과 부합한다. 秦과 西漢시기의 호적을 통계하는 기본요소와 요역 징발 정책은 아주 밀접한 관계가 있는데, 〈徭律〉은 중앙정부와 縣級에서 징발하는 요역 내용을 포함하고 있다. 전자는 "御中發徵" 또는 "上之所興"라고 하며, 후자는 직접 징발할 수 있는 徭役傳인 "恒事"와 상급정부에게 보고해야 하는 "瀸"을 포함한다. 그 외에도 "縣葆禁苑", "公馬牛管理", "跨郡委輸‧傳送", "更" 등의 문제를 분석하였다.[5]

陳偉 선생은 秦律18種「司空律」 중의 "攻間"은 "攻(釭)間(鐧)"로 읽어야 하며, 모두 수레의 기름칠에 필요한 부품이라고 하였다.[6] 陳松長 선생은 악록진간에 보이는 "金布律" 율문에 근거해 수호지진간의 "關市律"율문은 "金布律"의 내용에 포함시켜야 하며, "關市"라는 제목은 잘못 베껴 썼을 가능성이 있다고 하였다.[7]

楊華 선생은 〈法律答問〉 25–28간에 보이는 "庄"은 "庪"로 읽어야 하는데, 고대 귀족(최소한 士級)의 寢‧廟의 문미 앞에 처마와 연결되는 곳을 가리킨다고 하였다.[8] 陶安 선생은 〈法律答問〉 108간은 106–

---

1) 尹在碩, 2010, 『睡虎地秦墓竹簡譯註』, 韓國: 昭明出版社.

2) 曹旅寧, 2010, 「睡虎地秦簡〈編年記〉性質探測」, 『史學月刊』2010–2.

3) 方勇, 2010年 7月23日, 「說"象(從頁)"」, 簡帛網(http://www.bsm.org.cn).

4) 白於藍, 2010, 「睡虎地秦簡〈爲吏之道〉校讀札記」, 『江漢考古』2010–3.

5) 彭浩, 2010, 「睡虎地秦墓竹簡〈徭律〉補說」, 武漢大學簡帛研究中心, 『簡帛』第5輯, 上海古籍出版社.

6) 陳偉, 2010年 8月30日, 「雲夢睡虎地秦律"攻間"試」, 簡帛網.

7) 陳松長, 2010, 「睡虎地秦簡"關市律"辨正」, 『史學集刊』2010–4.

107간과 190-110간이 완성된 이후에야 쓰인 것이라고 생각하였다. 이 내용은 전후 간문 중 부족하거나 잘못된 곳을 보완하거나 수정해줄 수 있는데, 먼저 후반부는 109간 "可(何)謂當刑爲隸臣"의 뒤에 끼어 넣어 원래의 脫文을 보충해야 하고, 전반부는 106간에 보이는 家罪에 관한 정의와 바꾸어 원문의 정확하지 못한 곳을 수정해야 한다고 하였다. 즉 내용상 108간은 106-107간과 109-110간의 내용을 교정한 것 같으며, 「法律答問」은 이전에 아마도 편집자 혹은 그 외의 사람이 교정한 적이 있었을 것이라고 하였다.[9]

郭永秉 선생은 〈封診式·出子〉86간의 "即診嬰兒男女、生髮及保之狀"의 "保"는 "강보를 뜻하는 保"를 가리키며, 또한 古書에도 쓰여 있는 "褓", "緥"의 의미는 영아를 감싸는 작은 이불이라고 하였다.[10] 戴世君 선생은 〈語書〉 중에 "獨治、公心、辨治", 〈秦律18種·置吏律〉159-160간의 "除吏、尉, 已除之", 〈秦律雜抄·傅律〉 32-33간 "不用請", 〈封診式·穴盜〉에 보이는 "柀" 등의 의미·이해·끊어 읽기에 대해서 보충 의견을 제시하였다.[11]

郭永秉 선생은 수호지 진간 〈日書〉 갑종 「馬禖」篇 156背-157背간의 "兜席"을 "次席"으로 바꾸어 석독하여 『周禮·春官』의 司几筵가 맡은 "五席" 중 하나로 보아야 한다고 생각하였다.[12] 方勇 선생은 〈日書〉갑종 72간의 "頭頯"은 "短頯(喙)"이어야 하며, 75간 背面에 원래 "祿"자로 隸定되었으나 "祿"로 隸定해야 하며, "祿"은 와전된 잘못된 글자라고 생각하였다.[13]

2. 甘肅天水放馬灘秦簡牘

1) 編聯과 綴合

呂亞虎 선생은 放馬灘秦簡 〈日書〉 갑·을종 간문의 순서와 殘簡 綴合의 두 가지 측면에서 보충의견을 덧붙였다. 간문 순서에서는 2조를 조정하였는데, 〈日書〉 을종 342와 326간, 256·257간과 371간이며, 殘簡 綴合에서는 〈日書〉 을종 93간 상단을 92간과 연결하고 303간 상단을 304간과 결합하였다.[14] 程少軒 선생은 放馬灘秦簡 〈日書〉 을종의 365간과 292간을 결합할 수 있다고 하고, 그중에 "韋"를 "律"로 고치고, 을종 〈日書〉의 364와 358간을 나누어 364간 상단과 358간 하단을 다시 결합하여 새로운 1枚로 만들 수 있다고 하였고, 365+292간과 364a+358b간은 뜻이 완전한 문장으로 구성할 수 있다고 설

---

8) 楊華, 2010, 「睡虎地秦簡〈法律答問〉第25-28號補說」, 『古文字研究』第28輯, 中華書局.

9) 陶安, 2010年7月2日, 「睡虎地秦簡〈法律答問〉108簡"校補簡"小考」, 簡帛網.

10) 郭永秉, 2010, 「睡虎地秦簡字詞考釋兩篇」, 『出土文獻與古文字研究』第3輯, 復旦大學出版社. 이 문장 제목은 『出土文獻與古文字研究』 목차부분에는 「讀睡虎地秦簡札記兩篇」으로 되어 있다. 지금 본문제목을 기준으로 한다.

11) 戴世君, 2010年11月26日, 「睡虎地秦簡研讀札記(四則)」, 簡帛網.

12) 郭永秉, 2010, 「睡虎地秦簡字詞考釋兩篇」, 『出土文獻與古文字研究』第3輯, 復旦大學出版社.

13) 方勇, 2010年7月23日, 「說𧰼(從頁)」, 簡帛網.

14) 呂亞虎, 2010, 「〈天水放馬灘秦簡〉識小」, 武漢大學簡帛研究中心, 『簡帛』第5輯, 上海古籍出版社; 呂亞虎, 2010, 「〈天水放馬灘秦簡〉校讀札記」, 『西安財經學院學報』2010-3.

명하였다. 또한 『日書』 을종 283간의 "鼻"는 "婁"로 석독하여 "數"로 읽고, 〈日書〉 을종 258간 상단은 371간을 결합하여 새로운 간으로 만들어야 한다고 하였다.[15] 계속해서 그는 〈日書〉 을종 182-190간 셋째란의 "式圖"를 복원하고 350간은 192간과 연결해서 읽을 수 있다고 하였고, 밀접한 관계가 있는 163간 석문에 석독 의견을 덧붙였다.[16]

馮先思 선생은 〈日書〉 을종 144-153간 아래 "六甲圖"의 순서를 조정하였는데, 148간과 149간의 위치를 맞바꾸었고, 乙 65간과 乙 362간은 乙 78-86간과 관련이 있기 때문에 乙 82간과 83간 사이에 乙 65간과 362간을 놓았다.[17] 劉靑 선생은 『日書』 을종을 집석하였으며, 篇을 나누는 작업에서는 원래 〈直室門〉下편의 17츠·18츠·21츠간의 내용을 분리하여 〈爲門〉이라는 새로운 편으로 만들었는데, 사계절에 문을 수축하는데 마땅히 금기해야 하는 내용을 말한 것이라고 보았다. 또한 "畾(雷)"로 석독한 것을 토대로 346간을 〈占雷〉라는 새로운 편으로 만들었다. 編聯에서는 〈直室門〉편 91簡 2란의 "豕"와 "五歲" 등의 글자 석독을 통해 91簡 2란의 내용은 "高門"과 관련이 있기 때문에 91간은 22간 뒤에 배열하고, 이미 없어진 〈建除〉편의 "開日" 금기문자는 91簡 1란에 써넣어야 한다고 생각했다. 원래 22간 뒤에 배열된 23간은 15간 뒤에 놓아야 할 것이며, 이미 없어진 〈建除〉편의 "盈日" 금기문자는 23간 1란에 써야 한다고 하였다. 문자 석독 측면에 있어서도 약간 수정을 하였다.[18]

2) 텍스트 考釋과 硏究

晏昌貴 선생은 을종 〈日書〉를 새롭게 篇을 나누고, 석문도 대폭 조정하였다.[19] 呂亞虎 선생은 〈日書〉 갑·을종 간문 석독에 대해 9가지의 보충의견을 제시하였다.[20] 程少軒 선생은 〈日書〉 갑종 1-4간 아랫란에서 "毗隷之日"은 "岡柔之日"으로 석독하여 "剛柔之日"로 읽어야 한다고 하였다.[21] 宋華强 선생은 〈日書〉 석문과 주석에서 40가지의 수정과 보충 의견 제시하였다.[22] 周波 선생은 放馬灘秦簡日書 〈建除〉편 "閉日"란의 "波渴"을 수호지 진간 일서 갑종 「秦除」의 "𥂖池", 孔家坡漢簡日書 〈建除〉의 "陂隄"와 비교하여 수리시설공사와 관계가 있다고 지적하였으며, 乙種 〈置室門〉편 석독을 교정하고 "澳泥", "厲必南鄕(向)", "必施衣常"에 대해 언급하였다.[23]

---

15) 程少軒, 2010年 1月4日, 「讀放馬灘簡小札四則」, 復旦大學出土文獻與古文字研究中心網站(http://www.gwz.fudan. edu.cn, 以下簡稱復旦網).

16) 程少軒, 2010年 3月30日, 「放馬灘簡式圖補釋」, 復旦網.

17) 馮先思, 2010年 1月16日, 「讀放馬灘秦簡〈日書〉筆記二則」, 復旦網.

18) 劉靑, 2010, 「放馬灘秦簡〈日書〉乙種集釋」, 碩士學位論文, 武漢大學.

19) 晏昌貴, 2010, 「天水放馬灘秦簡乙種〈日書〉分篇釋文(稿)」, 武漢大學簡帛研究中心, 『簡帛』第5輯, 上海古籍出版社.

20) 呂亞虎, 2010, 「〈天水放馬灘秦簡〉識小」, 武漢大學簡帛研究中心, 『簡帛』第五輯, 上海古籍出版社; 呂亞虎, 2010, 「〈天水放馬灘簡〉校讀札記」, 『西安財經學院學報』2010-3.

21) 程少軒, 2010年 2月5日, 「放馬灘簡"剛柔之日"小考」, 復旦.

22) 宋華强, 2010年 2月14日, 「放馬灘秦簡〈日書〉識小錄」, 簡帛網.

23) 周波, 2010, 「秦漢簡〈日書〉校讀札記」, 復旦大學出土文獻與古文字研究中心 編, 『出土文獻與傳世典籍的詮釋-紀念譚樸森

蘇建洲 선생은 〈式圖〉에 보이는 "莫食"은 잘못 베껴 쓴 것이 아니고, "不食"으로 이해할 수 있다고 하였다.[24] 名和敏光 선생은 〈日書〉乙種 315-316簡 "行忌"篇을 수호지진간 〈日書〉乙種, 마왕퇴 백서 〈出行占〉과 대조하여 "起"를 "犯"로 읽어야 한다고 의견을 제시하였다.[25] 虁一 선생은 〈日書〉乙種 342+326간에 보이는 "復除九"의 "除"는 "餘"로 읽어야 한다고 하였다.[26] 柯秋白 선생은 적외선 사진자료를 이용해 放馬灘秦簡 석문에서 잘못 석독하였거나 빠진 글자를 보충하고, 석문에 보이는 "=" 부호를 모두 중문부호라고 이해할 수 없으며 어느 정도는 습관적으로 줄여 쓴 것이라고 할 수 있다고 하였다.[27] 王輝 선생은 放馬灘秦簡 석문 중 22항목에 보충의견을 제시하고, 그중에서 7개 곳의 標題 명칭에 대해 자신의 의견을 제시하였다.[28]

程少軒 선생은 放馬灘秦簡 〈志怪故事〉에서 6간의 "貴", "地", "凡" 세 글자의 석독에 보충의견을 제시하였다.[29] 宋華强 선생은 〈志怪故事〉에서 1간의 "之巫", 2간 "去今七年"의 "去"와 "吾"을 "語"로, 2-3간의 "論"을 "侖" 혹은 "龠"으로 다시 석독하여 "籥"로 읽고, 3간의 "白狗穴"은 "民淵穴"로 바꿔 읽었다.[30] 孫占宇 선생은 진간 360-366간의 내용은 을종 〈日書〉의 일부분에 해당하며, 여기에서 언급되고 있는 "丹"이라는 인물은 묘주일 가능성은 크지 않다고 하였다. 따라서 "墓主記"라는 명칭은 적당하지 않으며 그 편의 제목은 내용에 따라서 "丹" 또는 "祠鬼"가 될 것이라고 추정하였다.[31]

3. 湖北江陵岳山秦牘

楊芬 선생은 岳山秦木牘『日書』8곳의 석문을 수정하였다.[32]

4. 湖北雲夢龍崗秦簡牘

楊懷源과 孫銀瓊 선생은 『龍崗秦簡』의 본문 중에서 "當讀而失讀" 16例와 "前後不一致" 33例의 구두점에 대해 논의하였다.[33]

先生逝世兩週年國際學術硏討會論文集』, 上海古籍出版社.

24) 蘇建洲, 2010年 5月11日, 「試論〈放馬灘秦簡〉中的"莫食"時稱」, 復旦網.

25) 名和敏光, 2010年 9月22日, 「天水放馬灘秦簡〈日書〉乙種〈行忌〉剳記」, 復旦網.

26) 虁一, 2010年 1月8日, 「放馬灘秦簡補釋一則」, 復旦網.

27) 柯秋白, 2010年 6月28日, 「〈天水放馬灘秦簡〉札記」, 簡帛網.

28) 王輝, 2010年 7月30日, 「〈天水放馬灘秦簡〉校讀記」, 簡帛網.

29) 程少軒, 2010年 1月4日, 「讀放馬灘簡小札四則」, 復旦網.

30) 宋華强, 2010年 3月5日, 「放馬灘秦簡〈志怪故事〉札記」, 簡帛網.

31) 孫占宇, 2010, 「放馬灘秦簡乙360-366號"墓主記"說商榷」, 『西北師大學報(社會科學版)』2010-5.

32) 楊芬, 2010, 「岳山秦牘〈日書〉考釋八則」, 武漢大學簡帛研究中心, 『簡帛』第五輯, 上海古籍出版社.

33) 楊懷源·孫銀瓊, 2010, 「〈龍崗秦簡〉句讀獻疑」, 『簡帛語言文字硏究』第5輯, 巴蜀書社.

5. 湖北江陵王家台秦簡

宋鎭豪 선생은 이미 공개된 王家臺秦簡〈歸藏〉의 筮占조문과 전세문헌『歸藏』佚文을 대조하고 비교하였는데, 그중에 황제·염제·치우 및 夏商周 三代전설 자료에 근거해『歸藏』은 본래 遠古史가 반영된 전설 또는 하상주 삼대의 筮占재료로부터 왔음을 밝혔고, 成書시기는 周秦시기일 것이라고 하였다.[34] 史善剛과 董延壽 선생은 王家臺秦簡〈易〉卦의 卦畫, 卦名에서 卜辭까지 내용에 대한 종합적 고찰을 통해 王家臺秦簡『易』卦는 순수한 雜占類 사서이거나 신화적 색채를 가진 卜筮史書이지, "殷易"이나 〈歸藏〉이 아니라는 점을 지적하였다.[35]

6. 湖南龍山里耶古城秦簡牘

1) 자료 공개

張春龍 선생은 里耶秦簡 중 秦 洞庭郡 遷陵縣의 "學佴"과 徒工의 학습훈련과 관계있는 간문을 공개하고 간단한 분석을 하였다.[36]

2) 텍스트 考釋과 研究

王子今 선생은 里耶戶籍간에서 "小上造", "小女子"의 "小"는 모두 "미성년을 뜻하는 小"를 가리키며 이러한 칭호는 거연한간의 "小男", "小女"와 서로 대응된다고 보았다. 또한 장가산한간의 "小爵"은 미성년이 소유한 작위로 里耶秦簡의 "小上造" 혹은 秦의 "小爵"의 일종이며, 이러한 기록의 차이는 진에서 한초의 爵制를 반영한 것으로 여러 차례에 걸쳐 변화했을 것이라고 하였다.[37] 劉樂賢 선생은 진한간 독문헌에 자주 보이는 "於某某所"와 같은 조합의 서술형식에 대해 논의를 진행하였고, 里耶秦簡 "祠先農"간의 "所"는 張春龍 선생의 구독법과 같이 앞과 연결해서 읽어서 "處所"로 이해해야 한다고 지적하였다.[38] 戴世君 선생은 雲夢睡虎地秦簡과 里耶秦簡牘의 司法文書에 보이는 술어 "當騰騰"은 "當傳(zhuàn) 傳(chuán)"으로 이해해야 한다고 하였다. 이는 秦代에 현을 통해 장거리 공문서를 전달하는 과정 중 공문 발송측이 접수측에 알려주는 문서전달방식에서 교대할 때 쓰는 표현이며, 의미는 문서가 驛傳을 통해 전송되고 있다는 것이다. 경우에 따라 秦代 사람들은 "當騰騰"을 "以次傳", "以縣次傳"으로 표현하기도 하였다.[39]

---

34) 宋鎭豪, 2010, 「談談〈連山〉和〈歸藏〉」, 『文物』2010-2.
35) 史善剛·董延壽, 2010, 「王家臺秦簡〈易〉卦非"殷易"亦非〈歸藏〉」, 『哲學研究』2010-3.
36) 張春龍, 2010, 「里耶秦簡中遷陵縣學官和相關記錄」, 李學勤 主編, 『出土文獻』第1輯, 中西書局.
37) 王子今, 2010, 「試說里耶戶籍簡所見"小上造"、"小女子"」李學勤 主編, 『出土文獻』第1輯, 中西書局. 본문은 2007년 "中國簡帛學國際論壇 2007"에서 발표하였다.
38) 劉樂賢, 2010, 「談秦漢文獻中"所"字的一種用法」, 『中國文字學報』第3輯, 商務印書館.
39) 戴世君, 2010, 「秦司法文書"當騰騰"用語釋義」, 『浙江社會科學』2010-2.

黎明釧와 馬增榮 선생은 진한간독 문서자료를 결합하여 里耶秦簡에 보이는 "某手"은 문서 담당자라고 이해하였다. 이 담당자는 간독 정면 발송 관서의 屬吏 또는 많은 담당자 중의 한 사람인데, 그는 아마도 그중에서 대표 혹은 비교적 높은 직위의 사람일 것이라고 지적하였다. 또한 "某手"의 서사자는 "某" 본인 이외에도 기타 업무 담당자가 책임졌을 가능성도 있을 것이라고 하였다. 또한 筆跡과 印痕의 대조와 비교와 J1(9)1-12 원문서의 중첩관계를 새롭게 정리하였는데 배열순서와 간독에 기록된 날짜의 선후에는 명확한 관련이 없다고 보았다.[40] 張金光 선생은 里耶秦簡 J1(9)1-12의 12부 문서는 문자구조와 내용이 대체로 비슷하고, 그중에 11부는 "貲錢" 미상환, 1부는 "贖錢" 미상환에 대해서 언급하고 있다고 하였다. 또한 JI(9)1의 분석을 통해 보면 모든 문서는 4개의 부속 문서를 포함하고 있다. 내용은 貲·贖罰의 채무결산 문제에 관해서이고 도중에 변경된 신분 때문에 나타난 "移戍作居" 제도는 아마도 비정상적인 채무상환 방법일 것이라고 설명하였다.[41] 林進忠 선생도 역시 里耶秦簡 중 12건의 "貲贖文書"를 정리하였는데, 특히 문서의 書風을 상세하게 분류하고 분석하였다. 그중에서 정면의 3단 문자는 4가지 書風이 있는데 이는 다시 세 부류로 나눌 수 있으며, 배면의 1단 문자에는 3가지 書風이 있다. 이 書風을 근거로 분석해 보면, "某手"는 업무 처리 책임자이지 목간 문자의 서사자가 아니다.[42]

田忠進 선생은 里耶秦簡 중에 이미 공개된 간독에 대하여 摹寫, 隸定, 註釋 작업을 하고, 통용공문 (通用公文), 고정양식(固定模式), 전문 용어(專用詞), 일반용어(普通詞) 등 4부류로 나누어 어휘문제에 대해 논의하고 文字篇을 부록으로 첨부하였다.[43]

7. 湖南岳麓書院 소장 秦簡

1) 자료 공개

2010년 12월 『岳麓書院藏秦簡(壹)』이 출판되었는데, 〈質日〉, 〈爲吏治官及黔首〉과 〈占夢書〉라는 3가지 문헌의 모든 자료가 공개되어 학계의 주목을 받고 있다.[44] 이전에 陳松長 선생은 단독으로 岳麓書院藏秦簡 〈爲吏治官及黔首〉편의 3매 간의 컬러사진과 석문을 공개한 적이 있다.[45] 許道勝과 李薇 선생은 악록서원 소장 진간 중 〈數〉書방면의 석문과 주석에 존재하고 있던 문제들을 교정하고 보충의견을 제시하였고, 부록으로 60여매 간독의 컬러사진 자료를 공개하였다.[46] 于振波 선생은 황금과 동전 환산에 관련된 2매의 간문을 공개하였다.[47] 이외에도 胡平生 선생은 문물시장에 나온 간독을 소개하면서 7

---

40) 黎明釧·馬增榮, 2010, 「試論里耶秦牘與秦代文書學的幾個問題」, 武漢大學簡帛研究中心, 『簡帛』第5輯, 上海古籍出版社.

41) 張金光, 2010, 「秦貲、贖之罰的淸償與結算問題－里耶秦簡JI(9)1～12簡小記」, 『西安財經學院學報』2010-4.

42) 林進忠, 2010, 「里耶秦簡"貲贖文書"的書手探析」, 『湖南大學學報(社會科學版)』2010-4.

43) 田忠進, 2010, 「里耶秦簡隸校詮譯與詞語彙釋」, 碩士學位論文, 湖南師範大學.

44) 朱漢民·陳松長 主編, 2010, 『岳麓書院藏秦簡(壹)』, 上海辭書出版社.

45) 陳松長, 2010, 「岳麓書院藏秦簡〈爲吏治官及黔首〉略說」, 中國文化遺産研究院, 『出土文獻研究』第9輯, 中華書局.

46) 許道勝·李薇, 2010, 「岳麓書院所藏秦簡〈數〉書釋文校補」, 『江漢考古』2010-4.

매간에 대해서 초보적인 석문을 공개했었는데,[48] 이 간독이 바로 후에 악록서원에서 구매하여 소장한 진간이다.

2) 編聯과 綴合

陳偉 선생은 岳麓書院秦簡 〈爲吏治官及黔首〉篇의 0072簡을 1531簡 뒤에 연결하여 읽어서, 이 두 매 간독도 역시 전체 篇의 끝에 놓여 있었을 가능성을 제시하였다.[49] 그러나 何有祖 선생은 오히려 1531 簡은 0072簡 뒤에 연결하여 읽어야 한다고 생각하였다.[50]

3) 텍스트 考釋과 研究

蘇俊林 선생은 악록진간 3組 "質日"簡의 명칭문제를 새롭게 정리하고, 이 간의 성격 문제에 대해서 중점적으로 분석하였다. 그의 분석 결과에 의하면 "質日"은 官측 서류 혹은 문서가 아니라, 일종의 개 인 문서로 자신의 일상 활동과 생활에서의 중요한 사건을 주로 기록함으로써 나중에 열람할 수 있도록 한 것이었다. "質日"은 아마도 관리가 상급에 보고할 때 사용하던 "초고(底子)"일 가능성이 있으며, 여 기에서 구현하고 있는 행정적 성격은 아마도 주인 관리의 신분과 관련이 있으며 관리 고과의 필요에서 나왔을 것이다.[51]

陳松長 선생은 〈爲吏治官及黔首〉의 명칭에 대해서 분석을 하였고 나아가 이 편의 성격은 秦代에 學 吏제도의 필요에 따라 편집된 비교적 흔한 관학 교재임을 지적하였다.[52] 陳偉 선생은 『說苑』과 〈爲吏 治官及黔首〉篇의 여러 조문을 서로 대조하며 읽었다.[53]

王勇 선생은 岳麓書院藏秦簡 〈占夢書〉의 점몽술은 주로 꿈꾼 시간과 꿈 속 광경을 참조하고, 또한 五行이론을 더함으로써 양자가 서로 맞으면 吉이 되고, 그렇지 않으면 兇이 되는 것이라고 생각하였다. 이 방법은 周代 사람들에게는 日月星辰으로 꿈을 풀이하는 것에 비해 더욱 조작하기 쉽게 보였다.[54]

陳偉 선생은 이미 공개된 행정 율령 간문의 석독과 해석에 보충의견을 제시하였다. 〈數〉書J9+J11 에서 "今織有攻(功)"의 "織"를 "威"로 바꿔 석독하여 시어머니로 이해할 수 있다.[55] 許道勝과 李薇 선생 은 이미 공개된 악록서원 소장 진간 중 〈數〉書의 석문과 주석에 있는 문제들에 대해서 교정하고 보충

47) 于振波, 2010, 「秦律中的甲盾比價與相關問題」, 『史學集刊』 2010-5.
48) 胡平生, 2010, 「論簡帛辨僞與流失簡牘拾救」, 中國文化遺産研究院, 『出土文獻研究』 第9輯, 中華書局.
49) 陳偉, 2010, 「岳麓書院秦簡校讀」, 武漢大學簡帛研究中心, 『簡帛』 第5輯, 上海古籍出版社.
50) 何有祖, 2010年 1月23日, 「岳麓書院藏秦簡〈爲吏, 治官及黔首〉補札」, 簡帛網.
51) 蘇俊林, 2010, 「關於"質日"簡的名稱與性質」, 『湖南大學學報(社會科學版)』.
52) 陳松長, 2010, 「岳麓書院藏秦簡〈爲吏治官及黔首〉略說」, 中國文化遺産研究院, 『出土文獻研究』 第9輯, 中華書局.
53) 陳偉, 2010, 「岳麓書院秦簡校讀」, 武漢大學簡帛研究中心, 『簡帛』 第五輯, 上海古籍出版社.
54) 王勇, 2010, 「五行與占夢-岳麓書院藏秦簡〈占夢書〉的占夢術」, 『史學集刊』 2010-4.
55) 陳偉, 2010, 「岳麓書院秦簡校讀」, 武漢大學簡帛研究中心, 『簡帛』 第五輯, 上海古籍出版社.

의견을 제시하였다.[56] 肖燦 선생은 이미 공개된 數書簡의 석문을 보충하고 수정하였으며,[57] 이외에 악록진간 중 算題 "米糧", "0809+0802"간과 "2173+0137+0650"간 2매 간에 대한 편련과 결합을 진행하였고, 算題복원을 기초로 하여 구체적인 계산방법을 논의하였다.[58]

何有祖 선생은 岳麓秦簡 〈奏讞書〉에서 소위 "馮將軍毋擇子"라는 사기안건의 간문 끊어 읽기, 구절의 이해 및 "學"에 대한 定罪와 量刑 등의 문제에 대해서 분석을 하였으며, 현재 공개된 5매 간이 내용상 관계가 밀접하기는 하지만 5매 간을 연속해서 읽어서는 안된다는 점을 설명하였다.[59] 陳偉 선생은 오히려 1650간은 여전히 1440간과 연결해서 읽을 수 있는 가능성을 제시하면서, 그중 일부 석문의 끊어 읽기를 "盜去邦亡, 未得, 得, 審, 鞫(繫)으로 조정하였다.[60] 王勇과 唐俐 선생은 岳麓秦簡 〈奏讞書〉에 보이는 "走馬"는 秦代 爵을 칭하는 용어이며, 官을 칭하는 것은 아니라고 하였다. 秦爵인 走馬는 漢代 20等爵 중 "簪裊"에 해당하며, 양자를 글자 그대로 말을 몰아 빨리 달리게 한다는 것으로 이해할 수 있다면 秦代에는 양자가 통용될 수 있다. 漢이 처음 작위를 정리할 때 같은 작위인데도 다르게 칭해지는 상황에 대해 표준을 정하면서 "走馬"爵의 칭호 사용을 폐지하였다.[61] 曹旅寧 선생은 胡平生 선생이 공개한 6매 악록진간 율령자료를 분류하고, 이들이 〈戍律〉, 〈捕盜律〉, 〈捕盜賊令〉, 〈廷卒令〉, 〈告律〉 등에 속했을 가능성을 지적하였다.[62]

于振波 선생은 새로 공개된 악록서원 소장 진간 기록에서 "錘"는 계량단위로 8銖 혹은 1/3兩에 상당한다는 점을 근거로 하여 진율 중 貲罰에서 甲의 가격은 金 2兩1錘 혹은 1344錢, 盾의 가격은 金 2錘 혹은 384錢이라고 생각하였다. 따라서 "貲一甲"과 "貲二盾"은 등급이 다른 형벌이고, 貲甲·盾은 貲二甲, 貲一甲, 貲二盾, 貲一盾이라는 4개의 등급으로 구분되어야 한다.[63] 彭浩 선생은 于振波 선생이 공개한 2매는 法律類 간독이 아닌 것 같다고 추측하고, 간문 계산 당시의 황금과 동전의 환산 가격은 1斤黃金=9216錢이며 변동 金價을 실행하였다고 설명하였다.[64] 曹旅寧 선생, 許道勝과 李薇 선생도 이 두 간문에 대해 의견을 덧붙였다.[65]

---

56) 許道勝·李薇, 2010, 「岳麓書院所藏秦簡〈數〉書釋文校補」, 『江漢考古』2010-4.

57) 肖燦, 2010年 12月24日, 「對〈岳麓書院藏秦簡〈數〉的主要內容及歷史價值〉一文的校補」, 簡帛網.

58) 肖燦, 2010年 12月20日, 「岳麓書院藏秦簡《數》兩例與糧米有關的算題研究」, 簡帛網.

59) 何有祖, 2010年 9月27日, 「岳麓書院藏秦簡〈奏讞書〉1650號簡略考」, 簡帛網.

60) 陳偉, 2010年 9月27日, 「岳麓書院秦簡1650號的解讀問題」, 簡帛網.

61) 王勇·唐俐, 2010, 「"走馬"爲秦爵小考」, 『湖南大學學報(社會科學版)』2010-4.

62) 曹旅寧, 2010年 2月9日, 「岳麓秦簡中的〈戍律〉及〈捕盜賊令〉條文」, 簡帛網.

63) 于振波, 2010, 「秦律中的甲盾比價與相關問題」, 『史學集刊』2010-5.

64) 彭浩, 2010年 10月29日, 「兩條有關秦代黃金與銅錢換算的資料」, 簡帛網.

65) 曹旅寧, 2010年 11月1日, 「讀〈兩條有關秦代黃金與銅錢換算的資料〉書後」, 簡帛網; 許道勝·李薇, 2010年 11月5日, 「岳麓書院秦簡0957·0970號釋文與說明」, 簡帛網.

8. 北京大學 소장 秦簡牘

2010년 초 북경대학은 秦 간독을 기증 받았다. 간문 중에 秦始皇 31년과 33년의 質日에 관한 기록이 있는 것으로 보아 抄寫년대를 진시황 후기까지로 보고 있다. 그중 대부분이 安陸, 江陵, 競陵, 鄧과 같은 호북성 境內 지명이기 때문에 간독이 호북성 효감 혹은 형주지역에서 출토되었을 것이라고 추측하고 있다. 간독을 정리한 결과 죽간 763매(그중 약 300매가 정면과 배면 양쪽에 기록), 목간 21매, 목독 5매, 죽독 4매, 불규칙한 木觚 1매, 글자가 있는 木骰子 1매로 구성되어 있다. 내용은 주로 質日, 〈爲吏之道〉, 交通里程書, 〈算術書〉류 문헌, 數術方技류의 古佚書, 〈製衣書〉과 문학류 古佚書 등 7종류이다.[66]

Ⅱ. 漢 簡牘의 研究

1. 敦煌漢簡

董珊 선생은 敦煌漢簡 風雨詩를 새롭게 해석하여 이 시는 주로 蒙水에서 泰山 天門까지 도중에 만난 몇 가지 어려움을 묘사하고 있다고 하였다. 이 점을 기초로 시의 창작 연대 배경과 문체의 성격에 대해 논의를 진행하였다.[67] 楊芬 선생은 敦煌漢簡 〈候普與左子淵書〉, 〈兒尙與楊掾書〉의 석독 순서를 조정하였다.[68] 劉飛飛 선생은 『敦煌漢簡』에서 1−1217 간문을 뽑아 석독하고, 여기에 보이는 서한 日曆簡 석독 중에 잘못된 부분을 수정하였다.[69]

2. 居延漢簡

楊芬 선생은 거연한간 231.13의 석독 순서를 조정하였다.[70] 馬怡 선생는 거연한간에 보이는 〈宣與幼孫少婦書〉는 한대 邊吏들 간의 사적 통신 기록이라고 생각하였다. 즉 편지를 쓴 사람 "宣"은 都吏, 수신인 "幼孫少婦"은 候長 혹은 그의 부인으로서 "幼孫"은 후장의 "字"이지 그의 이름이 아니며, "少婦"는 후장의 부인에 대한 칭호이지 후장의 "字"가 아니라는 것이다.[71] 郝二旭 선생은 거연한간에 보이는 "肩水"는 弱水를 가리키며 현지인들은 "鹹水"라고 불렀을 가능성도 있음을 지적하면서, 그 마지막 湖인 거연택은 "鹹澤"이라고 칭해졌다고 생각하였다.[72] 何雙全 선생은 거연한간에 보이는 "日時在檢中", "推

---

66) 北京大学出土文献研究所, 2010, 「北京大學新獲秦簡槪述」, 『北京大學出土文獻研究所工作簡報』第3期.

67) 董珊, 2010, 「敦煌漢簡風雨詩新探」, 復旦大學出土文獻與古文字研究中心編, 『出土文獻與傳世典籍的詮釋−紀念譚樸森先生逝世兩週年國際學術硏討會論文集』, 上海古籍出版社.

68) 楊芬, 2010, 『出土秦漢書信匯校集註』, 博士學位論文, 武漢大學.

69) 劉飛飛, 2010, 『〈敦煌漢簡〉(1−1217)選釋』, 碩士學位論文, 西南大學.

70) 楊芬, 2010, 『出土秦漢書信匯校集註』, 博士學位論文, 武漢大學.

71) 馬怡, 2010, 「居延簡〈宣與幼孫少婦書〉−漢代邊吏的私人通信」, 『南都學壇(人文社會科學學報)』2010−3.

辟·驗問", "間田", "省作、省卒", "塞天田", "取寧", "取急", "攝食" 등 8개 단어의 의미에 대해 설명하였다.[73]

3. 甘肅甘谷縣渭陽劉家坪東漢墓木簡

李明曉 선생은 甘谷漢簡을 석독하였다.[74]

4. 甘肅武威磨咀子6號漢墓竹木簡

陳榮傑 선생은 武威漢簡 〈儀禮〉 중 "醻"과 "腍"는 被借字의 뜻이 假借義와 관련이 있는 假借字 한 세트라고 보았다.[75] 史大豊 선생은 武威漢簡 〈儀禮〉에는 소량의 古文이 존재하지만 今文이 주를 이루고 있는 점을 지적하였다. 또한 今文과 古文의 성격을 판정하는데 더욱 많은 자료들을 가지고 뒷받침하였다.[76]

5. 甘肅武威旱灘坡漢墓簡牘

何茂活 선생은 『中國簡牘集成·武威醫藥簡』의 석문과 주석에 대해 끊어 읽기·문자 베껴 쓰기·주석 등의 방면에서 보충의견과 수정 작업을 진행하였다.[77] 段禎 선생은 武威 漢代 醫簡 42-43간 "行解"에 대한 3가지 견해의 득실을 논평한 것을 기초로 하여 "行解"는 "即解"로 이해해야 한다는 의견을 제시하였다.[78]

6. 山東臨沂銀雀山1號漢墓簡牘

1) 자료공개

2010년 1월 『銀雀山漢墓竹簡(貳)』이 출판되었는데 각 편은 내용에 따라 "論政·論兵類", "陰陽·時令·占候類"와 "其他"의 세 부분으로 나뉘어 실려 있다. 첫 번째 부분인 1편에서 12편까지의 篇題는 1호묘에서 출토된 부서진 篇題 木牘에 보인다. 12편 이외의 각 편의 글자체는 두 개로 나뉘는데 13-44까지의 篇은 모두 正體이고, 제45-50까지의 篇은 초서체 느낌을 가지고 있다. 그중에서 論兵篇은 앞에, 論政篇은 뒤에 배열되어 있다. 論兵篇 중에는 상당부분이 〈孫臏兵法〉下編에 편입되어 있었던 것이지만

---

72) 郝二旭, 2010, 「"肩水"小考」, 『中國歷史地理論叢』2010-1.
73) 何雙全, 2010, 「漢簡釋詞」, 『簡帛語言文字研究』第5輯, 巴蜀書社.
74) 李明曉, 2010年 6月4日, 「甘谷漢簡集釋」, 簡帛網.
75) 陳榮傑, 2010, 「簡本〈儀禮〉"醻"字淺論」, 『簡帛語言文字研究』第5輯, 巴蜀書社.
76) 史大豊, 2010, 「論武威漢簡本〈儀禮〉的今古文問題」, 『棗莊學院學報』2010-4.
77) 何茂活, 2010, 「〈中國簡牘集成·武威醫藥簡〉標注本指疵」, 『中醫文獻雜誌』2010-4.
78) 段禎, 2010, 「〈武威漢代醫簡〉"行解"義證」, 『中醫文獻雜誌』2010-2.

확실히 孫臏書에 속한다는 증거는 부족하다. 그중에 〈將敗氣〉, 〈兵之恒失〉 두 편의 편명이 〈王道〉 등 論政篇과 같이 標題 木牘에 보이기 때문에, 孫臏書가 아니라는 점이 확실히 드러난다. 두 번째 부분의 각 편은 대체로 음양(陰陽), 시령(時令), 점후(占候)의 순서에 따라 분류되고 편성되었는데, 주로 "曹氏陰陽", "三一十時", "天地八風五行客主五音之居"과 "占書" 등이 포함되어 있다. 세 번째 부분은 첫 번째, 두 번째 부분에서 수록하지 못한 竹書를 포함하고 있는데, "唐勒論御"賦, 相狗方, 作醬法과 算書(?) 등의 殘篇이며, 내용이 방대하고 복잡한 편이다.[79]

2) 텍스트 考釋과 硏究

白於藍 선생은 『銀雀山漢墓竹簡(壹)』에서 아직 석독하지 못했거나 주석을 붙이지 못한 내용을 8개조로 나누어 보충 설명을 진행하였다.[80]

魏宜輝 선생은 銀雀山漢簡 〈晏子春秋〉에는 "𢌳"글자와 유사한 서법이 있는데, 이것은 "由"가 변한 것임을 지적하였고, 간문 중에 "詔", "由臾"와 古書에 보이는 "詔諛", "道諛"를 같은 글자로 보았다.[81] 李天虹 선생은 銀雀山漢墓의 簡本 〈晏子春秋〉와 현재 전해지는 『晏子春秋』의 본문 관계 토의를 통해, 簡本 〈晏子春秋〉의 각 장의 대다수는 今本과 같으며 소수의 章만 현존본의 字句와 차이가 큰데, 이것은 劉向에 의해 겹친 부분이 제거되었기 때문이라고 하였다. 簡本의 13, 16장도 아마 금본의 시작이었을 것인데, 후대사람이 簡本을 기초로 몇 차례의 윤색과 간문 제거를 하여 비로소 今本이 형성되었다. 이외에 簡本 10, 11장은 금본에서는 각각 2章으로 나뉘어 있는데 아마도 劉向이 章을 나눈 결과 일 것이다.[82] 또한 簡本 〈晏子春秋〉과 금본을 대조하며 읽어서 간본 2·4·8·9·10·13 등의 章은 모두 10개 간문임을 언급하였다.[83]

陳侃理 선생은 전세문헌을 이용해 銀雀山漢簡 〈迎四時〉殘篇에 綴合과 복원작업을 하고, 아울러 〈皇覽〉에서 인용한 禮書는 같은 내용을 가진 문헌의 시대가 다른 傳本이라고 보았다. 또한 양자가 목록학의 분류상으로는 각각 음양서와 儒書로 분류되는 현상의 역사 문화적 배경을 분석하였다.[84] 『銀雀山漢墓竹簡(貳)』이 출판된 후 陳侃理은 〈迎四時〉편의 석문을 교정하였으며, 1881d(2757)·1882(1597)·1883b(2039)·1886f(3272) 등 4매 간을 단서로 하여 두 가지 복원 방안을 제시하기도 하였다.[85]

連劭名 선생은 銀雀山漢簡 〈天地八風五行客主五音之居〉篇 중에서 현존하는 10여매 간을 서사 격식과 내용을 근거로 納音, 十二月配八風, 利客主, 禱祠奏樂의 4가지 부류로 귀납하였다. 또한 관련 문헌

79) 銀雀山漢墓竹簡整理小組, 2010, 『銀雀山漢墓竹簡(貳)』, 文物出版社.

80) 白於藍, 2010, 「銀雀山漢簡校釋」, 『考古』2010-12.

81) 魏宜輝, 2010, 「銀雀山漢簡〈晏子春秋〉篇"𢌳"字新釋」, 『簡帛語言文字硏究』第5輯, 巴蜀書社.

82) 李天虹, 2010, 「簡本〈晏子春秋〉與今本文本關係試探」, 『中國史硏究』2010-3.

83) 李天虹, 2010, 「簡本〈晏子春秋〉與今本對讀札記」, 『出土文獻與古文字硏究』第3輯, 復旦大學出版社.

84) 陳侃理, 2010, 「從陰陽書到明堂禮-讀銀雀山漢簡〈迎四時〉」, 『中華文史論叢』2010-1.

85) 陳侃理, 2010年 9月20日, 「銀雀山漢簡〈迎四時〉補說」, 簡帛網.

을 결합하여 이러한 부류의 風占은 고대 장님들이 바람소리를 들어서 天道를 추측하는 방법에 기원하며, 風占·樂律과 밀접한 관계가 있는데 齊 지역에서 이러한 律歷 風占術이 성행하는 것은 역사전통, 문화 특징 등 요소에 의해 결정된 것이라고 생각하였다.[86] 또한 그는 銀雀山漢簡〈定心固氣〉의 13매 간의 석문을 논증하였고, 이를 바탕으로『孟子·公孫丑』에 기재된 "知言養氣"論과 대조하여 설명하였다.[87]

蔡偉 선생은 銀雀山漢簡〈唐勒〉의 "兢久"를 "恒久"로 읽어야 한다고 생각하였다.[88] 또한 〈十陣〉의 "陣而□之, 規而離之"의 "□"는 "支"일 수밖에 없다고 하였다.[89] 林志鵬 선생도 역시 〈十陣〉篇의 1532·1538·1552간과 〈患之〉篇의 1276간의 구절을 이해하는 데에 보충 의견을 덧붙였다.[90]

高友謙 선생은 銀雀山漢簡〈見吳王〉篇의 문자를 교감하고 증보하였다.[91]

7. 湖南長沙馬王堆3號漢墓簡牘, 帛書

1) 簡牘

陳松長 선생은 長沙馬王堆 3호 한묘에서 출토된 遣策의 석문과 주석을 수정하고, "八聿", "窫", "贖觀", "今笥" 등에 대하여 언급하였다.[92] 范常喜는 馬王堆 1호 한묘에서 출토된 遣册에 보이는 "紋緒巾"는 "級(祓)緒巾"로 석독해야 하는데, 이것은 일종의 치마 위에 덮는 모시로 만든 蔽膝일 가능성을 제시하였다.[93] 伊强 선생은 遣策 343간에 "單"은 "旆" 또는 "氈"으로, "平"은 글자 그대로, "完"은 "兗"으로 읽을 수 있다고 지적하였다.[94] 傅敏怡 선생은 마왕퇴 3호묘에서 출토된 "告地書"에 보이는 "主藏君"은 장사 지역 왕실 혹은 장안 중앙조정에서 파견된 "장례를 살피는(視葬)" 대표라고 생각하였다. 또한 술어 "敢言之", "自言" 및 "一編 혹은 一編書", "遣策과 告地書의 관계", "告地書의 특징" 등의 문제를 검토하였다.[95]

2) 帛書

王樹金 선생은 학계에서 馬王堆帛書〈天文氣象雜占〉篇을 가장 먼저 조합한 경험을 기초로 〈說郛〉

---

86) 連劭名, 2010, 「銀雀山漢簡〈五音之居〉與古代的風占術」, 中國文化遺産研究院, 『出土文獻硏究』第9輯, 中華書局.

87) 連劭名, 2010, 「銀雀山漢簡〈定心固氣〉與孟子思想」, 『華夏考古』2010-1.

88) 蔡偉, 2010年 10月31日, 「讀〈銀雀山漢墓竹簡(貳)〉札記」, 復旦網.

89) 蔡偉, 2010, 「讀書叢札」, 『出土文獻與古文字研究』第3輯, 復旦大學出版社.

90) 林志鵬, 2010年 3月19日, 銀雀山漢簡〈十陣〉釋讀四則, 簡帛網.

91) 高友謙, 2010, 「漢簡〈見吳王〉校補」, 『濱州學院學報』2010-4.

92) 陳松長, 2010, 「馬王堆三號墓出土遣策釋文訂補」, 復旦大學 出土文獻與古文字研究中心編, 『出土文獻與傳世典籍的詮釋-紀念譚樸森先生逝世兩週年國際學術研討會論文集』, 上海古籍出版社.

93) 范常喜, 2010, 「馬王堆一號漢墓遣册"級緒巾"補說」, 『華夏考古』2010-2.

94) 伊强, 2010年 4月23日, 「馬王堆三號漢墓遣策343號簡考釋」, 簡帛網.

95) 傅敏怡, 2010, 「論馬王堆3號漢墓"告地書"」, 『湖南大學學報(社會科學版)』2010-4.

등의 전세문헌 기록과 결합하여 백서에 그려진 14國의 구름 모양(雲象), 점치는 언어(占語)에 대해 전면적으로 고증하고 석독하였다. 이와 아울러 "大雨", "大風"에 대해서도 언급하였다.[96]

蕭旭 선생은 馬王堆帛書 〈經法〉, 〈十大經〉, 〈稱〉과 〈道原〉 4편의 석문과 주석에 보충 의견을 제시하였다.[97] 鄔可晶 선생은 馬王堆漢墓帛書 〈十大經〉에서 두 곳의 석문과 주석에 새로운 해석을 덧붙였는데, 예를 들면 《觀》에서 "无恆"을 "無極"으로 읽고, "善之法則"의 "善"은 "展"으로 석독하여 "陳"으로 해석하고, 〈前道〉에서의 "責道"는 "積道"으로 읽어야 한다는 것이다.[98] 蔡偉 선생은 馬王堆漢墓帛書 중에 〈國次〉의 "擅制更爽", 〈十大經·五正〉의 "何患於國", "五十二病方"의 "蔵"에 대해서 보충설명을 하였다.[99] 劉雲 선생은 馬王堆帛書 〈黃帝四經〉에 보이는 "達"자는 "失"의 잘못된 글자라고 생각하였다.[100]

劉釗 선생은 馬王堆帛書 〈雜療方〉의 석문과 주석 11조에 대하여 보충작업을 진행하였다. 예를 들면 4-6행의 "掌"은 "華"로 고쳐서 "滓"로 읽으며 약즙의 침전물을 의미한다고 하였다. 다음 7행의 "洒"는 "沔"로 고쳐서 "洗"로 읽어야 하며, 18-19행의 "絲繒"은 "疏繒"으로 석독해야 한다.[101] 劉建民 선생은 〈雜療方〉 3번째 행의 "杜虞"은 "薯蕷"로 읽어야 하는데, 이것은 훗날 房中術에서 이용하는 약에서 자주 볼 수 있는 약제라고 하였다. 또한 12-15행 및 17행의 "禹熏"은 "禹孫"로 읽어야 하는데, 바로 택사(澤瀉)이다.[102] 李銳 선생은 『馬王堆漢墓帛書(肆)』에 보이는 〈天下至道談〉篇 앞부분의 "天下至道談"이라는 다섯 글자는 다음문장 "天下至道談(淡)如水"과 연결해 읽어야 하며, 이 編의 표제가 아니라고 하였다.[103]

魏慈德 선생은 마왕퇴백서 〈周易〉 전체 사진(출처는 3개가 다르다)과 批注本(張政烺 선생이 이전에 모아 붙인 殘帛의 사진일 것)의 차이를 비교하였다.[104] 張克賓 선생은 馬王堆帛書 〈易傳〉와 今本은 모두 乾坤 2卦의 독특한 지위와 문화 의의를 설명한다고 하였다. 또한 鍵川을 卦名으로 삼아 우주의 상태 기능 각도에 따라 乾坤이 통괄하고 있는 天人의 道, 즉 陰陽合德, 剛柔相濟, 動靜有時, 文武兼施를 드러내고 있다고 생각하였다.[105]

---

96) 王樹金, 2010, 「帛書〈天文氣象雜占〉"列國雲占"探考」, 中國文化遺産研究院, 『出土文獻研究』第9輯, 中華書局.

97) 蕭旭, 2010年 3月8日, 「馬王堆帛書〈經法〉四種占佚書校補」, 復旦網.

98) 鄔可晶, 2010, 「馬王堆漢墓帛書〈十大經〉補釋二則-外一篇: 說古文獻中以"坐"爲"跪(詭)"的現象」, 武漢大學簡帛研究中心, 『簡帛』第5輯, 上海古籍出版社.

99) 蔡偉, 2010, 「〈馬王堆漢墓帛書〉札記(三則)」, 復旦大學 出土文獻與古文字研究中心編, 『出土文獻與傳世典籍的詮釋-紀念譚樸森先生逝世兩週年國際學術研討會論文集』, 上海古籍出版社.

100) 劉雲, 2010年 4月23日, 「說〈黃帝四經〉中的一類"達"字」, 復旦網.

101) 劉釗, 2010, 「馬王堆漢墓帛書〈雜療方〉校釋劄記」, 『古文字研究』第28輯, 中華書局.

102) 劉建民, 2010年 1月31日, 「〈雜療方〉藥名小考二則」, 復旦網.

103) 李銳, 2010, 「讀〈天下至道談〉札記一則」, 『簡帛語言文字研究』第5輯, 巴蜀書社.

104) 魏慈德, 2010, 「馬王堆帛書〈周易〉經文照片校正」, 『古文字研究』第28輯, 中華書局.

105) 張克賓, 2010, 「帛書〈易傳〉乾坤之義疏論」, 『孔子研究』2010-1.

廖名春 선생은 馬王堆帛書와 楚簡에 보이는 〈五行〉편 "不仁思不能清"章의 일부 문자를 이해하는데 새로운 의견을 제시하였는데, 그중에서도 네 차례에 걸쳐 출현하는 "不能"의 "能"을 "耐"로 석독하여 "견디다, 감당하다"로 해석하고 "降"도 "愉"으로 읽었다.[106] 계속해서 帛書 〈五行〉편 "酉下子輕思於翟" 段에도 역시 새로운 해석을 제시하였는데, "巠"과 "輕"은 "經"으로 석독하여 "항상(恒常)"의 뜻으로, "翟"은 "易"으로 석독하여 "다스리다(治)"의 뜻으로, "見"은 "천거", "추천"의 뜻으로 이해하였다.[107]

孫瑞과 李可欣 선생은 표제와 본문 두 가지 방면에서 馬王堆漢墓帛書 〈戰國縱橫家書〉의 각 편의 상행 문서에 반영되어 있는 문서 구조와 격식이 대체로 현대 문서와 유사하고, 특히 표제는 이미 공무 문서의 일부 요소를 담고 있어 격식상으로도 비교적 규범에 맞으며 상대적으로 정해진 서사 방법을 가지고 있다고 하였다.[108] 劉偉 선생은 馬王堆帛書本 〈春秋事語〉와 『國語』를 편찬요지와 체제 형식 등 방면에서 접근하였는데, 帛書本은 아마도 古本『國語』의 選本이었을 것이라고 생각하였다.[109]

8. 河北定縣八角廊40號漢墓竹簡

譚寶剛 선생은 竹簡 〈文子〉에서 언급한 "經", "傳"은 〈文子〉자체에 대해서 말한 것이 아니라, "經"은 『老子』를 가리키는 것이고, "傳"도 역시 다른 책을 가리키는 것이라고 하였다. 그러나 구체적으로 무엇을 가리키는지에 대해서는 문헌 부족으로 증명하기 어렵다.[110]

9. 湖北江陵鳳凰山漢墓竹簡

王暉 선생은 鳳凰山8號漢墓 遣策에 보이는 "溥土"와 167號, 168號 漢墓 遣策에 보이는 "薄土"는 "亳土"로 읽어야 한다고 하였다. 그것과 대응하는 實物이 바로 鳳凰山167號 漢墓에서 출토된 장방형의 흙 덩어리로 밖은 진홍색으로 싸여 있었다. 이 흙 덩어리는 바로 漢代 徐州 薄姑氏 故國의 五色土에서 취한 赤土이며, 봉건 제후왕에게 사용되는 전용 흙이라는 점을 제시하였다. 그러나 이것은 실제로 수봉(受封)하는 물건이 아니고, 가상으로 죽은 자가 지하에서 "薄土", "溥土"를 받아서 侯王이 되기를 기원하는 것이다.[111] 李偉 선생은 봉황산 10호묘, 4호묘에 보이는 "口錢" 조목은 미성년에게 징수하는 인두세나 성인에게 징수하는 인두세도 아니며, 간독에 나타난 다른 조목과 같이 지방 재정의 일부분으로 지방행정장관에게 지급하는 공무 비용에 사용된다고 설명하였다.[112] 李明曉 선생은 10號墓 〈中服共侍約〉

---

106) 廖名春, 2010, 「簡帛〈五行〉篇"不仁思不能清"章補釋」, 中國文化遺産研究院, 『出土文獻研究』第9輯, 中華書局.

107) 廖名春, 2010, 「帛書〈五行〉篇"酉下子輕思與翟"段新釋」, 『古文字研究』第28輯, 中華書局.

108) 孫瑞·李可欣, 2010, 「〈戰國縱橫家書〉中上行文書的結構及格式」, 『紀念徐中舒先生誕辰110周年國際學術研討會論文集』, 巴蜀書社.

109) 劉偉, 2010, 「馬王堆帛書〈春秋事語〉性質論略」, 『古代文明』2010-2.

110) 譚寶剛, 2010, 「竹簡〈文子〉所稱"經"爲〈老子〉考」, 『許昌學院學報』2010-6.

111) 王暉, 2010, 「漢簡"薄土"考辨」, 『古文字研究』第28輯, 中華書局.

112) 李偉, 2010, 「從鳳凰山漢簡看西漢地方財政稅收」, 『南京師大學報(社會科學版)』2010-3.

을 석독하였다.[113]

10. 居延新簡

趙寵亮 선생은 居延新簡 〈女子齊通耐所責秦恭鼓事〉殘冊 7枚간의 편련에 새로운 의견을 제시하였고, 이를 기초로 하여 殘冊의 내용과 명칭에 대한 설명을 진행하고 殘冊에 보이는 "烽燧에서의 鼓의 작용" 과 "변경에서 여성의 지위"라는 두 가지 문제에 대해 토론하였다.[114] 楊芬 선생은 居延新簡 EPS4T1.9 와 EPS4T1.13을 연결하고, 居延新簡 〈馬建與張掾書〉, 〈宮與高執事書〉, 〈夏君壯與某君書〉 및 EPT3.9, EPF22.465의 석독 순서를 조정하였다.[115]

11. 安徽阜陽雙古堆1號漢墓簡牘

郭永秉 선생은 安徽阜陽雙古堆 西漢簡牘에 보이는 두 조문에서 언급하고 있는 글자 형태에 대해서 새로운 고증을 하였다. 이를 기초로 하여 〈儒家者言〉章題 木牘의 제34호 章題는 『說苑·雜言』에서의 "孔子曰: '回, 若有君子之道四: 强於行己, 弱於受諫, 怵於待祿, 慎於持身'"과 대응하고 있으며, 〈春秋事語〉제21의 "九原"은 "九京"로 바꿔 석독해서 古書에 보이는 "九原", "九京"의 기록과 주석 및 기타 지리 위치 문제에 대해 상세하게 논평하였다.[116] 劉嬌 선생은 阜陽漢簡 "說"類 殘簡의 간문을 〈左傳〉, 〈呂氏春秋〉, 〈說苑〉, 〈新序〉와 같은 전세 문헌, 상해 박물관 간독 〈平王與王子木〉篇과 같은 기타 출토문헌과 본문을 대조 비교하는 연구를 하였는데, 모두 11개 이다.[117]

12. 湖北江陵張家山247號漢墓竹簡

1) 編聯과 綴合

何有祖 선생은 二年律令 〈具律〉83간과 殘片 12개를 결합하는 작업을 하고, "老"자에 대한 석독을 보충하였다.[118]

2) 텍스트 考釋과 硏究

趙久湘 선생은 張家山 漢簡 釋文을 글자모양의 隸定, 탈문(脫文), 어순(語序), 이체자(異體字) 등의

---

113) 李明曉, 2010年 5月14日, 「湖北江陵鳳凰山十號漢墓出土木牘〈中**服**共侍約〉集釋」, 簡帛網.

114) 趙寵亮, 2010, 「居延新簡〈女子齊通耐所責秦恭鼓事〉殘冊復原與硏究」, 武漢大學簡帛硏究中心, 『簡帛』第5輯, 上海古籍出版社.

115) 楊芬, 2010, 『出土秦漢書信匯校集註』, 博士學位論文, 武漢大學.

116) 郭永秉, 2010, 「阜陽漢簡考釋兩篇」, 『文史』2010-4.

117) 劉嬌, 2010, 「阜陽漢簡 "說"類殘簡硏讀小札」, 『出土文獻與古文字硏究』第3輯, 復旦大學出版社.

118) 何有祖, 2010年 10月4日, 「張家山漢簡〈具律〉綴合一則」, 簡帛網.

방면에서 분류하고 보충하였고, 〈二年律令〉, 〈奏讞書〉, 〈蓋廬〉, 〈算數書〉, 〈脈書〉, 〈引書〉 등의 내용을 언급하였다.[119]

陳松長과 李婧嶸 선생은 법률, 사회, 정치 측면에서 二年律令 〈賊律〉을 첫머리에 둔 원인에 대해서 분석하였다.[120] 李婧嶸 선생은 張家山漢簡 〈二年律令·賊律〉의 법률적 성격, 입법 목적 및 원칙에 대해서 논의를 진행하고, "乘城亭障", "耐與完", "同産", "保辜" 등의 간문에 대해서 고찰과 연구를 진행하였다.[121] 戴世君 선생은 〈二年律令〉의 盜·具·告·捕·亡律 등의 율문과 해결하기 어려운 구절에 대해서 설명하였다.[122] 支振鋒 선생은 〈二年律令·賊律〉에 보이는 "諸侯"는 당시 역사 현상의 실마리를 연구하는데 아주 중요하며, "諸侯"가 적용되는 범위는 단순하게 한초 통치자가 책봉하는 동성 혹은 이성 제후만을 포함할 뿐만 아니라, 육국 왕실의 후예, 秦末 농민 전쟁 중 스스로 봉해졌거나 봉해진 제후 및 그 잔여 세력, 한초 軍功 집단을 포함하고 있으며 또한 흉노에도 적용할 수 있다는 가능성을 제시하였다.[123]

蔣菲菲 선생은 張家山漢簡 〈二年律令·盜律〉 66간에 보이는 "橋(矯)相以爲吏、自以爲吏以盜"는 65간 "羣盜及亡從盜"에서 범한 여러 범행 중의 한 항목이라고 생각하였다. 또한 "矯"은 漢 정권, 漢朝가 지칭하는 관할 외의 적대 세력이며, "吏"는 정부 관리를 일컫는 것 외에도 민간 관리자, 책임자에게도 사용할 수 있다는 점을 지적하였다. 이 율문은 "(군도와 도망하여 군도에게 의탁한자가) 외부 적대 세력과 결탁하여 그 관작봉호를 받거나 멋대로 반란 칭호를 선포하여 이러한 조직 형태로 무리를 모으고 무장하고 약탈한다"는 의미이다.[124]

黃怡君 선생은 〈二年律令·置吏律〉 210간의 "非吏及宦"는 "非吏及非宦"로 이해해야 한다고 하였다.[125] 游逸飛 선생은 〈二年律令·置吏律〉 213–215간에서 세 차례에 걸쳐 보이는 "尉"의 의미는 모두 다른데, "屬、尉、佐以上毋乘馬者"에서의 "尉"는 縣級 屬吏를 가리키며, "授爵及除人關於尉"에서의 "尉"는 郡尉와 中尉를, "都官自尉、內史以下毋治獄"에서의 "尉"는 廷尉를 가리킨다고 보았다.[126] 何有祖 선생은 〈二年律令〉 213–214간과 232–233간 율문에 보이는 "屬尉"는 모두 끊어 읽어야 한다고 생각하였다.[127]

曹旅寧 선생은 張家山漢簡 〈二年律令·錢律〉에 보이는 "行錢"은 화폐 유통을 의미하며, 품질은 불량하더라도 법률규정의 최하 표준에 부합하는 화폐는 물론이고 품질과 형태가 법률 규정의 표준을 넘는

119) 趙久湘, 2010, 「張家山漢簡釋文校補拾零」, 『西華師範大學學報(哲學社會科學版)』2010-4.
120) 陳松長·李婧嶸, 2010, 「〈二年律令〉將〈賊律〉置於篇首原因初探」, 中國文化遺産研究院, 『出土文獻研究』第9輯, 中華書局.
121) 李婧嶸, 2010, 「張家山漢簡〈二年律令·賊律〉研究」, 碩士學位論文, 湖南大學.
122) 戴世君, 2010, 「張家山漢簡〈二年律令〉研讀六則」, 『杭州師範大學學報(社會科學版)』2010-2.
123) 支振鋒, 2010, 「張家山漢簡〈二年律令〉中的"諸侯"–歷史箋釋與法律考辨」, 『華東政法大學學報』2010-4.
124) 蔣菲菲, 2010, 「〈二年律令·盜律〉"橋(矯)相以爲吏、自以爲吏以盜"考釋」, 『簡帛研究2007』, 廣西師範大學出版社.
125) 黃怡君, 2010年 8月23日, 「再論張家山漢簡〈二年律令·置吏律〉簡210的"非吏及宦"」, 簡帛網.
126) 游逸飛, 2010年 9月20日, 「再論張家山漢簡〈二年律令·置吏律〉簡213–2155的"尉"」, 簡帛網.
127) 何有祖, 2010年 9月20日, 「〈二年律令〉札記一則」, 簡帛網.

화폐도 모두 포함한다고 생각하였다. 또한 조문 중 "錢徑十分寸八以上"를 한초의 어떤 구체적인 화폐와 대응시켜 이를 근거로 〈錢律〉의 연대를 판명한다거나 더 나아가 〈二年律令〉의 연대 문제를 해결할 수 없다고 설명하였다.[128] 金慶浩 선생은 〈行書律〉 전체 간문의 번역·주석에 대해 보충의견을 덧붙였다. 〈行書律〉의 주요 내용은 郵의 설치 표준, 郵 내부의 12室 구조, 郵人 土地와 宅地의 지급, 노역 혹은 조세 면제 조건, 전송 규칙, 두 가지 문서 전송 방식 등등이다.[129] 連劭名 선생은 張家山漢簡 〈二年律令·行書律〉에 반영된 서한 초기 관부 문서 전송 제도를 郵亭 설치·관리·운행, 郵傳 문서의 종류·방식·기한, 郵人의 설립·직무 및 그 관리 등의 방면에서 개괄적으로 서술하였다.[130]

梁勇 선생은 張家山漢簡 〈二年律令·秩律〉에 보이는 "大匠官司空"을 "大匠宮司空"으로 고쳐서 "將作大匠"의 속관으로 보아야 한다고 하였다. "大匠宮司空"은 "宮司空"을 줄여 부를 수도 있으며 궁실과 관서건축을 책임지는 기구와 직관이다. "宮司空"은 중앙에서 지방까지 모두 설치되어 있으며 보좌직은 "宮司空丞"이다.[131] 彭浩 선생은 張家山漢簡 〈史律〉에 언급된 "上計六更"의 477-478간의 석문을 보충하고 구두점 조정 작업을 하였다. 여기에서 그는 "六更"의 "更"은 "몇 개월에 踐更 한 번"으로 이해해야 한다고 하면서 아울러 당시 史·卜·祝 계통의 인원 구성과 임직, 임용방식 및 당시 祠祀제도의 관계를 분석하였다. "上計六更"의 진짜 의미는 "更" 징발이 다른 史·卜·祝 인원에 따라서 상계장부에 반드시 기입하고 중앙정부와 군현은 이를 근거로 징발의 횟수, 인원을 배치한다는 것이다.[132] 王彦輝 선생은 張家山漢簡 二年律令 〈戶律〉에서는 한대 토지제도, 名田宅제도의 실행·특징, 전한 중후기까지의 변천, 〈置後律〉에 보이는 한대 계승제도, 〈雜律〉에 반영된 漢代 개인 부채 문제, 그리고 〈二年律令〉에 보이는 사노비의 사회적 지위 등의 문제에 대해 논의를 진행하였다.[133] 이 외에도 冨谷至 선생의 〈二年律令〉의 복원·내용과 성격에 관한 중요 논문은 李力이 중문으로 번역하여 게재되었다.[134]

王冰 선생은 〈奏讞書〉의 "淮陽守行縣掾新郪獄"에 보이는 "診問蒼、信、丙、贅、皆關內侯"의 끊어 읽기는 "診問、蒼、信、丙、贅皆(偕)"로 해야 하며, "關內侯" 이하 부분은 "信"과 연결해야 한다고 하였다. "皆"는 "偕"로 읽어서 "함께, 같이"라는 의미로 이해하였다. 또한 이를 기초로 "關內侯", "大庶長" 등 爵名의 의미와 반영하고 있는 역사적 배경에 대한 분석도 진행하였다.[135]

孫維國 선생은 張家山漢簡 〈蓋廬〉 중에서 "盾天之則" 등 11조항의 간문을 고석하면서, 각 편의 구조·문체·글자 사용의 특징에 대해 분석하였다.[136] 蔡偉 선생은 〈蓋廬〉의 "羊羊(洋洋)下之"에서 "之"는

---

128) 曹旅寧, 2010, 「〈二年律令·錢律〉"錢徑十分寸八以上"條釋義」, 『簡帛研究2007』, 廣西師範大學出版社.

129) 金慶浩, 2010, 「張家山漢簡〈二年律令·行書律〉譯註補」, 『簡帛研究2008』, 廣西師範大學出版社.

130) 連劭名, 2010, 「〈二年律令〉所見漢初的行書制度」, 『文物春秋』2010-3.

131) 梁勇, 2010, 「試論"大匠宮司空"」, 『徐州師範大學學報(哲學社會科學版)』2010-1.

132) 彭浩, 2010, 「談張家山漢簡〈史律〉的"上計六更"」, 中國文化遺産研究院, 『出土文獻研究』第9輯, 中華書局.

133) 王彦輝, 2010, 『張家山漢簡〈二年律令〉與漢代社會研究』, 中華書局.

134) 冨谷至, 2010, 「江陵張家山二四七號墓出土竹簡-特別是關於〈二年律令〉」, 『簡帛研究2008』, 廣西師範大學出版社.

135) 王冰, 2010, 「〈奏讞書·淮陽守行縣掾新郪獄〉涉爵釋文補正」, 『簡帛研究2008』, 廣西師範大學出版社.

"土"의 잘못된 글자로, "下土"는 문헌에 자주 보인다고 하였다.[137]

廣瀬薫雄 선생은 張家山二四七號漢墓의 遣策에 석독을 추가하였다. 예를 들면, 12간 둘째란의 "疏比一雙", 17간 둘째란의 "白璧四具", 19간 둘째란의 "船一艘" 등이다. 또한 이 遣策간의 배열 순서에 새로운 방안을 제시하기도 하였다.[138] 郭永秉 선생은 張家山漢簡 遣策과 馬王堆帛書〈雜療方〉의 사례를 결합하여 "蒜"자의 본래 서법은 "蒜(蒜)"이며, "祘"은 아마도 "蒜"자에서 간소화되어 갈라진 글자로 "蒜"자 아래 부분을 잘라내고 나온 글자일 것이라고 설명하였다.[139]

13. 江蘇揚州儀征縣胥浦101號漢墓簡牘

李明曉 선생은 〈先令券書〉을 석독하였다.[140]

14. 湖南張家界古人堤遺址簡牘

張如青과 丁媛 선생은 湖南 張家界 古人堤簡의 "治赤穀(?)方"의 "治"는 "치료하다(治療)"로 이해해야 한다고 하였다. 또한 "赤穀(?)"은 일종의 惡寒身熱, 頭項強痛, 骨節不利, 咳逆氣喘 등의 증세 혹은 脘腹冷痛, 下利泄瀉 등 兼證이 있는 傷寒病이며, "赤"은 傷寒으로 발열하는 모양을 그려낸 단어라고 하였다.[141]

15. 湖北江陵張家山336號漢墓竹簡

曹旅寧 선생은 보고된 5매 율령간의 사진을 근거로 석문을 제시하고, 그 내용과 귀속관계에 대해서 초보적인 탐색을 하였다.[142]

16. 甘肅敦煌懸泉置遺址簡牘

1) 자료 공개

張德芳 선생은 懸泉漢簡에서 "大宛"과 관련 있는 10간의 사진과 석문을 공개하고, 傳世文獻의 기록과 결합하여 매 간마다의 시대 및 漢과 大宛 사이의 상호 왕래의 역사적 사실을 고증하였다.[143]

---

136) 孫維國, 2010, 『張家山漢簡〈蓋廬〉文獻學研究』, 碩士學位論文.

137) 蔡偉, 2010, 「讀書叢札」, 『出土文獻與古文字研究』第3輯, 復旦大學出版社.

138) 廣瀬薫雄, 2010, 「張家山二四七號漢墓遣策釋文考釋商榷(六則)」, 『出土文獻與古文字研究』第3輯, 復旦大學出版社.

139) 郭永秉, 2010, 「說"蒜"、"祘"」, 『出土文獻與古文字研究』第3輯, 復旦大學出版社.

140) 李明曉, 2010年 5月3日「〈先令券書〉集釋」, 簡帛網.

141) 張如青·丁媛, 2010年 6月16日, 「張家界古人堤出土醫方木牘"治赤穀(?)方"考釋」, 復旦網.

142) 曹旅寧, 2011年 11月19日, 「張家山336號漢墓5枚律令簡釋文」, 簡帛網.

143) 張德芳, 2010, 「敦煌懸泉漢簡中的"大宛"簡以及漢朝與大宛關係考述」, 中國文化遺産研究院, 『出土文獻研究』第9輯, 中華書局.

2) 텍스트 考釋과 研究

初世賓 선생은 『敦煌懸泉漢簡釋粹』에 공개된 26-50호 冊書의 석문, 주석에 대해 보충 설명을 하였으며, 또한 이러한 冊書에 반영된 시대 배경·지명고찰·문서제도·傳信제도에 대해서도 상세한 고증을 하였다.[144] 李永平 선생은 주로 懸泉置 F13에서 출토된 3매와 東漢의 초기 역사와 관련있는 간독에 대해 언급했는데, 1간의 "小浮屠里"는 漢代 기층 행정조직인 里의 이름으로 敦煌의 어떤 鄕 아래에 속한 里 혹은 다른 지방의 里일 가능성을 제시하였다. 그리고 2간에 기록된 職官, 人物은 동한 建武 년간의 역사적 사실과 상호 검증할 수 있다. 3간은 東漢 『列女傳』 編撰와 연관되어 있는데, 편찬된 정치 사상적 배경을 반영할 수 있다.[145] 伊强 선생은 Ⅱ0114③:461의 "並塗"는 바로 古書에 보이는 "鞾韛"라고 생각하였다. 관련 문헌에 보이는 "鞾韛", "韛絥", "並塗", "薄土", "搏土"는 모두 같은 단어의 다른 서사 형식이다.[146]

17. 湖南長沙望城坡西漢漁陽墓簡牘

長沙市文物考古研究所와 長沙簡牘博物館에서는 湖南 長沙 望城坡 西漢漁陽墓에서 출토된 木楬, 簽牌, 封泥匣의 일부 자료를 공개하였는데 모두 8매 木楬, 2매 簽牌의 圖片, 석문 및 규격 편지이다.[147] 宋少華 선생은 木楬문자 자료를 이용하여 묘주 신분에 대해 탐색하였다.[148] 伍堯堯 선생은 長沙望城坡 西漢漁陽墓의 5매 木楬 혹은 簽牌의 석문을 수정하거나 보충하였다.[149]

18. 甘肅敦煌小方盤城遺址簡牘

李岩云 선생은 1988년 敦煌 小方盤城에서 출토된 5매 목간의 도판과 석문을 공개하고, 그 내용에 대해 서술하였다. 이 외에도 자료 중에 언급된 "出入關刺", "關守候", "匈奴譯" 등 문제에도 보충 설명을 진행하였다.[150]

19. 湖南沅陵虎溪山1號漢墓竹簡

1) 자료공개

張春龍 선생은 沅陵 虎溪山 漢簡에 언급된 閻氏 五生(勝)과 美食方의 두 세트, 모두 22매 죽간의 사

---

144) 初世賓, 2010, 「懸泉漢簡拾遺(二)」, 中國文化遺产研究院, 『出土文獻研究』第9輯, 中華書局.

145) 李永平, 2010, 「敦煌懸泉置遺址F13出土部分簡牘文書性質及反映的東漢早期歷史」, 『敦煌研究』2010-5.

146) 伊强, 2010年 11月8日, 「說漢簡中的"並塗", "併塗"」, 簡帛網.

147) 長沙市文物考古研究所·長沙簡牘博物館, 2010, 「湖南長沙望城坡西漢漁陽墓發掘簡報」, 『文物』2010-4.

148) 宋少華, 2010, 「長沙西漢漁陽墓相關問題芻議」, 『文物』2010-4.

149) 伍堯堯, 2010年 5月13日 「讀長沙望城坡出土木楬簽牌札記」, 復旦網.

150) 李岩云, 2010, 「敦煌漢簡相關問題補遺」, 『敦煌研究』2010-3.

진과 석문을 공개하였다.[151]

2) 텍스트 考釋과 研究

白於藍 선생은 虎溪山漢簡〈閻氏五勝〉2간의 "群"은 "陵"로 석독해야 하며 "斬"으로 읽을 수 있다고 보았다. 또한 4-5간의 "育"은 "熟"으로 읽어야 하고, 원래 "徙"로 읽은 글자는 "初"로 다시 隸定해야 하고 "乚"로 석독한 것은 뜻이 "延"과 같다고 하였다.[152]

20. 湖北隨州孔家坡8號漢墓簡牘

劉樂賢 선생은 孔家坡〈日書〉에 보이는 몇몇 古史傳說人物에 대해 새롭게 논의를 진행하였는데, 그 중에서 〈到室〉편에 나오는 "西大母", "女過與天子" 등 인명은 주로 字形 분석과 현존하는 문헌 자료를 결합하여 종래의 설을 보충하였다. 즉 "繡"에 대해서는 기존의견 논평을 기초로 그 글자의 서법이 "繡"와 "綸" 사이에 해당하는데, "綸" 글자형태가 잘못 쓰였을 가능성이 크며, 또한 "緀"의 通假子이다. 183호 간에 보이는 "齒爪"는 "齒尤"로 석독해야 하는데, 이것은 문헌에 자주 보이는 "蚩尤"라고 해야 한다.[153] 周波 선생은 孔家坡 漢簡《日書》의 16간과 殘片의 "五"를 연결하고, 291簡을 殘片의 "四六"에 연결하였다.[154] 方勇 선생은 《日書》370간의 "短豦"는 확실히 "短豦〈喙〉"라는 점을 제시하였다.[155] 單育辰 선생은 孔家坡간의 석문 중 17조에 의견을 보충하였다.[156]

21. 香港中文大學文物館 소장 簡牘

李成珪 선생은 〈奴婢廩食粟出入簿〉에 보이는 "田官", 元鳳二年 "田官" 壽에 곡물 납입하는 "官"의 성질, 月 단위로 양식을 수령하는 노비의 성별, 연령 구조, 연령군의 조정 시기, 연령의 대소와 양식의 체감율 등의 문제를 자세하게 분석하였다. 이로부터 이 문서를 민간 대토지경영자가 쓴 개인 문서라고 보았다. 그러나 이 때문에 漢代 농업 생산에서 노예 노동이 점하는 비중을 지나치게 과장해서는 안 되며, 대토지 노예제 경영은 아마도 佃戶 인원을 쉽게 확보할 수 없거나 노비를 염가로 구매할 있는 조건 아래서만 실행되는 생산 방식 일 것이라고 생각하였다.[157]

---

151) 張春龍, 2010, 「沅陵虎溪山漢簡選」, 中國文化遺産研究院, 『出土文獻研究』第9輯, 中華書局.

152) 白於藍, 2010, 「虎溪山漢簡〈閻氏五勝〉校讀二記」, 『出土文獻與古文字研究』第3輯, 復旦大學出版社.

153) 劉樂賢, 2010, 「釋孔家坡漢簡〈日書〉中的幾個古史傳說人物」, 『中國史研究』2010-2.

154) 周波, 2010, 「秦漢簡〈日書〉校讀札記」, 復旦大學出土文獻與古文字研究中心編, 『出土文獻與傳世典籍的詮釋-紀念譚樸森先生逝世兩週年國際學術研討會論文集』, 上海古籍出版社.

155) 方勇, 2010年 7月23日, 「說"豦(從頁)"」, 簡帛網.

156) 單育辰, 2010年 3月15日, 「佔畢隨錄之十二」, 簡帛網.

157) 李成珪, 2010, 「西漢的大土地經驗和奴婢勞動-以對香港中文大學文物館所藏簡牘〈奴婢廩食粟出入簿〉的分析爲中心」, 『簡帛研究2008』, 廣西師範大學出版社.

22. 山東日照海曲106號西漢墓竹簡

山東省文物考古研究所에서는 日照 海曲106號 西漢墓에서 출토된 簡牘 수량, 형태 및 죽간의 시대 성격에 대해 간단한 소개를 하였다. 그러나 전체 석문과 도판자료는 공개하지 않았다.[158] 劉紹剛과 鄭同修 선생은 山東日照海曲漢簡〈漢武帝後元二年視日〉의 전체 38매간의 석문과 그중에 7매 간의 컬러사진을 공개하였다. 또한 〈二十二史朔閏表〉, 〈三千五百年歷日天象〉기록과의 차이를 비교하였다. 이를 기초로 이 篇 간독의 명칭·歷註의 내용과 성질·서법의 특징을 분석하고, 이러한 歷註와 한대 음양가의 관념이 관계가 있다는 점, 택일술에서의 "陰陽刑德七舍"에 대해서 설명하였다.[159]

23. 湖北荊州松柏1號漢墓簡牘

廣瀨薰雄 선생은 松柏1號墓에서 출토된 更卒 徵發과 관계된 목독 석문에 보이는 숫자의 오차문제에 설명을 첨가하였고, 진한 간독 중의 "更數"에 대한 이해에 관한 입장을 거듭 표명하였다.[160] 陳偉 선생은 荊州松柏1號墓에서 출토된 목독〈南郡卒更簿〉본문 내용을 분석하면서, 기타 진한시대의 傳世 혹은 출토문헌 중에 진한시기 갱졸은 一歲 三更制로 실행되었다는 기록과 연결하여〈南郡卒更簿〉은 남군 군내의 更에 관한 장부일 가능성을 제시하였다. 이외에도 연령, 성별, 사회신분의 세 가지 측면에서 남군 갱졸의 구성을 분석하기도 하였다.[161] 楊振紅 선생은 松柏西漢墓48號 木牘 "二年西鄕戶口簿"에 보이는 大男, 大女는 15세이상으로 免老와 罷癃를 포함한 성인 남녀를 가리킨다고 보았다. 53號 木牘의 성격은 "南郡事復口算簿"이며, 簿에 보이는 小男, 小女는 7~14세까지 口錢을 납부해야 하는 使男, 使女가리킨다. 47號 木牘 "南郡卒更簿"에서의 숫자는 계산을 통해 대체로 맞아떨어진다. 또한 이 세 종류의 장부문서에는 부세를 피하기 위해 인위적으로 조작하는 모습이 포함되어 있다.[162] 凌文超 선생은 53號 木牘에 보이는 "使大男"는 독립된 단어가 될 수 없다는 점을 논의하였다. "使"는 동사로 해석해야 하며, 이 시기 군현 인구 집부 문서에서 사용하는 단어일 것이다. 이 용법은 走馬樓 吳簡에서 "領", "使"가 전체 문장의 술어가 되어 장부 기록을 통해 지배한다는 뜻을 가지고 있는 것에 해당한다. 이외에도 木牘에서 大男과 大女, 小男과 小女의 인원수 차이가 지나치게 많이 나는 문제에 대해 분석했으며, 목독의 연대를 서한 武帝 元鼎元年 이전으로 할 수 있다는 의견을 제시하였다.[163]

---

158) 山東省文物考古研究所, 2010, 「山東日照海曲西漢墓(M106)發掘簡報」, 『文物』2010-1.

159) 2010, 劉紹剛·鄭同修, 「日照海曲簡〈漢武帝後元二年視日〉研究」, 中國文化遺産研究院, 『出土文獻研究』第9輯, 中華書局.

160) 廣瀨薰雄, 2010, 「論松柏1號墓出土的記更數的木牘」, 復旦大學出土文獻與古文字研究中心編, 『出土文獻與傳世典籍的詮釋-紀念譚樸森先生逝世兩週年國際學術研討會論文集』, 上海古籍出版社.

161) 陳偉, 2010, 「簡牘資料所見西漢前期的"卒更"」, 『中國史研究』2010-3.

162) 楊振紅, 2010, 「松柏西漢墓簿籍牘考釋」, 『南都學壇(人文社會科學學報)』2010-5.

163) 凌文超, 2010年 11月29日, 「使大男-漢晉賦役制度識小之二」, 簡帛網.

24. 湖南長沙東牌樓東漢簡牘

伊强 선생은 〈佟致督邮某書信〉에서 해결하기 어려운 부분에 설명하고 보충의견을 덧붙이고, 또한 〈君書信〉에서 "屏營"과 〈津書信〉에서 "邑邑", 101간에서 "丈席", "丈二席" 등의 석독에 수정 작업을 하였다.[164] 李恒光 선생은 〈長沙東牌樓東漢簡牘〉에서의 9·12·19·28·30·32·38·40·48·101간 석문에 석독을 보충하였다.[165]

鄔文玲 선생은 간문을 석독하고 이해한 것을 기초로 長沙東牌樓東漢 簡牘 〈光和六年自相和從書〉는 구조와 내용 측면에서 보면 "列言"문서와 비슷하며, 문서에서의 원고 李建의 아버지 李升의 신분은 "民"이지 贅婿가 아니라고 하였다.[166] 莊小霞 선생은 東牌樓東漢 간독 〈光和六年自相和從書〉에서 1행에 보이는 "例"는 "督盜賊"과 끊어야 하며, "例"는 "列"과 통하는 글자이며, "督盜賊"는 漢代의 門에서 도적을 감시하는 것이라고 생각하였다. 또한 문서의 명칭은 "光和六年監臨湘李永例(列)督盜賊殷何上言李建與精張諍田自相和從書"로 해야 한다고 하였다.[167] 葉玉英 선생은 이 문서를 설명하면서, 문서에 반영된 畝産·口分田·自耕農과 漢代 토지제도, 유산 계승 등의 문제에 대해서 논의를 진행하였다.[168] 李明和 선생은 이 문서의 석독에 보충의견을 덧붙이면서, 반영된 재산 계승과 田地 면적 단위의 문제에 대해서 새롭게 관심을 기울였다. "精"은 장사지역의 토착 성씨이고 "精婭"은 결혼 후에도 여전히 신부집이 소재하고 있는 臨湘縣의 토지를 가지고 있으면서 부친의 재산을 계승할 수 있었으며, 남편 "李升"은 "精婭"의 재산에 어떠한 권한도 없었던 것 같지만, 자녀는 모두 아버지의 성을 따랐으며 또한 부친 李升의 명의아래 등기되어 있었다고 하였다. 이것은 동한 시기 장사지역의 토착 민족은 일정 정도에 있어서는 자신이 혼인 풍속 및 가정 경제 형태를 유지할 수 있었지만, 이미 국가의 군현통치 체제 아래 편입되어 있었던 상황을 설명해 줄 수 있다. 또한 "石", "石種"을 남방 장사 지역에서 稻의 파종량에 근거해 田地 면적을 측정하는 단위로 보았다.[169]

孫聞博 선생은 東牌樓 漢簡 〈桂陽太守行丞事南平丞印緘〉의 명칭, 문서 격식 및 간문의 의미에 대해 설명하였다.[170]

王子今 선생은 長沙東牌樓 漢簡의 "津卒"라는 칭호 배후에 드러나는 역사 문화의 정보를 고찰하여, 간독에 보이는 "津史"과 "津卒" 사이에는 모종의 관계가 있는데, "津史"는 典籍에 보이는 "津吏"로, 나

---

164) 伊强, 2010年 3月23日, 「讀〈長沙東牌樓東漢簡牘〉札記」, 簡帛網.

165) 李恒光, 2010年 5月20日, 「長沙東牌樓東漢簡牘劄記」, 復旦網; 李恒光, 2010年 12月11日, 「東牌樓漢簡文字補釋」, 復旦網.

166) 鄔文玲, 2010, 「長沙東牌樓東漢簡牘〈光和六年自相和從書〉研究」, 『南都學壇(人文社會科學學報)』2010-3.

167) 莊小霞, 2010, 「東牌樓東漢簡牘所見"督盜賊"補考」, 『南都學壇(人文社會科學學報)』2010-3.

168) 葉玉英, 2010, 「長沙東牌樓東漢簡牘〈光和六年監臨湘李永、例督盜賊殷何上言李建與精張諍田自相和從書〉釋讀及相關問題研究」, 復旦大學出土文獻與古文字研究中心編, 『出土文獻與傳世典籍的詮釋－紀念譚樸森先生逝世兩週年國際學術研討會論文集』, 上海古籍出版社.

169) 李明和, 2010, 「〈李建與精張諍田自相和從書〉中的財産繼承與"石"的面積單位」, 『簡帛研究2008』, 廣西師範大學出版社.

170) 孫聞博, 2010, 「說東牌樓漢簡〈桂陽太守行丞事南平丞印緘〉」, 『文物』2010-10.

루 혹은 津關을 관리하는 관원일 것이라고 밝히고, 주요 직책은 津關의 인원과 재화 출입에 대한 검사와 통제였을 것이라고 하였다. "津卒"과 기타 똑같이 "卒"의 신분을 가지고 있는 사람처럼 인신자유와 행위방식은 "卒"이라는 군인 신분의 제한을 받을 수 있다. "卒"의 신분은 교통 실천과 관련된 사례가 아주 많은데, 사회 일반 성원이 교통산업에 참여할 수 있는 것은 단지 "卒"의 신분으로서만 가능하며, 이것은 "役"이라는 완전한 피동의 형식을 통해 실현된다. 그 외에 "津卒"은 "關卒"과 비슷하게 세금징수 업무를 담당해야 했을 것이다.[171]

凌文超 선생은 東牌樓東漢 간독에 보이는 "算卒"의 "算"이 "凡口○事○ 算○事○"과 대응하여 口算錢의 徵收가 되고, "卒"은 "甲卒○人"과 대응하여 동한 후기 更賦 납부를 위주로 하는 것과 비슷하다고 하였으며, 東牌樓 東漢 戶籍簡 "算卒"의 의미는 算賦와 更賦를 징수한다는 의미일 것이라고 생각하였다.[172]

莊小霞 선생은 東牌樓簡은 양쪽에는 끈을 묶는데 이용하던 톱니 모양이 있는 文書楬일 것이며, 연대는 동한으로 보아야 할 것이라고 하였다. "中倉租券簽牌" 정면의 "中倉券"은 배면의 "南山鄕嗇夫租券本"와 같기 때문에 "租券本"은 아마도 張家山漢簡〈二年律令·戶律〉에 보이는 "田租簿"(혹은 성질이 비슷한 장부) 일 것이라고 생각하였다. 이것은 鄕嗇夫가 鄕民의 성명·관적·징수 가능한 田畝 수량과 조세 액수 등의 상황을 작성하고 기록하는 장부이다. 走馬樓 吳簡에 자주 보이는 "中倉"은 東漢 말기부터 이미 출현했으며 孫吳 시기까지 연장된다고 보았다.[173]

25. 廣東廣州南越國宮署遺址西漢木簡

何有祖 선생은 廣州南越國宮署遺址에서 출토된 西漢木簡의 일부 석문을 점검하고 수정하였다. 예를 들면 97간 "望見"의 "望"을 다시 석독했고, 54간 "常書"의 "書" 등을 고쳐 석독하였다. 또한 관련 간독의 끊어 읽기, 구절의 의미 및 서한 초기 남월국의 역사적 사실에 대한 논의를 진행하였다.[174]

26. 安徽天長安樂紀莊19號西漢墓木牘

胡平生 선생은 〈戶口簿〉, 〈算簿〉 木牘에서 "垣雍東鄕"을 "垣雍南鄕"로 고쳐 석독해야 한다고 하면서, "垣雍"이라는 지명에 대해서 河南 卷縣의 일부이거나 『漢書·地理志』에서 빠트린 현명 혹은 어떤 현에 소속된 鄕名이라는 세 가지 가능성을 제시하였다. 또한 묘주 謝孟의 임관지 東陽縣에 있지 않았을 것이라고 추측하였다.[175] 凌文超 선생은 〈算簿〉의 "事算"과 "復算"는 서로 대립되는데 "復算"은 算賦

---

171) 王子今, 2010, 「長沙東牌樓漢簡"津卒"稱謂及相關問題」, 『中華文史論叢』2010−1.

172) 凌文超, 2010年 12月13日, 「算卒−漢晉賦役制度識小之四」, 簡帛網.

173) 莊小霞, 2010, 「東牌樓簡"中倉租券簽牌"考釋」, 武漢大學簡帛研究中心, 『簡帛』第5輯, 上海古籍出版社.

174) 何有祖, 2010, 「廣州南越國宮署遺址出土西漢木簡考釋」, 『考古』2010−1.

175) 胡平生, 2010年 2月3日, 「天長安樂漢簡〈戶口簿〉"垣雍"考」, 簡帛網.

면제라는 뜻이고, "事算"은 算賦 납부라는 뜻으로 해석된다고 하였다.[176] 山田勝芳 선생은 安徽天長市 安樂鎭十九號漢墓에서 출토된 목독 중 "戶口簿"와 "算簿"에 관한 기록에 근거하여, 성인 여성이 요역 계승할 때는 算을 단위로 한다는 점을 거듭 표명하였다. 또한 간독에 기재된 것을 근거로 東陽縣은 1개의 都鄕과 5개의 離鄕을 포함하고 있고, 19호 묘주는 廣陵郡東陽縣 主吏級 인물이며, 謝孟과 貢且 및 그 배후의 각 가족의 투쟁과 같은 東陽縣의 당시 사회·역사적 상황을 복원하였다.[177]

27. 江蘇揚州西漢劉毋智墓封泥匣

揚州市文物考古研究所에서는 揚州西漢劉毋智墓에서 출토된 墨書文字를 가진 두 조각의 封泥匣 복사본, 형태와 그중에서 하나의 도판 자료를 공개하였다. 두 조각의 封泥匣은 총 4자로 그중에 식별 가능한 것은 3글자인데, 하나는 "張皇", 다른 하나는 "東□"이다.[178]

28. 湖北雲夢睡虎地77號西漢墓簡牘

1) 자료공개

熊北生 선생은 雲夢睡虎地77號西漢墓에서 출토된 간독에 대해서 J組간을 예로 들어서 정리와 편련 방면의 상황과 작업 방향에 대해서 소개하였다. 또한 약 33매간 정도의 석문, 12매간의 컬러 사진 및 출토상황도, J組간의 편호를 정리한 단면도 등의 자료를 공개하였다.[179]

2) 編聯과 綴合

曹方向 선생은 熊北生이 공개한 4組에 대해서 "伍子胥故事" 殘簡의 편련에 새로운 의견을 제시하였다. 그는 第二組의 J135-J138簡는 순서가 J136·J137·J138·J135로 되어야 하고, 第二組의 J104簡은 J101과 J102, J103의 사이에 놓여야 하며, 第四組의 J105-J107간의 순서는 J106·J107·J105가 되어야 한다고 조정하였다.[180]

3) 텍스트 考釋과 研究

劉樂賢 선생은 睡虎地77號墓에서 출토된 "伍子胥故事"의 殘簡을 『越絶書』 등의 전세 문헌 기록과 결합하여 끊어 읽기와 간단한 주석 작업을 진행하였다.[181] 何有祖 선생은 睡虎地77號 西漢墓에서 출토된

176) 凌文超, 2010年 12月3日, 「事算-漢晉賦役制度識小之三」, 簡帛網.
177) 山田勝芳, 2010, 「西漢武帝時期的地域社會與女性徭役-由安徽省天長市安樂鎭十九號漢墓木牘引發的思考」, 『簡帛研究 2007』, 廣西師範大學出版社.
178) 揚州市文物考古研究所, 2010, 「江蘇揚州西漢劉毋智墓發掘簡報」, 『文物』2010-3.
179) 熊北生, 2010, 「雲夢睡虎地77號西漢墓出土簡牘的淸理與編聯」, 中國文化遺產研究院, 『出土文獻硏究』第9輯, 中華書局.
180) 曹方向, 2010年 2月1日, 「云梦睡虎地漢簡"伍子胥故事殘簡"簡序問題小議」, 簡帛網.

간독의 일부 석문에 주석을 보충하고 수정하였다. 예를 들면 "胥走鄭", "邊(竟)境", "夫尚爲人也仁且勇", "其隄之千" 등이다.[182] 復旦大學出土文獻과 古文字硏究中心硏究生讀書會에서는 『2008中國重要考古發現』의 睡虎地77號 西漢墓에서 출토된 10枚 書籍簡을 석독하고, 이 문자들은 다섯 개의 춘추전국시대 故事에 속한다고 생각하여, 대독(對讀)할 수 있는 전세문헌을 밝혔다. 또한 글자체에 근거해서 이 서적은 서한 초기 베껴 쓴 것이며, 내용은 馬王堆帛書의 〈春秋事語〉, 〈戰國縱橫家書〉의 고사를 모아 베껴 쓴 것과 비슷하다고 지적하였다.

29. 湖北荊州謝家橋1號漢墓簡牘

曾劍華 선생은 謝家橋一號漢墓 간독의 기본적인 상황을 소개하면서 遣策부분에 대하여 분류하여 설명하고 간단한 해석을 덧붙였다.[183]

王貴元 선생은 謝家橋1號漢墓 告地策 木牘에서의 "郎中"은 아마도 馬王堆3號漢墓 遣策 목독 "主葬郎中"의 생략일 것이며, 이는 한대에 장례를 주최하는 사람의 직무 전문용어라는 점, "匲移"의 의미는 "傳遞"일 것이라는 점, 그리고 "一牒"은 居延漢簡의 "一編"과 같다는 점을 지적하였다.[184] 高崇文 선생은 謝家橋漢簡 遣冊 중 "槨室"의 사이즈 규격에 관한 기록과 출토 실물의 대조에 근거해서 遣冊에 보이는 "便廓具室一"은 바로 묘주가 사용하던 전체 곽실이지, 옆에 있는 변실(邊室) 혹은 가운데 있는 관실(棺室)을 가리키는 것이 아니라고 하였다. 이를 근거로 "黃腸題湊" 안에 있는 전체 槨室은 "便房"이나 "便槨"이라고 불리며 여기에서 "便"의 의미는 "平安", "適宜", "協和", "閒雅" 등의 길상의 뜻을 포함하고 있다고 추측하였다.[185]

30. 甘肅永昌水泉子5號漢墓木簡

張存良 선생은 甘肅永昌水泉子5號墓의 출토상황과 簡册의 형태에 대해서 비교적 상세하게 소개하고, 아울러 대량의 〈蒼頡篇〉목간의 석문과 그중 목간 45매의 컬러 사진을 공개하였다. 또한 이 목간을 전세문헌과 출토문헌의 〈蒼頡篇〉자료를 결합하여 水泉子 七言本의 특징을 귀납하였다. 그는 水泉子 七言本 〈蒼頡篇〉은 〈蒼頡訓纂〉로 명칭을 바꿔야 하며, 작품의 작가는 揚雄 또는 杜林일 것이라고 하였다.[186] 胡平生 선생은 석문을 교정하고 보충하면서[187] 이 판본의 작가와 연대에 다른 견해를 제시하였는데, 그가 보기에 七言本 〈蒼頡篇〉의 작가는 "민간 書師"이며 시대는 王莽이 漢을 빼앗기 이전 西漢

---

181) 劉樂賢, 2010, 「睡虎地77號漢墓出土的伍子胥故事殘簡」, 中國文化遺産硏究院, 『出土文獻硏究』第9輯, 中華書局.

182) 何有祖, 2010, 「睡虎地77號西漢墓出土簡牘札記」, 武漢大學簡帛硏究中心, 『簡帛』第5輯, 上海古籍出版社.

183) 曾劍華, 2010, 「謝家橋一號漢墓簡牘槪述」, 『長江大學學報(社會科學版)』2010-2.

184) 王貴元, 2010, 「謝家橋一號漢墓〈告地策〉字詞考釋」, 『古漢語硏究』2010-4.

185) 高崇文, 2010, 「釋"便槨"、"便房"與"便殿"」, 『考古與文物』2010-3.

186) 張存良, 2010, 「水泉子漢簡七言本〈蒼頡篇〉蠡測」, 中國文化遺産硏究院, 『出土文獻硏究』第9輯, 中華書局.

187) 胡平生, 2010年 1月17日, 「讀水泉子漢簡七言本〈蒼頡篇〉」, 簡帛網.

의 황제 시기일 것이라고 생각했다.[188] 또한 「水泉子簡〈蒼頡篇〉討論記錄」 논문에는 復旦大學出土文獻과 古文字研究의 많은 연구자들이 해당 篇의 간문에 교정과 석독의견을 덧붙인 내용을 실었다.[189] 福田哲之 선생은 七言本〈蒼頡篇〉은〈蒼頡篇〉의 이해와 글자를 알고 학습하는데 편리함을 증진시키기 위한 것이라고 생각하였다. 그는 七言本은〈蒼頡篇〉의 四字句에 부연(敷衍)과 훈석(訓釋)의 3자가 더해져서 만들어진 七字句로 구성되어 있으며, 이는 넓은 의미에 있어서 주석서의 성격을 가진 訓蒙書라고 생각했다. 또한〈蒼頡篇〉으로 책이 만들어진 시기는 여전히 식자서가 주류의 위치를 점하고 있던 서한 중기인 무제에서 선제시기까지로 볼 수 있으며, 七言本〈蒼頡篇〉은〈急就篇〉,〈元尙篇〉보다 앞설 뿐만 아니라〈凡將篇〉 이전부터 존재했을 가능성이 있다고 하였다. 七言本은 秦代〈蒼頡篇〉에서 漢代의 七言本字書로 발전하는 과정에 있기 때문에 아주 중요한 역사적 위치를 점하고 있다.[190]

31. 北京大學 소장 西漢竹簡

1) 자료 공개

北京大學出土文獻研究所에서는 北京大學이 소장하고 있던 한간을 소개하였다.[191] 韓巍 선생은 보존 상황, 베껴 쓴 연대, 分篇, 分章과 章序, 문자 어구의 차이 등의 측면에서 北京大學 소장 西漢 竹書本〈老子〉를 소개했다. 그는 이 竹書本이 帛書本과 今本 사이에 있는 版本이며, 『老子』의 본문 탄생·발전·정형화 방면을 연구하는데 적극적인 역할을 할 것으로 예상하였다.[192]

2) 텍스트 考釋과 研究

程少軒 선생은 북경대학 漢簡〈周訓〉 첫 번째 簡에서 "更旦"은 "初一朔日"을 가리키며, "共太子"는 東周시기 太子일 가능성이 크며, 이 篇은 『漢書·藝文志』에 기록된〈周訓〉은 아니라고 생각하였다.[193]

32. 甘肅敦煌一棵樹漢代烽燧遺址簡牘

楊俊 선생은 敦煌一棵樹漢代烽燧遺址에서 얻은 簡牘 16枚의 기본 상황을 소개하면서, 그중에 封檢 1매의 사진과 석문을 공개하고 간단한 주석을 덧붙였다. 이를 기초로 龍勒縣大煎都侯官의 봉수 감시 순서에 대해 논의를 진행했다.[194] 이 자료가 발표된 이후 인터넷 상에서 한 연구자가 이 封檢의 컬러 사

---

188) 胡平生, 2010年 1月21日, 「讀水泉子漢簡七言本〈蒼頡篇〉之二」, 簡帛網.

189) 程少軒, 2010年 1月17日, 「水泉子簡〈蒼頡篇〉討論記錄」, 復旦網.

190) 福田哲之, 2010年 11月26日, 「水泉子漢簡七言本〈蒼頡篇〉考-在《說文解字》以前小學書中的位置」, 簡帛網.

191) 北京大學出土文獻研究所, 2010, 「北京大學新獲"西漢竹書"槪述」, 『國際漢學研究通訊』 第1期, 中華書局.

192) 韓巍, 2010, 「北京大學藏西漢竹書本〈老子〉的文獻學價値」, 『中國哲學史』 2010-4.

193) 程少軒, 2010, 「讀北大簡〈周訓〉首簡小札」, 『國際漢學研究通訊』 第1期, 中華書局; 2010年 7月26日, 復旦網.

194) 楊俊, 2010, 「敦煌一棵樹漢代烽燧遺址出土的簡牘」, 『敦煌研究』 2010-4.

진을 공개하고, 석문·구두점·읽기 어려운 글자·간독 연대에 대한 논의를 진행하였다.[195]

33. 湖南長沙走馬樓東漢簡牘

2010년 6월 長沙 走馬樓에서 만 매 이상의 동한 간독이 발견되었다.[196]

Ⅲ. 魏晉簡牘의 研究

1. 長沙走馬樓三國吳簡

1) 編聯과 綴合

凌文超 선생은 嘉禾吏民田家莂의 발굴정보·編痕·標題簡·檢校일자를 바탕으로 하고 동시에 鄉丘의 대응관계와 鄉里의 호적정보에 관한 走馬樓竹簡의 내용을 종합하여 1−260出土號와 2100−2340出土號를 합한 493枚의 木簡을 분석하여 다음과 같은 편련의 기본 원칙을 얻었다. 즉 嘉禾吏民田家莂은 年별로 분류되고 鄉별로 나누어 編聯하고 있으며, "鄉−丘"租稅簿의 編聯과 "鄉里"戶籍吏民의 編次가 대응관계가 된다고 하였다. "里"는 "鄉−丘"관계를 편성하는 매개가 될 것인데, 완전한 복원은 좀 더 많은 鄉里戶籍의 編聯의 정황을 가지고 참고해야 한다고 하였다.[197] 또한 기록된 數値를 관련된 통계원칙에 의해 계산하여 92곳의 통계 착오를 바로잡고 논의 될 만한 數値의 釋文과 注釋을 보충하였다.[198]

2) 텍스트 考釋과 研究

王子今 선생은 走馬樓吳簡 가운데 3−3069에 보이는 "邪"가 "耶"와 통하고, 이것이 "父"라는 것을 지적하여 簡文에서 親屬관계로서 쓰이고 있다고 하였다. 이 簡文은 현재까지 "邪", "耶"가 親屬관계를 호칭하는데 쓰인 가장 이른 實證物이라고 하였다.[199] 韓樹峰 선생은 走馬樓三國吳簡 가운데 "姪"가 주로 伯·叔과 대칭적으로 쓰이지만 "姪"와 "兄子"가 병존해서 쓰인다는 점도 보류해 두었다. 顏之推의 "晉世以來, 始呼叔姪"와 같은 표현이 성립하지 않지만, 叔姪과 같이 대칭으로 쓰인 호칭이 孫吳시기에 이미 출현하고 있었다는 점을 지적하였다.[200]

于振波 선생은 走馬樓吳簡 가운데 名籍과 관련된 標題에 근거하여 人口와 田地·賦稅 등이 완전하게

---

195) 簡帛論壇 ID "zhangjm4261" 2009年 3月19日 "敦煌再現漢代完整封檢"라는 제목으로 발표.

196) 2010年 6月24日, 『長沙晩報』 第A08版; 2010年 7月8日, 『中國社會科學報』 第001版.

197) 凌文超, 2010, 「嘉禾吏民田家莂編連初探」, 『簡帛研究2007』, 廣西師範大學出版社.

198) 凌文超, 2010, 「『長沙走馬樓三國吳簡·嘉禾吏民田家莂』數值釋文訂補」, 『簡帛研究2008』, 廣西師範大學出版社.

199) 王子今, 2010, 「走馬樓竹簡"邪", "耶"稱謂使用的早期實證」, 『文物』2010−5.

200) 韓樹峰, 2010, 「中古時期的"姪"與"兄子", "弟子"」, 『歷史研究』2010−1.

하나의 簿籍에 기록되는 것이 아니라는 점을 제시하였다. 설령 人口를 登記하는 전문적인 名籍이라고 해도 다양화된 특징이 있으며 그중에 "戶人"을 중심으로 편제된 名籍에는 그 안에 吏·民·卒 등 다양한 신분이 포함되어 있기 때문에 가장 기본적인 戶籍類 문서라고 해야 한다고 지적하였다.[201] 沈剛 선생은 三國吳簡의 戶籍文書가 鄕·里 두 곳에서 編制되는 방식으로 구분된다고 하였다. 里에서 編制되는 戶籍文書의 結尾簡은 "右"~로 시작되고, 鄕에서 編制되는 戶籍文書의 結尾簡은 "凡"으로 시작된다. 또한 戶籍正文에는 徭役徵發 내용이 있지만 里編制의 戶籍文書에는 이런 내용이 없는 것이다. 또한 吳簡 戶籍文書형식에 근거하여 復元하고 戶籍을 계승하는 관리체제, 奴婢, 가정규모 등과 관련하여 논의하였다.[202]

徐暢 선생은 走馬樓戶籍簡 가운데 보이는 成人女子를 "小女"로, 未成年女子를 大女"로 칭하는 이같은 이름과 실제가 부합하지 않는 이 현상에 대해서 다음과 같은 의견을 제시하였다. 당시 여자가 15세를 전후로 出嫁하면 정부 측에서는 戶籍에 등기할 때 "子(弟)小女", "妻大女"로 기록하는 방식을 만들었지만 실제 年齡을 再考하지 않아서 생긴 문제라고 하였다. 아울러 吳簡에는 '成年이지만 出嫁를 기다리는 女[成年待嫁女]'와 '未成年이지만 이미 出嫁한 女[未成年已嫁女]'들이 많이 존재하고 있으며 또한 名籍의 인구 중 15세 이상의 여성이 남성보다 많은 것은 지세가 낮고 습한 長沙지역의 자연조건, 빈번한 戰事와 요역 동원이 靑壯年 남자의 사망을 초래한 것일 수 있다고 하였다.[203] 孫聞博 선생은 長沙走馬樓吳簡 가운데 戶籍類簡牘를 정리하면서 孫吳 초기 臨湘지역의 民戶 평균 口數는 약 4.99명, 算人이 家口에서 차지하는 비중은 47.4%이고, 평균적으로 매호 당 2.36算임을 지적하고 이는 漢代 가정의 상황과 대체로 근접하다고 하였다. 가정 규모는 3-5인의 小規模 위주이고 10인, 20인의 대규모 가정도 있는데 대규모 가정은 대부분 불완전한 主幹家庭·聯合家庭 혹은 擴大家庭의 형식으로 출현했다. 종합해서 말하면, 孫吳사회는 일찍이 "小家庭과 大宗族" 間의 활발한 상호작용이 있었다고 할 수 있다.[204]

賈麗英 선생은 체계적으로 통계된 『長沙走馬樓三國吳簡』에서 간행하고 공포한 戶籍類 간독자료에 기초하여 每戶 "口食"數를 근거로 당시 가정규모의 형식을 5종류로 구분하였다. 아울러 그중 "兄弟가 하나의 戶를 이루는 가정(兄弟同爲一戶)", "妻子의 親屬과 戶主가 동일한 戶를 이루는 가정(妻子親屬與戶主同爲一戶)", "贅婿", "戶內의 노비(戶下奴婢)" 등의 특수한 상황에 대하여 분석하였다.[205]

王素 선생은 長沙吳簡 가운데 "月旦簿"와 "四時簿"를 가지고 현행연구의 장단점을 評述하고 위의 "月旦簿"와 "四時簿"는 居延漢簡에서 보이는 前漢 "月旦見簿", 後漢 "月言簿", "四時簿"와의 연원관계가 명확하며 이것이 "吳承漢制"의 특징이라는 것을 지적하였다. 이와 같은 帳簿의 정식명칭은 마땅히 "月

---

201) 于振波, 2010, 「略說走馬樓吳簡之名籍」, 『簡帛硏究2008』, 廣西師範大學出版社.

202) 沈剛, 2010, 「吳簡戶籍文書的編制方式與格式復原新解」, 『人文雜誌』2010-2.

203) 徐暢, 2010, 「走馬樓簡中成年待嫁女和未成年已嫁女」, 『簡帛硏究2007』, 廣西師範大學出版社.

204) 孫聞博, 2010, 「走馬樓簡"吏民簿"所見孫吳家庭結構硏究」, 『簡帛硏究2007』, 廣西師範大學出版社.

205) 賈麗英, 2010, 「從『長沙走馬樓三國吳簡』看三國吳的家庭結構」, 『中國史硏究』2010-3.

旦見簿"가 되어야 하며 줄여서 "旦簿"라고 칭한다. 상용되는 것으로는 月, 季, 年에 의거하여 결산하는 3종류의 결산방식이 있었다. 月에 따른 결산은 "月言簿" 혹은 "月旦簿", 季와 年에 따른 결산은 "四時簿"라고 칭했다. 이 장부의 특징으로 어떤 결산 방식을 채택하던지 그 결산일은 모두 本月, 本 분기, 本年이 아니라 다음 달 1일, 다음 분기의 세 번째 月의 1일, 다음 년의 정월 1일인데, 모두 旦日, 旦月이라는 점을 들 수 있다고 하였다.[206] 戴衛紅 선생은 走馬樓吳簡 가운데 "直"와 "廩"은 모두 정부가 月마다 방출하는 口糧에 속하여 西北지역 簡의 "月食"과 성격상 유사하다고 하였다. "直"를 내주는 대상은 각종 吏士·師士 및 각급 官吏이며 "廩"의 대상은 士·諸將吏士·作柏船匠師·夷民·鄕吏 등을 포함하는데 두 대상의 표준량은 사람에 따라 달랐으며 모두 米로 지급되었다. "直"와 "廩"과 같은 칭호와 그 성격은 모두 秦漢時期의 廩給制에서 유래하지만 지급하는 대상과 糧食면에서는 구별되는 부분이 있다고 하였다.[207]

谷口建速 선생은 走馬樓吳簡에 보이는 孫吳정권의 지방재정기구에 대하여 三州倉·州中倉·庫에서의 收納, 搬出절차에 대한 분석을 진행하고 아울러 그 성격과 구조에 대하여 연구하였다.[208] 戴衛紅 선생은 三國吳簡 가운데 "督軍糧都尉"는 마땅히 節度府에 예속되어야 하며, 孫吳 戰爭時의 節度계통은 "節度府-督軍糧都尉-州中邸閣左·右郞中-三州邸閣郞中"이 된다고 하였다. 현재 확인되는 軍糧支出 簡의 格式은 크게 세 종류인데, 軍糧의 분배방식도 세 유형이다. 첫째는 各級軍事들에게 직접 지급하는 것, 둘째 俸·稟·直으로 하여 朝廷官員 혹은 각 吏士·師士에게 지급하는 것, 셋째 軍糧을 監運掾 등에게 넘겨서 지정된 군대의 집결지로부터 중계 운송하게 하는 것이었다. 또한 黃龍 3年에 武陵지역 蠻夷를 토벌하는 과정에서 군량의 운송경로를 분석하였다.[209]

沈剛 선생은 入皮簿의 격식은 즉 "入"으로 시작하여 "受"로 끝나며 중간에는 계약부호가 있는 獸皮를 납부하는 券書로 구성된 明細簡인데 이것은 "右"·"集凡"으로 시작하는 統計簡과 같은 구성이라고 하였다. 明細簡은 鄕名과 유형에 따라 순서대로 배열되었는데 獸皮납부 기간은 매년 8월에서 다음해 3월까지이며, 납부방법은 백성이 직접 납부하거나 鄕吏 등 基層官吏에게 전달하는 두 종류가 있었다. 獸皮를 납부하는 것은 常稅·橫調와 折變[실물을 팔아서 현금화 함]이라는 납부 성격을 가지고 있다고 할 수 있다.[210]

沈剛 선생은 走馬樓吳簡竹簡에서 부분 출현하는 布는 常布, 調布는 橫調이며, 冬賜布·織作布·品布는 布의 품종이라고 하였다. 吳簡에 보이는 納布文書는 원시증빙과 월별통계 2종류가 있다. 그 납부 기간은 매년 下半年度에 집중되어 있는데 특히 8월에 해당한다. 납부 방법은 丘 가운데 몇 戶의 居民으로

206) 王素, 2010, 「長沙吳簡中的"月旦簿"與"四時簿"」, 『文物』2010-2.
207) 戴衛紅, 2010, 「長沙走馬樓吳簡所見"直"、"廩"簡及相關問題初探」, 『簡帛研究2008』, 廣西師範大學出版社.
208) 谷口建速, 2010, 「長沙走馬樓吳簡所見孫吳政權的地方財政機構」, 武漢大學簡帛研究中心, 『簡帛』第五輯, 上海古籍出版社.
209) 戴衛紅, 2010, 「長沙走馬樓吳簡中軍糧調配問題初探」, 『簡帛研究2007』, 廣西師範大學出版社.
210) 沈剛, 2010, 「長沙走馬樓三國竹簡所見入皮簿格式復原與相關問題探討」, 『簡帛研究2007』, 廣西師範大學出版社.

부터 장차 납부해야 하는 布의 量을 누적하여 整數가 되면 모두 모아서 한 사람이 庫에 납부하게 하였다. 실물을 납부하는 것 이외에 折變[실물을 팔아서 현금화 함]으로도 가능했다.[211]

沈剛 선생은 走馬樓三國吳簡 가운데 '地僦錢'籍의 格式에 대한 정리를 진행하여 '地僦錢'의 성격과 徵收·管理 과정에 대하여 연구하였다. 연구에 따르면, '地僦錢'은 臨湘侯國이 전체 封戶에게서 徵收하는 定額稅이며 列侯의 정규적인 수입의 일부였다. 그것은 郡縣이 파견하는 市掾이 부분으로 나누어 징수한 다음 다시 일정한 절차를 거쳐서 侯國으로 들어갔는데, 漢代의 食封制度에서 어느 정도 유래한 것이라고 하였다.[212]

莊小霞 선생은 走馬樓吳簡 가운데 "奉䲏錢"은 孫吳의 관원들에게 지급되는 正俸 이외의 雜俸일 가능성이 있다고 지적하였다. 그와 같은 이름을 얻게 된 것은 漢代의 "奉錢"과 밀접한 관련이 있으며, 이 칭호는 강렬한 吳 지역의 특색을 드러내고 孫吳 官俸制度가 漢의 기초 위에서 지역에 맞게 변형 창조되었음을 보여준다.[213]

雷長巍 선생은 三國吳簡 가운데 40餘條와 "火種田"관련된 내용을 이용하여 "火種田"은 "旱田"·"熟田"의 두 종류가 있음을 지적하였다. 그 기본적인 賦稅는 米·錢·布이며, "火種田"의 함의를 분석하여 吳簡에 대량 출현하는 "火種田"과 當地의 지리 조건과 관부의 정책과 밀접한 관련이 있음을 밝혔다.[214]

方高峰 선생은 走馬樓吳簡 가운데 "諸鄉枯兼波唐田頃畝簿"는 臨湘縣(侯國)이 境內 "枯兼"農田의 水利工事에 대한 조사 통계자료라고 지적하였다. 그중 "波溏"는 小型 灌漑 공사인 것이 많은데 효력을 읽은 시간이 길지 않기 때문에 대부분 후한 시기에 건설된 것이다. "波溏田"의 수량과 그것의 도달범위를 보면 당시 長沙지역의 農田 수리공사가 발달했음을 알 수 있다.[215] 孫聞博 선생은 "諸鄉枯兼波唐田頃畝簿"의 格式에 대하여 추정하여, "波溏"과 丘名이 같은 상황이 있음을 지적하였고 吳簡 중의 "池"는 마땅히 面積과 성격이 서로 다른 水面이라고 하였다. "波田"·"唐田"를 경작하는 자 중에는 "士"의 妻子가 있는데 "士"는 孫吳軍隊의 士兵이라고 하였다.[216]

李迎春 선생은 走馬樓吳簡 가운데 "私學"의 신분에 대하여 재검토 하여 "吏"의 일종이라고 지적하였다. 그 출현은 진한시기 學吏制度와 밀접한 관련을 맺고 있으며 후한시기에는 低級 吏員으로 존재하여 행정책무를 부담하다가 三國 시기에 그 지위가 급격히 하강하여 생활은 보통 編戶齊民 이하의 처지에 놓였을 가능성이 있다.[217] 鄧瑋光 선생은 三國吳簡 가운데 "私學"과 관련된 "擧"는 "擧薦"라는 의미를

211) 沈剛, 2010, 「長沙走馬樓三國竹簡納布記錄析論」, 『史學月刊』2010-10.

212) 沈剛, 2010, 「長沙走馬樓竹簡所見"地僦錢"拾遺」, 『中國歷史文物』2010-4.

213) 莊小霞, 2010, 「走馬樓吳簡所見"奉䲏錢"試解-兼論走馬樓吳簡所反映的孫吳官俸制度」, 『簡帛硏究2008』, 廣西師範大學出版社.

214) 雷長巍, 2010, 「試論三國吳簡中的"火種田"」, 中國文化遺産硏究院, 『出土文獻硏究』第九輯, 中華書局.

215) 方高峰, 2010, 「從走馬樓吳簡看長沙地區的農田水利建設」, 『中國社會經濟史硏究』2010-2.

216) 孫聞博, 2010, 「走馬樓吳簡"枯兼波簿"初探」, 『簡帛硏究2008』, 廣西師範大學出版社.

217) 李迎春, 2010, 「走馬樓簡牘所見"私學"身份探析」, 『考古與文物』2010-4.

갖고 있음을 제시하였다. 그 목적은 "私學"某某人을 "擧"하여 吏가 되게 하는 것이다. "私學"은 秦漢 學吏制度의 연속이며 "黃薄"에 기록하여 "學吏者"身份임을 표시하여 추천에 의해서 吏가 되는 자격을 갖는다. 추천되기 전에는 "白衣"의 신분으로 丘에 거주하고 吏가 된 이후에는 거주지를 옮길 수 있으나 여전히 "私學"의 신분이었고 추천이 취소될 수도 있었다.[218]

柴立元·陳躍輝·黃燕·楊志輝 선생은 三國吳簡의 腐蝕浸泡液에서 떨어져 나온 9개의 세균과 곰팡이가 이 木牘의 리그닌(木質素), 섬유소, 헤미셀룰로오스(半纤維素)를 분해하는 주요 요인이라고 지적하였다.[219]

2. 玉門花海畢家灘의 棺板"晉律註"[220]

張俊民·曹旅寧 선생은 玉門花海畢家灘 第24號 十六國時期 墓葬에서 출토된 4매의 棺板위의 문헌에 대하여 네 방면에 걸쳐서 소개하고 연구를 진행하였다. 『晉律註』의 判定, 出現의 背景, 文獻學과 考古學적 가치, 法制史 연구에서의 가치를 언급하고 있다.[221]

Ⅳ. 秦漢魏晉簡牘 綜合研究

1. 法律

1) 律令體系

楊振紅 선생은 근래에 출토된 秦漢律을 종합하여 "中國古代法律의 儒家化"라는 이 학설과 이에 대립된 시각과 보충된 설에 대한 전면적인 논의를 진행하였다. 아울러 秦漢律이 구축한 사회계층과 가정윤리질서를 분석하고 더 나아가 秦漢律의 기본 구조, 원칙과 내용은 대부분 商鞅에 의해 확립된 것이지만 非法律儒家化된 결과가 되었다고 하였다. 또한 禮와 法은 원래 대립관계가 아니었으며 대립된 것은 단지 儒家·法家의 사회 주장일 뿐이라고 하였다. 戰國秦 이후 법률에 나타난 계층과 가족주의는 바로 李悝·商鞅 등이 만든, 西周舊禮와는 다른 새로운 "禮"라고 하였다.[222]

張忠煒 선생은 章句의 본래의 뜻을 논술한 바탕 위에 출토된 秦漢簡牘 중에서 律令자료를 종합하였다. 律章句學은 自然章句를 기초로 하고 어떤 律條의 分合 혹은 獨立을 확립하여 마침내 의미가 완비된

---

218) 鄧瑋光, 2010, 「走馬樓吳簡所見"私學"考」, 『東南文化』2010-3.

219) 柴立元·陳躍輝·黃燕·楊志輝, 2010, 「三國吳簡蝕斑可培養微生物的多樣性」, 『中南大學學報』(自然科學版)2010-5.

220) 棺板文獻은 비교적 특수하여 간독류문헌에 포함하지 않는다. 하지만 내용이 특수하여 이번 綜述에 넣었다.

221) 張俊民·曹旅寧, 2010, 「畢家灘『晉律註』相關問題研究」, 『考古與文物』2010-6.

222) 楊振紅, 2010, 「從出土秦漢律看中國古代的"禮", "法"觀念及其法律體現-中國古代法律之儒家化說商兌」, 『中國史研究』2010-4.

하나의 단위를 구성하는데 그것이 "章"이다. 이와 동시에, 문자 방면에서 斷句를 하고 난 후에야 律文의 註說을 분석하고 해석할 수 있다. 아울러 特殊字와 符號標識를 열거하여 이것이 律令文의 分章 斷句 및 含意를 파악하는데 중요하다는 것을 언급하였다.[223] 于振波 선생은 "九章律"은 漢代에 律典으로 존재했으며 그 篇名이 九篇이라고 하였다. 현재 출토된 律令名과 "九章律"이 서로 대응되지 않은 상황이 있지만 "九章律"의 존재를 부정할 수는 없다고 하였다. '律篇二級分類說'이 문제를 부분적으로 해결할 수 있지만, 완벽하게 갖추어지기를 기다려야 한다고 하였다.[224] 凡國棟 선생은 傳世 및 出土된 문헌에 보이는 "挈令"의 含意 및 연구에 대한 계통적인 정리와 여러 논의를 심의하면서 大庭脩 선생이 "挈令"을 "特令"으로 이해한 것이 가장 합리적이라고 지적하였다. "挈令"은 마땅히 岳麓秦簡에 보이는 "共令"과 相對的이라고 할 수 있다. 즉, 天子 이하 각급 官署에는 모두 "令"을 제정할 수 있는 권한이 있지만 최고급통치자의 批准을 거쳐야만 비로소 "令"이 되고 법률로서 효력을 가지게 된다고 하였다.[225]

李力 선생은 현재 가장 이른 混合法은 商鞅變法 이후 秦朝에 이르러 점차 발전한 秦律이며 가장 이른 判例法實錄은 睡虎地秦簡「法律答問」에 보이는 "廷行事"와 "比"라고 하였다. 그리고 張家山漢簡「二年律令」·「奏讞書」의 발견은 바로 前漢 초기의 混合法 실태를 보여주는 것이라고 하였다.[226]

2) 專門法

程維榮 선생은 「金布律」의 출현은 商鞅變法 이후 秦國이며, 漢初에 秦國의 「金布律」에 대하여 수정을 가하였고 같은 시기에 「金布令」과 병행하여 쓰였다고 하였다. 양자의 주요 내용은 貨幣管理, 官府倉庫, 牲畜管理 및 損害賠償·傷亡한 士兵의 구휼, 奴婢分配 등을 포함하고 있다. 「金布令」이 잇따라 공포되자 「金布律」의 지위는 하강하여 曹魏시기까지 양자의 주요 내용은 조정되었고 다른 篇目에 속하게 되기도 하였다.[227]

王裕昌 선생은 睡虎地秦簡과 張家山漢簡 가운데 「傳食律」을 비교하였다. 漢初의 규정이 보다 구체적이고 세밀하며 그 외에, 傳食標準量은 秦에서는 爵位였는데 漢初에는 秩級으로 전환되었다고 지적하였다. 懸泉漢簡 가운데 傳食과 관련된 문서를 통해 懸泉置의 傳食과 錢物의 근원을 검토하고 논의하였다.[228]

田振洪 선생은 秦簡資料를 종합하여 秦律 가운데 손해배상과 관련된 기본 유형과 특징을 귀납하여 정리하였다. 그 유형에는 국가양식 관리의 누락으로 조성된 손실에 대한 배상, 公物 손실 배상, 차용한 官物의 亡失과 훼손에 대한 배상 및 官의 馬牛 등 가축 피해에 대한 배상 등이 주요하게 포함되었다.[229]

223) 張忠煒, 2010, 「漢代律章句學探源」, 『史學月刊』2010-4.
224) 于振波, 2010, 「淺談出土律令名目與"九章律"的關係」, 『湖南大學學報』(社會科學版)2010-4.
225) 凡國棟, 2010, 「"挈令"新論」, 武漢大學簡帛研究中心, 『簡帛』第五輯, 上海古籍出版社.
226) 李力, 2010, 「發現最初的混合法: 從睡虎地秦簡到張家山漢簡」, 『河北法學』2010-2.
227) 程維榮, 2010, 「有關秦漢「金布律」的若干問題」, 『蘭州大學學報』(社會科學版)2010-4.
228) 王裕昌, 2010, 「漢代傳食制度及相關問題研究補述」, 『圖書與情報』2010-4.

董宏義 선생은 秦漢簡牘資料를 이용하여 秦漢 시기의 婚姻家庭 問題를 논의하였다. 그 내용은 秦簡에 보이는 배우자 선택 기준, 부부관계, 자녀관념, 부부이혼, 繼承關係 및 非正常的인 關係, 불화 가정 관계가 포함되었다. 또한 漢簡에 보이는 혼인형식, 가족 구성원의 지위 문제도 다루었다.[230]

3) 刑罰, 刑名과 刑期

黎明釗 선생은 西北 居延지역 漢簡 가운데 "捕亡"과 相關된 文書를 고찰하여 "捕亡"은 도망한 죄인을 잡는 것이라고 하였다. 도망하는 원인으로는 사무의 지체(逋事)·고된 요역(乏徭)·절도행위(盜竊)·群盜·殺人(吏民포함)과 구타 및 싸움(毆鬥) 등이 있었다. 출토 문서를 통해보면, 漢 帝國은 도망자를 체포하는 완벽한 제도를 구축하여 제국 통치를 공고히 하려고 시도하고 있음을 알 수 있다. 이에 대해 엄격한 법률과 제도가 있었다. 또한 夏侯譚·原憲의 구타 사례를 들어서 居延 변경 지역에서의 官員들의 구타, 官兵의 절도, 禁物의 소지, 邊關의 越境, 도망가는 노선 등의 과정을 보여주었다.[231] 陳光 선생은 秦漢時期 "盜"의 정의에서 출발하여 "與盜同法"의 유래와 합의를 분석하였으며 아울러 그것이 秦漢律令體系에서 量刑標準과 刑法原則이 되는 점을 고찰하여 밝혔다.[232] 宋微 선생은 秦漢時期 "群盜"의 정의에서 출발하여, 秦漢 출토 법률문서 중에서 群盜의 律文을 귀납하여 정부가 설치한 治安機構, 群盜 構成과 群盜多發의 영향 등 문제를 분석하였다.[233] 文霞 선생은 秦漢法律 중에서 奴婢盜竊罪가 "盜主"와 "盜他人" 두 종류로 구분하였는데 정부의 이들에 대한 징벌의 정도는 같았다. 또한 다른 계층과 비교해 봐도 차이가 없었다고 하였다.[234] 曾磊 선생은 簡牘資料文獻에 기재된 "諸侯子"는 마땅히 보통의 諸侯國人이 아니라 漢初 劉邦을 따라 천하를 통일한 原六國諸侯의 분가한 一族이라고 하였다.[235]

安忠義 선생은 秦漢簡牘資料 중에는 懲罰性 勞動의 기록에 관한 것이 많은데, 그 가운데 居作·冗作·復作·罰作이 作刑과 관련된다고 지적하였다. 그중 居作은 勞役 혹은 戍邊으로 勞役하여 채무, 속죄비용, 벌금을 배상하는 것이다. 冗作은 규정된 徭役 이외에 贖罪 혹은 代人贖罪로 勞役에 복무하는 것이다. 復作은 減刑 이후에 다시 국가를 위해서 일정 시간 노역하는 것이다. 罰作은 행정법규를 위반한 것에 대한 처벌이다. 이와 같은 노역에 종사하는 자들의 신분과 지위는 서로 달랐으며 노역의 원인도 일정하지 않았지만 모두 죄인은 아니었고 심지어 일정한 人身의 自由와 대우를 받았다.[236]

呂利 선생은 秦漢帝國 初期 庶人이란 것은 출생으로 인하거나 혹은 刑徒·收人·奴婢가 贖·免·赦 等

229) 田振洪, 2010, 「竹簡秦律有關損害賠償之規定」, 『蘭州學刊』2010-8.

230) 董宏義, 2010, 『從簡牘材料看秦漢婚姻家庭問題』, 碩士學位論文, 鄭州大學.

231) 黎明釗, 2010, 「捕亡問題探討:讀漢簡小記」, 『簡帛研究2007』, 廣西師範大學出版社.

232) 陳光, 2010, 『秦漢律令體系中"與盜同法"』, 碩士學位論文, 東北師範大學.

233) 宋微, 2010, 『試論秦漢"群盜"』, 碩士學位論文, 東北師範大學.

234) 文霞, 2010, 「秦漢奴婢盜竊罪釋例」, 『咸陽師範學院學報』2010-1.

235) 曾磊, 2010, 「"諸侯子"小議」, 『南都學壇』(人文社會科學學報)2010-2.

236) 安忠義, 2010, 「秦漢簡牘中的作刑」, 『魯東大學學報』(哲學社會科學版)2010-6.

의 方式으로 획득된 自由人 男女의 계층신분이라고 하였다. 傳籍制度의 보급과 庶人의 범위가 축소되면서 이미 의미상으로 완전한 하나의 사회계층을 구성할 수 없게 되고 단지 架橋적인 계층신분으로만 존재하게 되었다.[237] 그리고 秦漢法律簡 資料를 이용하여 秦漢時期의 身份法 問題를 고찰하였는데 爵制와 身份, 刑罰과 身份 이 두 가지 측면에 중점을 두었다. 또한 신분의 釋義, "庶人" 문제 등을 다루었다.[238]

任仲爀 선생은 '耐爲隸臣妾'이 耐刑의 주요 형벌이며 '耐爲司寇'가 아니라고 지적하였다. 睡虎地秦簡과 張家漢簡 法律文獻에는 司寇科刑의 원인이 "其不名耐者"가 모두 "耐爲司寇"라는 규정에 있다는 것이 보이지 않는다. 그런 까닭에 단독으로 "司寇"가 행해질 필요가 없었는데, 이와 같은 목적은 徒隸와 編戶齊民의 比例를 조정하는데 있었다. 編戶齊民의 수량을 보증하기 위하여 秦漢時期에는 有爵者와 徒隸 중간에 士伍층을 두어서 士伍신분으로 수렴되는 시스템을 만들었다. 有爵이지만 軍功이 없는 자는 계승된 爵位를 감등시켜 점차 士伍가 되게 하고, 徒隸階層은 赦免등의 방법으로 士伍 신분을 회복하게 하였다. '不名耐者'의 耐를 司寇로 판정하고 司寇의 자식을 士伍신분으로 회복하게 한 것은 본인은 죄수의 신분이지만 그 자식은 士伍의 신분으로 복귀시켜서 전체 編戶齊民 비율의 회복을 의도하고 있는 것이라고 설명하였다.[239] 陳玲·張紅岩 선생은 漢代의 '髡鉗城旦刑'에는 '髡鉗鈦左右趾城旦舂'·'髡鉗鈦右趾城旦舂'·'髡鉗鈦左趾城旦舂'과 '髡鉗城旦舂' 이 네 가지 刑이 포함되며, 刑期는 文帝의 형법 改革 이후는 7년이었고 전한 말, 후한 초에 가서 5년이 되었다고 하였다. 笞刑과 '髡鉗城旦刑'이 관련이 있지만 정기적인 加刑은 없었다.[240]

飯尾秀幸 선생은 秦과 前漢 초기의 城旦舂·鬼薪白粲·隸臣妾와 같은 刑徒들이 聚落의 里로 유배 보내져서 里의 外緣에 거주하였다는 가설을 주장하였다. 門으로 구분되는 宅이 있는 취락의 內部와 廣闊한 田地의 聚落 外部에 대하여 국가는 서로 다른 방법으로 취락의 내와 외를 엄격하게 구분했지만, 外緣에서 거주하는 刑徒(특별히 隸臣妾)와 취락내의 백성들은 여전히 일정한 연락을 취했다는 것이다.[241] 陳玲利 선생은 西北의 漢簡資料를 이용하여 名籍·工作·刑期·生活 네 가지 부분에 걸쳐서 漢代 邊塞의 刑徒管理制度에 대하여 분석하였다.[242]

賈麗英 선생은 秦漢簡牘의 記載에 근거하여 이 시기의 奴婢는 法律上 여전히 "人"의 성격을 가지고 있고 "物"이라는 槪念은 아직 고정되지 않았다는 점을 지적하였다. 이로 인해 "殖財", "自贖", "行賕", "借貸", "承戶繼産", "買地安身"이라는 財産權과 관련된 현상이 출현하게 되었다고 하였다.[243]

---

237) 呂利, 2010, 「"庶人"考論」, 『社會科學家』2010-10.

238) 呂利, 2010, 『律簡身份法論考』, 博士學位論文, 華東政法大學.

239) 任仲爀, 2010, 「秦漢律中的耐刑-以士伍身份的形成機制爲中心」, 『簡帛研究2008』, 廣西師範大學出版社.

240) 陳玲·張紅岩, 2010, 「漢代髡鉗城旦刑考略」, 『青海民族大學學報』(社會科學版)2010-3.

241) 飯尾秀幸, 2010, 「秦, 西漢處理里的內與外-牢獄建立前史」, 『簡帛研究 2007』, 廣西師範大學出版社.

242) 陳玲, 2010, 「簡牘所見漢代邊塞刑徒的管理」, 『南都壇』(人文社會科學學報)2010-5.

243) 賈麗英, 2010, 「析秦漢奴婢的財産權」, 『徐州司法大學學報』(哲學社會科學版)2010-3.

4) 奏讞制度와 사법절차

李曉英 선생은 漢代 疑獄을 上讞하는 制度가 形成된 근본적인 원인은 客觀的으로 存在하는 大量의 '決獄不當' 때문이며 決獄을 처리하는 주요한 방법이 "驗"이라고 하였다. 아울러 讞者의 身份, 時效와 時間의 規定, 機構, 절차, 용의자 管理에 걸쳐서 讞하는 規定의 內容에 대하여 분석하여 마지막으로 疑獄을 上讞하고 處理하는 기본원칙과 '讞'의 의의에 대하여 종합적으로 귀납하였다.[244] 王長江 선생은 傳世문헌과 出土簡牘文獻을 이용하여 中國古代의 眞相을 추구하여 안건을 판별하는 원칙[循斷案原則]의 형성과 발전 과정을 정리하였다.[245]

劉慶 선생은 체포 대상이 다르다는 점에 근거하여 秦漢時期의 逮捕制度의 방식과 과정에 대한 대략적인 서술을 진행하였다. 아울러 이런 제도가 司法管轄의 혼란, 行政과 司法의 不分을 야기했다고 지적하였다.[246]

何雙全, 陳松海 선생은 漢代는 赦免制度가 확립되고 발전하는 중요한 시기라고 여겨서, 경제, 사상, 정치 세 방면에 걸쳐서 조목별로 그 실행의 필요성을 분석하였다. 일련의 이 제도가 형성되고 발전하는 과정 속에서 상대적으로 안정적인 형식과 모습을 갖추게 되었는데 그 특징으로 "專斷性", "即時性" 등 9가지 조목을 들었다.[247] 郭程 선생은 睡虎地秦簡, 張家山漢簡 중의 法律資料를 이용하여 秦漢時期의 "親親相隱"制度에 대하여 논의하였다. 이 제도의 구체적인 사법적 실행과 고발제도, 連坐制度와의 관계를 언급하였다.[248] 劉强 선생은 張家山漢簡『奏讞書』를 이용하여 "春秋決獄"의 "論心定罪" 原則이 春秋時期에 비롯된 것으로 보고 관련된 2개의 案例를 가지고 분석을 진행하였다.[249]

2. 經濟

1) 土地, 戶籍, 稅收와 徭役制度

呂利 선생은 社會資源의 분배의 각도에서 秦漢帝國 初期의 土地制度를 분석하였는데 그것은 爵制身份을 기초적인 等級으로 한 受田宅制度였다. 아울러 田宅 수여의 條件, 受田制를 실현하는 과정, 諸侯王과 列侯의 특수성 등 방면으로 논의를 확대하였다.[250] 賈文麗 선생은 李恒全이 논의한 바와 같이 張家山漢簡『二年律令·戶律』을 가지고 受田宅의 대상이 漢初에는 軍隊復員人員이라는 관점에 대하여 동의하지 않았다. 그는 律文에 제시된 정부의 授田과 個人의 占田 數量은 戶主의 爵次과 身份等級에 따라

---

244) 李曉英, 2010, 「漢代奏讞制度辨析」, 『河南大學學報』(社會科學版)2010-3.

245) 王長江, 2010, 「從秦漢竹簡看中國古代循實斷案原則的形成與發展」, 『中原文物』2010-2.

246) 劉慶, 2010, 「秦漢逮捕制度考」, 『河北學刊』2010-3.

247) 何雙全·陳松海, 2010, 「漢代赦免制度新論」, 中國文化遺產研究院, 『出土文獻研究』第九輯, 中華書局.

248) 郭程, 2010, 『睡虎地秦簡和張家山漢簡的法律材料與秦漢"親親相隱"制度研究』, 碩士學位論文, 西南大學.

249) 劉强, 2010, 『兩漢時期"春秋決獄"研究』, 碩士學位論文, 蘭州大學.

250) 呂利, 2010, 「爵本位下的資源配置體系-秦漢帝國初期的土地制度」, 『蘭州學刊』2010-2.

262 _ 한국목간학회 『목간과 문자』 8호(2011. 12.)

주어진 것이며 軍功과는 필연관계가 없다고 지적하였다.[251] 彭浩 선생은 秦漢數書文獻의 記載를 종합하여 "輿田"에 대한 자신의 인식을 수정하였다. "輿田"은 圖, 册에 등기된 토지이며, 受田 조건자가 얻는 토지와 부합된다고 지적하였다. 이 외에 "假田" 및 "輿田", "假田"의 田租의 확립 등의 문제에 대하여 논술하였다.[252] 陳偉 선생은 한편 "輿田"의 "輿"가 "舉"로 讀音되면 簡文에서 虛詞로 쓰여서 "凡也", "全也", "皆也"로 표시될 수 있다고 하였다. 簡文에서 "輿"로 언급되는 경우는 총 田畝面積을 알려주는 것이라고 하였다.[253]

張榮强 선생은 秦, 漢, 唐의 出土文獻을 이용하여 이 시기의 籍帳制度를 논의하였는데, 里耶遷陵縣의 南陽里戶版, 張家山漢簡『二年律令』, 長沙東牌樓東漢戶籍簡, 走馬樓三國吳簡 等을 언급하였다.[254]

楊振紅 선생은 張家山漢簡과 里耶秦簡 등 新出土된 簡牘資料를 이용하여 秦漢時期의 徭役兵役 體系에 대한 새로운 분석을 시도하였다. 그는 秦漢時期의 徭役兵役制度는 '丁中制'를 기초로 하여 두 가지 役의 의무가 발생하는 年齡의 기준을 제정하고 있다고 하였다. 즉 15세와 "傅"年이 바로 그 기준이다. 15세 이상 未傅者와 皖老는 단지 "更"勞役과 部分正役("徭")에 종사하며, "屯戍"兵役에는 종사하지 않는다. "傅"籍者는 때로 "正", "正卒" 혹은 "卒"로 칭해졌다. 그들은 국가의 正式兵役과 徭役의 부담자로서 매년 1개월 更의 勞役 외에, 一歲屯戍兵役(戍邊이던지, 戍衛京師혹은 戍衛郡縣과 관계없이)과 一歲 "徭"의 力役이라는 기본적인 의무를 지고 있었다. 진과 한초의 이 양자는 모두 매년 1개월, 傅籍기간이 채우는 1년의 방식으로 徭役하였고, 高後 5년에 戍卒歲更制가 실행되었다고 하였다.[255]

凌文超 선생은 秦漢魏晉 簡牘材料와 傳世資料를 이용하여 西晉 이후 형성된 '丁中制'의 起源과 변천 과정에 대하여 분석하였다. 기원초기에는 賦役징발 대상이 키, 年齡, 건강상태 등 '自然身份'을 근거로 하였으며 동시에 '社會身份'인 爵位의 강한 영향을 받았다. 秦漢時期에 주로 근거가 된 것은 年齡이었지만, 秦漢 戶籍簡牘의 實物에서 확인되는 戶籍身份과 賦役징발 대상은 대체적으로 대응되지만 중복되지는 않는다. 戶籍身份은 그 자체가 賦役義務를 의미하지는 않는다는 것을 보여준다. 三國時期에는 실질적인 賦役징발에 극적인 변화가 발생하여 丁中身份의 등장을 촉진하게 되었는데, 西晉시기에 丁·中·老·小制를 창립하는 조건을 제공하게 되었다.[256] 그는 또한 湖南 郴州 蘇仙橋 西晉簡牘의 記載를 이용하여 西晉時期의 男子 丁中身份은 "小", "丁", "老"만 있음을 지적하였다. 法令은 비록 "老, 小次丁"이라는 年齡層을 규정해 놓았지만, "次丁"과 같은 신분명칭은 없고 "小", "老"의 앞에 年齡層을 기록하고 있다. 아울러 丁中制와 관련된 문제를 분석할 경우 마땅히 男과 女가 구별되어야 하는 대상임을 강조하였다.[257]

251) 賈文麗, 2010, 「關於『二年律令·戶律』受田宅對象的探討－兼與李恒全同志商榷」, 『首都師範大學學報』(社會科學版)2010-3.

252) 彭浩, 2010年8月6日, 「談秦漢數書中的"輿田"及相關問題」, 簡帛網.

253) 陳偉, 2010年9月13日, 「秦漢算術書中的"輿"與"益耎"」, 簡帛網.

254) 張榮强, 2010, 「漢唐籍帳制度研究」, 商務印書館.

255) 楊振紅, 2010, 「徭、戍爲秦漢正卒基本義務說－更卒之役不是"徭"」, 『中華文史論叢』2010-1.

256) 凌文超, 2010, 「秦漢魏晉"丁中制"之衍生」, 『歷史研究』2010-2.

257) 凌文超, 2010年12月20日, 「中(次丁)－漢晉賦役制度識小之」, 簡帛網.

趙寵亮 선생은 先秦·秦漢 傳世文獻과 簡牘資料를 이용하여 先秦·秦漢時期 年齡의 分層과 年齡 호칭에 대하여 정리하였다. 先秦時期에 年齡層에 대한 호칭이 이미 출현하였고, 年齡代 별로 층을 나누기 시작하였다고 지적하였다. 그리고 秦漢時期의 年齡分層과 年齡명칭을 계승 발전시켜서 魏晉 이후의 丁中制의 基礎를 확립하게 되었다는 것이다. 年齡은 未成年, 成年과 老年으로 크게 구분된 층을 이루고 국가의 賦役 책임, 복리, 量刑의 標準 등과 밀접한 관련을 맺게 되었다.[258] 凌文超 선생은 "小未傅者"가 독립된 단어이며, "小"라는 것은 先秦 이후부터 고정된 身份이었다고 여겼다. 이에 대응되는 키와 年齡의 표준을 제시하게 되었고, 戶籍, 廩給, 使役, 法治 가운데 보편적으로 사용되게 되었다. 이것은 그 의미가 명확하며 광범위하게 사용된 단어였다. 그런데 "未傅"는 軍功爵制에 의해서 탄생된 특정한 용어이며 점차 요역제도와 더불어 융합되어 갔다. "小"가 대표하는 것은 自然身份이지만, "未傅"는 사회적 신분을 가리키며 이 兩者가 최초로 사용된 범주에 구별이 생기게 되었다. 徭役을 징발하는데는 자연신분과 작제신분이 모두 관련되어서 "小"와 "未傅"가 동시에 사용되었으며, 이에 따라 "小未傅者"라는 단어가 생겨난 것이다.[259]

2) 財産, 신분의 계승

夏增民 선생은 『二年律令』의 記載를 이용하여 漢代 女性이 비록 部分的으로 財産과 身份의 繼承權이 있어서 신변의 안보 측면에서 일정한 보호를 받았지만, 여성은 남성에 대한 의존성을 가지며 가정 내에서의 지위가 높지 않았다고 지적하였다. 唐代와 비교해서 보면, 漢初 女性의 社會적인 空間이 협소하게 나타났다.[260] 李春玲 선생은 張家山漢簡 『二年律令』 가운데 여성의 계승과 관련된 律文을 분석하여 토론하였다. 법률로 규정된 계승, 遺言계승과 繼承權의 상실이라는 세 각도에서 분석하였다. 아울러 여성의 계승제도의 형성원인에 대하여 토론하였다.[261] 孫普陽 선생은 女性역할의 변환을 "爲人女", "爲人妻", "爲人母"라는 세 단계로 나누어서 漢律에 나타난 婦女 家庭 財産權의 보호문제에 대하여 분석하였다.[262] 石卓義, 劉春節 선생은 戶籍, 財産과 爵位의 세 방면에 걸쳐서 전한초기의 계승제도를 분석하였다.[263]

魯家亮은 張家山漢簡 『二年律令』에 보이는 "分戶"와 "代戶"라는 秦漢 시기의 두 가지 戶主身份繼承方式에 대한 기본적인 함의와 방법 그리고 원칙에 대하여 분석하고 아울러 그 차이를 비교하였다.[264]

---

258) 趙寵亮, 2010, 「先秦秦漢的年齡分層與年齡稱謂」, 『湖南科技學院學報』2010-2.

259) 凌文超, 2010年11月26日, 「小未傅-漢晉賦役制度識小之一」, 簡帛網.

260) 夏增民, 2010, 「從張家山漢簡『二年律令』推論漢初女性社會地位」, 『浙江學刊』2010-1.

261) 李春玲, 2010, 「漢代女子繼承制度研究」, 碩士學位論文, 西南政法大學.

262) 孫普陽, 2010, 「從『張家山漢簡』看漢律對婦女家庭財産權的保護」, 『華北水利水電學院學報』(社科版)2010-4.

263) 石卓義·劉春節, 2010, 「從張家山漢簡看西漢初年的繼承制度」, 『安慶師範學院學報』(社會科學版)2010-5.

264) 魯家亮, 2010, 「張家山漢簡『二年律令』中的"分戶"與"代戶"」, 『紀念徐中舒先生誕辰110周年國際學術研討會論文集』, 巴蜀書社.

3) 物價, 市場과 人員管理

侯宗輝 선생은 西北簡牘에 보이는 각종 物品 價格을 분류정리, 比較를 통하여 同一時期 혹은 서로 다른 시기의 敦煌漢簡에 記載된 物價의 기복이 뚜렷하며 또한 敦煌과 居延 두 지역 간의 物件에도 큰 차이가 있다고 밝혔다. 그 원인으로는 대략적으로 河西의 특수한 군사지리적인 위치, 社會 經濟 발전의 흥망, 자연재해 및 인위적인 요소 등과 밀접한 관련이 있다고 하였다. 河西지역의 사회 경제 발전의 기복은 前漢 중후기를 걸쳐서 명확하게 나타난다.[265] 侯宗輝 선생은 西北漢簡 가운데 전한 중후기에서 후한 초기에 걸친 河西지역 물가의 상세한 기록을 이용하여 이 시기에 河西지역 물가의 파동이 격렬했음을 지적하였다. 심지어 상품 가격이 그 가치와 동떨어지진 경우가 많았고, 상품경제 발전이 총체적인 취약성을 드러내는 특징이 있었다고 보았다.[266]

柿沼陽平 선생은 秦漢出土자료와 傳世文獻을 이용하여 戰國에서 진한시기에 걸친 官府의 상설시장에서 "市吏"가 집행한 "受錢"의 절차와 방법 및 券書制度와 관련된 계통적인 고찰을 진행하였다. 戰國 秦에서 前漢 초기까지 "受錢" 納稅 방법을 본 결과 전한 초기가 되면서 엄격하게 변하게 되었다고 지적하였다. 그러나 다른 방면으로 국가는 백성들의 이자를 중시하였고, "質錢"을 금지하는 경향도 있었다.[267]

朱紅林 선생은 秦漢簡牘과 『周禮』의 기록을 통하여 戰國時期 官營畜牧業이 中央에서 각지에 걸쳐 4급의 관리체제가 존재함을 지적하였다. 목장 설비의 유지보수, 관리 및 飼養人員의 선발, 사료의 징수, 비축과 방출, 獸醫機構의 유지, 경험축적에 따른 심사 등 모든 부분에 걸쳐 사법에 의거 하고 있어서 상대적으로 완전한 법률 체계를 이루고 있음을 밝혔다.[268] 朱紅林 선생은 『周禮』 가운데 "官計"文書는 考核制度 운용의 유효한 체제임을 지적하였다. 기재, 전달 및 관리 절차가 모두 이미 표준화, 제도화 되어 있었다. 이것은 모두 出土秦漢簡牘의 관련된 기록들에 의해 증명될 수 있다고 하였다.[269]

汪桂海 선생은 出土簡牘 가운데 漢代 上計簿의 심사와 관련된 자료를 이용하여, 거연 변경의 計簿의 심사와 교정은 기본적으로 都尉府와 候官 兩級官府에서 나누어서 진행되며, 計簿를 교정할 때의 근거는 하급기관이 상계할 때 제출한 計偕簿라고 지적하였다.[270] 趙寵亮 선생은 西北漢簡에 기재에 근거하여 請假의 원인, 請銷假의 절차, 假期의 時間과 考核이라는 세 방면에 걸쳐 漢代 邊塞의 '請銷假制度'에 대하여 분석하였다.[271] 趙寵亮 선생은 서북 지역의 漢代簡牘 가운데 "罷卒"에 대한 계통적인 정리를 진

---

265) 侯宗輝, 2010, 「從敦煌漢簡所記物價的變動看河西地區經濟的起伏」, 『甘肅社會科學』 2010-4.

266) 侯宗輝, 2010, 「從西北漢簡中的物價看河西地區的商品經濟」, 『焦作師範高等專科學校學報』 2010-2.

267) 柿沼陽平, 2010, 「戰國及秦漢時代官方"受錢"制度和券書制度」, 武漢大學簡帛研究中心, 『簡帛』 第五輯, 上海古籍出版社.

268) 朱紅林, 2010, 「戰國時期官營畜牧業立法研究-竹簡秦漢律與『周禮』比較研究(六)」, 『古代文明』 2010-4.

269) 朱紅林, 2010, 「『周禮』官計文書與戰國時期的行政考核-竹簡秦漢律與『周禮』比較研究(十七)」, 『吉林師範大學學報』(人文社會科學版) 2010-4.

270) 汪桂海, 2010, 「漢代的校計與計偕簿籍」, 『簡帛研究2008』, 廣西師範大學出版社.

271) 趙寵亮, 2010, 「西北漢簡所見邊塞戍所的請銷假制度」, 『文博』 2010-1.

행하여 罷遣 절차, 罷卒의 返鄕 과정 등의 문제에 중점을 두고 논술하였다.[272]

3. 文化, 禮儀와 社會

1) 葬俗, 祭祀와 信仰

楊志飛 선생은 현재 秦墓가운데 遣册量이 적은 원인에 대하여 다음과 같은 의견을 제시하였다. 下葬을 할 때 遣册을 부장하는 것은 周代 喪葬制度의 內容인데, 秦은 근본적으로 周의 禮樂文化를 받아들이지 않았기 때문에 下葬時에 周禮 중에서 遣册을 墓中에 부장하는 규정을 따르지 않게 된 것이다.[273] 그러나 揚家山 135號墓의 연대 문제에 대해서는 구체적인 분석을 하지 않았다. 張聞捷 선생은 馬王堆 1號 漢墓 遣策에 나타난 鼎에 대한 기록을 이용하여 傳世文獻과 出土實物을 종합한 馬王堆 1號 漢墓의 用鼎制度를 고찰하였다.[274] 于凌 선생은 張家山漢簡 가운데 葬俗과 관련된 簡文을 분석하여 "歸寧"律法과 『置後律』의 이중 규제하에서 漢初에는 葬制를 신속하게 처리하는 것을 중시하지만 동시에 "슬픔을 표현하는 뜻"을 알리는 데에도 적당하다고 하였다. 『賜律』簡文에는 漢初의 身份等級制가 葬制 가운데 구체적으로 드러난다. 상술한 두 측면이 漢魏時期의 薄葬과 厚葬이 병존하게 하는 현상을 야기했으며 葬制와 禮俗의 조정, 혁신 또한 葬制와 관련된 律令 속에 존속 또는 폐지되는 원인이 되었다.[275] 張韋瑋 선생은 秦漢出土簡牘 가운데 告地策 및 기타 鎭墓文, 買地券 등과 같은 출토자료를 이용하여 사후세계에 대한 관념을 논의하였다.[276] 史志龍 선생은 周家臺 秦簡과 里耶秦簡 가운데 "祠先農"簡에 반영된 臘祭 시간, 내용, 祭品 및 그 처리 문제 등에 대하여 새로이 탐구하였다. 秦末 民間에서 '祀先農'을 祭하는 시간은 夏制十二月이며 郡縣에서는 季春三月에 진행되었음을 지적하였다. 祭祀는 農業神 위주이며 祭品은 단지 牛牲, 市酒, 豚耳 등만 있었다. 祭祀 이후에는 "售賣"방법을 취하여 祭品을 처리했으며 尊卑等級과 관련이 있었다. 이 밖에 漢代의 "先農"과 "稷"는 동일시될 수 없음을 강조하였다.[277] 張涵靜 선생은 出土文獻資料 가운데 王莽時代와 관련된 내용을 이용하여 세 부분에서 논의하였다. 未央宮 殘簡에 보이는 王莽時代의 祥瑞思想, 『四時月令五十條』에 보이는 王莽時代의 順天思想, 漢簡에 보이는 王莽時代의 官制, 曆制, 貨幣, 地名, 行政구획의 변경이 그것이다.[278] 이 밖에 工藤元男 선생의 저서인 『睡虎地秦簡所見漢代的國家與社會』가 中文으로 출판되었다.[279]

---

272) 趙寵亮, 2010, 「居延漢簡所見"罷卒"」, 『石家莊學院學報』2010-5.

273) 楊志飛, 2010, 「試論秦墓出土遣册量少的原因」, 『西安石油大學學報』(社會科學版)2010-1; 2010, 『論秦簡中遣册量少的原因』, 碩士學位論文, 蘭州大學.

274) 張聞捷, 2010, 「試論馬王堆一號漢墓用鼎制度」, 『文物』2010-6.

275) 于凌, 2010, 「張家山漢簡律令所見葬俗制度及其在漢魏時期的演進」, 『中州學刊』2010-4.

276) 張韋瑋, 2010, 「從秦漢出土資料看死後的所謂地下世界」, 碩士學位論文, 復旦大學.

277) 史志龍, 2010, 「秦"祠先農"簡再探」, 武漢大學簡帛研究中心, 『簡帛』第五輯, 上海古籍出版社.

278) 張涵靜, 2010, 「出土資料所見王莽時代若干問題研究」, 碩士學位論文, 鄭州大學.

2) 養老와 우대제도

趙寵亮 선생은 出土秦漢簡牘 資料를 이용하여 "老幼人權의 생명과 생활에 대하여 제공되는 보호와 우대", "王杖制度로 保護되는 老年人의 權益", "刑罰上에서의 老幼犯罪者에 대한 寬免"이라는 세 가지 각도에서 秦漢時期의 老人과 幼兒에 대한 優待制度를 논술하였다.[280] 張如栩 선생은 漢簡記載를 이용하여 漢代의 尊老養老制度를 논의하여 그 주요하게 포함된 내용을 다음과 같이 제시하였다. 연장자에게 王杖을 수여하는 것, 布, 米酒, 肉을 사여하는 것, 연장자에게 量刑의 관대한 처분 등이다.[281] 王文濤 선생은 前漢의 우대조치는 軍功爵制를 기반으로 하며 등급에 따른 대우가 강하였음을 지적하였고 동시에 死亡한 將士 家屬과 戍邊軍士 家屬에 대한 우대 조치가 있었음을 강조하였다.[282]

3) 交通과 문서전달

楊建 선생의 『西漢初期津關制度研究』가 출판되었다.[283] 宋真 선생은 漢代의 일반평민의 이동의 상황과 通行證에 대하여 고찰하였다. 특별히 關所와 津 이외에, 縣, 邑, 里 및 亭에도 엄격한 심사가 있었음을 강조하였다. 아울러 商人이라는 특수한 집단이 漢帝國의 內와 對外 무역을 하며 통행하는 상황과 通行證의 사용에 대하여 고찰하였다.[284] 張俊民 선생은 懸泉漢簡 가운데 "傳舍"와 관련된 資料를 이용하여 "傳舍"의 명칭, "傳舍"의 존재 기간 및 "傳舍"에서의 일상 활동, 관리 等 문제를 토론하였다.[285] 侯旭東 선생은 漢簡과 文獻에서 傳舍, 傳車와 傳馬 使用과 관련된 律令 條文을 수집, 考釋하였다. 現存하는 律令이 비록 불완전하게 갖추어졌지만, 傳舍와 그 부속시설의 자족적인 제도공간이 구축되어 있었고 傳舍의 관리는 기본적으로 律令에 근거하여 실현되고 있어서 황제의 과다한 간섭이 필요가 없었다고 지적하였다.[286] 張俊民 선생은 懸泉漢簡 가운데 懸泉置의 副本인 "傳文書"와 置에서 대접한 인원에 대한 지출 "出入簿" 및 詔書 중의 人名, 官名(主要한 것으로는 丞相, 御史大夫, 將軍, 光祿大夫와 侯 및 屬官)을 고찰하였다. 아울러 傳世史書와 서로 비교, 검증, 보충하였다.[287] 胡平生 선생은 "置郵"는 완비된 官方의 "交通傳輸郵驛"시스템임을 거듭 표명하였다. 이 시스템은 일찍이 春秋戰國時代에 이미 건립되었다. 秦, 漢初에 이 제도를 그대로 사용하여 漢代 中期 이후에 크게 발전하여 郵置 조직이 전국에 분포하게 되었으며 관련된 법률도 완비되었다. 이는 출토 간독 중에서 漢武帝時期의 長沙走馬樓漢簡와

---

279) 工藤元男, 2010, 『睡虎地秦簡所見秦代의 國家與社會』, 上海古籍出版社.

280) 趙寵亮, 2010, 「秦漢國家對於老幼人群의 優養政策」, 『石家莊學院學報』2010-1.

281) 張如栩, 2010, 「從出土漢簡看漢代尊老養老制度」, 『黑龍江史志』2010-19.

282) 王文濤, 2010, 「漢簡所見西漢優撫措施」, 『齊魯學刊』2010-1.

283) 楊建, 2010, 『西漢初期津關制度研究』, 上海古籍出版社.

284) 宋真, 2010, 「漢代通行證制度與商人의 移動」, 武漢大學簡帛研究中心 『簡帛』第五輯, 上海古籍出版社.

285) 張俊民, 2010, 「懸泉漢簡所見傳舍及其傳舍制度」, 『魯東大學學報』(哲學社會科學版)2010-6.

286) 侯旭東, 2010, 『漢代律令與傳舍管理2007』, 廣西師範大學出版社.

287) 張俊民, 2010, 「敦煌懸泉漢簡所見人名綜述(四)以中央機構職官爲中心的考察」, 『簡帛研究2007』, 廣西師範大學出版社.

漢代 中期 이후의 敦煌縣泉置漢簡으로 증명된다. 또한 秦漢簡牘文獻 중에서 "傳置"와 관련된 簡文의 내 포된 의미에 대해서 조목별로 설명하였다.[288] 徐暢 선생은 簡牘 중에서 刑徒들의 行書의 임무에 종사하 는 것에 주목하여 새로이 출토된 간독문헌을 종합하여 상세한 분석을 진행하였다. 특히 里耶秦簡에 보 이는 여자로서 行書하는 특수한 현상에 주목하였다.[289]

張俊民 선생은 懸泉漢簡 가운데 출현하는 "亭"을 3종류로 분류하였다. 즉 "변경을 감시하는 亭", "行 政·治安의 亭", "郵驛의 亭"이 그것이다. 현재의 자료로는 效谷縣을 중심으로 縣境內의 驛路를 복원하 는 것이 가능하다. 亭, 騎置와 置가 공동으로 문서를 전달하는 驛道를 구성한다는 결론을 얻었다.[290]

柯秋白 선생은 出土秦漢簡牘資料를 이용하여 秦漢의 亭制에 대한 새로운 정리를 진행하였다. 亭의 起源과 邊亭, 都亭, 鄕亭의 직능, 직관설치 및 상호 비교 등의 내용을 포함하고 있다. 亭은 漢代에 들어 선 이후 명칭, 정치지위, 기능변천 등 방면에서 큰 변화가 생겼다고 하였다.[291]

蘇衛國 선생은 "文書接力傳遞"이란 문서를 중도에 전달하는 형식인데 秦漢時期에 한층 정형화되었 지만, 현재 出土簡牘資料와 傳世史料에서는 연결을 짓지 못하여 唐宋時期의 기록을 빌려와서 연구를 진행하였다.[292] 角谷常子 선생은 秦漢簡牘에서 보이는 하급기관으로 보내지는 문서의 서식을 크게 3종 류로 구분하였다. "下"의 형식, "告~·謂~·告~·謂~·移"의 形式, "府·官告~"에 걸친 세 방면에서 상세 하게 분석하였다. 下行文書에 쓰인 다른 용어는 구체적으로 말하면 官署, 機構와과 官秩의 차이로 인한 경향이 있다고 지적하였다. 그러나 조서에는 일관되게 "下"를 사용한다. 전달하는 내용과 목적에 따라 일반적으로는 간편한 형식에는 간단한 내용을 기록한다. 그러나 비교적 중요한 내용인 경우는 檄을 사 용한다.[293] 胡平生 선생은 里耶秦簡資料를 이용하여 遷陵縣과 관련된 행정문서의 製作과 전송과정을 계통적으로 고찰하였다. 이 문서는 크게 2 종류로 되어 있는데 즉, 遷陵縣의 上下行文書와 平行文書이 다. 문서의 文字와 含義를 정리한 기초 위에서 遷陵縣의 주요 관원, 시간표시의 누락, "某手"의 의미 등 문제를 분석하였으며 이 문서는 秦代 기층 행정의 運用 상황을 연구하는데 큰 의미가 있음을 지적하였 다.[294] 呂靜 선생은 里耶秦簡牘文書의 성격과 檔案文書의 제작 상황을 고찰하면서 현재 公布된 문서는 2종류로 구분될 수 있다고 하였다. 즉 "一事一文一牘"인 單件文書와 "一事多文一牘"인 多件文書가 그 것이다. 前者는 행정전달 과정에 포함된 原本文書로 판단되며, 후자는 일찍이 행정전달 과정에 진입된 일차적인 公文인 경우가 많다. 그중에서 매 한건의 문서는 모두 독립된 행정공문이다. 그런데 관련된 유사한 檔案을 읽고 보충한 이후에는 공문이 아니라 資料가 되어서 官署의 文書檔案庫에 보관되게 되

288) 胡平生, 2010年5月20日, 「評"傳置與行書無關"說」, 簡帛網.

289) 徐暢, 2010年12月10日, 「簡牘所見刑徒之行書工作 −兼論里耶簡中的女行書人」, 簡帛網.

290) 張俊民, 2010, 「敦煌懸泉漢簡所見的"亭"」, 『南都學壇』(人文社會科學學報)2010−1.

291) 柯秋白, 2010, 「秦漢亭制硏究」, 碩士學位論文, 武漢大學.

292) 蘇衛國, 2010, 「中國古代文書接力傳遞問題試探」, 『鞍山師範學院學報』2010−1.

293) 角谷常子, 2010, 「中國古代下達文書의書式」, 『簡帛硏究2007』, 廣西師範大學出版社.

294) 胡平生, 2010, 「里耶簡所見秦朝行政文書的製作與傳送」, 『簡帛硏究2008』, 廣西師範大學出版社.

는데, 이로 인해 문서의 성격은 문서 처리 방식과 결과에 따라 변하게 된다. 즉 일차적인 원본이 檔에 보관되면서 副本이 된 것이다.[295]

4) 少數民族問題

楊芳 선생은 西北漢簡과 傳世文獻資料를 정리하면서 漢代 河西邊郡의 인구의 구성이 복잡하다는 점을 지적하여 그들은 內地의 貧民, 流民, 罪犯, 士卒, 官員이며 또한 귀속한 月氏, 烏孫, 匈奴, 羌, 盧水胡 등 소수민족이라고 하였다.[296] 高榮 선생은 懸泉漢簡 가운데 羌人과 관련된 자료를 이용하여 前漢 河西의 "歸義羌"人은 郡縣屬國의 관리를 받는 동시에 원래의 部族組織과 父子聯名制를 유지하였음을 지적하였다. 그들은 평상시에는 外의 "徼外"에서 遊牧하여 구속받는 것이 상대적으로 느슨하였다. 그러나 冬十月이 되어 "徼안으로 들어와서 草를 찾을 때"에는 엄격하게 관련된 律令을 준수하였다.[297] 汪桂海 선생은 西北出土 簡牘資料를 이용하여 傳世文獻과 함께 종합하여 羌族의 종족·부락, 護羌校尉와 護羌使者, 民族억압과 羌人들의 반항 등과 관련된 문제를 고찰하였다.[298]

5) 人名, 호칭과 術語

趙久湘 선생은 『奏讞書』기재된 인명을 통계하여 약 106명을 얻어 그 특징을 정리하였다. "有名無姓", "單音節人名이 절대 다수를 점한다는 점", "男性人名이 대다수를 차지함", "흔히 보지 못하는 인명이 존재", "重名", "天干人名", "數字人名" 等의 특징을 열거하였다.[299] 趙久湘 선생은 『奏讞書』에 보이는 인명 가운데 僻字의 의미와 작명에 대하여 분석하였다.[300] 王子今 선생은 居延漢簡과 기타문헌, 文物자료에 근거하여 "明府"라는 명칭이 前漢 말기에 사용되기 시작하였고 이것은 漢代 사회가 "明"에 대한 정치적인 추구가 이미 명확하게 드러난 것이라고 지적하였다. "明府"는 통상적으로 郡守를 높이는 명칭인데 병행된 존칭어로는 "府君", "府卿" 등이 있었다. 郡級 행정단위에서 長官의 지위에 해당하는 관원도 "明府"라고 불렸으며 縣級 行政長官도 "明府"라고 칭해지는 경우가 있었다. 居延漢簡의 "明府儌憐"簡文은 당시 형벌 사무와 관련된 通行文의 예로 보인다.[301]

肖從禮 선생은 戰國·秦·漢簡牘 등 出土文獻에 보이는 "中舍"라는 단어가 각기 다른 시기에 서로 다르게 쓰였고, 구체적인 의미도 서로 달랐다는 점을 지적하였다. 漢簡의 "中舍"는 "從者"를 가리키며 또한 邊塞 官吏 "從者"의 숙소를 가리키기도 하였다.[302] 楊小亮 선생은 傳世文獻과 出土文獻 중에 보이는

295) 呂靜, 2010年 2月 22日, 「秦代行政文書管理形態之考察－以里耶秦牘性質的討論爲中心」, 簡帛網.

296) 楊芳, 2010, 「漢簡所見漢代河西邊郡人口來源考」, 『敦煌研究』 2010-3.

297) 高榮, 2010, 「敦煌懸泉漢簡所見河西的羌人」, 『社會科學戰線』 2010-10.

298) 汪桂海, 2010, 「從出土資料談漢代羌族史的兩個問題」, 『西域研究』 2010-2.

299) 趙久湘, 2010, 「張家山漢簡〈奏讞書〉人名研究」, 『樂山師範學院學報』 2010-4.

300) 趙久湘, 2010, 「〈奏讞書〉人名冷僻字淺析」, 『蘭州教育學院學報』 2010-1.

301) 王子今, 2010, 「居延漢簡所見"明府"稱謂」, 『簡帛研究2007』, 廣西師範大學出版社.

"乾飯"의 記載와 註釋에 대하여 계통적인 정리를 진행하였다. 古人들이 말한 "乾飯"이란 것은 곱게 갈린 알갱이 상태의 건조식품을 의미할 뿐 아니라 아직 갈지 않은 상태(혹은 약간 간 상태)의 큼직한 과립 건조식품을 가리킨다고 하였다. 또한 나아가 "乾飯"의 제조 원료와 사용 범위를 분석하였다.[303]

王海 선생은 河西漢簡에 記載된 "㶇"은 "壁"으로 이해되어야 하는 적지 않은 상황이 있다고 지적하였다. 漢政府가 변경을 개발하고 경험한 초기에 "壁"이란 것은 군사기능을 갖춘 곳이었을 뿐 아니라 변경의 거주민들과 戍卒의 가족들이 생활하는 장소였다. 또한 변경의 감시 시스템과도 일정한 관련을 갖고 있는 곳이어서 經濟, 社會 등 여러 방면과 다양한 기능을 구비한 "縣城 以下의 聚落"이었다. 이와 같이 광범위하게 존재한 "㶇"은 後世의 "塢壁"으로 形成되어 發展해 나가는 기초가 되었다고 하였다.[304] 李明曉 선생은 出土簡牘資料를 이용하여 烽火 신호인 "表"의 형태, 종류와 쓰임에 대하여 논의하였는데, 烽火 신호인 "表"는 제작재료와 설치하는 위치 및 사용에 따라 달랐다고 하였다. 동시에 "地表", "塢上表", "布表", "承苣和程苣" 등 술어의 의미와 관계에 대해서도 논의하였다.[305]

4. 字形과 書風

1) 字形硏究

方勇 선생은 '秦簡牘文字彙編'을 編制하였다. 또한 그 歸字의 원인을 분석하면서 관련된 사료와 釋文을 첨부하였다.[306]

潘飛 선생은 『關沮秦簡』 文字編을 編制하였다.[307] 張顯成 선생은 生編撰秦簡硏究 工具書인 『秦簡逐字索引』을 편찬하였다.[308]

劉樂賢 선생은 漢晉 簡牘, 敦煌 寫本文書資料를 이용하여 魏晉南北朝時期 解注文의 "兩"자의 특수한 서법이 후한시기에 출현하여 광범위하게 쓰이고 있었다고 하였다.[309]

黃文傑 선생은 睡虎地秦簡에 출현한 異構字에 대해 논의하였다. 전체 통계수치인 異構字 67개(組)를 크게 다섯 가지로 유형화하였다. ① 表義의 구성 성분을 바꾼 異構字, ② 示音의 구성 성분을 바꾼 異構字, ③ 구성 성분을 증가시킨 異構字, ④ 구성 성분을 줄인 異構字, ⑤ 같은 구성 성분 조합에서 위치

302) 肖從禮, 2010年1月12日, 「楚漢簡牘所見"中舍"考」, 復旦網.

303) 楊小亮, 2010, 「說"乾飯"」, 中國文化遺産硏究院, 『出土文獻硏究』第九輯, 中華書局.

304) 王海, 2010, 「河西漢簡所見"㶇"及相關問題」, 『簡牘硏究 200』, 廣西師範大學出版社.

305) 李明曉, 2010, 「西北漢簡中的烽火信號"表"」, 『簡帛語言文字硏究』第五輯, 巴蜀書社.

306) 方勇, 2010, 「秦簡牘文字彙編」, 博士學位論文, 吉林大學.

307) 潘飛, 2010, 「〈關沮秦簡〉文字編」, 碩士學位論文, 安徽大學.

308) 張顯成, 2010, 『秦簡逐字索引』, 四川大學出版社.

309) 劉樂賢, 2010, 「釋魏晉南北朝時期解註文中的"兩"字」, 復旦大學出土文獻與古文字硏究中心編, 『出土文獻與傳世典籍的詮釋-紀念譚樸森先生逝世兩週年國際學術硏討會論文集』, 上海古籍出版社.

를 바꾼 異構字로 나누었다.[310] 黃文傑 선생은 馬王堆帛書, 銀雀山漢簡의 異構字에 대해서도 분류하여 총정리를 진행하면서 異構字 硏究의 의의에 대해서도 논의하였다.[311] 樓蘭 선생은 텍스트 정리와 考釋, 文字編纂輯, 글자의 쓰임 현상[用字現象硏究], 形體硏究라는 네 방면에서 戰國秦簡牘文과 楚簡帛 텍스트를 비교 연구한 상황을 정리하였다.[312] 또한 전국시대 秦·楚簡文의 직접적인 구성성분을 비교하였다. 중복되지 않는 字形의 층면에서 완성된 兩者의 차이를 계량화된 평가를 통하여, 중복되지 않는 字形에 있어서 秦과 楚 文字 계통의 차이는 매우 작다고 하였다.[313]

張顯成, 高二煥 선생은 張家山247號漢墓에서 출토된 『脈書』, 『引書』, 『蓋廬』, 『算數書』, 歷譜, 遣策 등 六種文獻 가운데 『說文』에 수록되지 않은 53개字를 『說文』 部首 순서에 의거하여 차례대로 歸部하였고 그중에서 通假字, 俗別字, 異體字, 訛誤字 및 상용자 빈도 등의 문제에 대해 분석하였다.[314] 覃繼紅 선생은 『長沙走馬樓三國吳簡[壹], [貳]』에 출현한 329개 俗字를 '구성성분의 감소', '구성성분의 증가', '구성성분의 교체', '구성성분의 위치 변경', '서사변형', '草書의 楷書化', '隸定의 不同', '간략한 부호로 대체', '篆書體의 흔적의 잔존' 등 9가지로 분류하였다.[315] 楊捷 선생은 武威漢簡 『儀禮』 중의 形聲字에 대해서 다섯 가지 유형에 대하여 논의하였으며 이외에도 形聲字의 구성성분(構件)를 分類하여 그 結構에 대한 形符, 聲符位置, 빈도 등 問題를 종합하였다.[316]

2) 書風 硏究

大西克也 선생은 선학들의 "史書" 硏究를 바탕으로 具體的인 實例를 종합하여 "史書"와 隸書가 완전히 일치하지 않는다고 지적하였다. 隸書는 비교적 광범위한 개념으로 篆書가 隸書로 바뀌면서 만들어진 俗字인데 "史書"는 規範化된 隸書라고 하였다. 字形뿐 아니라 字의 쓰임에도 秦漢의 계통과 일치하고 있었다. 이로 인하여 秦과 漢初의 "史書"는 地域性을 가지고 있는 文字였다. 이런 농후한 秦國의 특색을 가지고 있는 문자는 국가가 원래 가지고 있는 지역의 문자를 전국적인 문자로 확대함으로써 규범화된 漢字로 완성되었다. 前漢 中期 이후 六國古文의 遺風이 감소해 갔으며, 민간 書師들도 점차적으로 규범화된 "史書"를 사용하게 되어 마침내 漢字는 지역성을 잃어버리게 되어 "史書"는 漢隸와 동의어가 되게 된 것이라고 설명하였다.[317] 楊二斌 선생은 前漢 官文書는 "상위 존비 지위가 서체를 결정하는"

310) 黃文傑, 2010, 「睡虎地秦簡異構字探析」, 『學術硏究』 2010-6.

311) 黃文傑, 2010, 「秦至漢初簡帛三種文獻異構字初探」, 『古文字硏究』 第二十八輯, 中華書局.

312) 樓蘭, 2010, 「不重復字形層面的秦楚簡文構形差異比較硏究」, 『平頂山學院學報』 2010-6.

313) 樓蘭, 2010, 「戰國秦簡牘文, 楚簡帛文本體比較硏究綜述」, 『廣西社會科學』 2010-8.

314) 張顯成·高二煥, 2010, 「〈張家山漢簡〉六種中〈說文〉未收之秦漢字」, 『紀念徐中舒先生誕辰110周年國際學術硏討會論文集』, 巴蜀書社.

315) 覃繼紅, 2010, 「長沙走馬樓三國吳簡〈竹簡〉俗字分類硏究」, 『簡帛語言文字硏究』 第五輯, 巴蜀書社.

316) 楊捷, 2010, 「〈武威漢簡·儀禮〉形聲字硏究」, 碩士學位論文, 河北大學.

317) 大西克也, 2010년 5月10日, 「秦漢楚地隸書及關於"史書"的考察」, 簡帛網.

원칙을 따르고 있음을 지적하여 사용되는 서체의 실제 상황을 다음과 같이 제시하였다. "下行"문서 중에서 "策書"은 일반적으로 "篆書"로 쓰는데 "免策"일 경우에만 "隸書"를 사용하였고 그 외의 "制書, 詔書, 戒書"에는 동일하게 "隸書"를 사용한다고 하였다. "上行"문서에는 일반적으로 『史籒篇』을 底本으로 하고 또한 비상용문자인 秦"小篆"에 가까운 "篆書"--籒文를 사용하였다. "平行"문서 및 官府가 民間에 통행하는 문서체는 모두 "隸書"였으며, 간혹 "章草"도 보인다고 하였다.[318] 金美蘭 선생은 馬圈灣漢代簡牘을 이용하여 漢代 草書의 기원문제에 대하여 논의하였다. 아울러 馬圈灣漢簡 草書와 漢代의 藝術과 實用에 기반을 둔 두 종류의 草書 비교를 행하여 章草와의 관계에 대하여 분석하였다.[319] 黃偉鋒 선생은 經濟, 政治와 文化에 걸친 세 방면에서 長沙東牌樓東漢簡牘의 書法이 갖추어진 원인과 그 역사적인 가치에 대하여 분석하였다.[320]

張會 선생은 銀雀山漢墓 竹簡 字形의 특징을 분석하고 그것과 『說文解字』에 기재된 小篆, 籒文, 古文등의 字形 및 睡虎地秦墓竹簡 字形 등 이전 文字와의 비교를 진행하였다. 나아가 隸書의 起源, 小篆의 성격 및 隸書와 篆書와의 관계를 논증하고 漢字의 形體 변형의 맥락과 발전과정을 정리하였다. 그는 小篆의 성격은 漢字 발전과정 속에서 人爲적으로 개입하여 형성된 漢字의 지류이며 秦統一 이후 六國文字의 일부분에서만 隸書가 받아들여졌고 그 외에는 소실되는 방향으로 나아갔다고 설명하였다.[321] 李莉 선생은 『嘉禾吏民田家莂』에 기재된 文字体는 新隸體와 초기 行書의 사이에 해당하며 "隸楷"体라고 칭할 수 있다고 하였다.[322]

5. 歷史地理

王偉 선생은 出土秦簡牘, 璽印, 封泥, 金石文字資料를 이용하여 45개 秦郡의 명칭을 조사하여 그 가운데 이전 郡名을 각 학설을 열거하여 비교하고 새로이 보이는 군명에 대해서도 간략한 분석을 행하였다.[323] 또한 그는 岳麓秦簡에 출현하는 부분적인 秦郡명칭에 대해서도 補正하였는데, 泰(太)原, 淸河, 衡山, 州陵, 江湖郡 등이 해당된다.[324] 陳偉 선생은 岳麓書院秦簡의 "江胡"는 "江胡郡"이며 九江郡의 東에 위치하고 會稽郡의 전신일 가능성이 있다고 하였다. 또한 "州陵"은 南郡의 屬縣이 되어야 한다고 하였다.[325] "河外郡"에 대하여 陳偉 선생은 현재의 자료들로 볼 때, "河外"는 河閒郡의 다른 서사 방법일 가능성이 비교적 높고 또 하나의 다른 秦郡일 가능성은 낮다고 하였다.[326] 易富賢 선생은 巫郡은 黔中

---

318) 楊二斌, 2010, 「西漢官文書運行書體硏究」, 碩士學位論文, 山西師範大學.

319) 金美蘭, 2010, 「從西漢馬圈灣簡牘看早期草書的發展」, 碩士學位論文, 中央美術學院.

320) 黃偉鋒, 2010, 「長沙東牌樓東漢簡牘書法面貌成因及價値淺論」, 『簡帛語言文字硏究』第五輯, 巴蜀書社.

321) 張會, 2010, 「銀雀山漢簡字形與漢字源流辨正」, 『古漢語硏究』2010-2.

322) 李莉, 2010, 「〈嘉禾吏民田家莂〉字體探析」, 『簡帛語言文字硏究』第五輯, 巴蜀書社.

323) 王偉, 2010, 「秦置郡補考」, 『紀念徐中舒先生誕辰110周年國際學術硏討會論文集』, 巴蜀書社.

324) 王偉, 2010, 「岳麓書院藏秦簡所見秦郡名稱補正」, 『考古與文物』2010-5.

325) 陳偉, 2010, 「"江胡"與"州陵"-岳麓書院藏秦簡中的兩個地名初考」, 『中國歷史地理論叢』2010-1.

郡 以南에 있으며, 楚 黔中郡과 秦 黔中郡의 郡治는 모두 현재 湖南省 黔陽縣 黔城鎭에 위치했다고 하였다.[327]

凡國棟 선생은 出土秦漢簡牘資料를 이용하여 秦郡 문제를 논의하였다. 그는 이 문제의 선행연구에 대하여 체계적인 정리와 평론을 진행하였다. 먼저 '領縣分析法'과 '界址分析法'을 종합하여 秦郡의 界域 문제 연구를 시도했으며 이것을 기반으로 各郡의 邊界를 심도 있게 논의하였다. 그는 秦始皇 26年을 경계로 이전에 설치된 秦郡으로는 上郡, 巴郡, 蜀郡, 漢中郡, 河東郡, 河內郡, 隴西郡, 南郡, 南陽郡, 北地郡, 上黨郡, 三川郡, 太原郡, 東郡, 雲中郡, 雁門郡, 潁川郡, 邯鄲郡, 鉅鹿郡, 廣陽郡, 上谷郡, 漁陽郡, 右北平郡, 潦西郡, 碭郡, 四川郡, 薛郡, 淮陽郡, 九江郡, 潦東郡, 代郡, 洞庭郡, 蒼梧郡, 會稽郡, 臨菑郡, 琅邪郡이 있다고 하였다. 이 郡의 수는 정확히 36개이며, 秦始皇 26년 36군을 설치했다는 기록과 일치하는 것이라고 하였다. 秦郡 界域 방면에서는 內史와 上郡의 동쪽 경계는 모두 黃河를 벗어나서 黃河以東의 부분 지역을 점하고 있다고 하였다. 上黨郡의 동쪽 境界는 실제로 이미 太行山領을 넘어서서 太行山 이동의 涉, 武安 兩縣을 포함하고 있는 것으로 보았다. 岳麓秦簡에서 새로 보이는 "江胡郡"은 太湖를 중심으로 한 吳國故地에 위치하며 그 전신은 戰國 말기의 楚가 세운 江東郡이며 秦 이후에 江胡郡으로 개칭하였고 秦楚의 어느 시점에 다시 吳郡이 되었다고 설명하였다.[328]

后曉榮 선생은 秦漢出土簡牘, 璽印, 封泥, 金文, 陶文 등의 자료를 이용하여 秦, 漢初期 巴, 蜀, 漢中 3郡의 置縣 상황을 복원하였다. 3郡에는 모두 41개의 현이 설치되었는데, 이것은 『漢書·高帝紀』에 기재된 漢王劉邦 "王巴, 蜀, 漢中四十一縣"의 상황과 정확히 대응되고 있다고 지적하였다.[329] 또한 秦金文, 陶文, 璽印, 封泥와 簡牘 등 考古, 文物資料를 이용하여 관련 문헌들을 종합하고 秦東郡에서의 置縣상황에 대해서도 고증하였다. 그가 秦東郡에서 고려할 수 있는 縣이라고 한 것은 定陶, 東阿, 廩丘, 濟陰, 濮陽, 陽平, 聊城, 燕縣, 白馬, 茌平, 甄城, 頓丘, 酸棗, 都關, 成武, 長垣, 宛朐, 淸氏, 句瀆, 桃林, 東武陽에 걸친 21개 縣이었다.[330] 蘇衛國 선생은 松柏 1號漢墓 35簡牘 중에서 南郡의 屬縣과 관련된 기록을 근거로 『漢書·地理志』및 王先謙이 補注한 江夏郡이 "高帝 6年(B.C.201)"에 置되었다는 설에 대하여 의문을 제기하였다. 江夏郡이 설치된 또 다른 시점은 漢武帝 元狩2年(B.C.121)으로 그 설치 원인은 교통, 행정관리와 관련이 있다고 하였다. 아울러 軑侯國이 당시 南郡에 속해 있었다는 점에 주목하여 이것이 南郡과 衡山國를 나누는 경계의 하나라고 지적하였다.[331] 李炳泉 선생은 松柏 1號墓 35號 木牘의 기록을 이용하여 前漢時期의 江陵, 巫, 宜成, 秭歸, 臨沮, 夷陵, 州陵, 夷道, 中廬, 邔 등 10개의 縣·道·侯國은 전한시기에 줄곧 南郡에 속했으며 屠陵, 索, 下雋, 竟陵, 安陸, 沙羨, 軑 등 7개 縣·

---

326) 陳偉, 2010年11月12日, 「關于秦封泥"河外"的討論」, 簡帛網.

327) 易富賢, 2010, 「黔中郡郡治在黔城不在沅陵」, 『懷化社會科學』2010−1.

328) 凡國棟, 2010, 「秦郡新探−以出土文獻爲主要切入點」, 博士學位論文, 武漢大學.

329) 后曉榮, 2010, 「秦巴, 蜀, 漢中三郡置縣考」, 『紀念徐中舒先生誕辰110周年國際學術研討會論文集』, 巴蜀書社.

330) 后曉榮, 2010, 「秦東郡置縣考」, 中國文化遺産硏究院 『出土文獻硏究』第九輯, 中華書局.

331) 蘇衛國, 2010, 「西漢江夏郡沿革略考−從紀南松柏漢墓簡牘說起」, 『學術交流』2010−5.

侯國은 전한 전기에는 南郡에 속해 있다가 이후에 다른 郡과 國에 속하게 되었다는 점을 지적하였다. 또한 銷, 顯陵, 醴陽 등 3개 縣은 각각 前漢 前期 혹은 後期에 폐치되었고 廢置되기 전에는 南郡에 속해 있었다. 便侯國은 文帝時에 長沙國에서 南郡으로 편입되고 武帝 元鼎五年에는 國이 없어지고 縣으로 편입되었다. 枝江, 當陽, 郢, 鄀 等 秦代에 置縣된 4개의 縣은 前漢 初에 모두 廢置되었는데 武帝 初年 이후에 모두 復置되어 南郡에 속하였다. 高成, 華容, 襄陽 등 3개 縣·侯國은 모두 武帝 初年 이후에 新置되어 南郡에 속하였다. 西陵縣은 前漢 혹은 말에 南郡에 속하게 되었다고 하였다.[332] 程少軒 선생은 馬灘秦簡『日書』乙種 179-190號 第六欄中의 일련의 地名에 대하여 문자의 釋을 수정하고 考證하였다.[333]

6. 職官

陳治國, 張立瑩 선생은 里耶秦簡, 懸泉漢簡 등 秦漢 出土簡牘資料를 이용하여 秦漢時期의 大內와 少內의 직분과 상호 관계에 대한 분석을 진행하였다. 이 논문에서 秦 少內는 縣의 財政收入과 支出을 주관한다고 하였다. 현재까지는 秦의 中央政府에 少內라는 職이 있었는지 고찰할 수 있는 증거는 충분하지 않다고 여겼다. 漢代 縣의 少內는 秦과 동일하였지만, 中央의 少府 內에서도 少內를 설치하여 王室財産을 관리하게 하였다. 秦, 漢의 大內는 모두 國家의 國庫이며 秦少內과 大內에는 책무상 왕래가 있었지만 行政을 管理하는 縣長官의 책임하에서 이루어졌다는 것을 다루었다.[334]

吳曉懿 선생은 睡虎地秦簡과 西安에서 출토된 相家巷 秦封泥資를 이용하여 그 가운데 보이는 秦廄官名인 大廄, 大廄丞 등 전체 12組에 대하여 考證하였다.[335]

游逸飛 선생은 『二年律令·史律』에 보이는 "尚書卒史"에 근거하여 尚書 官署가 漢初에 존재했음을 증명하였다. 그런데 『秩律』에는 보이지 않는 것은 呂后時期에 禁中에 깊이 은거하여 명령을 내리는데 便宜를 위해서 尚書令丞은 설치하지 않고 中謁者令을 尚書와 겸직하게 하여 문서를 전달하는 기능을 하게 한 것이라고 추측하였다.[336]

李迎春 선생은 尉史가 漢代官方 측에서 地方行政 系統의 縣과 邊郡 軍事系統의 候官에 존재하는데 그 지위가 비교적 낮았다고 하였다. 尉史는 漢初에는 주로 尉의 直屬吏였고 尉를 따라서 從事하여 治安을 담당하며, "更卒番上" 등의 사무를 맡았다. 前漢 中期 이후에 縣廷, 候官의 吏로 바뀌면서 令史를 보조하여 문서, 直符의 처리 등의 일상적인 행정사무를 맡았고, 後漢 이후에는 점차 역사무대에서 사라졌다고 하였다.[337]

---

332) 李炳泉, 2010, 「松柏一號墓35號木牘與西漢南郡屬縣」, 『中國歷史地理論叢』2010-4.

333) 程少軒, 2010, 「試談放馬灘簡的一組地名」, 北京大學震旦古代文明研究中心編, 『古代文明研究通訊』44; 2010年7月16日, 復旦網.

334) 陳治國·張立瑩, 2010, 「從新出簡牘再探秦漢的大內與少內」, 『江漢考古』2010-3.

335) 吳曉懿, 2010, 「秦簡封泥所見秦廄官名初探」, 『中國歷史文物』2010-3.

336) 游逸飛, 2010年12月13日, 「從張家山漢簡《二年律令·秩律》談漢初的尚書」, 簡帛網.

申超 선생은 秦漢出土 및 傳世文獻을 이용하여 秦漢時期의 長史를 中央官署와 地方官署의 두 종류로 분류하고 7種의 中央官署와 6種의 地方官署長史의 建置와 職能을 상세히 설명하였다. 아울러 丞相長史, 將軍長史, 郡國長史를 중심으로 長史의 이직과 관련된 특징을 설명하였다.[338]

崔殿堯 선생은 睡虎地秦簡, 里耶秦簡에 나타난 "縣嗇夫"의 기록에 근거하여 縣嗇夫는 郡이 縣으로 파견한 官員이며, 그 지위는 현령보다 낮았지만 감찰기능을 많이 가지고 있었다고 지적하였다.[339] 趙岩, 張世超 선생은 "稗官"의 "稗"가 秦漢시기에 모두 "別"이라는 의미를 담고 있었던 것은 "別"에서 "小"의 뜻이 나왔기 때문이다. 睡虎地秦簡의 "稗官"은 官嗇夫의 佐, 史, 士吏 등을 의미하는데, 地位는 令史의 아래에 있었다. 龍崗秦簡의 "稗官"은 鄕嗇夫 혹은 그 屬吏를 가리킨다. 漢簡의 "都官之稗官"의 俸祿은 160석으로 官嗇夫, 鄕嗇夫에 해당한다. "稗官"의 사용은 秦漢簡帛文獻에 등장하는 "從大數到小數"의 稱數法과 관련이 있는데 漢代 이후 이런 稱數法은 소멸되었고, "稗官"이라는 단어도 더 이상 사용되지 않게 되었다고 하였다.[340] 王彦輝 선생은 張家山漢簡『二年律令』등 資料를 이용하여 秦, 漢初國家는 鄕里에 2개의 수평적인 관리 기구를 설치했다고 하였는데 鄕部와 田部가 그것이다. 田部의 吏員에는 田嗇夫, 田佐가 있고 里에는 田典을 두었다. 縣級으로 農田의 水利事務를 총관하는 직관은 都田嗇夫였다. 田部의 職責으로는 호구 통계에 의한 授田, 田籍의 작성과 교정, 農田 水利시설의 관리, 生産의 독려, 官牛馬의 사육, 耕牛의 보호관리, 田租와 芻藁稅의 징수 등을 포함한다. 田部의 설립은 國家가 授田을 위한 需要에 의한 것이었으며 前漢 中期 이후 授田制의 폐지와 토지 사유권이 확립되어 감에 따라 鄕里의 職事가 간편해져서 田部의 직분이 鄕部에 겸하게 되었다는 것이다. 그러나 縣에 설치된 都田嗇夫는 後漢까지 지속되었다고 하였다.[341]

張偉 선생은 出土된 敦煌漢簡에 근거하여 河西지역의 職官體系에 관한 정리를 진행하였다. 河西 지역의 職官體系는 行政系統과 軍事系統으로 兩分할 수 있고, 前者는 郡縣制度, 後者는 都尉, 候官, 候長, 隧長體系가 된다고 하였다. 마지막에는 漢代 河西지역의 職官體系의 특징에 대해서 분석하였다.[342]

鄧薇 선생은 睡虎地秦簡을 이용하여 秦檔案을 관리하는 주요한 인원은 內史, 御史와 令史임을 지적하였다. 內史는 文書檔案과 庫房을 전문으로 관리, 御史는 法律檔案을 관리하며 令史는 巡視하거나 혹은 代理로 檔案庫를 수비하는 임무를 맡았다. 이런 관리제도에는 副本管理, 交接制度, 保密制度, 庫房管理 및 違規處罰 등의 방면도 포함한다고 하였다.[343]

---

337) 李迎春, 2010, 「漢代的尉史」, 武漢大學簡帛硏究中心, 『簡帛』第五輯, 上海古籍出版社.

338) 申超, 2010, 「秦漢長史硏究」, 碩士學位論文, 陝西師範大學.

339) 崔殿堯, 2010, 「里耶秦簡中所見"縣嗇夫"新證」, 『學理論』2010-5期.

340) 趙岩·張世超, 2010, 「論秦漢簡牘中的"稗官"」, 『古籍整理硏究學刊』2010-3.

341) 王彦輝, 2010, 「田嗇夫、田典考釋-對秦及漢初設置兩套基層管理機構的一點思考」, 『東北師大學報』(哲學社會科學版)2010-2.

342) 張偉, 2010, 「從敦煌漢簡看漢代河西地區的職官體系」, 『安康學院學報』2010-6.

343) 鄧薇, 2010, 「從睡虎地秦簡看秦檔案及庫房的管理」, 『黑龍江史志』2010-9.

7. 科技

1) 數學

鄒大海 선생은 秦漢出土簡牘文獻을 이용하여 중국 초기 數學史 중에서 "양수와 음수[正負數]" 概念의 초기 발전 상황에 대하여 계통적인 정리를 진행하였다. "算"이라는 것이 특정한 언어 환경 속에서 쓰이는 구체적인 의미 항목(義項)에서, 正負數 槪念의 핵심적인 함의와 그것이 문헌 속에서는 어떻게 판단되는지, 또한 正負數 槪念이 생산된 動因 등의 문제 대하여 중점적으로 논의하였다. 作者는 또한 특별히 語法 分析의 方法과 知識 구조의 개념이 과학개념과 과학사상을 고찰하는데 중요하다는 점을 강조하였다.[344] 陳偉 선생은 秦簡數書에 "益夾"라는 단어의 함의와 용법에 대하여 한걸음 나아가 자세히 설명하였다.[345]

肖燦, 朱漢民 선생은 岳麓書院藏秦簡의 『數』안에서 "圓材貍地" 算題가 형성된 연대의 上限을 春秋戰國時期에서 下限을 진시황 35년 이전까지 지정하였다. 이 算題簡文의 문제풀이 방법에서 사용하고 있는 數學原理는 피타고라스 정리와 유사한 직각 삼각형 대응변이 比例定律을 이룬 것으로 양자의 관련성이 높다. 이 문제가 피타고라스의 정리를 이용했을 가능성이 매우 크다고 하였다.[346] 肖燦는 岳麓書院藏秦簡 『數』에서 田地租稅와 관련된 算題와 풀이방법을 계통적으로 정리하여 "輿(與)田", "稅田"이라는 田地租稅의 두 가지 징수 방식을 제시하였는데, 이것이 秦이 실행한 公, 私田地制度를 반영하고 있으며 상응하는 稅率이 같지 않았다고 하였다.[347] 許道勝, 李薇 선생은 岳麓書院秦簡 『數』書에 전문적으로 쓰이는 "術"字에 두 가지 서로 다르게 쓰인 寫法이 있으며 12가지의 서로 다른 표현 형식이 존재한다고 하였다. 또한 "方", "法" 등 同義詞가 "術"을 대체하여 쓰이고 있는 현상에 대해서는 이것이 『數』書가 두 종류의 필사본을 주요한 來源으로 삼고 있음을 보여주는 것이라고 하였다.[348] "營軍之述(術)" 算題와 관련해서, 解讀簡文 중의 大卒", "大卒數", "兩", "和" 등을 키워드로 삼아서 "兩和"二字가 連讀된다는 점을 지적하였다.[349]

鄒大海 선생은 睡虎地漢簡 『算術』 중의 "委輸" 算題와 『九章算術』, 『張丘建算經』의 기재가 유사하다는 점을 들어서 岳麓書院秦簡 『數』, 張家山漢簡 『算數書』 등의 사료를 이용하여 그 풀이문을 복원하는 방안을 도출해 내었다. 또한 "委輸" 算題에 반영된 秦漢社會의 문제에 대해서도 분석하였다.[350]

---

344) 鄒大海, 2010, 「從出土簡牘文獻看中國早期的正負數概念」, 『考古學報』2010-4.

345) 陳偉, 2010年9月13日 「秦漢算術書中的"輿"與"益夾"」, 簡帛網.

346) 肖燦·朱漢民, 2010, 「勾股新證-岳麓書院藏秦簡〈數〉的相關研究」, 『自然科學史研究』2010-3.

347) 肖燦, 2010, 「從〈數〉的"輿(與)田", "稅田"算題看秦田地租稅制度」, 『湖南大學學報』(社會科學版)2010-4.

348) 許道勝·李薇, 2010, 「從用語"術"字的多樣表達看岳麓書院秦簡〈數〉書的性質」, 『史學集刊』2010-4.

349) 許道勝·李薇, 2010年9月9日, 「岳麓書院藏秦簡〈數〉"營軍之述(術)"算題解」, 簡帛網.

350) 鄒大海, 2010, 「從出土竹簡看中國早期委輸算題及其社會背景」, 『湖南大學學報』(社會科學版)2010-4.

2) 曆法

李忠林 선생은 周家臺秦簡 第69-91號簡에 기록된 두 組의 歷譜가 "古六曆" 및 이에 파생된 曆法計算에 의거하여 얻은 秦始皇36년, 37년 혹은 秦王政10년, 11년과 연관되었다는 두 가지 의견에는 모두 결점이 있다고 지적하였다. 이로 인해 秦의 曆法에서 步朔은 古六曆과는 관련이 없다고 추측하였다. 그러나 "陽曆 요소"는 顓頊曆에 근거하여 배정되었다. 나아가 四分術步朔을 사용한 '閏法'은 3-3-3-2-3-3-2의 순서에 의해 인위적으로 배정되었다. 비록 그 출현시점을 추정할 수는 없지만, 秦王正 2년이 그 기점이 된다고 할 수 있으며 또한 이에 의거하여 이 시기의 삭윤표를 제시하였다. 또한 이 文의 결산과 新公布된 岳麓秦簡의 朔日資料가 다수 일치하고 있음을 附記하였다.[351]

武家璧 선생은 雲夢睡虎地, 天水放馬灘秦簡 『日書』의 "日夕(夜)分" 數가 16時制를 등거리로 하는 데이터가 아니라 태양이 출입하는 방위에 근거하여 시간을 측정하는 지평 방위의 데이터라고 하였다. 秦漢 『顓頊曆』은 "日夕分"에 근거하여 "晝夜刻"을 결정하는 원리였고, "九日增減一刻"의 경험에 의한 算法을 사용하여 晝夜의 長短을 계산하였다. 後漢 이후는 晷漏算法으로 바꾸어 사용되었고 "日夕分" 方法은 사라지게 되었다.[352]

3) 音律

李玫 선생은 『淮南子·天文訓』 중에서 樂音과 관련된 기록과 放馬灘秦簡 "律書" 자료를 비교하여 秦簡 "律書"에 반영된 樂律學 정보에 관하여 상세히 분석하였다. 예를 들어 音律의 相生順序, 大數, 律數 문제 등이다. 이와 함께 秦簡 "律書"에 기록된 "六十音"은 단지 干支에 맞추어서 배열되어 부연된 것일 뿐, 音樂 자체와는 무관하다고 하였다.[353] 方建軍 선생은 放馬灘秦簡 『日書』 乙種 중에서 『律書』에 기록되어 있는 5音 12律은 모두 '三分損益生律法'에서 비롯되어 "先損後益"에 의해 생성되었으며 이와 같은 生律法理論는 戰國 말기에 이미 상당히 완비되어 있었다고 하였다.[354]

4) 醫學

鄒大海 선생은 『周禮』 중에서 의사의 고과와 관련된 문헌에서 출발하여 張家山漢簡 『算數書』 속의 "醫"條의 기록을 종합하였다. 그는 '正負數' 개념이 의사의 치료효과를 고과하는데 정량표준으로 응용된다는 점과 그것이 출현하게 된 시대적 배경을 제시하였다. 나아가 "醫"條에서 "程"이란 것이 戰國 秦國(늦어도 秦代)法規일 가능성과 『周禮』의 醫事制度가 전국시대보다 앞선 가능성에 대해서도 의견을 제시하였다.[355]

---

351) 李忠林, 2010, 「周家臺秦簡歷譜系年與秦時期曆法」, 『歷史研究』2010-6.

352) 武家璧, 2010年9月3日, 「論秦簡"日夕分"爲地平方位數據」, 簡帛網.

353) 李玫, 2010, 「淮南律數新解」, 『中國音樂學』2010-3.

354) 方建軍, 2010, 「秦簡〈律書〉生律法再探」, 『黃鐘』(『武漢音樂學院學報』)2010-4.

5) 數術

劉樂賢 선생은 자신의 戰國秦漢 簡帛研究와 관련된 論文을 모아서 출판하였다. 그중에는 戰國秦漢 『日書』研究, 馬王堆漢墓帛書叢考, 漢簡叢考와 관련 문제 연구 등이 포함되어 있어 대량의 秦漢簡帛資料들을 섭렵하고 있다.[356] 晏昌貴 선생은 2001年부터 2008年 사이에 자신이 편찬 서술한 簡帛數術과 歷史地理와 관련된 文章을 수정 보완하여 출판하였다. 여기에서 많은 秦漢出土簡帛資料를 다루고 있다.[357] 呂亞虎 선생은 戰國秦漢簡帛資料를 이용하여 古代巫術에 대하여 논의하였다. 이에 簡帛文獻에서 보이는 巫術内容, 儀式, 方法, 靈物, 巫術活動의 時空, 方位와 신비한 數字 등의 문제에 대하여 계통적인 연구를 진행하였다.[358] 凡國棟선생은 孔家坡 漢簡 "死失圖"의 기록을 근거로 하여 睡虎地秦簡甲, 乙種 『日書』 가운데 보이는 圖表를 "失死圖"라 命名하였다. 이를 바탕으로 睡甲, 睡乙, 孔家坡漢簡 日書의 "失死亡圖"와 관련된 각각의 死占 계통을 찾아내었다. 아울러 文本의 내용을 復原하였는데 예를 들어 睡乙의 "五支時辰表"가 그것이다. 孔家坡 日書의 簡의 순서를 조정하였는데, 睡虎地 秦簡을 따라 새로이 篇을 나누었다. 마지막으로 各篇에 걸친 日書의 서술 원리, 관련된 篇章의 繼承, 改造에 대하여 분석하였다.[359] 吳小強 선생은 睡虎地秦簡 『日書』의 占卜用語를 크게 세 가지로 분류하였다. 즉 긍정성用語, 부정성用語와 중성用語가 그것인데, 매 구분유형마다 小類型을 상세히 들어 설명하고 있다.[360]

8.語法

1) 量詞

李建平 선생은 傳世, 出土 戰國秦漢文獻을 이용하여 古漢語 중에서 量詞에 대하여 계통연구를 행하였다. 여기에는 '單位量詞'부터, '借用單位量詞', '制度單位量詞,' '動量詞' 等으로 분류되고 있다는 것을 언급하였고, 先秦 兩漢 量詞의 특징, 稱數 방법 및 量詞의 계통을 분석하여 그것이 만들어지게 된 배경 등을 논의하였다.[361] 그는 楚秦簡帛文獻에 보이는 漢語 數量詞 발전에는 눈에 띄는 지역적 특징이 있었다고 하였다. 그것은 주로 連接 요소인 "又(有)"의 표현에서 나타나며 稱數 형식이 불균형하게 발전되고 量詞 계통 内部의 발전도 불균형하다는 점을 지적하였다.[362] 또한 先秦兩漢魏晉시기에 걸친 78종의

---

355) 鄒大海, 2010, 「從出土文獻看上古醫事制度與正負數概念」, 『中國歷史文物』2010-5.

356) 劉樂賢, 2010, 『戰國秦漢簡帛文獻從考』, 文物出版社.

357) 晏昌貴, 2010, 『簡帛數術與歷史地理論集』, 商務印書館.

358) 呂亞虎, 2010, 『戰國秦漢簡帛文獻所見巫術研究』, 科學出版社.

359) 凡國棟, 2010, 「日書〈失死圖〉的綜合考察-從漢代日書對楚秦日書的繼承和改造的視角」, 『簡帛研究 2007』, 廣西師範大學出版社.

360) 吳小強, 2010, 「《睡虎地秦簡〈日書〉占卜用語習慣與規律分析」, 『古籍整理研究學刊』2010-3.

361) 李建平, 2010, 「先秦兩漢量詞研究」, 博士學位論文, 西南大學.

362) 李建平, 2010, 「從楚秦簡帛文獻看先秦漢語數量詞發展的地域特徵」, 『廣西社會科學』2010-2.

簡帛文獻에 출현한 "新興量詞" 55개를 분석하였는데, 그중에 14개가 傳世文獻에서 알려지지 않았던 것이었고, 5개가 새로운 용법으로 사용되었으며, 36개가 현재까지 알려진 量詞 중 가장 이른 용례로 기록되었다고 하였다.[363] 이 밖에 張顯成, 李建平 선생은 상세한 例證을 통하여 簡帛 量詞의 연구 가치를 설명하였다.[364] 宋芸芸 선생은 漢代 簡帛文獻 중에서 "通"의 함의와 용법에 대하여 분석하였다. 그것은 物量詞로도 動量詞로도 쓰일 가능성이 있음을 지적하고 "通"은 간혹 "完"을 대체하여 쓰이기도 한다고 하였다. 아울러 簡帛文獻에서 實例를 들어 증명하였다.[365] 劉芳池, 何麗敏 선생은 『長沙走馬樓三國吳簡·竹簡(壹)』 중에서 數詞, 量詞와 數量表示法에 대하여 연구하였다. 그 내용을 살펴보면, 그중에는 동작의 양을 표시하는 법이 없고 사물의 수량을 표시하는 방법만 있음을 발견하였다. 數詞와 量詞가 단독으로 쓰이는 상황은 감소하며 數詞와 量詞를 혼합하여 사용되는 추세가 되었다고 하였다.[366]

李明曉 선생은 簡帛 醫藥 文獻 중에 존재하는 "七"혹은 "七"의 倍數를 이용하여 名量 혹은 動量을 서술하는 비교적 특수한 수량표시법을 제시하여 이와 같은 용법이 나오게 된 원인을 분석하였다.[367] 呂亞虎는 여기에 쓰인 數字"七"은 巫術적인 치료법 중에서 상징성을 가진 동작으로 예를 들어 마찰, 치는 행위 및 침을 뱉는 등의 행동의 動量을 표시하는데 상용되던 것이었다고 지적하였다. 또한 巫術 측에서 제공하는 藥의 조제량, 物量 및 다른 성별 환자에 대하여 행하는 상징적인 동작 및 藥을 얼마나 제공해야 하는지에 대한 일종의 표준이었다고 하였다. 늦어도 戰國時期에 數字"七"은 이미 중국 초기 '數文化' 가운데 풍부한 신비성과 巫術性을 갖춘 "模式數位"였으며 이것은 선조들의 우주공간, 천체 운행의 규범 및 인체 생명리듬을 인지하는 것 등의 요소와 관련이 있다고 하였다.[368] 李明曉 선생은 魏晉簡牘중의 服裝과 관련된 量詞를 분석하였다. "兩"은 "絅"이라고 지적하고 "雙"에 해당한다고 하였다. "量"의 用法은 기본적으로 "兩"과 같고 구두와 양말을 셀 때 쓰이는데 晉代簡牘에만 보인다. "要"는 下裳을 실 때 사용되며 晉代簡牘에서 가장 먼저 보이는데 "領"의 용법과 비슷하다. "立"은 두건, 옷소매(衣襟), 치마(裳)와 신발(襪)을 세는 양사인데 그 범위가 "量", "要(腰)"보다는 넓으며 晉代簡讀에서만 확인된다.[369]

2) 虛詞

張顯成 선생이 편집 주관한 『簡帛語言文字硏究: 簡帛虛詞硏究專輯』 第4輯에는 일련의 許詞연구와 관련된 논문들이 게재되었는데, 주로 出土된 簡帛材料의 展開를 둘러싼 논의들이다. 예를 들어 張家山

363) 李建平, 2010, 「先秦兩漢魏晉簡帛文獻中的新興量詞」, 『寧夏大學學報』(人文社會科學版)2010-6.

364) 張顯成·李建平, 2010, 「論簡帛量詞的研究價値」, 『簡帛研究2008』, 廣西師範大學出版社.

365) 宋芸芸, 2010, 「簡帛文獻釋讀札記三則」, 『古漢語研究』2010-4.

366) 劉芳池·何麗敏, 2010, 「『長沙走馬樓三國吳簡·竹簡(壹)』中的數量詞」, 『大衆文藝』2010-15.

367) 李明曉, 2010年2月26日, 「簡帛醫藥文獻中的"七"」, 簡帛網.

368) 呂亞虎, 2010年3月8日, 「簡帛醫方中的"七"及其神秘性鑑測」, 簡帛網.

369) 李明曉, 2010年2月19日, 「試析魏晉簡牘中的服裝量詞"兩", "量", "要", "立"」, 簡帛網.

醫簡」,[370]『二年律令』과『奏讞書』,[371] 馬王堆帛書『老子』,[372]『老子甲本卷後古佚書』,[373]『老子乙本卷前古佚書』,[374] 懸泉漢簡,[375]『敦煌漢簡』,[376] 銀雀山漢簡兵書三種,[377] 武威漢簡, 定縣漢簡,『香港中文大學文物館藏簡牘』,[380]『晏子春秋』簡本과 傳世本 등을 다루고 있다.[381] 또한 구체적인 하나의 許詞를 연구한 것도 있는데 秦簡介詞 "以"가 그 한 例이다.[382]

3) 連詞

張玉金 선생은 虛詞 "及"이 접속사로 사용되어 '名詞語'를 연결시켜서 詞語 혹은 分句라고 불릴 수 있음을 지적하였다. 이것은 詞語 혹은 分句로 불리기도 하는데 連接 '名詞語'로 쓰이고 詞語로 불리기도 한다. 連詞 "及"은 모두 秦簡에서 쓰이고 있다고 하였다.[383]

魯家亮은 張家山漢簡『二年律令』중에서 "及", "若", "或", "與"가 쓰인 簡文에 대하여 비교적 계통적으로 정리하여 각 詞가 簡文 중에서 갖는 함의와 기본적인 용법에 대하여 분석하였는데, 혼용되어 있는 경우를 집중적으로 다루었다.[384]

4) 其他

戴世君 선생은 漢代의 法律文獻인 張家山漢簡『二年律令』과 漢代 皇帝의 詔書에서 사용되는 "頗"라는 단어의 성격과 의미에 대하여 고찰하였다. 그는 漢代에는 語言學界에서 말하는 정도와 범위를 표시하는 副詞로서의 "頗"가 쓰인 적이 없고 실제로는 동사이며, 그 의미는 "偏"이라는 의견을 제시하였다.[385] 趙岩 선생은 秦漢簡帛文獻을 이용하여 "牢, 閑, 欄, 圈, 圂, 廄"와 "首, 頭"라는 두 조의 단어가 戰國秦漢時期에 新舊 交替되어 가는 상용어의 변천 과정에 대하여 고찰하였다.[386] 胡波 선생은 睡虎地

---

370) 常儷馨, 2010, 「張家山醫簡虛詞整理硏究」, 『簡帛語言文字硏究－簡帛虛詞硏究專輯』第四輯, 巴蜀書社.

371) 何琴, 2010, 「張家山漢簡『二年律令』·『奏讞書』虛詞硏究」, 『簡帛語言文字硏究－簡帛虛詞硏究專輯』第四輯, 巴蜀書社.

372) 郭小東, 2010, 「馬王堆帛書〈老子〉虛詞初探」, 『簡帛語言文字硏究－簡帛虛詞硏究專輯』第四輯, 巴蜀書社.

373) 沈娟, 2010, 「馬王堆〈老子甲本卷後古佚書〉虛詞整理」, 『簡帛語言文字硏究－簡帛虛詞硏究專輯』第四輯, 巴蜀書社.

374) 孫惠惠, 2010, 「馬王堆〈老子乙本卷前古佚書〉虛詞初探」, 『簡帛語言文字硏究－簡帛虛詞硏究專輯』第四輯, 巴蜀書社.

375) 喬鑫, 2010, 「懸泉漢簡虛詞整理」, 『簡帛語言文字硏究－簡帛虛詞硏究專輯』第四輯, 巴蜀書社.

376) 馬秋紅, 2010, 「〈敦煌漢簡〉中的虛詞」, 『簡帛語言文字硏究－簡帛虛詞硏究專輯』第四輯, 巴蜀書社.

377) 蔣豔, 2010, 「銀雀山漢簡兵書三種虛詞整理與分析」, 『簡帛語言文字硏究－簡帛虛詞硏究專輯』第四輯, 巴蜀書社.

378) 毛靜, 2010, 「武威漢簡虛詞整理」, 『簡帛語言文字硏究－簡帛虛詞硏究專輯』第四輯, 巴蜀書社.

379) 楊錫全, 2010, 「定縣漢簡虛詞整理」, 『簡帛語言文字硏究－簡帛虛詞硏究專輯』第四輯, 巴蜀書社.

380) 朱靈芝, 2010, 「〈香港中文大學文物館藏簡牘〉虛詞探究」, 『簡帛語言文字硏究－簡帛虛詞硏究專輯』第四輯, 巴蜀書社.

381) 王瑩, 2010, 「〈晏子春秋〉簡本與傳世本的虛詞異文硏究」, 『簡帛語言文字硏究－簡帛虛詞硏究專輯』第四輯, 巴蜀書社.

382) 胡波, 2010, 「秦簡介詞 "以" 淺論」, 『簡帛語言文字硏究－簡帛虛詞硏究專輯』第四輯, 巴蜀書社.

383) 張玉金, 2010, 「出土戰國文獻中的虛詞 "及"」, 『古漢語硏究』2010－4.

384) 魯家亮, 2010, 「張家山漢簡〈二年律令〉所見及"、"若"、"或"、"與"諸詞含義與用法硏究」, 武漢大學簡帛硏究中心, 『簡帛』第五輯, 上海古籍出版社.

385) 戴世君, 2010年11月29日, 「漢代程度、範圍副詞 "頗" 詞性詞義獻疑－以兩類漢代法律文件所用 "頗" 爲視角」, 簡帛網.

秦簡 등 8종의 秦簡牘 중에서 副詞의 分類, 語法과 그 특징에 대하여 연구하였다.[387] 熊昌華 선생은 『龍崗秦簡』의 詞法과 句法 등 어법에 대하여 논의하였다.[388] 周菊梅 선생은 『長沙東牌樓東漢簡牘』 중에 보이는 詞彙의 출현 빈도에 대하여 그 기본적인 함의에 대한 새로운 정리를 행하고 아울러 官稱, 謙敬語, 用字 현상에 대하여 고찰하였다.[389] 余劍 선생은 張家山漢簡 『脈書』, 『引書』의 주요한 修辭方式에는 9가지 종류가 있음을 지적하였다. 그 수사의미를 표현하는 방법에는 "修辭格을 사용한 表示"와 "명사가 부사로 쓰인 表示" 두 종류가 있다고 하였다.[390]

汪冰冰 선생은 孔家坡 漢墓簡牘 중에 보이는 어구에 대하여 새로운 정리를 진행하였다. 또한 이 자료를 이용하여 大型 辭書 에 보충할 수 있는 어휘와 義項에 대해서는 추가하여 보충하였다. 아울러 그 중 "歲美", "綸" 등 단어에 대해서 토론하였으며, 五行에 배치되는 物, 圖 등의 문제도 함께 언급하였다.[391] 路方鴿 선생은 『居延漢簡』 어휘의 특징을 분석한 것을 바탕으로 이 어휘들이 辭書編纂의 보충작용에 대하여 열거하여 설명하였다. 아울러 그중에서 雙音節詞의 來源과 단어의 구성 방식에 대하여 중점을 두어 분석하였으며, "幣絕" 등 23개 단어를 考釋하고 校勘하는 작업을 진행하였다.[392] 李黎 선생은 額濟納漢簡의 어휘에 대한 출현빈도를 통계내고 그 함의를 해석하였다. 더불어 나아가 그중에서 醫藥과 관련된 한 條文에 대한 考釋을 진행하였다.[393] 趙強 선생은 銀雀山漢簡 『六韜』 중에서 단음절어(單音詞)와 다음절어(復音詞)의 分布와 결합구조 등의 상황에 대하여 논의하였다. 또한 이 簡本과 傳世本 『六韜』의 단어를 비교하였다.[394] 馬秋紅 선생은 『敦煌漢簡』의 助動詞에 대하여 정리하였는데, 모두 14개가 있으며 3종으로 분류된다고 하였다.[395] 劉芳池, 孟美菊 선생은 武威簡本 『儀禮』와 傳世本 『儀禮』의 異文語에 대하여 연구하였다. 이러 類의 異詞는 異文의 일종이며 '同義異詞', '包義異詞', '交義異詞'로 분류하였다.[396] 陳順成 선생은 『長沙走馬樓三國吳簡』 가운데 119개의 親屬을 칭하는 단어를 모아서 59개의 칭호로 표시하고 이 단어의 의미와 기능에 대하여 분석하였다.[397] 周祖亮 선생은 『長沙走馬樓三國吳竹簡[壹]』에 기재된 인물의 신체특징과 질병을 명확하게 설명한 각 299회, 313例를 정리하고 분류하였다. 또한 나아가 "雀", "刑" 등과 같은 어휘를 해설하고 보충하였다.[398]

386) 趙岩, 2010, 「利用秦漢簡帛文獻訂補常用詞演變研究二則」, 『簡帛語言文字研究』 第五輯, 巴蜀書社.

387) 胡波, 2010, 「秦簡副詞研究」, 碩士學位論文, 西南大學.

388) 熊昌華, 2010, 「〈龍崗秦簡〉語法研究」, 碩士學位論文, 西南大學.

389) 周菊梅, 2010, 「『長沙東牌樓東漢簡牘』詞語研究」, 碩士學位論文, 華東師範大學.

390) 余劍, 2010, 「張家山漢簡〈脈書〉、〈引書〉修辭舉要」 『簡帛語言文字研究』 第五輯, 巴蜀書社.

391) 汪冰冰, 2010, 「孔家坡漢墓簡牘語詞通釋」, 碩士學位論文, 華東師範大學.

392) 路方鴿, 2010, 「『居延新簡』語詞研究」, 碩士學位論文, 浙江大學.

393) 李黎, 2010, 「額濟納漢簡詞語通釋」, 碩士學位論文, 華東師範大學.

394) 趙強, 2010, 「銀雀山漢簡〈六韜〉詞彙研究」, 碩士學位論文, 西南大學.

395) 馬秋紅, 2010, 「〈敦煌漢簡〉中的助動詞」, 『四川職業技術學院學報』 2010-3.

396) 劉芳池·孟美菊, 2010, 「武威漢簡『儀禮』與傳世『儀禮』異文分類研究」, 『安徽文學』 2010-8.

397) 陳順成, 2010, 「『長沙走馬樓三國吳簡』親屬稱謂詞語研究」, 『簡帛語言文字研究』 第五輯, 巴蜀書社.

398) 周祖亮, 2010, 「三國吳簡〈竹簡[壹]〉疾病信息考察」, 『簡帛語言文字研究』 第五輯, 巴蜀書社.

9. 기타

1) 綜述

蔡萬進 선생은 2000년에서 2009년까지 출토, 발견된 약 30여 더미에 이르는 戰國秦漢晉簡牘 자에 대하여 개략적으로 소개하였다.[399] 楊振紅, 徐歆毅 선생은 개혁개방 이후 秦漢史研究에 대한 회고를 진행하였다. 대량의 고고발굴 중에서도 특히 簡牘材料의 출토를 '秦漢史研究發展을 촉진한 중요한 동력'이라 칭하였고, 관련된 각 방면의 주요한 연구성과를 소개하였다.[400] 楊廣成 선생은 里耶秦簡 "戶籍簡"研究에 대한 현황을 총정리 하였다.[401] 鄧星 선생은 岳麓書院所藏秦簡의 연구상황에 대한 종합적인 서술을 진행하였다.[402] 李力 선생은 1985年 1月에서 2008年 7月에 이르기까지 일본에서 진행된 張家山漢簡法律文獻研究의 논저들을 계통적으로 수집하고 편목을 나누어 수록하였다.[403] 高鑫 선생은 長沙走馬樓吳簡의 국내외 연구 상황을 회고하여 정리하였다.[404] 楊眉 선생은 대륙에서 발표된 秦漢爵制 방면에서의 연구에 대한 비교적 전면적으로 정리하고 현재 연구의 결함에 대해서도 언급하였다.[405]

2) 書評

何立民 선생은 1934年 修訂本인 『流沙墜簡』를 기반으로 하고 『觀堂集林』의 관련 篇章을 결합하여 『流沙墜簡』의 주요 내용, 王國維의 簡帛文書研究에 있어서의 得失과 王氏의 研究가 미친 중요한 영향이라는 세 가지 측면에서 평론하였다.[406] 徐世虹 선생은 『二年律令與奏讞書: 張家山二四七號墓出土法律文獻釋讀』에서 圖版, 編聯, 註釋 방면에 걸쳐 예를 들어 평론하였다. 이 밖에 出土秦漢法律文獻의 整理와 法制史의 研究에 대한 새로운 시각을 제시하였다. 예컨대 編聯의 강조는 마땅히 出土位置를 고려해야 하며 또한 律文을 장악하는데 상당한 중점을 두었다. 律章의 歸屬은 漢魏, 漢唐律이 전승되는 배경 아래에서의 非單一대응관계를 간과하지 않을 수 없다고 하였다. 法律概念과 중요한 어휘의 註釋은 간략한 규범을 만들고 또한 法意를 망라해야 한다고 언급하였다.[407] 尹在碩 선생의 『二年律令與奏讞書』에 대한 평론이 李瑾華 선생이 번역하여 중문으로 게재되었다.[408]

---

399) 蔡萬進, 2010, 「新世紀初我國簡牘重要發現槪述」, 『簡帛研究2008』, 廣西師範大學出版社.

400) 楊振紅·徐歆毅, 2010, 「改革開放以來的秦漢史研究」, 『文史哲』2010-1.

401) 楊廣成, 2010, 「里耶秦簡"戶籍簡"研究綜述」, 『黑龍江史志』2010-13.

402) 鄧星, 2010, 「岳麓書院所藏秦簡研究綜述」, 『科教導刊』2010-8.

403) 李力, 2010, 「日本張家山漢簡法律文獻研究論著目錄(1985.1~2008.7)」, 『簡帛研究2007』, 廣西師範大學出版社.

404) 高鑫, 2010, 「長沙走馬樓三國吳簡研究的回顧」, 『南京工業職業技術學院學報』2010-1.

405) 楊眉, 2010, 「秦漢爵制問題研究綜述」, 『中國史研究動態』2010-1.

406) 何立民, 2010, 「簡帛學研究的開山之作-讀『流沙墜簡』并論王國維先生簡帛文書研究的貢獻」, 『南方文物』2010-3.

407) 徐世虹, 2010, 「《出土秦漢法律文獻整理研究的新成果 -讀〈二年律令與奏讞書——張家山二四七號墓出土法律文獻釋讀」, 『政法論壇』2010-4.

408) 尹在碩, 2010, 「評彭浩、陳偉、工藤元男主編『二年律令與奏讞書』」, 『簡帛研究2008』, 廣西師範大學出版社.

3) 簡牘形制

李解民 선생은 中國의 日用類簡牘을 중심으로 簡, 牘, 觚라는 것은 古代簡牘에 있어서의 3가지 기본적인 形制였다고 하였다. 또한 簡牘形制와 내용의 관계 및 3종류 形制를 가진 簡牘의 기능을 논의하였고 아울러 檢楬과 符券을 예로 들어 이 두 종류의 간독이 가진 형제의 특징에 대해서도 분석하였다.[409] 李若暉 선생은 文獻 記載와 出土簡帛文獻의 實物을 종합 고찰하여 "篇"이라는 것은 시작에서 끝까지 완전한 文章이며, "卷"은 簡帛 等書籍의 書寫材料를 보관하는 방법으로 형성된 書籍의 計量單位라고 지적하였다.[410] 鄔文玲 선생은 長沙東牌樓東漢簡牘에 보이는 두 종류의 '封檢' 실물(B型和C型)을 이용하여 西北簡牘에 자주 등장하는 "合檄"의 形制와 樣式에 대하여 논의하였다. B型 封建의 양측은 아래로 경사져서 封泥 부분에 홈이 중간에 놓여 있고 3줄의 홈으로 나누어져 있다. C型 封檢은 비교적 크고, 문자가 홈 안에 적혀있다. 일부 簡字가 비교적 많으며 서사가 가지런하고 내용도 완전하다. 이 둘은 조합관계로 보이며 서로 부합하는 방식(契合式)으로 봉하여 덮은 것으로 보인다고 하였다. 비록 簡牘 중에서는 이 둘이 완전하게 부합된 실물은 발견되지 않았지만, 도판, 간문의 내용, 封檢의 形制, 封檢의 書寫 格式 및 實物檢測 등 방면으로 볼 때, 이것은 '契合式'의 封檢 形制로 불릴 만하며 "合檄"의 形制와 樣式의 하나로 추정된다고 하였다.[411] 龍臻偉 선생은 走馬樓吳簡 및 기타 출토된 魏晉時期의 名刺資料에 대하여 비교적 전면적인 수집과, 고찰을 행하였다. 그는 名刺은 古人들이 자신의 身份, 姓名을 통보하기 위한 문서라고 하였다. 考古 발굴된 走馬樓吳簡 名刺의 實物은 三國時期에 실제로 사용되었던 名刺일 가능성이 있다고 하였다.[412] 楊芬 선생은 텍스트 정리를 바탕으로 書信의 봉함과 서명(封緘題署), 版面의 格式, 慣用語와 호칭 방식 등에 대하여 초보적인 연구를 행하였다.[413]

4) 해외출토 簡牘研究

趙超 선생은 일본 飛鳥·藤原宮에서 출토된 '符咒木簡' 한 건에 대한 비교적 상세히 소개하였다. 中國古代文獻의 기록과 考古發掘을 결합하여 日本에서 발견된 이와 같은 符咒木簡은 符號의 構成, 含義가 中國古代의 道符와 유사한 면이 있어 깊은 문화적인 연원이 있다고 하였다. 이것은 中國古代의 陰陽 方術思想이 동아시아 각국으로 퍼져나가 응용되었음을 보여주는 것이라고 하였다.[414] 王元林 선생은 日本에서의 古代木簡이 발굴된 개황 및 木簡의 時代, 形制, 內容, 功能과 성격 등에 대하여 전면적으로 소개하였다. 또한 日本學界가 木簡을 연구한 歷史에 대하여 회고하였다. 아울러 앞으로의 연구에 대한

---

409) 李解民, 2010, 「中國日用類簡牘形制的幾個有關問題」, 『簡帛研究2007』, 廣西師範大學出版社.

410) 李若暉, 2010, 「釋"篇"、"卷"」, 『簡帛語言文字研究』第五輯, 巴蜀書社.

411) 鄔文玲, 2010, 「"合檄"試探」, 『簡帛研究2008』, 廣西師範大學出版社.

412) 龍臻偉, 2010, 「長沙走馬樓三國吳簡名刺性質初探」, 中國文化遺産研究院, 『出土文獻研究』第九輯, 中華書局.

413) 楊芬, 2010, 「出土秦漢書信匯校集註」, 博士學位論文, 武漢大學.

414) 趙超, 2010, 「道術東傳−談日本飛鳥·藤原宮出土的意見符咒木簡」, 中國文化遺産研究院, 『出土文獻研究』第九輯, 中華書局.

세 가지 방향을 전망하였다. [415]

　金慶浩 선생은 韓國木簡 가운데 미친 中國木簡의 영향에 대하여 材質使用, 樣式, 類型, 木簡의 성격, 書寫題記, 符號 등 여러 방면에서 계통적인 분석과 비교를 진행하였다. [416] 楊振紅, 尹在碩 선생은 韓半島에서 출토된 古代簡牘의 기본적인 상황과 특색에 대하여 소개하면서 平壤 貞柏洞364號墓에서 출토된 "樂浪郡初元四年別戶口集簿"에 대하여 중점적으로 분석하였다. 또한 시대가 비교적 늦은 慶州, 扶餘에서 출토된 木簡 釋文을 補正하였다. [417]

　[번역 : 김진영(한림대 사학과 박사과정), 유영아(한림대 사학과 박사과정 수료)]

---

415) 王元林, 2010, 「日本古代木簡的發現與研究」, 中國文化遺産研究院, 『出土文獻研究』第九輯, 中華書局.

416) 金慶浩, 2010, 「韓國古代木簡裏中國古代木簡的殘影」, 武漢大學簡帛研究中心『簡帛』第五輯, 上海古籍出版社.

417) 楊振紅·尹在碩, 2010, 「韓半島出土簡牘與韓國慶州、扶餘木簡釋文補正」, 『簡帛研究2007』, 廣西師範大學出版社.

〈中文摘要〉

2010年秦漢魏晉簡牘的研究概述

魯家亮

　　本文主要是對2010年秦漢魏晉簡牘研究概況的簡介，兼及其它類型的出土資料(如玉門花海畢家灘的棺板"晉律註"等)或稍晚時代的簡牘資料(如日本飛鳥·騰原宮的符咒木簡等)。2010年關於秦漢魏晉簡牘研究的成果很多，筆者的閱讀不可能無所遺漏；加之秦漢魏晉簡牘所涉及的内容繁雜、歸類困難，又涉及諸如醫藥、數學、曆法、音律等較專業領域，因此我們對有關研究成果的理解、概述和分類可能會産生偏差。這些疏漏和不足敬請各位方家見諒。希望小文能給對秦漢魏晉簡牘研究感興趣的學者提供方便。下面我們大致依照資料出土年代先後介紹各批簡牘的文本整理、研究情況，幷對秦漢魏晉簡牘資料的綜合研究進行分類概述。

▶ 關鍵詞：秦, 漢, 魏, 晉, 簡牘

문/자/자/료 다/시 읽/기

문헌 사료가 충분하지 못한 한국 고중세사 연구에 있어서는 木簡·金石文과 같은 非문헌 사료가 대단히 중요하다. 다행히 근래에 이에 대한 관심과 연구도 점차 심화되고 있다. 여러 종류의 자료 모음집과 역주서 등이 나왔고, 개별 목간·금석문을 대상으로 한 새로운 판독과 해석 연구들도 많이 나오고 있다. 하지만 아직도 충분히 세밀하게 검토되고 있다고는 이야기하기 힘들다. 기존의 자료집과 역주서 등에서 충분히 판독, 해석되지 않았거나 미심쩍은 부분들이 있고, 그에 따라 해당 목간·금석문 자체의 성격이 전혀 새롭게 이해될 수 있는 경우들을 발견하게 된다. 이런 상황을 고려할 때 목간·금석문에 대한 면밀한 재검토는 고중세사에 관한 새로운 사실들을 적지 않게 밝혀줄 수 있을 것으로 생각된다. 〈문자자료 다시 읽기〉에서는 고중세의 목간·금석문들 중에서 그 내용과 성격이 제대로 알려지지 못하였거나 기존의 판독, 해석과 다르게 판독, 해석될 수 있는 자료들을 소개하고자 한다. 고중세 목간·금석문에 대한 학계의 보다 많은 관심과 면밀한 검토를 촉구하기 위한 〈문자자료 다시 읽기〉에 연구자들의 관심과 질정을 부탁하는 바이다.

廣開土王陵碑文의 새로운 판독과 해석[*]

權仁瀚[**]

Ⅰ. 머리말
Ⅱ. 비문의 판독과 해석
Ⅲ. 맺음말

〈국문 초록〉

이 글은 우리의 현존 最古 금석문인 고구려 「廣開土王陵碑文」(414)에 대한 새로운 판독과 해석을 목표로 한 것이다. 이를 위하여 그 동안의 논의들에서 논란이 되었던 글자들에 대하여 酒勻本, 北京大本, 水谷1·2本, 靑溟本, 中硏本, 金子本, 周雲台本 등 8종의 탁본들에 의거하여 정확한 판독이 되도록 하였으며, 이를 바탕으로 水谷悌二郞(1959) 이후의 주요한 논저들과 함께 중국의 역대 문헌들에서의 여러가지 용법들을 참조하여 최대한 문면에 충실한 해석안을 제시하고자 노력한 것이다. 이는 그 동안 국어학계에서 이 비문에 대한 연구가 대부분 이두적 요소의 존재 여부를 가리는 문법 연구 일색으로 치우쳐 있는 문제점을 극복하고자 하는 微衷에서 출발한 것인데, 앞으로 고유명사 표기자에 대한 음운학적 분석(음운 연구), 이두 요소의 존재 여부 구명(문법 연구), 한자어의 기원적 계보 고찰(어휘 연구) 등 국어학의 전 부문에 걸친 종합적인 연구로 나아가기 위한 기초 자료로 활용하게 될 것이다.

▶ 핵심어 : 광개토왕릉비문, 원석 탁본, 판독, 해석, 국어학적 연구

[*] 이 글은 2011년 8월 26일 충주대학교에서 있었던 한국목간학회 하계워크숍에서 발표하였던 "廣開土王陵碑文의 國語學的 硏究"라는 발표문의 제2장을 수정·보완한 것이다. 발표회 당시에 지정토론을 맡아 예리한 비판과 건설적인 제안들을 해 주신 여호규(한국외대), 장경준(고려대) 교수님, 그리고 鄭求福 선생님을 비롯하여 발표회장 안팎에서 여러 문제들에 대하여 필자에게 유익한 도움 말씀을 주신 森博達(京都産業大), 주보돈(경북대), 박재연(선문대), 윤선태(동국대) 교수, 윤진석 박사, 杉山豊 석사 등 모든 분들께 謝意를 표한다.
[**] 성균관대학교 국어국문학과 교수

Ⅰ. 머리말

「廣開土王陵碑文」[1]이 발견되어 연구된지도 어언 1세기를 넘는 만큼 그 동안 이에 대한 연구 업적도 그 수를 헤아리기 어려울 정도임은 잘 알려진 사실이다. 이 방면의 연구는 주로 역사학계를 중심으로 전개됨으로써 국어학계의 논의는 상대적으로 초라함을 면치 못하고 있다. 이 비문에 대한 국어학계의 논의는 홍기문(1957), 金永萬(1980·1981·2005), 李基文(1981), 南豊鉉(2000·2006), 鄭光(2003), 金永旭(2004), 李勇(2006) 등에 그치고 있을 뿐만 아니라, 그 내용에 있어서도 주로 吏讀的 요소의 존재 여부를 가리는 정도에 머물러 있기 때문이다.

이러한 점을 염두에 두면서 이 글에서는 역사학계 논의들과의 학제적 소통을 위하여 이 비문에 대한 판독을 새롭게 하면서 최대한 문면에 충실한 해석안을 제출함을 목표로 할 것이다. 이를 위하여 水谷悌二郎(1959) 이후 이 비문에 대한 판독과 해석안을 보인 주요한 논저들을 참조할 것인바 이들의 약호는 다음과 같다.

〈水谷〉: 水谷悌二郎(1959),　　　　　　　〈박〉 : 박시형(1966/2007),

〈王〉 : 王健群/林東錫(역)(1984/1985),

〈武田〉: 武田幸男(1989),　　　　　　　　〈盧〉 : 盧泰敦(1992),

〈白崎〉: 白崎昭一郎/권오엽·권정(역)(1993/2004),

〈耿〉 : 耿鐵華(1994),　　　　　　　　　〈林〉 : 林基中(編)(1995),

〈손〉 : 손영종(2001),　　　　　　　　　〈任李〉: 任世權·李宇泰(編)(2002)

위의 제 논의들에서 판독상 문제가 된 글자들에 대하여 8종의 탁본 사진들과 동아시아 문자 자료들에서의 자형을 최대한 수집·정리한 『大書源』(2007, 東京: 二玄社)과 일일이 대조함으로써 가능한 한 정확한 판독이 될 수 있도록 노력할 것이다. 또한 해석과 관련된 핵심적인 어휘나 虛詞들에 대해서도 『漢語大詞典[CDR2.0版]』(2000, 香港: 商務印書館有限公社), 『古代漢語大詞典[辭海版]』(2007, 上海: 上海辭書出版社) 등에 의거하여 중국 문헌들에서의 용례와 용법을 폭넓게 검토함으로써 되도록 문면에 충실한 해석안이 될 수 있도록 할 것이다. 이 연구 결과는 앞으로 필자가 계획하고 있는, 이 비문에 대한 국어학적 연구 즉, 음운·문법·어휘에 걸친 종합적인 연구로 나아가기 위한 기초 연구로 활용하게 될 것이다. 관심있는 분들의 아낌없는 叱正을 기대해마지 않는다.

---

1) 이 비의 명칭에 대해서는 '廣開土王碑, 廣開土大王碑, 好太王碑, 廣開土好太王碑' 등 의견이 분분하다. 필자로서는 『譯註 韓國古代金石文』제1권에서의 盧泰敦 교수의 역주문에 의거하여 다소 중립적인 「廣開土王陵碑文」으로 한 것임을 밝혀둔다.

Ⅱ. 비문의 판독과 해석

여기에서는 「廣開土王陵碑文」(필요시 '이 비문'으로 줄임)의 原石系 拓本 7종과 最近 拓本 1종 등 8종의 탁본들[2]에 의거하여 비문의 판독과 해석을 행하기로 한다. 이를 위하여 비문을 크게 '序, 銘辭, 守墓人 制度'의 세 단락으로 나누어 논의를 진행할 것이다.

2.1. 序: 鄒牟王~廣開土王의 出自와 世系(1·1·1~1·6·39)

2.1.1. 鄒牟王의 誕生(1·1·1~1·1·39)

[판독][3]
°惟昔始祖^鄒^牟王°之°創基也出自北夫餘天帝°之子母河伯女°郎°剖°卵°降①*世生②*而有聖③□□□□□□

---

2) 본고에서 의거한 탁본들의 약호와 명칭 및 출처는 다음과 같다.
　①酒匂本: 酒匂景信 將來本(墨水廓塡本), 武田幸男(編)(1988), 216-223.
　②北大本: 李龍 精拓整紙本(原石 拓本), 林基中(編)(1995), 11-60.
　　※潘祖蔭이 쓴 題簽(題跋)의 일치로 보아 徐建新(2006: 282)에서 소개된 "北京大A本" 및 박진석(1997)에서 논의된 "북경대학도서관 3호본"과 同一本으로 판단된다.
　③水谷1本: 水谷悌二郎 舊藏本(原石 拓本), 武田幸男(編)(1988), 40-87.
　　※이 탁본은 최근 일본의 歷史民俗博物館에 기증된 것으로 알려져 있으며, 현재 국립중앙박물관의 특별전('문자 그 이후')에 출품되어 있으므로 누구나 쉽게 實見할 수 있게 된 것은 특기할 만하다. 필자도 금년 10~11월에 걸쳐 탁본 전체를 직접 살필 수 있는 기회를 얻음으로써 판독상의 정확성을 기할 수 있었다.
　④青溟本: 青溟 任昌淳 舊藏本(原石 拓本), 任世權·李宇泰(編)(2002), 8-247.
　⑤中研本: 傅斯年 舊藏甲本(原石 拓本), 武田幸男(編)(1988), 90-137.
　⑥金子本: 金子鷗亭 所藏本(原石 拓本), 武田幸男(編)(1988), 140-211.
　⑦水谷2本: 水谷悌二郎 新藏本(原石 拓本?), 『書品』 100號(1959), 1-70.
　⑧周雲台本: 吉林省 集安市博物館 所藏本(1981년 石灰 剝落 末期 拓本), 王健群/林東錫(譯)(1985), 426-445.
　　※초고 단계에서는 遼寧省 博物館藏本〈遼博本〉을 이용하였으나, 논의 전개 과정에서 原石系 拓本으로 보기 어려운 여러 가지 문제점들이 드러남으로써 여기에서는 이를 대신하여 石灰 剝落 末期에 접어든 가장 최근의 비문의 상태를 보여줌으로써 자형 판독시에 일정한 도움을 받을 수 있으리라 기대되는 周雲台本으로 변경한 것임을 밝혀둔다.
3) 판독상의 약호는 다음과 같다.
　°A: 特異 字形字, ^X: 異體字(유니코드 등록자), *Y: 判讀 異見字(또는 字形 確認 必要字), [P]: 殘存 字形에 의한 推讀字(判讀時), Q: 문맥에 의한 推讀字(解釋時), □: 判讀不能字, ■(a~b): 刻字 缺落, ₐ·b: a면 b行末, 1·1·1 등: 제1면 제1행 첫 번째 글자 등.

1) 특이 자형 확인[4]

ᵒ惟: 惟, ᵒ之: 之, ᵒ創: 創, ᵒ郎: 郎, ᵒ剖: 剖, ᵒ卯: 卯, ᵒ降: 降

2) 판독 이견자/추독자 辨析

	酒匂	北大	水谷1	靑溟	中研	金子	水谷2	周雲台
①								
②								
③								

① 1·1·29는 酒匂本 이래 한 동안 '出'字로 판독되었으나, 〈水谷〉에 와서야 비로소 '世'字로 수정되어 현재까지 정설로 이어져 오고 있다. 위의 탁본 대조표에서 보듯이 이 글자의 下端이 앞서 나온 1·1·12의 '出'字(ㅂ)와는 확연하게 차이를 보일 뿐만 아니라, 上端 가로획의 흔적도 약하게나마 찾을 수 있고, 周雲台本에서 우측 세로획도 확인할 수 있음에 유의하여 '世'字로 판독한 것이다.

② 1·1·31도 酒匂本 이래 한 동안 '子'字로 판독되었으나, 〈水谷〉에 와서야 비로소 '而'字로 推讀되었고, 그 이후 이 판독안이 대체로 인정되고 있다. 위의 탁본 대조표에서 보듯 '而'字의 상단 두 가로획의 존재가 분명할 뿐만 아니라, 周雲台本을 보면 '而'字임이 비교적 명확하므로 〈水谷〉의 판독안을 따른 것이다.

③ 1·1·34는 여러 탁본들에서 보듯이 좌변이 '두인 변'(彳)으로 보기에는 그 자형이 특이하여 어떤 글자인지 특정하기가 어렵다는 점에서 판독 불능자로 수정하고자 한다. 필자는 처음에는 〈白崎〉에서와 같이 문맥상 '德'字로 推讀할 수 있으리라 판단하였으나, 이 부분의 문장이 기본적으로 4자로 구성되어 있을 뿐만 아니라, 「牟頭婁墓誌銘」 4~5행에서의 "天下四方知此國□(郡?)最聖"이라는 구절을 참조하면 '生而有聖'으로 끝나는 것으로 보는 편이 타당할 것이라는 여호규 교수의 비판을 수용한 것이다.

---

4) 유니코드에 등록되어 있지 않은 특이 자형자들의 확인은 편의상 徐建新(2006: 316-323)의 비문 臨寫文을 소개하는 것으로 대신하고자 한다.

[해석]⁵⁾

惟昔始祖㉠鄒牟王之創基也. 出自北夫餘, ㉡天帝之子, 母㉢河伯女郞. 剖卵降世, 生而有聖. □□□□□.

【생각건대 옛적에 始祖 鄒牟王이 나라를 세우셨도다. (王은) 北夫餘 출신으로 天帝의 아들이었고, 어머니는 河伯의 따님이었다. 알을 깨고 세상에 나왔는데, 태어나면서부터 聖스러움이 있었다. □□□□□□(…….)】

㉠ 이표기: '東明'〈『論衡』, 『魏略』, 『梁書』〉, '朱蒙'〈『魏書』, 『周書』, 『北史』 등〉, '鄒牟聖王'〈牟頭婁墓誌銘 3-4행〉, '朱蒙[一云鄒牟, 一云衆解]'〈『三國史記』·고구려본기1〉, '朱蒙 一作鄒蒙'〈『三國遺事』·왕력〉 등.

㉡ '天帝之子'의 주어에 대하여 異見이 있다. 〈王〉, 〈林〉에서 그 주어로 '그의 부친/아버님은'을 보충하고 있는데, 이는 그 다음 구절 '母河伯女郞'을 지나치게 의식하여 '天帝之子'의 앞에 주어인 '父'가 생략된 것으로 본 듯하다. 그러나 한문의 어법상 이러한 경우의 주어 생략은 인정되기 어려우므로⁶⁾ 정당한 해석안으로 받아들이기 어렵다.

㉢ '河伯'은 전설상의 인물로 중국 水神의 이름이다. 牟頭婁墓誌銘에서는 '河泊'으로 되어 있으나, '인 변'(亻)과 '삼수 변'(氵)은 흔히 통용되는 자형이므로 '河泊'의 '泊'은 '伯'字의 異體字로 보는 편이 나을 것이다. cf) 伯('伯', 唐 懷素 自敍帖), 泊('泊', 日本 平安朝 傳藤原行成 筆跡).⁷⁾

한편, '女郞'에 대하여 대부분의 논저들(〈박〉, 〈盧〉, 〈林〉, 〈손〉, 〈任李〉)에서 '河伯女郞'을 '河伯의 딸 또는 따님'으로 해석하고 있다. 그런데 白崎(1993/2004: 76)에서 '女郞'에 존칭 용법이 있는지에 대하여 의문을 표시한 후, 『日本書紀』雄略紀 5年 夏四月條에서의 '適稽女郞(チヤクケイエハシト)'⁸⁾의 용례에 주목하여 백제나 고구려에서 여성을 가리키는 어휘로 볼 것을 제안함으로써 다시 문제가 된 것이다. 그러나 西晉 太康年間(280-289)에 태어나 東晉 永和年間(345-356)에 사망한 것으로 추정되는 干寶의 『搜神記』에 "班問: "女郞何在?" 曰: "女爲河伯婦."("따님은 어디 계시지요?"

---

5) 해석의 단계에서는 判讀文에서의 異體字들을 표준자형으로 고치고, 推讀字 표시를 없애는 한편, 문맥에 맞게 구두점을 표시하여 제시한다. 또한 주석이 필요한 부분들에 밑줄을 긋고 ㉠㉡㉢… 순서로 항목 표시를 할 것이다. 또한 해석문에서 "A[/B]"로 제시한 경우들은 "A 또는 B"의 의미이면서도 A의 가능성이 더 큰 것으로 판단한 것임을 뜻한다.

6) 黃六平/洪淳孝·韓學重(역)(1973/1994: 62-64)에 따르면, 한문에서의 주어 생략은 1)대화 문맥, 2)앞말을 받는 경우, 3)뒷말을 받는 경우에 한한다.

7) 본문에 제시되는 자형 자료는 『大書源』(2007, 二玄社)에서 따온 것이다.

8) 김현구 외 3인(2002: 227) 참조. 여기에서의 'エハシト'는 일본어가 아니라 고대한국어로서 신분이 높은 여성을 가리키는 백제 내지는 삼국 전체에서 통용되고 있던 일반적 호칭으로 보고 있다.

胡母班이 묻자, "제 딸은 河伯의 아내가 되었지요." 泰山府君이 답하였다.)〈『搜神記』·卷4)[9]라는 예를 통하여 드물기는 하지만, '女郎=따님'의 용례를 찾을 수 있음에 주목하여 필자도 '河伯女郎'을 '河伯의 따님'으로 해석한 것이다.

2.1.2. 鄒牟王의 巡幸(1·1·40~1·3·4)

[판독]

命駕」·1巡④*幸南下路由夫餘奄利大水王臨⑤*津言曰我°是°皇天°之子母河伯女°郎^那^牟王^爲°我連⑥*葭浮°龜1應聲°則^爲」·2連⑥*葭浮°龜2然後造渡

1) 특이 자형 확인

南:［南］, 臨:［臨］, 我:［苁］, 是:［昰］, 龜1:［虘］, 即:［眀］, 龜2:［虘］, 然:［然］

2) 판독 이견자/추독자 辨析

	酒匀	北大	水谷1	靑溟	中研	金子	水谷2	周雲台
④								
⑤								
⑥								

④ 1·2·2도 酒匀本 이래 오랫동안 '車'字로 판독되었으나, 〈水谷〉에 와서야 비로소 '幸'字로 수정되어 현재까지 정설로 되어 있다. 위의 자형 대조표에서 보듯 이 글자가 '車'字라면 당연히 있어야 할 두 번째 획 즉, '日'의 좌변 세로획의 흔적이 전혀 나타나지 않으므로 '車'로 판독될 수 없음은 분명하다. 대

---

[9] 『搜神記』의 現傳本은 明代 中葉의 輯錄本이어서 이 비문과 비슷한 시기의 한문 문법 대조에 이용할 만한 것인지에 대하여 의문을 표시할 수 있다. 그러나 竺家寧(2004)의 논의를 통하여 西晉代의 佛經들과 문법 현상이 대부분 일치하는 것으로 드러났으므로 『搜神記』를 魏晉南北朝代 한문 문법 또는 어휘의 양상을 파악하는 典據의 하나로 이용할 수 있을 것으로 판단한 것임을 밝혀둔다.

부분의 탁본들에서 보듯이 세 번째 가로획이 나머지 가로획들에 비하여 약간 오른쪽으로 기울게 그어져 있을 뿐만 아니라, 正中央 세로획이 바로 이 세 번째 가로획을 경계로 약간 끊어져 있음을 볼 때, 〈白崎〉에서 지적된 바와 같이 '土' 밑에 '羊'을 쓴 '幸'字의 古體(㚤, 北魏 李壁墓誌)로 추정할 만한 근거를 갖춘 것으로 판단된다.

⑤ 1·2·15에 대하여 〈盧〉에 이르기까지 諸家들의 판독이 '津'字로 통일되어 있었으나, 〈白崎〉나 〈林〉에서 '聿'字로 읽는 판독안을 주장함으로써 새롭게 문제로 등장한 것이다. 〈白崎〉는 中研·金子本에 따라 좌변 '삼수 변'(氵)의 자형이 보이지 않는 것으로 단언하고 있으나, 초기 탁본인 北大·水谷1本을 자세히 살펴보면, 徐建新의 臨寫文(津)과 유사한 두 점의 흔적이 찾아지는 듯하므로 '津'字로 판독하고 싶다. 水谷1本을 實見한 결과, 이 비문에서의 '氵'의 처리가 '池'字(2·7·14), '法'字(4·7·4) 정도를 제외하고는 대부분 그 존재를 찾기 어려울 정도로 되어 있음도 참조.

⑥ 1·2·35=1·3·2에 대해서는 초기에 주로 '㱿'字로 판독되었으나(〈박〉, 〈손〉은 '鼇'字로 판독) 이 역시 〈水谷〉에 와서 비로소 '葭'字로 판독되어 학계에 정설로 되어 있다. 이 글자의 '叚' 부분이 〈水谷〉에서 제시된 대로 당시의 금석문들에서 이 비문과 비슷한 자형을 보이고 있음을 참조(예: 徦 '假', 東魏 高湛墓誌).

[해석]
命駕巡幸南下. 路由夫餘㋐奄利大水. ㋑王臨津言曰: "㋒我是皇天之子, 母河伯女郎, 鄒牟王. ㋓爲我連葭浮龜." 應聲即爲連葭浮龜. 然後㋔造渡.

【수레를 명하여 巡幸하여 남쪽으로 내려가는데, 夫餘의 奄利大水를 經由하게 되었다. 王이 나루에 이르러 "나는 天帝의 아들이며, 어머니가 河伯의 따님이신 鄒牟王이다. 나를 위하여 갈대를 연결하고 거북이 떠오르도록 하라."고 말씀하셨다. 그 소리에 응답하여(=그 소리가 떨어지자마자) 곧 이어진 갈대와 뜬 거북이의 다리(=浮橋)를 만들었다. 그런 다음 비로소 강물을 건넜다[/강물을 건널 수 있었다].】

㋐ 이표기: '掩㴲水'〈『論衡』〉, '淹㴲水'〈『後漢書』, 『三國史記』·고구려본기1〉, '淹滯水'〈『梁書』〉, '施掩水'〈『魏略』〉 등.

㋑ 이 구절을 林基中(1995: 381)에서는 '津'을 '聿'로 판독한 결과에 따라서 그 의미를 '自'로 보아 "왕이 (奄利大水)에 이르러 <u>스스로</u> 말하기를"로 해석한 것은 古漢語 자료들에서 '聿'字가 '스스로'라는 의미를 지니는 예를 찾기 어려운 듯하므로[10] 그대로 받아들이기는 어려울 듯하다.

---

10) 『古代漢語大詞典』에서 '聿'은 "①=筆, ②疾貌, ③作語助, 無義"의 세 용법만 소개되어 있으므로 '스스로'라는 釋의 실례는 보이지 않는다.

ⓒ 이 구절도 林基中(1995: 381)에서 "나는 하느님의 아드님이 아버지며…"로 해석한 것역시 채택하기 어렵다. 또한, 이 구절에서의 '皇天'은 '天'과 '天神'에 대한 존칭어이므로(『漢語大詞典』, '皇天'條 참조) 〈白崎〉에서 지적된 대로 '天帝'와 동의어로서 문장의 변화를 위하여 교체된 것으로 본다.

한편, 이 구절의 어순이 한국어식으로 되어 있어서 한문으로서는 어색한 문장임이 홍기문(1957: 27-28) 이래 지적되어오고 있는데, 이두식 문장의 출발선상에 있는 근거의 하나로 삼을 수 있을 것이다.

ⓔ 이 구절에 두 번 나오는 '爲'字는 그 용법[11]이 다르다. 먼저 '爲我連葭浮龜'의 '爲'는 '위하다'라는 뜻의 타동사(去聲)이므로 '나를 위하여'로 해석된다. 다음으로 '爲連葭浮龜'의 '爲'는 '連葭浮龜'를 목적어로 하는 '만들다'라는 뜻의 타동사(平聲)로 해석될 수있다.[12] 이 문제와 관련하여 〈武田〉은 이 구절을 "聲に應じ、即ち爲に葭を連ね、龜を浮べ …(그 소리에 응하여, 즉시 그렇게 하여 갈대를 엮고, 거북이를 띄우고, …)"로해석함으로써 '即爲'를 부사구로 본 반면에, 〈白崎〉는 "聲に應じて即ち連葭浮龜を爲す(그 소리에 응하여 곧 이어진 갈대와 뜬 거북이의 다리(=浮橋)를 만들었다.)"로 해석함으로써 '爲'를 타동사로 본 차이를 보이고 있다. 두 해석 중에서 필자는 〈白崎〉의해석안을 따른다. 물론 이때의 주어는 생략된 '奄利大水'나 '奄利大水의 水神'이 될 것이다.

ⓜ '造渡'는 〈박〉에서 설명한 대로 ①'造'를 부사로 보면 "비로소 건넜다"로, ②'造'를 '成就'를 뜻하는 助動詞로 보면 "건널 수 있었다"로 해석할 수 있다.

2.1.3. 鄒牟王의 建都~大朱留王의 紹承(1·3·5~1·4·23)

[판독]

˚於沸流谷忽^夲西˚城山上而建都焉不樂世位⑦*˚天˚遣黃˚龍^來下迎王王˚於忽^夲東˚岡⑧*˚履」·₃˚龍⑨*˚首˚昇天˚顧命世子˚儒˚留王˚以道興治大˚朱˚留王˚紹˚承基˚業

---

11) '爲'字에는 ①하다(平), ②되다(平), ③위하다(去), ④~이다〈연계동사〉(平), ⑤~으로 삼다〈以~爲~〉(平), ⑥만들다(平),
    ⑦~라 하다(平), ⑧당하다〈피동〉(平), ⑨~때문에〈전치사〉(去) 등의 용법이 있다. 金泰泳(2010: 222-224) 참조.

12) 여기에서의 '爲'字의 용법에 대하여 한국목간학회 워크숍 당시 장경준, 여호규 교수의 비판이 있었다. 즉, '갈대가 연결되
    고 거북이 떠오르게 되었다'(장경준), '갈대를 잇고 거북을 떠오르게 했다'(여호규). 여기에서는 윤선태 교수의 토론에 힘
    입어 원안을 유지한 것임을 밝혀둔다.

1) 특이 자형 확인

°於: 於, °城: 城, °遺: 遺, °龍: 龕, 昇: 昇, 岡[13]: 罡, 顧: 顴, 儒: 儒, 留: 畱,

°紹: 紹, 承: 承, °業: 業

2) 판독 이견자/추독자 辨析

	酒勻	北大	水谷1	靑溟	中硏	金子	水谷2	周雲台
⑦								
⑧								
⑨								

⑦ 1·3·27에 대해서는 酒勻本 오랫 동안 '因'字로 판독되었으나, 〈武田〉에 와서 비로소 '天'字로 수정되었다. 이후에도 '因'字로 판독하는 안(〈盧〉, 〈耿〉, 〈任李〉), '天'字로 판독하는 안(〈白崎〉, 〈林〉, 〈손〉)이 팽팽히 맞서고 있다. 周雲台本에서 '因'字의 자형으로 보이는 문제점이 없지 않으나, 초기 탁본들에서는 아래 쪽의 가로획이 확인되지 않을 뿐만 아니라 金子·水谷2本에서 확연하게 '天'字의 자형으로 나타남을 존중한 것이다.

⑧ 1·3·41에 대해서도 酒勻本 이래 한 동안 '黃'字로 판독되었으나, 〈水谷〉에 와서 비로소 '履'字로 수정되어 이 판독안이 사학계의 정설로 자리잡고 있다. 위의 표에서 보듯 모든 탁본들에서 上端 '尸'의 흔적이 비교적 뚜렷할 뿐만 아니라, 水谷1·靑溟·中硏本에서 '復'의 右上部 字形의 확인도 가능하므로 '履'字로 推讀한 것이다. 박진석(1993: 39)에서 1976년에 林至德이 촬영한 사진을 통하여 비교적 명확하게 '履'字로 표현된다고 한 점도 참조.

⑨ 1·4·2는 주로 '頁'字로 판독되나, '貪'字로 판독하는 안(〈박〉, 〈王〉, 〈손〉), '首'字로 판독하는 안(〈武田〉, 〈白崎〉, 〈耿〉) 등 의견이 분분한 글자이다. 이 글자가 다음 자의 자리를 차지할 정도로 세로로 긴 글자의 형상을 보이고 있을 뿐 아니라, 下部 '八'의 형상이 이 비문 속의 다른 글자들과 차이를 보이고 있고, '龍頁'이라는 단어가 존재하지 않음을 근거로 '首'字로 판독하는 의견을 따른 것이다.

---

13) 초고에서는 이 글자의 原字를 '罡'字로 제시하였으나, 윤선태, 여호규 교수의 조언을 받아들여 수정한 것이다. 이 자형은 일본의 奈良朝 多胡碑와 平安朝 伊都內親王願文에도 보인다.

[해석]

於沸流谷忽本西, 城山上而建都焉. ㉠不樂世位, ㉡天遣黃龍來下迎王. 王於忽本東岡, ㉢履龍首昇天. 顧命世子㉣儒留王, ㉤以道興治, ㉥大朱留王, 紹承基業.

【沸流谷 忽本 서쪽에서 산 위에 城을 쌓고 都邑을 세웠다. (왕이) 世位를 즐겨하지[/좋아하지] 않으시니, 하늘이 黃龍을 보내어 내려와서 왕을 맞이하게 하였다. 왕은 忽本 동쪽 언덕에서 龍의 머리를 밟고서 昇天하였다.

(그 후) 顧命世子인 儒留王은 道理로써 政治를 振興하고, 大朱留王은 국가의 大業을 繼承하였다.】

───────────────

㉠ '世位'에 대해서는 그 동안 '(인간 세상의) 王位'로 해석하였으나, 古代 諸侯國에서 '爵位 世襲'을 가리키는 어휘임을[14] 감안하여 일단 '世位'를 그대로 살린 것이다. 이렇게 되면 '樂'은 '즐기다'뿐만 아니라, '좋아하다'의 뜻을 지닌 것으로도 보아야 할 것이다.

㉡ 이 구절에서의 '遣'은 한문 문법상 '보내어 ～하게 하다'의 使役 構文으로 해석해야 할 것이다. 〈盧〉에서는 이 구절을 "(하늘님이) 黃龍을 보내어 내려와서 王을 맞이하였다."로 풀이한 데 대하여, 〈武田〉은 "하늘이 황룡을 보내어, 내려와서 왕을 맞이하게 하였다."로, 〈白崎〉는 "天은 황룡을 파견하여 내려보내 왕을 맞이하게 했다."로, 〈손〉은 "황룡을 보내어 내려와서 왕을 맞이하게 하니"로, 〈任李〉는 "(하늘이) 黃龍을 보내 내려가서 王을 맞이하게 하였다."로 풀이한 바 있다. 필자의 해석은 〈武田〉, 〈손〉과 일치한다.

이때 述語는 '來下'가 되는데, 앞에서 소개한 『搜神記』에 '來+VP' 즉, 本動詞 앞에 놓인 '來'는 狀語(adverbial modifier)로서 後續 動詞句의 의미를 수식하는 용법이 발달되어 있었음을 참조하여 (竺家寧 2004: 34-40)[15] '내려오다'로 풀이한 것이다. '來+VP'는 連動式으로 '와서 V-하다'로 풀이함이 원칙이나, 대부분 'V-아/어 오다'로 풀이할 수 있고, 때로는 본동사만 풀이해도 좋은 것으로 판단된다. 이 구절에서의 '來

───────────────

14) 【世位】①謂爵位世代相傳. "古諸侯建家國, 世位, 權柄存焉."(漢 荀悅, 『申鑒』·時事), "或以諸侯世位不必常全, 昏主暴君有時比跡, 故五等所以多亂也."張銑注: "世位, 謂子孫相傳也."(『文選』·陸機·五等諸侯論)〈漢語大詞典〉

15) 몇 가지 주요한 용례를 보이면 다음과 같다.
 · 果乘赤鯉魚出, 來坐祠中.(과연 琴高가 붉은 잉어를 타고 솟아올라, 사당에 (와서) 坐定하였다.)〈『搜神記』·卷1〉
 · "知我好道, 公來下兮."(내가 道術을 좋아함을 알고, 公들이(=八老公)이 내려오셨구려[/公들을 내려보내셨구려].)〈『搜神記』·卷1〉
 · 晉永嘉中, 有天竺胡人來渡江南.(晉나라 永嘉年間에 어떤 印度 胡人이 江南으로 건너왔다.)〈『搜神記』·卷2〉
 · 又鳥來入室中, 與燕共鬪, 燕死鳥去.(또 까마귀가 방안으로 들어와서 제비와 싸우는데 제비는 죽고 까마귀는 날아간 卦相입니다.)〈『搜神記』·卷3〉
이 밖에도 竺家寧(2004: 34-35)에는 '來至, 來降, 來視, 來巢, 來頓, 來到, 來取, 來就, 來求, 來訪, 來謂, 來謁, 來投, 來守, 來還, 來詣, 來歸' 등의 예들을 소개하고 있다.

下를 '내려오다'로 해석한 데 대하여 문맥상 〈任李〉처럼 '내려가다'가 더 어울리는 것이 아닌가 하는 의문을 제기할 수도 있다. 그러나 이 비문의 작성자의 관점에서 보면, 하늘이 黃龍을 보낸 것이고, 黃龍은 지상 곧 고구려로 내려오는 것으로 인식한 고구려 중심적 세계관을 보여준 것으로 이해하면[16] 크게 문제되지 않을 것이다.

끝으로 이 구절은 3세기 말에서 4세기 전반까지 살았던 晉代 葛洪의 저술에 나오는 "黃老今遣仙官來下迎之"(黃老께서 이제 仙官을 보내어 내려와서 그를 맞이하게 하셨다.)〈『神仙傳』·沈羲〉[17]와 그 구조가 동일하다는 점이 주목된다. 이는 이 비문의 문장의 일부가 중국의 古典을 참조하여 지어진 것일 가능성을 示唆한다는 점에서 매우 중요한 사례의 하나가 될 것이다.

ⓒ 이 구절에 대한 해석에서 龍이 동양에서 최고의 통치자를 상징한다는 점에서 龍의 머리를 밟는 것은 자연스럽지 못할 뿐 아니라 不敬하기까지 하다고 함으로써 漢文 文法的인 면에서가 아니라 話用論的인 면에서 부정적인 의견이 제기되기도 하였으나(金永旭 2004: 70-71), 1973년 長沙市 子彈庫1號 楚墓에서 발굴된 '人物御龍圖'나 1972년 長沙市 馬王堆1號 漢墓에서 발굴된 帛畵[18] 등의 자료를 통해서 보면 고대의 동양적 思考에서는 皇帝나 王이 龍을 타거나 몰고 하늘(=死後 世界)로 올라갈 수 있었다고 보이기 때문에 사학계의 해석안을 받아들이되, '용의 머리를 밟고서 하늘로 올라갔다'는 것은 高句麗人들의 기상을 엿볼 수 있는 표현으로 보고자 한다.

ⓔ 이표기: '瑠璃明王立. 諱類利 或云孺留'〈『三國史記』·고구려본기〉, '瑠璃王 一作累利 又孺留'〈『三國遺事』·왕력〉

ⓓ "顧命世子儒留王. 以道興治" 부분을 金永旭(2004: 79)에서는 "顧命世子儒留王以, 道興治"로 끊어읽어 "顧命世子는 儒留王으로 道를 일으켜 다스렸다."라고 해석하고, 이 때의 '以'를 資格을 意味하는 副詞格 助詞로 본 바 있다. 그러나 "以九兩繫邦國之民. 一曰牧, 以地得民; 二曰長, 以貴得民; 三曰師, 以賢得民; 四曰儒, 以道得民; 五曰宗, 以族得民 ……"(『周禮』·天官·大宰) 등의 古典例로 보아 정당한 해석안으로 받아들이

---

17) 이 예문은 필자가 『漢語大詞典』에서 '來下'를 검색하는 과정에서 우연히 찾아낸 것이다. 본문에서 특별한 언급 없이 인용하는 중국 고전의 예문들은 『漢語大詞典』에서 인용한 것이다.

이와 관련하여 『日本書紀』卷第14 雄略2年 秋七月條 夾註 즉, "百濟新撰云 …… 天皇遣阿禮奴跪, 來索女郎(天皇께서 阿禮奴跪를 보내어 女郎을 찾아오게 하셨다.)"에 동일 구조의 사역 구문을 발견할 수 있는데, 이는 이러한 구문이 百濟에까지 이어져 있었음을 짐작하기에 어렵지 않을 것이다.

18) 人物御龍圖는 李繼征 군이 제공한 것이고, 馬王堆 帛畵는 한국목간학회 해외 현장조사(2009. 2.4.~9)에서 이성원(전남대) 교수가 촬영한 것인데, 관을 덮었던 T자형 馬王堆 帛畵는 중국인들의 정신 세계를 표현한 작품으로 天上, 地上, 地下 世界를 상징적으로 묘사한 것이다.

〈人物御龍圖〉 〈馬王堆帛畫(部分·中)〉

기 어렵다.

ⓑ이표기: '大武神王立[或云大解朱留王]'〈『三國史記』·고구려본기〉

2.1.4. 廣開土王의 勳績(1·4·24~1·6·39)

[판독]

⑩[遝至]十七世孫國°岡上廣°開^土°境平安好太王」·⁴二九登祚°号^之°爲°永樂太王恩澤⑪[格]^亐皇天威武⑫*振被四海°掃除□□庶°寧其°業國^冨民°殷五°穀豊°熟昊天°不」·⁵弔卅有九⑬*晏駕°棄國°以甲°寅年九月^卅九日乙酉°遷°就山°陵於是°立碑銘記°勳績°以°示後世焉其⑭[辝]日■(1·6·40~1·6·41)」·⁶

1) 특이 자형 확인

開: 𢆶, 境: 墇, 永: 𤃉, 掃: 㨹, 寧: 寧, 穀: 𥢶, 熟: 𤍜, 不: 𣎴, 卅: 𠦃,

棄: 棄, 乙: 乀, 就: 𡵸, 陵: 𨽥, 示: 木

2) 판독 이견자/추독자 辨析

	酒勾	北大	水谷1	靑溟	中研	金子	水谷2	周雲台
⑩								
⑪								
⑫								
⑬								
⑭								

⑩ 1·4·24는 위의 탁본 대조표에서 보듯이 모든 탁본들에서 右上部의 '罒' 부분만 겨우 보일 뿐이어서 초기에는 대부분 未詳字로 처리되었으나, 현재 定說化 되어 있는 '遝'字로 판독하는 안은 〈王〉에서 비롯된다. 2·5·31=2·8·4에 보이는 '還'字는 右上部가 '曲'의 형상을 보임으로써(遝) 그렇게 판독되기 어려울 뿐만 아니라, 「牟頭婁墓誌銘」에 보이는 '遝至國岡上…'(후술)의 예를 참조하여 '遝'字로 판독한 것이다. 1·4·25도 하단 '土'의 자형만 보이나 문맥상 '至'字로 보는 데에 어려움은 없다.

⑪ 1·5·13에 대해서는 일찍부터 '洽'字로 판독된 이래로 대부분의 논의들에서 이 판독안을 따르고 있으나(徐建新 臨寫本 洽), 〈白崎〉에서 『書經』의 용례 '格于皇天'(皇天에 感通하다)에 의거하여 '格'字로 판독함으로써 새롭게 문제가 된 글자이다. 金子·水谷2本에서 희미하기는 하나 좌변 '木'의 윗부분과 우변 '各'의 '입 구'(口) 부분을 확인할 수 있으므로 白崎와 같이 '格'字로 推讀하고자 한다.

⑫ 1·5·19도 한 동안 酒勾本의 판독 자형을 그대로 제시하는 의견이 주류를 이루다가 〈水谷〉에 와서야 비로소 '振'字로 판독되어 현재 정설로 자리잡고 있다. 그런데 위의 표에서 보듯이 탁본상의 자형이 酒勾本과는 다르다는 점에 주목할 필요가 있다. 대체로 徐建新의 臨寫文(振)과 동일한 자형인데, 이 글자의 오른쪽과 비슷한 자형이 3·3·11에서 '辰'字로 나타나므로(辰) 〈水谷〉에 따라서 '振'字로 판독한 것이다.

⑬ 1·6·5에 대하여 '晏'字(〈박〉, 〈白崎〉, 〈耿〉, 〈손〉) 또는 '宴'字(〈水谷〉, 〈王〉, 〈武田〉, 〈林〉)로 판독하는 안이 팽팽하게 맞서고 있는데, 〈盧〉, 〈任李〉에서 새로 '寔'字로 판독함으로써 문제가 된 글자이다. 그런데 제 탁본들에서 보듯이 이 글자를 '寔'字로 판독하기는 어려울 뿐만 아니라, 〈白崎〉에서 지적

된 바와 같이 '秦王老矣, 一日晏駕(『戰國策』·秦策5)'의 예가 있고, '晏駕'가 해가 저물어 가마가 나온다는 의미로 臣下의 정으로 君公의 죽음을 완곡하게 진술한 어휘임을 살려 '晏'字로 읽는 판독안을 따른 것이다.

⑭ 1·6·38에 대해서는 대부분 '詞'字로 推讀하고 있으나, 〈水谷〉, 〈武田〉, 〈白崎〉, 〈耿〉에 의하여 '辭'字로 판독되고 있다. 위의 탁본 대조표에서 水谷1本을 자세히 볼 때, 좌변 '舌'의 下部와 우변 '辛'의 형상을 어느 정도 확인할 수 있는 것으로 판단되므로 '辭'字로 추독한 것이다.

[해석]

㉠遝至十七世孫㉡國岡上廣開土境平安好太王, 二九登祚, 號爲永樂太王, 恩澤格于皇天, 威武振被四海. 掃除㉢不軌, ㉣庶寧其業, 國富民殷, 五穀豊熟. 昊天不弔, 卅有九, 晏駕棄國, 以甲寅年九月卄九日乙酉㉤遷就山陵. 於是立碑, 銘記勳績, 以示後世焉. 其辭曰.

【十七世孫인 國岡上廣開土境平安好太王에 이르러 18세에 王位에 올라 永樂太王으로 칭하였는데, 그 恩澤이 하늘에까지 感通할 정도였고, 威武는 四海에 떨쳐서 덮었다. 질서를 어지럽히는 자들을 없애서 서민들은 편안히 生業에 종사하니 나라는 富强하게 되었고 백성은 넉넉해졌으며, 五穀은 豊盛하게 익었다. 하늘이 (고구려 백성들을) 불쌍히 여기지 아니하니 39세에 晏駕(=崩御)하여 나라를 버리셨다. 甲寅年(414년) 9월 29일 乙酉에 山陵으로 옮겨 모시었다. 이에 碑를 세우고 勳績을 記錄하여 後世에 보이고자 한다. 그 辭에 가로되,】

㉠ '遝至'에 대하여 "(그 뒤) ～에 이르러서는"의 의미를 지닌다는 여호규 교수의 지적을 받아들여 현재와 같이 단락을 조정한 것이다(儒留王·大朱留王의 업적을 앞 단락에 통합). 이와 비슷한 용례는 「牟頭婁墓誌銘」 40-46행에 걸쳐 '由祖父□□, 大兄慈△大兄□□, □世遭官恩, 恩△祖之△道城民谷民, 幷領前王, □育如此. 遝至國岡上大開土地好太聖王, 緣祖父△△恩, 敎奴客牟頭婁…'에서 찾아볼 수 있음을 참조. 중국에서도 "遝至乎商王紂, 天不序其德, 祀用失時, 兼夜中, 十日雨土於薄, 九鼎遷止, 婦妖宵出, 有鬼宵吟…(商나라 임금 紂에 이르러서는 하늘이 그의 행동에 순응치 않게 되었다. 모든 제사를 제 때에 지내지 못하고, 밤낮으로 열흘동안 薄 땅에 흙비가 내렸고, 九鼎이 자리를 옮겨 앉았고, 婦妖가 밤에 나타났고, 귀신이 밤에 울었으며 ……)"〈『墨子』·非攻下〉[19]와 같은 類例를 찾을 수 있다.

㉡ 이표기: 國岡上廣開土地好太王〈廣開土王壺杅銘文(415)〉, 國岡上大開土地好太聖王〈牟頭婁墓誌銘(413-491?) 44-45行〉

---

19) 金學主(역)(2003), 『新完譯 墨子 上』, p.250 참조.

이 諡號는 '國岡'(葬地名)+'上'(助辭)[20]+'廣開土境'(治績)+'平安'(諱/治績?)+'好太王'(美稱)으로 분석될 수 있는 듯하다(朴性鳳(1996), 임기환(2004) 참조). '廣開土境' 부분이 '廣開土地'나 '大開土地'로 나타나 類意字인 '廣↔大', '境↔地' 사이의 교체를 보임은 5세기 초반 이미 고구려에 釋讀 表記가 발달되어 있었음을 알려주는 예로 삼아도 좋을 것이다(金永旭 2008: 180-181).

ⓒ 이 두 글자를 〈白崎〉에서 '不軌'로 推讀하고 있는데, 문맥상 그 타당성이 인정된다.

ⓔ 이 구절을 〈任李〉에서는 "거의 왕업을 안정시키니"로, 〈손〉에서는 "생업을 편안케 하니"로 해석하였는데, '庶'字에 '서민'의 의미가 있고, '寧業'에 '안심하고 生業에 종사하다'라는 의미가 있음을 반영하여 수정한 것이다.

ⓜ '遷就'는 기본적으로 '격을 낮추어 서로 나아감[降格相就], 뜻을 굽혀 합의를 구함[曲意求合]'(『古代漢語大詞典』)이라는 뜻을 지니므로 이를 埋葬의 의미로 해석할 수 있느냐가 문제가 된다. 이런 점에서 〈白崎〉에서 '遷就'에 埋葬의 의미가 있는지에 대하여 문제 제기를 한 것은 정당한 듯하나, 필자는 '又墟墓或遷就高敞…(또 옛 무덤을 高敞으로 옮겨 모시거나…)'〈『三國志』·魏書24·韓崔高孫王傳〉의 예를 바탕으로 '遷就山陵'은 종전의 해석처럼 殯(=假埋葬) 이후의 本葬을 뜻하는 '山陵으로 옮겨 모시다'로 해석할 수 있는 것으로 보고자 한다.

2.2. 銘辭: 廣開土王의 武勳(1·7·1~3·8·15)

2.2.1. 永樂 5年條(1·7·1~1·8·33)

[판독]

永樂五年歲在乙未王以稗麗不⑮*□□⑯*久躬率住討過富山⑰賁山至鹽水上破其三部洛六七百營牛馬群_{1·7}羊不可稱數於是旋駕因過⑱襄平道東来□城力城北豊⑲*五備⑳*猶遊觀土境田㉑*獵而還

1) 특이 자형 확인
年: 秊 , 歲: 崴 , 以: 㠯 , 過: 過 , 鹽: 鹽 , 部: 部 , 數: 數 , 旋: 旋 , 備: 備 , 遊: 㳺 , 境: 境 , 還: 遝

─────────────────

20) 助辭 용법의 '上'에 대해서는 각주 23)의 설명을 참조.

2) 판독 이견자/추독자 辨析

	酒勾	北大	水谷1	靑溟	中研	金子	水谷2	周雲台
⑮	息							
⑯	又							
⑰	負							
⑱	鴛							
⑲	五							
⑳	狛							
㉑	獚							

⑮ 1·7·14는 酒匂本 이래 초기에는 주로 '息'字로 판독되었으나, 판독 불능자로 보는 의견이 강하다. 소수 의견으로 '歸'字(〈박〉, 〈王〉, 〈耿〉, 〈손〉)로 판독되기도 하다가, 최근에 와서 '間'字(〈白崎〉)나 '伺'字(〈林〉)로 판독하는 안이 제기되어 다시 문제가 된 글자다. 그런데 위의 탁본 대조표에서 보듯 거의 모든 탁본들에서 이 글자의 우측부가 '司'로 보이는 점에서 일단 〈林〉의 판독안이 주목된다. 그러나 그 좌변 '사람 인'(亻)이 불분명할 뿐만 아니라, 이 글자가 '伺'字라 하더라도 그 다음 글자가 판독 불능자여서 해석상 큰 의미를 부여하기 어려운 것으로 판단된다. 한편, '間'字로 보기에는 '門'의 字形을 찾기 어려울 뿐만 아니라, '입 구'(口)의 위치가 어색한 점이 문제점이 될 수 있다. 따라서 필자는 다수의 의견을 좇아서 역시 판독 불능자로 보고자 한다.

⑯ 1·7·16도 酒匂本 이래 초기에는 주로 '又'字로 판독되었으나, 〈王〉, 〈武田〉이 '人'字로 판독한 이래 이 판독안이 사학계에서 받아들여지고 있다(〈盧〉, 〈任李〉). 그런데 〈白崎〉에 의하여 '久'字로 판독하는 안이 새롭게 제기되었는데, 水谷1·靑溟本에서 거의 확실하게 '久'字를 볼 수 있다는 점에서 그의 판독안을 따른 것이다.

⑰ 1·7·24도 酒匂本 이래 거의 모든 논저들에서 '負'字로 판독되었으나, 〈武田〉은 '貢'字로, 〈耿〉은 '目'字로 판독함으로써 문제가 된 것이다. 그런데 위의 탁본 대조표에서 보면, 대부분의 초기 탁본들에서는 이 글자의 윗 부분 자형이 '水'字에 가까우므로 '貢'字로 판독할 수 있는 듯이 보이나 周雲台本에서는 '負'字로 재현됨으로써 다시 문제가 된 것이다. 이러한 경우 판독안을 내기가 매우 어려운 상황인데, 잘 알려져 있듯이 周雲台本은 王健群의 지도 하에 그의 비문에 대한 이해에 따라 着墨된 부분이 있다는 비판을 받고 있으므로(徐建新 2006: 297) 초기 原石系 拓本들의 가치를 더 높이 평가하는 필자로서는 〈武田〉의 판독안을 따른 것이다.[21]

⑱ 1·8·12는 酒匂本 이래 일시적으로 '駕'로 판독되었으나, 그 후로 한 동안 '加$丂'[22]字로 판독되다가, 〈王〉에 와서야 비로소 '襄'字로 판독된 이후 〈武田〉, 〈盧〉, 〈耿〉, 〈林〉, 〈任李〉, 〈손〉 등 다수가 이 판독안을 받아들이고 있다(〈박〉에서는 '旁'字로 판독함). 다만, 〈白崎〉에서는 특정하기 어려운 글자라고 하였는데, 金子本을 자세히 보면, '襄'字의 上部 'ㅗ' 부분을 제외한 나머지 자형은 대부분 찾아질 수 있는 것으로 판단되어 필자도 〈王〉의 판독안을 존중한 것이다.

⑲ 1·8·23에 대해서는 거의 모든 연구자들이 '五'字로 판독하였는데, 〈王〉에서만 '王'字로 판독한 바 있으나, 위의 탁본 대조표에서 보듯이 모든 탁본들에서 '五'字임이 분명하므로 기존의 판독안을 따른 것이다.

⑳ 1·8·25에 대해서는 '猶'字, '貂'字, '獵'字, '猶'字 등 다양한 판독안이 제기되었는데, 水谷 이후에도 '海'字로 판독하는 안(〈武田〉, 〈耿〉, 〈林〉), 판독 불능자로 보는 안(〈盧〉, 〈任李〉), '猶'字로 판독하는 안(〈박〉, 〈白崎〉) 등으로 의견이 갈리고 있다. 이 자형에 대하여 〈王〉에서는 '獵'의 簡字인 '猎'로 보고 있으나 자형이 다르다는 점에서, 그리고 〈白崎〉에서는 이 글자에 대하여 확실한 것은 '犭'의 자획뿐이어서(실제는 손영종(2001)에서 제시된 '猎'가 더 정확한 듯), 이것을 '猶'字로 읽을 수 있는 가능성이 큰 것으로 생각한다 하였으나, 자형 자료집들에서 이러한 자형을 찾을 수 없음이 문제가 된다. 〈白崎〉의 자형 판독안을 존중하되, 앞으로 구명되어야 할 待考字로 보아 원문의 자형을 그대로 제시한 것이다.

㉑ 1·8·31에 대해서는 초기에는 '犭+(山$具)'字로 판독하는 의견이 많았으나, 〈水谷〉, 〈박〉, 〈王〉, 〈武田〉, 〈盧〉, 〈白崎〉, 〈耿〉, 〈손〉, 〈任李〉 등에 의하여 '獵'字로 판독하는 의견이 대세를 이루고 있다(〈林〉은 '猶'字로 판독). 〈水谷〉에 와서 이 글자의 우변을 '山$目$勹'로 보고 '獵'字의 古體임을 지적한 바 있는데, 필자도 이에 동의한다. 이와 비슷한 자형을 北魏代의 문헌에서 찾아볼 수 있기 때문이다.

獦(北魏 成實論卷八)

---

21) 〈白崎〉에서는 이 글자가 자전류 不載字로서 '洟'의 이체자일 수 있다는 의견을 제시한 바 있다.

22) 컴퓨터로 실현이 어려운 글자는 필요시 '+'(橫的 結合), '$'(縱的 結合)로 표현하기로 한다.

[해석]

永樂五年歲在乙未, 王以㉠稗麗不□□久, 躬率㉡往討. ㉢過富山·貢山, 至㉣鹽水上, 破其三㉤部洛六七百營, 牛馬群羊, 不可稱數. 於是旋駕, 因過襄平道, 東來□城·力城·北豊·㉥五備猲, 遊觀土境, 田獵而還.

【永樂 5年 干支로 乙未인 해(395년)에 왕은 稗麗가 오랫 동안 □□하지 않으므로 친히 군사를 이끌고 가서 토벌하였다. 富山, 貢山을 지나 鹽水에 이르러 그 3개 부락 600~700營을 격파하니, (노획한) 소, 말과 양떼의 수가 이루 다 헤아릴 수 없었다. 이에 왕이 수레를 돌려 襄平道를 지나 동으로 □城, 力城, 北豊, 五備猲로 오면서 國境을 천천히 살펴보고, 사냥을 하면서 돌아왔다.】

㉠ '稗麗'의 정체에 대해서는 기존의 논의들(〈박〉, 〈白崎〉)에 따라서 『魏書』 契丹傳에 전하는 契丹 八部 中 匹黎部에 해당되는 것으로 본다.

㉡㉢㉣ '…躬率往討. 過富山貢山, 至鹽水上, …'에 대하여 〈林〉에서 "몸소 군사를 거느리고 주둔하면서 過富山, 負(Sic!)山을 토벌하고 鹽水 언덕에 이르러…"로 해석한 것에는 세 가지 오류를 포함하고 있다. 첫째, '往討'를 비문 자형 그대로 '住討'로 해석한 것은 당시의 통용 관계를 무시한 해석이다. 北魏代의 墓誌銘들에서 당시 '往'字를 대신하여 '住'字가 쓰인 사례를 찾을 수 있기 때문이다(住元祐墓誌, 住司馬昞墓誌). 둘째, '過富山'을 지명 표기로 본 것은 그 다음에 이어지는 '因過□平道' 구절을 "襄(Sic!)平道 동쪽으로 와 ……를 지나서"로 해석한 것과 비교하여 이해하기 힘든 해석이다. 셋째, '鹽水上'을 "鹽水 언덕"으로 해석한 것도 '上'字가 때로 處格 用法으로 쓰임을 파악하지 못한 것이므로 받아들이기 어렵다. "有一人姓許名武, 字長文, 十五歲上, 父母雙亡."(성은 許氏, 이름이 武, 字가 長文인 사람이 있었는데, 15세에 부모님이 다 돌아가셨다.)〈『醒世恒言』·三孝廉讓產立高名〉[23]

㉤ '部落'이 '部洛'으로 표기된 사례는 달리 찾기 어려우나, '落魄'[窮困失意]이 '洛薄'으로 표기된 예[24]와 유사하게 당시 고구려에서도 '落'字와 '洛'字가 통용되었음을 알려주는 귀중한 사례로 삼을 수 있을 것이다.

㉥ 〈王〉에서는 이 부분을 地名으로 본 기존 해석들에 대하여 '王備獵'으로 읽고서 "왕은 사냥을 준비시켰다."로 해석한 바 있으나, 자형 판독상 따르기 어렵다.

---

23) 이와 관련하여 尹善泰 교수로부터 이 비문에 나오는 '國岡上廣開土境平安好太王'과 慶州南山新城碑 第1碑에 나오는 '郡上村主'에 쓰인 '上'이 이러한 屬格/處格的 用法일 수 있다는 조언을 들은 바 있다. '故國原王 : 國岡上王', '陽原王 : 陽崗上王', '平原王 : 平崗上好王'(장세경(2007) 참조) 등의 예가 더 있으므로 조사 용법의 '上'에 대한 새로운 인식이 필요함을 느낀다.

24) 【洛薄】落魄, 窮困失意. 洛, 通"落"; 薄, 通"魄". "新都哀侯小被病, 功顯君素耆酒, 疑帝本非我家子也" 顏師古注引三國魏如淳曰: "言莽母洛薄耆酒, 淫逸得莽耳, 非王氏子也."〈『漢書』·王莽傳下〉

2.2.2. 永樂 6年 丙申條(1·8·34~2·3·19)

[판독]

百°殘°新羅舊°是°屬民」₁·₈由来朝貢而倭°以°辛卯°年㉒*来㉓*渡㉔*海破百殘□□[新]羅°以^°為°臣民°以
六°年丙申王°躬率㉕*□軍討㉖[伐]°殘國軍□□」₁·₉㉗*□攻取壹八°城曰模°盧°城各模°盧°城幹^弓°利°城
□□°城閣^弥°城^牟°盧°城弥沙°城□舍蔦°城阿°旦°城古°利°城□」₁·₁₀°利°城雜°珎°城奥°利°城勾^牟°城古
須耶羅°城㉘*莫□□□□城㉙*芬而耶羅㉚[瑑]°城㉛[於]°利°城□□°城豆奴°城沸□□」₁·₁₁°利°城弥^
°那°城也°利°城太山韓°城掃加°城敦拔°城□□□°城婁賣°城散°那°城那°旦°城細°城^牟°婁°城^亏°婁°城蘇
灰」₂·₁°城燕°婁°城析支°利°城巖門㉜*□°城㉝*林°城㉞*□□□□□*□°利°城就^°那°城□拔°城古^牟
°婁°城閏奴°城貫奴°城彡穰」₂·₂㉟*普□□㊱*□㊲[古]°盧°城仇天°城□□□□□其國°城㊳°殘不服義
敢出百°戰王威赫怒渡阿°利水°遣^刺迫°城㊴*横□」₂·₃㊵*侵六㊶[就]便㊷*圍°城而°殘主困逼°獻□男女生
口一千人細°布千匝跪王自°誓從°今°以後°永^°為°奴客太王恩赦㊸[先]」₂·₄迷°之㊹^衍°錄其後°順°之°誠°於°是
□五十八°城村七百^°將°殘主°弟^并大°臣十人°旋師還都

1) 특이 자형 확인

°殘: 殘, °新: 新, °屬: 屬, 辛: 来, 卯: 卯, °臣: 臣, °躬: 躬, °取: 貳, °曰: 曰
°各: 各, °盧: 盧, °弓: 弓, °利: 利, 弥: 弥, 阿: 阿, °旦: 旦, 雜: 雜, °珎: 珎
°奥: 奥, °勾: 勾, °耶: 耶, 沸: 沸, 掃: 掃, °敦: 敦, 拔: 拔, 婁: 婁, °散: 散
°那: 那, 灰: 灰, °燕: 燕, °就: 就, °穰: 穰, °服: 服, °義: 義, °敢: 敢, °戰: 戰
°獻: 獻, °男: 男, °布: 布, °從: 從, °今: 今, °迷: 迷, °錄: 錄, °順: 順, °弟: 弟
^并: 并, °師: 師, °都: 都

2) 판독 이견자/추독자 辨析

	酒匂	北大	水谷1	青溟	中研	金子	水谷2	周雲台
㉒	来							来
㉓	渡							渡
㉔	海							海

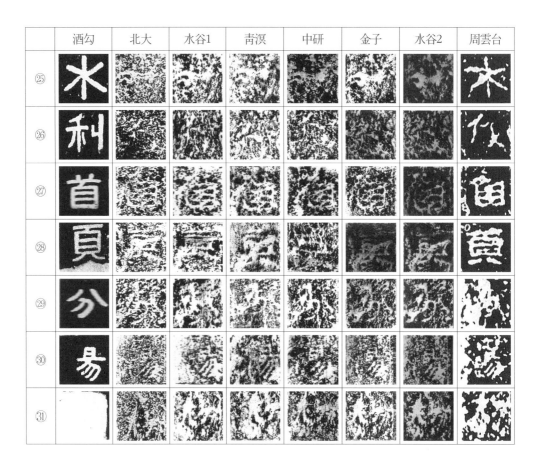

	酒匂	北大	水谷1	青溪	中研	金子	水谷2	周雲台
㉕								
㉖								
㉗								
㉘								
㉙								
㉚								
㉛								

㉒ 1·9·11에 대해서 거의 모든 연구자들이 '來'字로 판독하였는데, 위의 표에서 보듯이 青溪·金子·水谷2本에서 비교적 분명하게 '來'字의 약체자로 나타나므로 종래의 판독안을 재확인할 수 있다. 2011년 10월 16일 필자가 국립중앙박물관에서 水谷1本 실견시 이 글자가 불분명하게 느껴져 여기에 보충한 것임을 밝혀둔다.

㉓ 1·9·12에 대해서는 거의 모든 연구자들이 '渡'字로 판독하였으나, 金永萬(1980)에서만 '侵'字로 판독하는 안이 제기된 바 있다. 그러나 위의 표에서 보듯이 모든 탁본들에서 '渡'字로 나타나므로 '侵'字로 판독하는 안에도 동의하기 어렵다.

㉔ 1·9·13에 대해서는 酒匂本 이래 대다수의 연구자들이 '海'字로 판독하였으나, 판독 불능자(〈水谷〉, 〈武田〉), '每'字(〈耿〉), '盥'字(金永萬), '泗'字(〈林〉), '湏'字(〈손〉)로 판독하는 안들도 제시된 바 있다. 위의 탁본 대조표에서 보면, '盥'·'湏'字로 볼 만한 특징은 없을 뿐만 아니라, '泗'字로 보기에는 右下部가 '日'이나 '母'의 형상임이 문제다. 이렇게 되면 이 글자의 우측을 '每'로 보는 데에 異見이 없게 되므로 좌변이 '삼수 변'(氵)인지의 여부만이 남게 되는데, 위치가 왼쪽으로 치우쳐 있기는 하나[25] 青溪·中研·金子·周雲台本 등에서 徐建新의 臨寫文(海)과 비슷하게 좌변에 'ㆍㆍ' 내지 '氵'의 자형이 보임이 주목된다. 따라서 현재의 필자로서는 '海'字로 판독하는 편에 서고자 한다.

㉕ 1·9·33에 대해서는 酒匂本 이래 '水'字로 판독하는 의견이 우세하였으나, 판독 불능자로 보는 안(〈水谷〉, 〈武田〉, 〈盧〉), '大'字로 보는 안(〈白崎〉)이 추가되었다. 그런데 위의 탁본 대조표에서 보듯이 가로획이 곡선이라는 점에서 '大'字일 가능성은 낮아 보인다. 또한 中研·金子本에서 중앙 縱線은 보이나, 이를 周雲台本과 같이 '水'字로 보기에는 원석계 탁본들에서의 자형이 이 비문의 다른 곳에서 보이는 '水'字와는 확연한 차이를 보이므로(예: 1·7·28 🔳) 필자도 판독 불능자로 본 것이다.

㉖ 1·9·36에 대해서는 酒匂本 이래로 '利'字로 판독하는 의견이 우세하였으나, 최근에 와서는 '伐'字로 보는 의견이 우세하다(〈王〉, 〈武田〉, 〈盧〉, 〈耿〉, 〈林〉, 〈손〉, 〈任李〉 등). 〈水谷〉만 '滅'字로 보았으나, 초기 탁본으로는 그 가능성을 가리기 어렵다. 다만, 靑溟·金子本 등에서 우변 '戈'의 下部가 어느 정도 보일 뿐만 아니라 周雲台本에서 '伐'에 가까운 자형으로 나타나므로 역시 '伐'字로 推讀한 것이다.

㉗ 1·10·1에 대해서도 酒匂本 이래로 '首'字로 판독하는 의견이 우세하였으나, 최근에 와서 '南'字(〈王〉, 〈武田〉, 〈손〉, 〈任李〉), '道'字(〈耿〉), '但'字(〈白崎〉), '國'字(〈林〉), 판독 불능자(〈盧〉) 등 다양한 판독안이 제기되었다. 위의 표에서 보면, 우선 '道', '但', '國'字로는 보기 어려우며, '南'字로 보기에는 이 비문의 다른 곳에 보이는 자형(4·2·2 徐建新 臨寫文 🔳)과 차이를 보이는 점이 문제t'南'字로 보기에는 이에서 보듯이 北大·水谷1·周雲台本의 자형으로는 '首'字에 가장 가까워 보이나 하변 중앙부에 보이는 점(丶) 또는 縱線의 존재를 설명하기 어려운 듯하므로 아무래도 〈盧〉에서와 같이 판독 불능자로 보고 싶다.

㉘ 1·11·17에 대해서는 酒匂本 이래 '頁'字로 판독하는 의견이 우세하였으나, 〈水谷〉 이후 '莫'字로 보는 의견이 늘어나고 있다(〈武田〉, 〈白崎〉, 〈耿〉, 〈손〉, 〈任李〉). 〈王〉에서는 '須'字로, 〈白崎〉에서는 '漢'字로 보았으나, 좌변 '삼수 변'(氵)의 존재를 확인하기 어려우므로 역시 北大·水谷1·靑溟本에 의거하여 '莫'字로 판독하고 싶다.[26]

㉙ 1·11·23에 대해서는 酒匂本 이래 초기에는 '分'字로 보았으나, 판독 불능자로 보는 의견이 우세하였다. 〈白崎〉에서는 中研·金子本과 가장 가까운 것은 '分'字가 틀림없다 하였는데, 위의 탁본 대조표에서 보면 이 글자는 단순한 '分'字가 아니라 그 위에 '丷'와 같은 자형이 얹혀 있는 느낌을 받게 된다. 이러한 점에서 〈林〉에서 이 글자를 '芬'字로 판독한 의견을 존중하고자 한 것이다.

㉚ 1·11·28에 대해서는 초기에는 '易', '陽', '楊', '場' 등 다양한 글자로 판독되다가 〈水谷〉 이래로 '瑑'字로 판독하는 의견이 강하다(〈王〉, 〈武田〉, 〈盧〉, 〈耿〉, 〈林〉, 〈손〉, 〈任李〉). 위의 탁본 대조표에서 보듯이 좌변 '王'(구슬 옥)의 존재는 확인되지 않으나, '守墓人 烟戶'條(4·3·8~9)에 '瑑城'이 나오므로 〈水谷〉 이래의 의견을 좇아 '瑑'字로 추독한 것이다.

---

25) 글자의 위치에 관한 한 '渡海' 두 글자 다 문제가 된다. '渡'字는 우측으로 치우쳐 있는 반면에 '海'字는 좌측으로 치우쳐 있다는 점에서 필자로서는 碑面 자체에 이렇게 새길 수밖에 없었던 어떤 흠이 있지 않았을까 추측하고 싶다.

26) 周雲台本의 자형에 의거하여 초기의 '頁'字로의 판독으로 되돌리기는 어려운 것으로 판단된다. 왜냐하면 앞서 본 1·4·2의 '頁'字(🔳)와 글자의 크기나 上下部의 字形에 약간의 차이점이 발견되기 때문이다.

③ 1·11·30에 대해서는 酒匃本 이래 판독 불능자로 보는 의견이 강하였는데, 〈王〉 이후 '於'字로 보는 의견이 늘어나고 있다(〈武田〉, 〈盧〉, 〈林〉, 〈손〉, 〈任李〉). 위의 탁본 대조표에서 보면, 이 글자를 확실히 '於'의 이체자로 확정하기는 힘드나, '守墓人 烟戶'條(4·4·23~25)에 '於利城'이 나올 뿐만 아니라 거의 모든 탁본들의 字形이 4·4·23(徐建新 臨寫文 大)과 비슷한 특징을 찾을 수 있는 듯하므로 '於'字로 추독한 것이다.

	酒勻	北大	水谷1	靑溟	中硏	金子	水谷2	周雲台
㉜								
㉝								
㉞								
㉟								
㊱								
㊲								
㊳						欠	欠	
㊴								
㊵								
㊶								

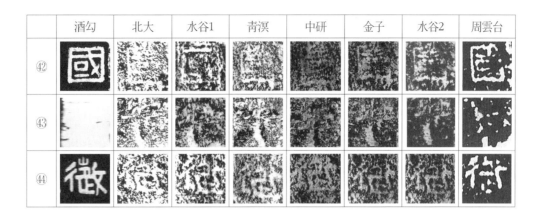

	酒勾	北大	水谷1	靑溟	中研	金子	水谷2	周雲台
㊷								
㊸								
㊹								

㉜ 2·2·11에 대해서는 酒勾本 이래로 초기에는 '至'字로 보았으나, 최근에는 판독 불능자로 보는 의견이 강하다(〈水谷〉, 〈武田〉, 〈盧〉, 〈任李〉). 또한 〈白崎〉에서는 '(口+口)$工'으로 보아 '坐'의 이체자로 보았고, 〈林〉에서는 '三'字로, 〈孫〉에서는 '峕'字로 보고 있다. 그러나 위의 탁본 대조표에서 보듯이 '三'·'峕'字는 아닌 듯하다. 周雲台本에서는 '三'字처럼 보이나 左上部의 작은 삐침(′)의 존재를 설명하기 어렵기 때문이다. 또한 '坐'의 이체자로 보기에는 상변 '口'의 연속은 인정할 만하나, 하변 '工'의 존재가 불확실하므로 역시 판독 불능자로 본 것이다.

㉝ 2·2·13에 대해서는 酒勾本 이래 '林'字로 보는 의견이 대다수였으나, 〈武田〉, 〈孫〉에서 '味'字로 판독하였다. 이는 아마도 '守墓人 烟戶'條(4·3·16〜17)에 '味城'이 있음을 근거로 한 듯하나, 〈白崎〉에서 지적하였듯이 탁본상의 자형에는 좌변 '口'의 존재를 확인하기 어려울 뿐만 아니라 오히려 '木'에 가까운 형상을 보이므로 역시 '林'字로 판독한 것이다.

㉞ 2·2·15〜2·2·21의 7자에 대해서는 酒勾本 이래로 거의 모두가 판독 불능자로 보아왔으나, 최근에 〈林〉에 의하여 2·2·15는 '但'字로, 2·2·21은 '未'字로 추독하는 안이 제기되었다. 그러나 위의 탁본 대조표에서 보듯이(단, 표에서는 2·2·21의 자형만 제시한 것임) 두 글자 모두 周雲台本에 이르기까지 어떤 글자인지를 판단하기 어려우므로 역시 종래대로 판독 불능자로 본 것이다.

㉟ 2·3·2에 대해서는 酒勾本 이래로 대다수가 판독 불능자로 보았으나, 최근에 와서 '曾'字(〈王〉, 〈盧〉, 〈耿〉, 〈孫〉), '普'字(〈白崎〉), '昔'字(〈林〉) 등 다양한 판독안이 제기되었다. 위의 탁본 대조표에서 보듯이 下邊 '日'의 존재는 분명하나, 上邊의 자형이 불분명하여 나타난 현상인 듯하다. '曾'字로 보기에는 상변의 자형이 이와는 다른 듯하므로 우선 배제할 수 있을 듯하다. '普'와 '昔' 중에서는 중앙부의 'ソ' 부분이 확실하지 않으나, 1·1·2의 자형과 비교할 때 '昔'字보다는 〈白崎〉와 같이 '普'字로 보는 편이 무난할 듯하다.

㊱ 2·3·5에 대해서는 酒勾本 이래로 대다수가 판독 불능자로 보아 왔으나, 〈武田〉에 의하여 '儒'字로, 〈白崎〉, 〈孫〉에 의하여 '宗'字로 추독하는 안이 제기되었다. 그러나 위의 탁본 대조표에서 보듯이 이 글자는 그 下部가 탁본에 따라서 '示'로도 '而'로도 보이는 듯하여 어떤 글자인지를 특정하기가 어려

우므로 역시 판독 불능자로 본 것이다.

㊲ 2·3·6에 대해서도 酒匂本 이래로 대다수가 판독 불능자로 보아 왔으나, 〈王〉, 〈耿〉, 〈林〉, 〈손〉에서 '古'字로 판독되었는데, 실제로 대부분의 탁본들에서 보듯이 '古'字로 판독하여 큰 문제는 없을 것으로 판단된다.

㊳ 2·3·20에 대해서는 酒匂本 이래 '賊'字로 판독하는 의견이 우세하였으나, 〈水谷〉이래로 '殘'字로 판독하는 의견이 늘어나고 있다(〈王〉, 〈盧〉, 〈耿〉, 〈林〉, 〈손〉, 〈任李〉). 水谷1·周雲台本을 자세히 볼 때, 우측 '戈'의 위치가 위쪽에 놓여 있다는 점에서 '賊'字로 보기 어렵다고 보아 필자도 '殘'字로 판독한 것이다.

㊴ 2·3·40에 대해서는 酒匂本 이래 '橫'字로 판독하는 의견이 우세하였다가, 최근에 와서 '殘'字로 보는 안(〈王〉, 〈耿〉, 〈손〉), 판독 불능자로 보는 안(〈盧〉, 〈任李〉)이 추가 되었다. 위의 탁본 대조표에서 보듯이 거의 모든 탁본에서 이 글자의 右側 字形이 '黃'에 가까우므로 좌변이 불분명한 문제는 있으나, 필자도 '橫'字로 판독한 것이다.

㊵ 2·4·1에 대해서는 酒匂本 이래 판독 불능자로 본 의견이 우세하였으나, 최근에 와서 '歸'字로 보는 안(〈王〉, 〈盧〉, 〈耿〉, 〈손〉), '侵'字로 보는 안(〈武田〉, 〈林〉), '儒'字로 보는 안(〈白崎〉)이 추가되었다. 위의 탁본 대조표에서 보듯이 이 글자의 좌변은 'イ'처럼 보이고, 우변의 上部는 'ヨ'에 가까울 뿐만 아니라, 下部에 작게 오른쪽으로 치우쳐 있으나 '又'임이 분명한데, 이는 3·3·16에 나타나는 '侵'의 異體(侵)와 동일한 자형으로 판독한 것이다. 右下部 '又'의 위치가 오른쪽으로 치우친 것은 右中央에 길게 늘어진 碑面의 흠을 피해서 새겨진 것으로 보면 될 것이다.

㊶ 2·4·3에 대해서는 酒匂本 이래 판독 불능자로 보는 의견이 우세하였으나, 최근에 와서 '就'字로 보는 안(〈王〉, 〈白崎〉, 〈耿〉), '城'字로 추독하는 안(〈林〉)이 추가되었다. '城'字로 보기에는 좌변 '土'의 존재가 전혀 볼 수 없다는 점에서 우선 제외할 수 있을 것이다. 다음으로 〈白崎〉에서는 左中央 '日'의 존재로 보아 '就'字로 추독할 수 있다고 하였는데, 탁본상 그리 확실하지 않으나, 徐建新의 臨寫文(□)이 '就'字로 추독할 수 있는 근거를 제공할 뿐만 아니라 문맥상으로도 적절한 글자로 판단되어 〈白崎〉의 의견을 따른 것이다.

㊷ 2·4·5에 대해서는 酒匂本 이래 '國'字로 판독하는 의견이 우세하였으나, 최근에 와서 '圍'字로 보는 의견이 늘어나고 있다(〈王〉, 〈盧〉, 〈白崎〉, 〈耿〉, 〈손〉, 〈任李〉). 金子·水谷2本을 자세히 보면, 'ㅁ'(큰 입구) 속의 자형의 上部에 두 개의 횡선을 볼 수 있는데, 이는 '國'字라면 나타날 수 없는 특징이 분명하므로 '圍'字로 판독한 것이다.

㊸ 2·4·41에 대해서는 酒匂本 이래 판독 불능자로 보는 의견이 우세하였으나, '先'字로 보는 안(〈水谷〉, 〈武田〉, 〈白崎〉, 〈耿〉, 〈손〉), '始'字로 보는 안(〈王〉)이 추가되었다. 위의 탁본 대조표에서 보면, 金子·水谷2本에서 이 글자의 上部가 徐建新의 臨寫文(□)과 유사한 특징을 보임에 유의하여 '先'字로 추독한 것이다.

㊹ 2·5·3에 대해서는 酒匂本 이래 '御'字로 판독하는 의견이 우세하였으나, 최근에 와서 '慇'字로 보

는 의견이 늘어나고 있다(〈水谷〉, 〈王〉, 〈武田〉, 〈盧〉, 〈耿〉, 〈林〉, 〈손〉, 〈任李〉). 그런데 위의 탁본 대조표에서 보듯이 이 글자의 下邊 '心'의 존재가 확인되지 않는다는 점에서 '衍'字로 판독한 것이다. 다만, 문맥상 '愆'字가 어울린다는 점에서 여기서의 '衍'字는 '愆'字와 통용되는 省文으로 보고자 한다.[27]

[해석]

百殘新羅, 舊是屬民, 由來朝貢. ⓐ而倭以辛卯年, 來渡海破百殘□□新羅, 以爲臣民.

以六年丙申, 王躬率□軍, 討伐殘國. 軍□□□攻取ⓑ壹八城·臼模盧城·各模盧城·幹弓利城·□□城·閣彌城·牟盧城·彌沙城·□舍蔦城·阿旦城·古利城·□利城·雜珍城·奧利城·勾牟城·古須耶羅城·ⓒ莫□□□□城·芬而耶羅城·瑑城·於利城·□□城·豆奴城·ⓓ沸□□利城·彌鄒城·也利城·太山韓城·掃加城·敦拔城·ⓔ□□□城·婁賣城·散那城·那旦城·細城·牟婁城·于婁城·蘇灰城·燕婁城·析支利城·巖門□城·林城·ⓕ□□□□□□利城·就鄒城·□拔城·古牟婁城·閏奴城·貫奴城·彡穰城·普□城·□古盧城·仇天城·ⓖ□□□城, ⓗ其國城.

殘不服義, 敢出百戰. ⓘ王威赫怒, 渡阿利水, 遣刺迫城. 橫□侵穴, 就便圍城. 而殘主困逼, 獻出男女生口一千人, 細布千疋, 跪王自誓, 從今以後, 永爲ⓙ奴客. 太王恩赦先迷之愆, 錄其後順之誠. 於是得五十八城村七百, 將殘主弟幷大臣十人, 旋師還都.

【百殘(＝百濟)와 新羅는 예로부터 (高句麗의) 屬民이었는데, 그런 까닭으로 朝貢을 해왔다. 그런데 倭가 辛卯年(391년)에 바다를 건너와서 百殘을 破하고 新羅를 □□하여[/百殘, □□, 新羅를 破하여] 臣民으로 삼았다.

그래서 (永樂) 6년 丙申(396년)에 王이 친히 □軍을 이끌고 (百)殘國을 討伐하였다. (高句麗)軍이 □□□하여 壹八城, 臼模盧城, 各模盧城, 幹弓利城, □□城, 閣彌城, 牟盧城, 彌沙城, □舍蔦城, 阿旦城, 古利城, □利城, 雜珍城, 奧利城, 勾牟城, 古須耶羅城, 莫□□□城, 芬而耶羅城, 瑑城, 於利城, □□城, 豆奴城, 沸□□利城, 彌鄒城, 也利城, 太山韓城, 掃加城, 敦拔城, □□□城, 婁賣城, 散那城, 那旦城, 細城, 牟婁城, 于婁城, 蘇灰城, 燕婁城, 析支利城, 巖門□城, 林城, □□□□□□利城, 就鄒城, □拔城, 古牟婁城, 閏奴城, 貫奴城, 彡穰城, 普□城, □古盧城, 仇天城, □□□城을 공격하여 취하고, 그 都城에 □하였다.

(그럼에도 불구하고) 百濟가 義에 服從하지 아니하고, 감히 나와 수없이 싸우니, 왕이 떨쳐 大怒하여, 阿利水(＝漢江)을 건너 刺(＝偵探兵)을 보내어 城(＝漢城)을 强迫하였다. 옆으로 □하여 소굴을 侵迫하고, 나아가 곧 漢城을 包圍하였다. 이에 百濟王이 困逼해져, 男女 生口(＝포로) 천 명과 細布 千 疋을 바치고서 왕 앞에 꿇어앉아 스스로 盟誓하기를 이제부터 永久히 왕의 奴客이 되겠노라고 하였다. 太王이 앞서 어지럽힌 잘못을 은혜로이 용서하고, 그 뒤에 順從한 誠意를 (마음에) 새겨두었다. 이때에 58

---

27) ⑯通"愆", 罪過. 『易經』·需: "象曰: '需於沙', 衍在中也." 高亨注: "孔廣森曰: '衍蓋古文愆字之省. 二爻云 "衍在中", 三爻云 "災在外", 意正相對…' 亨按: 孔讀衍爲愆, 是也. 衍, 愆同聲系, 古通用. …"〈『漢語大詞典』'衍'字條〉

城 700村을 획득하고, 百濟王의 아우와 大臣 10인을 거느리고 군사를 되돌리어 還都하였다.】

⊙ 이 구절은 지금까지 매우 다양한 해석안이 제기됨으로써 한·일 간 역사 논쟁의 뜨거운 감자로 되었음은 주지하는 사실이다. 盧泰敦(1992: 25)에서 정리된 바를 참조하여 우리와 동일하거나 비슷한 판독안을 제시한 논자들은 ①"倭가 신묘년에(또는 신묘년 이래로) 바다를 건너와 百濟, □□, 新羅를 쳐서 臣民으로 하였다."(일본 학계의 통설, 〈王〉, 〈盧〉, 〈任李〉 등), ②"倭가 신묘년에 침입해오자 (고구려가) 바다를 건너 (倭를) 격파하였다. 그런데 (倭와 연결하여) 신라를 침략하여 그의 臣民으로 삼았다."(鄭寅普, 〈박시〉, 〈林〉 등), ③"倭가 신묘년에 건너왔다. (고구려가) 바다(또는 淇水)를 건너 百濟, □□, 新羅(또는 加羅)를 격파하여 臣民으로 삼았다."(김석형, 佐伯有淸, 김영하 등), ④"倭를 (고구려가) 신묘년 이래로 바다를 건너가 破하였다. (그런데) 백제가 (倭를 불러들여) 신라를 침공하여 臣民으로 삼았다."(鄭杜熙) 등 크게 네 부류의 해석안이 제시된 바 있다. 이 밖에도 ⑤"그런데 倭가, 신묘의 해에 바다를 건너와서, 百殘을 치고 (다시) 신라를 □□하여 兩者를 臣民으로 간주하게 되었기 때문에, 그래서……"(〈白崎〉), ⑥"倭로 신묘년이 되어서"(金永旭) 등과 같은 해석안이 추가된 바 있다.[28] 이 중에서 필자는 우선 문면에 충실한 해석을 추구한다는 점에서 ②~④의 해석안과 같이 '渡海' 이하의 주어로 '고구려'를 보충하는 견해에 동의하기 어려우며, 다른 곳에 없는 唯一例라는 점에서 '以…來'를 '以來'로의 해석안(①의 일부[29], ④)에도 동의할 수 없다. 또한 '以'를 이유·원인의 접속사로 본 견해(⑤)나 '以…來'의 두 글자를 이두적 요소로 본 견해(⑥)에도 선뜻 동의하기 어려운데, 그 이유는 '以', '來' 두 글자의 문법적 기능 또는 이 비문에서의 이두적 요소의 존재 여부에 대한 이해의 차이에 말미암는다. 따라서 필자는 ①의 해석안을 유지하는 선에서 '以'와 '來'의 문법적인 기능에 대하여 약간의 보충을 하고자 한다.

첫 번째로 이 구절에서의 '以'의 문법적 기능에 대하여 대부분은 때의 定點을 표시하는 助詞로 보아왔으나, 〈白崎〉에서 '以'를 이유·원인을 나타내고 '때문에'로 해석되는

---

28) 이들과는 별도로 李亨求(1983/1986: 199)에서는 이 구절을 '而後, 以辛卯年不貢, 大破百殘·倭寇·新羅, 以爲臣民.'으로 再構하고 "그후 辛卯年(391)부터 조공을 바치지 않으므로 [廣開土大王은] 百殘(濟)·倭寇·新羅를 파하여 이를 臣民으로 삼았다."라고 해석한 바 있다. 이른바 日本 陸軍參謀本部에 의한 비문 조작설을 구체화한 논의로 주목받은 바 있으나, 이 구절의 앞 부분('百殘新羅舊是屬民, 由來朝貢')에 등장하지 않던 '倭寇'가 갑자기 뒷 구절에 등장하는 것도 이상하거니와, 석회가 거의 벗겨진 상태에서 拓印된 周雲台本에서조차 그의 재구를 뒷받침할 만한 어떠한 자형상의 증거도 보이지 않는 이상 李亨求 교수의 논의 결과를 받아들이기 어려운 것으로 판단되어 논의 대상에서 제외하였음을 밝혀둔다.

29) '以辛卯年來'를 '辛卯年以來'의 의미로 본 것은 西嶋定生에서 비롯되어 王健群에까지 파급된 듯하다(白崎 1993/2004: 180-181).

접속사로 보고서 이어지는 '以六年丙申……'條의 '以'와 호응하여 "倭가 辛卯年에 ~ 하였기 때문에 그래서 (永樂) 6년 丙申年에 ~하였다."로 해석될 수 있다고 함으로써 기존의 해석들에 문제를 제기한 바 있다. 그는 그 근거로 『史記』·孟嘗君列傳에서의 "文以五月五日生, 嬰告其母曰勿舉也([5월 태생의 아들은 장래 부모에게 불리하게 된 다는 미신이 있었는데] 文(=孟嘗君의 이름)이 5월 5일에 태어났기 때문에 嬰(=孟嘗君의 父名)이 그 어미에게 일러 '거두지 마시오'라고 말했다.)"로 풀어야만 두 문장의 연결이 자연스러워진다는 점을[30] 들고 있다. 필자도 이 의견에 공감하는 바가 없지 않으나, 대부분의 한문 문법서들에서 이 용법을 인정하고 있지 않을 뿐만 아니라 위의 해석문에서 [ ]로 묶은 話用論的 情報의 바탕 위에서만 접속사 용법의 적용이 자연스러워질 뿐만 아니라, 한문에서는 문면에 없는 접속사를 보충해야 하는 경우가 더 흔하다는 점[31] 등에 근거하여 그의 견해를 받아들이지 않은 것이다.

다음으로 '來渡海'의 '來'에 대해서는 앞서 본 '因遣黃龍來下迎王'에서의 '來下'와 마찬가지로 '來+VP' 용법으로 보아 '바다를 건너오다'로 해석한 것이다. 덧붙여 '來渡海'라는 구절이 등장하는 또 다른 예인 "其行來渡海詣中國"(『三國志』·東夷傳·倭人條)도 "그 일행이 바다를 건너와서 중국에 이르렀다."로 해석하고자 한다. '來渡海'의 예로부터도 이 비문이 『三國志』와 같은 고전의 영향을 받았을 가능성이 있음을 재차 확인할 수 있다.[32]

끝으로 '破百殘□□新羅' 부분에서 '□□'은 우리가 알지 못하는 동사구일 수도 있고, 미상의 국명일 수도 있다. 따라서 '百殘을 破하고 新羅를 □□하여' 또는 '百殘, □□, 新羅를 破하여' 두 해석이 다 가능한 것으로 보되, 전자를 앞세우고자 한다.

ⓛ 이 城名의 첫 글자를 일부 '寧'字(〈王〉), '壹'字(〈손〉)로 판독하는 의견도 있으나, 탁본상 '壹'字가 분명하므로 받아들이지 않았다. 그리고 '壹八城'을 '18城'으로 해석하기도 하나, 이어서 나열되는 성들이 이 숫자를 훨씬 넘어서고 있으므로 받아들이기 어렵다.

ⓒ~ⓢ이어지는 丙申年條 말미에 攻取한 城의 숫자가 58城이라고 하였는데, 위에 나타난 것으로는 51城에 불과하므로 7개의 성이 이 부분들에 숨어 있는 것으로 보아야 한

---

30) 白崎(1993/2004: 182)에서는 이 견해가 板野建爾氏로부터 받은 私信에 근거한 것임을 밝히고 있다.
31) 이 점에 대해서도 金秉駿 교수의 도움을 받은 바 있다. 이뿐만 아니라 필자가 각종 史書들에서의 한문 해석에 어려움을 겪을 때마다 친절히 도와주신 김 교수께 이 자리를 빌려 다시 한 번 謝意를 표하고자 한다.
32) 이와 관련하여 白崎(1993/2004: 183)에서 이 비문에서 귀환의 의미에는 전부 '還'字를 쓰고, 마음을 주는 의미에는 '歸'字를 이용하고 있음을 『三國志』의 직·간접적인 영향이라 하였음도 참조.
   한편 南豊鉉(2007/2009: 92~93)에 따르면, 『三國志』는 五經, 三史, 晉陽秋 등과 함께 이 시기에 중국에서 전래된 漢籍의 하나로 꼽히고 있다. 따라서 비문 작성에 『三國志』 등 漢籍의 영향을 추정할 수 있는 기반이 갖추어진 것으로 판단된다.

다. 이 문제에 대하여 필자는 다음과 같이 分斷하는 안이 최선일 것으로 생각한다.

    ⓒ 莫□□□城 → 莫□城□□城(+1)[/莫城□城□城(+2)],

    ⓔ 沸□□利城 → 沸城□利城(+1), ⓜ□□□城 → □城□城(+1),

    ⓑ □□□□□□利城 → □城□城□城□利城(+3)[/□□城□□城□利城
(+2)],

    ⓢ□□□城 → □城□城(+1)

◎ 〈林〉에서는 이 부분을 攻取 58城의 하나로 보았으나, '其國城'은 '그 나라의 都城' 즉, '百濟의 都城(=漢城)'으로 해석함이 일반적이라는 점에서 받아들이지 않았다.

ⓩ 〈白崎〉에서 지적되었듯이 이 구절은 해석하기가 쉽지 않다. 〈盧〉, 〈林〉, 〈任李〉에서는 '왕이 크게 노하여' 정도로 해석하였으나, 〈白崎〉에서 지적된 것처럼 '威'字가 해석에서 빠져 있다. 그래서 〈白崎〉는 '王威, 赫하게 怒하여'로 읽고, '太王의 威嚴이 확 타오르는 것처럼 빛나고, 그리고 화내어'로 해석하였으나, '赫怒'가 '크게 화내다[盛怒, 大怒]'의 뜻인 이상 '威'는 부사어로 풀어야 할 것이라는 점에서 '威'字의 동사로서의 '진동하다, 떨치다'의 뜻을 살려 '왕이 떨쳐 大怒하여'로 해석한 것임을 밝혀둔다.

ⓩ '奴客'은 원래 私屬民이나 奴隷를 뜻하는 용어이나, 牟頭婁墓誌銘에서 중급 귀족인 牟頭婁가 스스로 낮추어 奴客이라 하였을 뿐만 아니라, 이 비문에서도 新羅王이 廣開土王에 대하여 자신을 奴客이라고 표현한 것으로 보아, 여기에서의 '奴客'은 임금에 대하여 신하를 낮추어 칭한 표현으로 보고 있다(盧泰敦 1992: 26).

2.2.3. 永樂 8年 戊戌條(2·5·33~2·6·30)

[판독]

八°年戊°戌°敎°遣偏°師°觀₂·₅㊺^㫄^愼^土谷因便抄得°莫㊻*□羅°城加太羅谷°男女三百餘人自°此°以^來朝貢°論°事

1) 특이 자형 확인

戊: [戉] , °觀: [觀] , °莫: [莫] , °此: [此] , °論: [論]

2) 판독 이견자/추독자 辨析

	酒勾	北大	水谷1	靑溟	中硏	金子	水谷2	周雲台
㊺								
㊻								

㊺ 2·6·1에 대해서는 위의 탁본 대조표에서 보듯이 판독상의 어려움은 없으나, 과연 이 글자를 무슨 글자로 보느냐에 대해서는 의견이 분분하다. 未詳字로 보는 의견이 우세한 가운데 '帛'字로 보는 의견 (〈水谷〉, 〈王〉, 〈耿〉, 〈任李〉), '肅'字로 보는 의견(〈武田〉, 〈白崎〉, 〈林〉), '帛'字로 보는 의견(〈盧〉, 〈손〉)이 추가되었다. 앞서 '五'의 경우와 같이 원문의 자형을 그대로 제시한 것이다.

㊻ 2·6·10에 대해서는 초기에 '新'字로 보는 의견이 우세하였으나, 판독 불능자로 보는 의견(〈水谷〉, 〈武田〉, 〈盧〉, 〈林〉, 〈任李〉), '斯'字로 보는 의견(〈王〉, 〈白崎〉, 〈耿〉, 〈손〉)이 추가되었다. 위의 탁본 대조표에서 보듯이 이 글자는 대부분의 탁본들에서는 무슨 글자인지 알기 어렵게 되어 있다. 따라서 필자도 판독 불능자로 보고자 한다.

[해석]

八年戊戌, 敎遣㉠偏師, 觀㉡帛愼土谷, 因便㉢抄得莫□羅城·加太羅谷, 男女三百餘人. 自此以來, 朝貢㉣論事.

【(永樂) 8년 戊戌(398년)에 敎를 내리셔서 偏師를 보내시어 帛愼의 土谷을 살펴보게 하였는데, 그리하여 곧 莫□羅城, 加太羅谷의 남녀 삼백여 명을 뽑아서 취하였다. 이 이후로 朝貢하고, 時事[/國事]를 論議하였다.】

㉠ '偏師'에 대하여 '한 부대의 군사'(〈盧〉), '일부 (의) 군대'(〈林〉, 〈任李〉)로 해석하였으나, 『漢語大詞典』에 따라[33] '主力 이외의 部隊'를 의미하는 용어로 본다.

㉡ '帛愼'에 대해서는 '肅愼'(또는 '息愼')으로 보는 의견(〈白崎〉, 〈盧〉, 〈林〉 등)에 동조하고 싶다. 盧泰敦(1992: 26)에서 지적된 바와 같이 비문의 글자가 '帛愼'이 아니므로 백제의 북부 지역 또는 신라 쪽의 지역으로 비정하기가 어려울 뿐만 아니라, 앞뒤의

---

33) ①指主力軍以外的部分軍隊. 『左傳』·宣公十二年: "韓獻子謂桓子曰: '彘子以偏師陷, 子罪大矣.'"

문맥상 對百濟戰은 아니기 때문이다.

ⓒ '抄得'의 '抄'는 본뜻인 '노략질하다'보다는 '抄錄'에서와 같이 '뽑다'의 의미로 본 것이
다. 太王의 勳績을 '노략질하다'로 표현하지는 않을 것이기 때문이다.

ⓔ '論事'에 대하여 〈盧〉, 〈任李〉에서는 '(朝貢에 대하여) 의논하다'로, 〈白崎〉에서는 '도
리를 말하다'라든가 '군주를 위해서 방책을 생각하다' 정도의 특수한 어휘로, 〈林〉에
서는 '國事를 議論하다'로 해석하고 있다. 필자는 顔眞卿의 「論百官論事疏」, 李珥의
「應旨論事疏」 등의 사례에 비추어 〈林〉과 같이 '時事(또는 國事)를 論議하다'로 풀이
한 것이다.

2.2.4. 永樂 9年 己亥條(2·6·31~2·8·8)

[판독]

九°年己°亥百°殘°違誓°與倭和₂·₆通王巡下平°穰而°新°羅°遣使白王°云倭人滿其國°境潰破°城池°以奴客^°為
民°歸王請°命太王㊼*°恩㊽*°慈矜其忠㊾[誠]₂·₇㊿*°□°遣°使°還告°以□計

1) 특이 자형 확인

°亥: 苑 , °違: 運 , °與: 与 , °新: 新 , °羅: 𦋺 , °云: 云 , °歸: 歸 , °命: 命 , °矜: 稁 ,

°遣: 㿝 , °使: 吏 , °還: 睘

2) 판독 이견자/추독자 辨析

	酒勻	北大	水谷1	青溟	中研	金子	水谷2	周雲台
㊼								
㊽								
㊾								
㊿								

㊼ 2·7·36에 대해서는 酒匂本에서는 빈칸으로 되어 있으나, 일찍부터 '㤠'字로 판독한 바 있다. 위의 탁본 대조표에서 보듯이 아래쪽의 '心'이 분명하고, 윗부분도 金子·水谷2本을 자세히 보면 '因'의 넷째 획(丿)의 일부분이 보일 뿐만 아니라, 周雲台本에서도 '㤠'字임이 분명하므로 종래의 판독안을 따른 것이다.

㊽ 2·7·37에 대해서는 酒匂本 이래 한 동안 '後'字로 판독되었으나, 〈水谷〉에 와서 비로소 '慈'字로 수정되어 현재까지 이어져 오고 있다. 대부분의 탁본들에서 '慈'字의 형상을 찾을 수 있으므로 〈水谷〉의 판독안을 따른 것이다.

㊾ 2·7·41에 대해서는 酒匂本 이래 한 동안 판독 불능자로 보았으나, 〈水谷〉 이후 '誠'字로 추독되고 있다. 위의 탁본 대조표에서 보듯이 이 글자는 판독하기가 매우 어렵게 되어 있다. '成'에 해당되는 자형은 잘 찾아지지는 않으나, 좌변 '言'의 자형은 초기 탁본들에서 대개 찾아지는 듯할 뿐만 아니라 문맥에도 적절하므로 필자도 '誠'字로 추독한 것이다.

㊿ 2·8·1에 대해서는 초기에는 '寺'나 '時'로 판독되었다가 현재는 대개 판독 불능자로 보고 있다. 〈王〉, 〈耿〉에서만 '特'字로 보고 있으나, 〈白崎〉에서 지적된 바와 같이 우측 자형도 반드시 '寺'로 특정하기가 어렵게 되어 있는 데다가 좌변의 자형을 전혀 짐작하기 어렵게 되어 있으므로 필자도 판독 불능자로 본 것이다.

[해석]

九年己亥, 百殘違誓與倭和通, 王巡下平穰, 而新羅遣使白王云: "倭人滿其㉠國境, 潰破城池, 以奴客爲民, 歸王請命", 太王恩慈, 矜其忠誠, ㉡□遣使還告以□計.

【(永樂) 9년 己亥(399년)에 百濟가 盟誓를 어기고 倭와 和通하였다. 왕이 巡幸하여 平壤으로 내려갔는데, 新羅가 使臣을 보내어 왕께 아뢰어 말하기를, "倭人이 新羅 國境에 가득 차 城池를 부수고 奴客을 그 백성으로 삼고 있으니, 왕께 歸服하여 命令을 기다리고 있습니다." 하였다. 太王이 恩慈하게 新羅王의 忠誠을 갸륵히 여겨 … 使臣을 보내어 돌아가서 (高句麗 측의) □計로써 (新羅王에게) 告하게 하였다.】

㉠ '國境'은 '나라의 경계'로 풀어야 할지, '나라의 영토내'로 풀어야 할지 판단하기 어렵다. 〈白崎〉에서는 후자가 되어야 함을 강조하고 있다. '나라의 경계'로 풀어도 면적을 필요로 하는 동사 '滿'을 고려하면, '나라의 경계 지역'으로 보아야 할 것이다.

㉡ 이 구절도 '遣'을 사역 암시 동사로 보아 '使臣을 보내어 돌아가서 □計로써 告하게 하였다' 정도로 풀이한 것이다.

2.2.5. 永樂 10年 庚子條(2·8·9~3·3·6)

[판독]

十年°庚子敎°遣°步騎五萬°住救°新羅°從°男居°城至°新羅°城倭°滿其中官軍方至°倭賊°退₂.₈■(2·9·1~2·9·7)□
⑤①*侵背急°追至任°那加羅°從°拔°城城°即°歸°服安羅人⑤②*戍兵□°新羅°城⑤③*□°城倭⑤④[寇]⑤⑤*委潰°城⑤⑥*內₂.₉■(2·10·1~2·10·16)⑤⑦*十⑤⑧*九°盡⑤⑨*拒⑥⓪*隨⑥①*倭安羅人°戍兵⑥②[捕]□□□□其□□□□□□□°言₂.₁₀□□□□⑥③*倭□□□□□□□□⑥④[興]□□□□□□□□□□^辭□□□□□□□□□潰₃.₁⑥⑤*亦⑥⑥*以⑥⑦*隨□°安羅人°戍兵昔°新羅寐°錦未有°身^來論事□□□□□開^土°境好太王□□□寐□□□⑥⑧[家]僕°勾₃.₂□□□□朝貢

1) 특이 자형 확인

°庚: 庚, °步: 步, °新: 新, °退: 追, °追: 追, °那: 那, °盡: 盡, °寐: 宀, °錦: 錦, °身: 身, °事: 車

2) 판독 이견자/추독자 辨析

	酒勾	北大	水谷1	靑溟	中硏	金子	水谷2	周雲台
⑤①	未							
⑤②	戎							
⑤③	愚							
⑤④	滿							
⑤⑤	倭							
⑤⑥	大					欠	欠	

	酒勻	北大	水谷1	靑溟	中研	金子	水谷2	周雲台
㉗						欠		
㉘	九					欠		
㉙						欠	欠	
㉚	有					欠	欠	
㉛	尖					欠	欠	
㉜								
㉝	欠			欠		欠	欠	
㉞	欠			欠		欠	欠	
㉟				欠				
㊱				欠				
㊲				欠				
㊳				欠				

㉛ 2·9·9에 대해서는 酒匂本 이래 한 동안 '來'字로 판독해 오다가 〈王〉, 〈耿〉, 〈白崎〉에서는 '倭'字로, 〈武田〉, 〈林〉에서는 '侵'字로, 〈盧〉, 〈任李〉에서는 판독 불능자로 봄으로써 판독상의 의견 일치를 보지 못하고 있다. 위의 탁본 대조표에서 보듯이 좌변 '사람인 변'(亻)(또는 '彳')은 분명한데, 우변의 자형이 불분명하여 나타난 현상일 것이다. 그런데 우변을 자세히 보면, 下部에 '又'가 있고 上部에는 두 가로획의 존재가 보여 '倭'보다는 '侵'字에 가까운 형상이므로 필자도 '侵'字로 판독한 것이다.

㉜ 2·9·28에 대해서는 '戌'字로 보는 의견(〈水谷〉, 〈王〉, 〈武田〉, 〈盧〉, 〈耿〉, 〈林〉, 〈任李〉, 〈손〉)이 다수인데, 〈白崎〉에서 초기 판독안인 '戎'字를 다시 주장함으로써 문제가 된 것이다. 위의 탁본 대조표에서 보듯이 자형은 酒匂本과 동일한데, 문제는 이 글자를 무슨 자로 보느냐에 있다. '戎'字로 본 〈白崎〉에서는 後漢 孔宙碑의 자형(戎)을 그 근거로 들고 있으나, '戈'의 제3획(丿)에 차이가 있음이 문제가 된다. 필자는 이보다는 居延 漢簡 '戌'字의 자형들(戌 戌)이 비면의 자형에 좀더 가까운 특성을 갖추고 있음을 근거로 '戌'字로 판독한 것이다.

㉝ 2·9·34에 대해서는 대부분 판독 불능자로 보고 있는데, 〈王〉, 〈耿〉, 〈손〉에서는 '鹽'字로, 〈林〉에서는 '㽃'字로 보는 소수 의견을 낸 바 있다. '鹽'字나 '㽃'字로 보기에는 하변의 자형이 '皿'도 '正도 아니라는 점에서 필자도 판독 불능자로 본 것이다.

㉞ 2·9·37에 대해서는 酒匂本 이래 한 동안 '滿'字로 판독해 오다가 〈王〉, 〈盧〉, 〈任李〉, 〈손〉, 〈白崎〉에서는 '寇'字로, 〈武田〉, 〈林〉에서는 판독 불능자로 봄으로써 문제가 된 것이다. 위의 탁본 대조표에서 보면, 이 글자의 下部는 불분명하나 대부분의 탁본들에서 上部 '민갓머리'(冖)의 형태는 인지되는 듯하므로 다수의 의견을 따라 '寇'字로 추독하고 싶다. 周雲台本의 자형도 '寇'字로 판독할 만한 특징을 갖추고 있음도 참조.

㉟ 2·9·38에 대해서는 酒匂本 이래 대부분 '滿'字로 판독하였으나, 〈王〉, 〈盧〉, 〈손〉, 〈任李〉에서는 '大'字로, 〈白崎〉에서는 '委'字로 추독함으로써 문제가 된 것이다. 위의 탁본 대조표에서 보듯이 이 글자는 대부분의 탁본들에서 좌변 '亻'이 없는 '委'자에 가까운 형상을 하고 있다는 점에서 〈白崎〉의 판독안을 따른 것이다.

㊱ 2·9·41에 대해서는 酒匂本 이래 '大'字나 '六'字로 판독되어 오다가 최근에 〈王〉, 〈白崎〉, 〈耿〉, 〈林〉, 〈손〉에서는 '內'字로, 〈水谷〉, 〈盧〉, 〈任李〉에서는 판독 불능자로 봄으로써 문제가 된 것이다. 위의 탁본 대조표에서 보듯이 초기 탁본들에서 '大'字라면 없어야 할 우측 縱線의 일부가 보일 뿐만 아니라 문맥상으로도 무난하다는 점에서 '內'字로의 판독안을 따른 것이다.

㊲㊳ 2·10·17~18에 대해서는 '十九'로 판독하는 안이 중국 학자들에 의해 산발적으로 제기되어 〈王〉, 〈耿〉, 〈白崎〉, 〈손〉에까지 이어지고 있다. 다른 한편으로 〈武田〉, 〈盧〉, 〈任李〉에서는 두 글자 모두 판독 불능자로 보고 있고, 〈林〉에서는 '□九'로 판독하고 있다. 그런데 위의 탁본 대조표에서 보면, 탁본마다 차이는 있으나 水谷1·周雲台本에서 '十'字의 우측부(2·10·17)와 '九'字의 제2획(2·10·18)을 看取할 수 있으므로 다수의 의견대로 '十九'로 판독한 것이다.

㊴㊵㊶ 2·10·20~22에 대해서는 판독 불능자들로 보는 의견이 우세하나, 〈王〉, 〈耿〉, 〈白崎〉에서는

'拒隨倭'로 판독되고 있다(〈林〉에서는 '拒隨□'). 위의 탁본 대조표에서 '拒隨倭'의 자형들이 대부분 찾아지므로 〈王〉의 판독안을 따른 것이다.

⑫ 2·10·28에 대해서는 酒匂本 이래 판독 불능자로 여겨오다가 〈水谷〉 이후 '滿'字로 보는 의견이 강하다(〈武田〉, 〈耿〉, 〈林〉). 또한 〈王〉은 '新'字로 추독하였는데, 〈盧〉, 〈任李〉에서 이 판독안을 따르고 있다. 한편, 〈白崎〉에서는 이 글자를 '捕'字로 판독하였는데, 위의 탁본 대조표에서 보듯이 대부분의 초기 탁본들에서 우변 '甫'의 형상이 찾아지므로 필자도 이 추독안을 따른 것이다.

⑬ 3·1·5에 대해서는 酒匂本 이래 판독 불능자로 보아왔으나, 〈武田〉에 의하여 '倭'字로 판독된 이후 〈白崎〉, 〈林〉에서 이 판독안을 따르고 있다. 실제 위의 탁본 대조표에서 보듯이 이 글자가 남아 있는 탁본들에서는 '倭'字의 형상이 뚜렷하므로 이 판독안을 따른 것이다.

⑭ 3·1·16에 대해서도 酒匂本 이래 판독 불능자로 보아왔으나, 〈武田〉에 의하여 '興'字로 판독된 이후 〈白崎〉, 〈林〉에서 이 판독안을 따르고 있다. 실제 위의 탁본 대조표에서 보듯이 이 글자가 남아 있는 탁본들에서는 '興'의 좌측부 형상이 드러나므로(이를 '與'字로 볼 수 없음은 이 비문에 '⌒与'로 나타나기 때문임) 필자도 이 추독안을 따른 것이다.

⑮⑯⑰ 3·2·1~3에 대해서는 판독 불능자들로 본 의견이 우세하나, 〈水谷〉에서는 '□以隨'로, 〈白崎〉, 〈林〉에서는 '亦以隨'로 판독하고 있다. 위의 탁본 대조표에서 보면 '亦以隨'로 판독될 만한 특성들을 보이고 있는 듯하므로 필자도 최근의 판독안을 따른 것이다.

⑱ 3·2·39에 대해서는 판독 불능자로 보는 의견이 우세하나, 〈王〉에서 '家'字로 추독된 이후 〈耿〉, 〈白崎〉, 〈林〉에서 이 판독안을 따르고 있다. 위의 탁본 대조표에서 보면, 대부분의 탁본들에서 下部 '豕'의 형상이 비교적 뚜렷할 뿐만 아니라, 부분적으로 갓머리(宀)의 형상도 볼 수 있는 듯하므로 필자도 이 판독안을 따른 것이다.

[해석]

十年庚子, 敎遣步騎五萬, 往救新羅. ㉠從男居城, 至新羅城, 倭滿其中. 官軍方至, 倭賊退. □侵背急追, 至任那加羅從拔城, 城即歸服. ㉡安羅人戍兵□新羅城□城, 倭寇㉢委潰. 城內㉣十九, 盡拒隨倭, 安羅人戍兵捕□□□□其□□□□□□□□言□□□□□□□□□□□□□□□□辭□□□□□□□□□□□潰, 亦以隨□安羅人戍兵. 昔新羅寐錦, 未有身來論事, □□□□廣開土境好太王, □□□□寐錦□□㉤家僕勾, □□□□朝貢.

【(永樂) 10년 庚子(400년)에 敎를 내리셔서 步兵과 騎兵 5만을 보내어 가서 新羅를 救援하게 하였다. 男居城을 거쳐 新羅城에 이르니 倭가 그곳에 가득하였다. 官軍이 막 도착하자 倭賊이 물러났다. … 뒤를 襲擊하여 급히 쫓아가 任那加羅의 從拔城에 이르니 城이 곧 歸服하였다. 安羅人戍兵이 新羅城과 □城을 □하였다. 倭寇가 萎縮되어 潰滅되니, 城 안의 十分之九는 다 倭를 따르는 것을 拒否하였다. 安羅人 戍兵이 ……을 사로잡으니 …… 潰滅되어 역시 安羅人 戍兵에게 隨□하였다. 옛날에는 新羅 寐錦이 몸소 와서 時事[/國事]를 論議한 적이 없었다. (그러나) … 廣開土境好太王 …… (新羅) 寐錦 …의 家僕

句를 (인질로 삼고) ……하여 朝貢하였다.】

ㄱ '從'에 '經由'의 뜻이 있으므로 여기에서의 '男居城'이 고구려 지명인지, 신라 지명인지의 여부가 분명하지 않다. 다만, '從~至~' 구문을 "~에서 ~까지"로 해석한다면, '男居城'은 고구려 지명이 될 것이다.

ㄴ '安羅人戍兵'에 대해서는 '新羅人 戍兵을 두어'로 해석하기도 하나(〈王〉), '安'字의 본뜻에 부합된다고 하기 어려우므로(白崎 1993/2004: 264-265) 원문을 그대로 살린 것이다.

ㄷ '委潰'는 사전류에 없는 熟語. '委'字가 '萎'字(시들다, 마르다)와 통하므로 '萎縮되어 潰滅되다'로 직역한 것이다.

ㄹ '十九'는 '十分之九' 즉, '절대 다수'의 의미.

ㅁ '家僕句'는 '家僕+句'로 분석될 듯한데, '句'는 奈勿王의 아들로서 實聖王代에 고구려에 인질로 바쳐진 '卜好'를 가리키는 듯하다. '家僕'은 春秋時代 卿大夫의 家臣을 이르는 말.

2.2.6. 永樂 14年 甲辰條(3·3·7~3·4·20)

[판독]

十四°年甲°辰而倭°不軌^侵入°帶方°界⑲[和]□㉗[殘]□㉑[至]石°城□連^舡□□□□率□□㉒[從]平穰ȝ·ȝ□□□鋒相遇王°幢要°截盪^刜倭°寇潰敗斬°煞無°數.

1) 특이 자형 확인

°辰: 辰 , ^侵: 侵 , °帶: 帯 , 幢: 幢 , °截: 䀍 , °寇: 寇 , °煞: 煞

2) 판독 이견자/추독자 辨析

	酒勾	北大	水谷1	靑溟	中研	金子	水谷2	周雲台
⑲				欠				
㉗				欠				

	酒勻	北大	水谷1	靑溪	中硏	金子	水谷2	周雲台
㉮				欠				
㉯				欠				

㉰ 3·3·21에 대해서는 酒勻本 이래 판독 불능자로 보아왔으나, 〈王〉, 〈白崎〉, 〈林〉, 〈손〉에서 '和'字로 추독함으로써 문제가 된 것이다. 위의 탁본 대조표에서 보면, 특히 中硏本에서 좌변 '禾'의 형상을 찾을 수 있는 듯할 뿐만 아니라 문맥상으로도 '和'字로 인정할 만한 자리이므로 필자도 이 추독안을 따른 것이다.

㉱ 3·3·23에 대해서도 酒勻本 이래 판독 불능자로 보아왔으나, 〈王〉, 〈白崎〉, 〈林〉, 〈손〉에서 '殘'字로 추독함으로써 문제가 된 것이다. 위의 탁본 대조표에서 보면, 대부분의 탁본들에서 좌변 '歹'의 형상을 看取할 수 있으므로 최근의 추독안을 따른 것이다.

㉲ 3·3·25에 대해서도 酒勻本 이래 판독 불능자로 보아왔으나, 〈王〉, 〈白崎〉, 〈林〉에서는 '至'字로, 〈손〉에서 '兵'字로 추독함으로써 문제가 된 것이다. 위의 탁본 대조표에서 보면, 이 글자가 남아 있는 탁본들에서는 대부분 下部 '土'의 형상을 찾을 수 있는 듯하므로 필자도 '至'字로의 추독안을 따른 것이다.

㉳ 3·3·39에 대해서도 酒勻本 이래 판독 불능자로 보아왔으나, 〈王〉, 〈武田〉, 〈盧〉, 〈白崎〉, 〈林〉, 〈손〉 등에서 '從'字로 추독하고 있다. 위의 탁본 대조표에서 보면, 이 글자는 徐建新의 臨寫文(从)과 흡사한 下部 형상을 보여주고 있으므로 필자도 이 추독안을 따른 것이다.

[해석]

十四年甲辰, ㉠而倭不軌, 侵入帶方界, ㉡和通殘國, 至石城□, 連船□□□, 王躬率□□, 從平穰□□□鋒相遇. ㉢王幢要截盪刺, 倭寇潰敗. 斬煞無數.

【(永樂) 14년 甲辰(404년)에 倭가 질서를 지키지 않고 帶方界를 侵入하여 殘(國)과 和通하고, 石城에 이르러 □하여 배를 連結하여 ……하였으므로 왕이 몸소 □□를 거느리고 平穰을 거쳐 … (적의) 先鋒과 맞부딪치게 되었다. 王幢이 埋伏 攻擊과 移動 攻擊을 퍼부으니 倭寇가 潰滅되었다. 斬煞한 것이 無數히 많았다.】

㉠ 여기에서의 '而'는 이유를 나타내는 전치사 '以'와 동일 용법으로 본 것이다(白崎 1993/2004: 280).

㉡ 이 부분을 〈王〉에서는 '和通殘國'으로 추독하고 있는데, 문맥상으로 인정할 만하다.

㉢ '王幢'의 '幢'은 古代 軍事 編制名이므로 그 자체를 고구려 군사 편제명으로 보아 왕의

친위대 정도의 의미로 푼 것이다. '要截盪刺' 부분에서의 '要'='腰'(중심점, 中間 狹小 地形), '截'(끊다)이므로 '要截'은 狹小 地形에서 埋伏하여 공격함을, '盪'(移動, 搖動), '刺'(찌르다)이므로 '盪刺'는 移動하면서 공격함을 뜻한다. 따라서 '埋伏 攻擊과 移動 攻擊을 퍼붓다'로 풀이한 것이다.

2.2.7. 永樂 17年 丁未條(3·4·21~3·6·2)

[판독]

十七°年丁未敎遣°步騎五萬□□□□□□□□⑦③*□師₃·₄□□合°戰斬°煞盪 盡°所°獲鎧鉀一萬餘領軍° 資°器°械°不可稱數 還破沙⑦④*溝°城婁°城□⑦⑤*□城□□□□□□□₃·₅□城.

1) 특이 자형 확인

師: 𣆟 , 所: 𠩄 , 獲: 獲 , 資: 資 , 器: 器 , 械: 械

2) 판독 이견자/추독자 辨析

	酒勾	北大	水谷1	靑溟	中硏	金子	水谷2	周雲台
⑦③				欠				
⑦④				欠				
⑦⑤				欠				

⑦③ 3·4·40에 대해서는 酒勾本 이래 대다수가 판독 불능자로 보아왔으나, 〈王〉, 〈耿〉, 〈白崎〉에서 '王' 字로 판독함으로써 다시 문제가 된 것이다. 위의 탁본 대조표에서 보면, '王'의 두 가로획 정도가 일부 탁본들에서 보이나, 이 비문에서의 '王'字와 다소 거리가 있으므로 종전처럼 판독 불능자로 본 것이다.

⑦④ 3·5·28에 대해서는 酒勾本 이래 일시적으로 '灈'字로 보기도 하였으나, 일찍부터 '溝'字로 수정되었는데, 최근 〈白崎〉에 의하여 다시 '灈'字로의 판독안이 제기됨으로써 다시 문제가 된 것이다. 그런데 위의 탁본 대조표에서 보면, '灈'字라면 右上部의 '卅'의 자형을 설명하기 어려울 뿐만 아니라, 이 비문과 비슷한 시기의 자료들에서 '溝'의 비슷한 자형이 보인다는 점에서(溝 溝, 東魏 敬師君碑) 종전처럼

‘溝’字로 판독한 것이다.

⑦ 3·5·33에 대해서는 酒勻本 이래 대다수가 판독 불능자로 보아왔으나, 〈王〉, 〈林〉에 의하여 ‘甾’字로, 〈武田〉, 〈盧〉, 〈손〉, 〈任李〉에 의하여 ‘住’字로, 〈白崎〉에 의하여 ‘留’字로 판독됨으로써 문제가 된 것이다. 水谷1·中研本을 자세히 보면, ‘住’字로는 설명하기 어려운 下部 ‘田’의 우측 수직선 자형이 보이는 점에서, ‘甾’字는 地名 用字로 인정될 수 있느냐는 점에서, ‘留’字로는 上部가 불분명하다는 점에서 각각 문제가 되므로 필자로서도 판독 불능자로 본 것이다.

[해석]

十七年丁未, 敎遣步騎五萬, □□□□□□□□師□□合戰, 斬煞蕩盡. 所獲鎧鉀一萬餘㉠領, 軍資器械不可稱數. 還破沙溝城, 婁城, □□城, □城, ㉡□□□□□□城.

【(永樂) 17년 丁未(407년)에 敎를 내리셔서 步兵과 騎兵 5萬을 보내어 ……하게 하였다. … (고구려) 軍師가 (賊=百濟?)과 合戰하여 斬煞하고 蕩盡시켰다. 노획한 갑옷이 만여 벌이고, 軍需物資나 兵器는 수를 헤아리기 어려울 정도로 많았다. 돌아오면서 沙溝城, 婁城, □□城, □城, □□□□□□城을 擊破하였다.】

㉠ ‘領’은 단위명사로는 衣服이나 鎧甲을 헤아릴 때에 쓰이므로 ‘벌’로 해석한 것이다

㉡ 이 부분은 두 개의 城으로 분단되어야 할 것으로 판단된다. 왜냐하면, 다음에서 볼 永樂 20年條 말미에 攻破城의 總數가 64城으로 나오는데, 永樂 8年條에서 攻取한 城이 58城이므로 총 64城이 되려면 여기 17年條에서 6城이 더해져야 하므로 이 부분이 2城이어야 전체적인 숫자가 맞기 때문이다. 따라서 ‘□□城, □□□城[/□□□城, □□城]’로 나누는 방안이 최선일 것이다.

2.2.8. 永樂 20年 庚戌條(3·6·3~3·8·15)

[판독]

ᐱ卅年ᐱ庚戌東夫餘舊是ᐱ鄒ᐱ牟王ᐱ屬民中叛ᐱ不貢王ᐱ躬率ᐱ住討軍ᐱ到餘ᐱ城而餘⑯[擧]國駭⑰*□⑱* □□□□□□3·6⑲*歸⑳*ᐱ王恩普ᐱ覆於是ᐱ旋還又其慕化ᐱ隨官ᐱ来ᐱ者味仇ᐱ婁鴨ᐱ盧ᐱ卑斯麻鴨ᐱ盧㉑*端社ᐱ婁鴨ᐱ盧ᐱ肅斯舍㉒[鴨]㉓[盧]□□□3·鴨盧凡ᐱ所攻破ᐱ城六十ᐱ四ᐱ村一千四百

1) 특이 자형 확인

戌: 戉 , 駭: 駴 , 覆: 覆 , 隨: 随 , 卑: 甲 , 肅: 肅

2) 판독 이견자/추독자 辨析

	酒勾	北大	水谷1	靑溟	中硏	金子	水谷2	周雲台
⑦⑥				欠				
⑦⑦				欠				
⑦⑧								
⑦⑨								
⑧⓪								
⑧①								
⑧②								
⑧③								

⑦⑥ 3·6·32에 대해서는 '擧'字로 보는 의견(〈王〉, 〈白崎〉, 〈耿〉)과 '城'字로 보는 의견(〈水谷〉, 〈武田〉, 〈林〉), 판독 불능자로 보는 의견(〈盧〉, 〈손〉, 〈任李〉)이 갈리는데, 전체적으로 '城'字로 보는 의견이 우세하다. 위의 탁본 대조표에서 보면, 酒匂本의 자형과 비슷한 느낌이 강하므로 '擧'字로의 판독안을 따른 것이다.

⑦⑦⑧ 3·6·35~6에 대해서는 酒匂本 이래로 판독 불능자들로 보는 의견이 대부분이나, 〈王〉이 '服獻(田)'로 추독한 이후 〈白崎〉에서 이를 따르고 있고, 〈耿〉, 〈손〉에서는 '服□'의 판독안을 제시하고 있다. 위의 탁본 대조표에서 보면, 두 글자 모두 어떤 글자인지를 가늠하기 어려운 상태이므로 필자로서는 판독 불능자로 보되, 문맥상 그리고 周雲台本으로 보아 〈王〉의 판독안의 가능성도 인정하기로 한다.

⑦⑨⑧⓪ 3·7·1~2에 대해서도 酒匂本 이래 판독 불능자들로 보는 의견이 대다수였으나, 〈白崎〉에서는 '歸王'으로, 〈林〉에서는 '餘城'으로 추독하는 안이 제기된 바 있다. 위의 탁본 대조표에서 보면, 특히 靑

溟本에서 첫 번째 글자가 '歸'字의 형상을 거의 완전하게 보여줌에 비하여 두 번째 글자는 판독 불능의 상태를 보이므로 '歸□'로 처리한 것이다.

㉛ 3·7·29에 대해서는 거의 모든 탁본들에서 酒匂本과 거의 같은 자형을 보여주고 있는데, 이 글자를 〈水谷〉이 '襦'字로 본 이후 諸家들이 이를 따르고 있다. 필자로서는 좌변의 자형이 '⌃玊'임을 중시하여 '瑞'字로 판독한 것이다.

㉜㉝ 3·7·37~38에 대해서는 酒匂本 이래 판독 불능자들로 의견이 우세하였으나, 〈王〉에 의하여 '鴨盧'로 추독된 이후 諸家들이 이를 따르고 있다. 위의 탁본 대조표에서 보면, 첫 번째 글자는 '鴨'字일 가능성이 높으나, 두 번째 글자는 전혀 그 형상을 짐작하기 어렵다. 다만, 문맥상으로는 '鴨盧'일 가능성이 높으므로 이 추독안을 따른 것이다.

[해석]

卄年庚戌, 東夫餘舊是鄒牟王屬民, 中叛不貢. 王躬率往討. 軍到餘城, 而餘舉國駭服獻出□□□□歸
□. 王恩普覆. 於是旋還. 又其慕化隨官來者, 味仇婁㉠鴨盧, 卑斯麻鴨盧, 瑞社婁鴨盧, 肅斯舍鴨盧,
□□□鴨盧. 凡所攻破城六十四, 村一千四百.

【(永樂) 20년 庚戌(410년)에, 東夫餘는 옛날부터 鄒牟王의 屬民이었는데, 중도에 叛亂을 일으켜 朝貢하지 않았다. 왕이 몸소 (군사를) 거느리고 가서 討伐하였다. 군사가 夫餘의 都城에 도착하자 夫餘는 온 나라가 놀라 복종하고 □□□□을 바치고 歸服하였다. 왕의 恩德이 널리 덮었다. 이에 군대를 돌려 돌아왔다. 또 이때에 왕의 敎化를 思慕하여 官을 따라온 자는 味仇婁鴨盧, 卑斯麻鴨盧, 瑞社婁鴨盧, 肅斯舍鴨盧, □□□鴨盧 등이었다. 무릇 (왕이) 攻破한 城은 64개, 村은 1,400개였다.】

───────────

㉠ '鴨盧'에 정체에 대해서는 官職名으로 보는 설, 이동 가능한 취락으로 보는 설로 나누어지고 있는데(盧泰敦 1992: 29), 필자로서는 官職名說을 따르고 싶다. 그리고 '鴨盧'에 선행한 '味仇婁, 卑斯麻, 瑞社婁, 肅斯舍' 등에서 일부 地名 後部要素 '-婁'의 존재를 인정할 만하므로 이들을 東夫餘의 지명들로 보고자 한다.

2.3. 守墓人 制度(3·8·16~4·9·41)

2.3.1. 守墓人 烟戶(3·8·16~4·5·4)

[판독]

守墓人烟戶賣°句余民國烟二看烟三東海賈國烟三看烟五°敦城ʒ·8民四家盡⌃爲看烟⌃亏°城一家⌃爲看
烟碑°利城二家⌃爲國烟平°穰城民國烟一看烟十°訾連二家⌃爲看烟俳°婁ʒ·9人國烟一看烟卌三梁谷二家⌃

為看烟梁城二家︿為看烟安夫連︿卄二家︿為看烟改谷三家︿為看烟新城三_3·10家︿為看烟南蘇城一家︿為國烟新來韓穢沙水城國烟一看烟一︿牟婁城二家︿為看烟豆比鴨岑韓五家︿為_3·11看烟勾︿牟客頭二家︿為看烟求底韓一家︿為看烟舍蔦城韓穢國烟三看烟︿卄一古□耶羅城一家︿為看烟_3·12晁古城國烟一看烟三客賢韓一家︿為看烟阿旦城雜珍城合十家︿為看烟巴奴城韓九家︿為看烟臼模盧_3·13城四家︿為看烟各模盧城二家︿為看烟牟水城三家︿為看烟幹︿㫖利城國烟一看烟三︿弥︿那城國烟一看烟_3·14■(4·1·1~4·1·4)七也利城三家︿為看烟豆奴城國烟一看烟二︿奧利城國烟一看烟八須︿那城國烟二看烟五百_4·1殘南居韓國烟一看烟五太山韓城六家︿為看烟農賣城國烟一看烟七閏奴城國烟二看烟︿卄二古牟婁_4·2城國烟二看烟八瑑城國烟一看烟八味城六家︿為看烟就咨城五家︿為看烟彡穰城︿卄四家︿為看烟散︿那_4·3城一家︿為國烟那旦城一家︿為看烟勾︿牟城一家︿為看烟於利城八家︿為看烟比利城三家︿為看烟細城三_4·4家︿為看烟

1) 특이 자형 확인

民: ⼰, 碑: 碑, 㫖: 㫖, 卅: 卅, 改: 改, 穢: 穢, 賢: 賢, 旦: 旦, 臼: ⼖,

農: 農, 瑑: 農, 就: 就, 咨: 咨

[해석]

守墓人烟戶. 賣句余民㉠國烟二㉡看烟三, 東海賈國烟三看烟五, 敦城民四家盡為看烟, 于城一家為看烟, 碑利城二家為國烟, 平穰城民國烟一看烟十, 㫖連二家為看烟, 俳婁人國烟一看烟卅三, 梁谷二家為看烟, 梁城二家為看烟, 安夫連卄二家為看烟, 改谷三家為看烟, 新城三家為看烟, 南蘇城一家為國烟.

㉢新來韓穢, 沙水城國烟一看烟一, 牟婁城二家為看烟, 豆比鴨岑韓五家為看烟, 勾牟客頭二家為看烟, 求底韓一家為看烟, 舍蔦城韓穢國烟三看烟卄一, 古[須]34)耶羅城一家為看烟, 晁古城國烟一看烟三, 客賢韓一家為看烟, 阿旦城, 雜珍城合十家為看烟, 巴奴城韓九家為看烟, 臼模盧城四家為看烟, 各模盧城二家為看烟, 牟水城三家為看烟, 幹氐利城國烟一看烟三, 彌鄒城國烟一看烟七, 也利城三家為看烟, 豆奴城國烟一看烟二, 奧利城國烟一看烟八, 須鄒城國烟二看烟五, 百殘南居韓國烟一看烟五, 太山韓城六家為看烟, 農賣城國烟一看烟七, 閏奴城國烟二看烟十二, 古牟婁城國烟二看烟八, 瑑城國烟一看烟八, 味城六家為看烟, 就咨城五家為看烟, 彡穰城卄四家為看烟, 散那城一家為國烟, 那旦城一家為看烟, 勾牟城一家為看烟, 於利城八家為看烟, 比利城三家為看烟, 細城三家為看烟.

【守墓人 烟戶는 다음과 같다. 賣句余民은 國烟2 看烟3으로 하고, 東海賈는 國烟3 看烟5로 하고, 敦城民 4家는 모두 看烟1로 하고, 于城 1家는 看烟1로 하고, 碑利城 2家는 國烟1로 하고, 平穰城民은 國烟1 看烟10으로 하고, 㫖連 2家는 看烟1로 하고, 俳婁人은 國烟1 看烟43으로 하고, 梁35)谷 2家는 看烟

34) 앞선 永樂 6年條의 攻取 58城 중 '古須耶羅城'을 참조하여 추정한 것이다.

1로 하고, 梁城 2家는 看烟1로 하고, 安夫連 22家는 看烟1로 하고, 改谷 3家는 看烟1로 하고, 新城 3家는 看烟1로 하고, 南蘇城 1家는 國烟1로 한다.

　새로 들어온 韓穢의 경우, 沙水城은 國烟1 看烟1로 하고, 牟婁城 2家는 看烟1로 하고, 豆比鴨岑韓 5家는 看烟1로 하고, 勾牟客頭 2家는 看烟1로 하고, 求底韓 1家는 看烟1로 하고, 舍蔿城韓穢는 國烟3 看烟21로 하고, 古須耶羅城 1家는 看烟1로 하고, 炅古城은 國烟1 看烟3으로 하고, 客賢韓 1家는 看烟1로 하고, 阿旦城과 雜珍城을 합한 10家는 看烟1로 하고, 巴奴城韓 9家는 看烟1로 하고, 臼模盧城 4家는 看烟1로 하고, 各模盧城 2家는 看烟1로 하고, 牟水城 3家는 看烟1로 하고, 幹氐利城은 國烟1 看烟3으로 하고, 彌鄒城은 國烟1 看烟7로 하고, 也利城 3家는 看烟1로 하고, 豆奴城은 國烟1 看烟2로 하고, 奧利城은 國烟1 看烟8로 하고, 須鄒城은 國烟2 看烟5로 하고, 百殘南居韓은 國烟1 看烟5로 하고, 太山韓城 6家는 看烟1로 하고, 農賣城은 國烟1 看烟7로 하고, 閏奴城은 國烟2 看烟22로 하고, 古牟婁城은 國烟2 看烟8로 하고, 琢城은 國烟1 看烟8로 하고, 味城 6家는 看烟1로 하고, 就咨城 5家는 看烟1로 하고, 彡穰城 24家는 看烟1로 하고, 散那城 1家는 國烟1로 하고, 那旦城 1家는 看烟1로 하고, 勾牟城 1家는 看烟1로 하고, 於利城 8家는 看烟1로 하고, 比利城 3家는 看烟1로 하고, 細城 3家는 看烟1로 한다.】

　㉠㉡ '國烟'·'看烟'의 의미와 성격에 대해서는 여러 가지 학설이 있다. ①국가 소유의 비자유민으로서 독립한 생계를 가진 호들이며, 후세 고려나 조선조의 병역 및 국역에서 보이는 戶首·奉足과 과 같은 관계(박시형 1966/2007), ②國烟의 '國'字의 의미를 國家 및 國岡 地域이란 성격이 포괄된 것으로 보고 看烟의 '看'字는 看守·看視·看護의 의미가 있음을 지적하고 國烟 1家, 看烟 10家로 구성된 11家 30組의 노역 조직을 바탕으로 國烟의 중심적 守墓役 수행, 看烟의 王墓 看守가 진행된 것으로 이해(武田幸男 1989), ③徙居되어지기 전의 在地社會에서 지배층에 속했던 자는 國烟, 피지배층 출신은 看烟으로 보되, 國烟層의 지휘 하에 看烟層이 직접 노역을 했던 것으로 이해(金賢淑 1989), ④돌궐어의 tuman(烟)이 '聚落'이라는 의미와 더불어 '多數', '萬'이라는 수량사로까지 그 의미가 확대되었다는 데서 실마리를 얻어 '國烟'은 국가와 수묘인 연호 사이의 의사를 전달하는 접촉 기관이고, '看烟'의 '看'은 khan 즉, 부족장 소속의 집단으로 이해(李藤龍 1990), ⑤國烟은 國岡에서 직접 수묘역을 행하는 존재이고, 看烟은 『三國史記』 職官志에 나타나는 '看翁' 등의 예를 감안하여 이들을 보조하는 존재로서 國岡이 아닌 다른 지역에서 농업 활동을 통하여 이들의 수묘 활동을 보조하는 존재로 이해(趙法鍾 1995) 등. 필자로서는 가장 최근의 견해 중의 하나인 ⑤의 설명을 따르고 싶다.

---

35) 대부분 '梁'字로 판독하고 있으나(〈白崎〉는 '契'字로 봄), '梁'字로 보든, '契'字로 보든 어느 경우나 이들을 만족시키는 자형 자료를 달리 찾기 어려우므로 원문 자형을 제시한 것이다. cf) '梁': 𥹖, 𥹖(居延 漢簡), '契': 𥡴(雲夢睡虎池 秦簡).

ⓒ '韓穢'는 '馬韓濊貊'의 약칭으로 보기도 하나(趙法鍾 1995), 말 그대로 '(광개토왕대에) 새로이 (고구려에) 편입된 韓과 穢'로 보기도 한다(余昊奎 2009: 14).[36] 대체로 永樂 6년의 對百濟戰·永樂 17년의 對百濟(·倭)戰·永樂 20년의 對東夫餘戰 등에서 攻取한 64城 1,400村에서 新民으로 編入되어 徙居 編制된 주민들로 이해된다.

2.3.2. 廣開土王 存時敎言(4·5·5~4·7·32)

[판독]

國岡上廣開土境好太王存時敎言祖王先王但敎取遠近舊民守墓洒掃吾慮舊民轉當羸劣₄·₅若吾萬年之後安守墓者但取吾躬巡所略來韓穢令備洒掃言敎如此是以如敎令取韓穢二百卅家慮₄·₆其不知法則復取舊民一百十家合新舊守墓戶國烟卅看烟三百都合三百卅家

1) 특이 자형 확인

°但: [佢], °遠: [遠], °近: [近], °掃: [掃], °慮: [慮], °轉: [轉], °羸: [羸], °則: [則], °復: [復], °都: [都].

[해석]

國岡上廣開土境好太王, 存時敎言: '祖王先王, 但敎取遠近舊民, 守墓洒掃, 吾慮舊民轉當羸劣. 若吾萬年之後, 安守墓者, 但取吾躬巡所略來韓穢, 令備洒掃.' 言敎如此, 是以如敎令, 取韓穢二百卅家. 慮其不知法則, 復取舊民一百十家. 合新舊守墓戶, 國烟卅看烟三百, 都合三百卅家.

【國岡上廣開土境好太王이 살아 계실 때에 敎하시어 '祖王과 先王들이 다만 遠近의 舊民들만을 데려다가 墓를 지키고 掃除를 맡도록 敎하셨는데, 나는 이들 舊民이 점점 沒落하게 될 것이 念慮된다. 만일 나 이후 萬年 뒤에도 나의 무덤을 安全하게 守墓하려 한다면, 내가 몸소 다니며 略取해온 韓穢人들만을 데려다가 무덤을 掃除하는 데 充當하게 하라'고 말씀하셨다. 王의 말씀이 이와 같았으므로 命에 따라 韓穢의 220家를 데려다가 守墓하게 하였는데, 그들이 묘를 지키는 法道를 모를 것이 念慮되어 다시 舊民 110家를 더 데려왔다. 新·舊의 守墓戶를 합치면 國烟 30, 看烟 300으로서 都合 330家이다.】

---

36) 이와 관련하여 전자와 같이 이해한 초고에 대하여 여호규 교수는 "〈삼국지〉 동이전에도 '韓穢'라는 합칭이 등장하며, 또 한 '濊貊'이라는 連稱도 있지만, 양자를 명확히 구분한 경우도 있습니다. 〈中略〉 따라서 '韓穢'라는 표현은 광개토왕이 공 취한 백제 영역 내에 거주하는 주민집단을 '순수 백제계(마한계?)'와 그에 예속된 '穢系'로 분리하여 파악한 다음, 이들을 고구려와 종족적으로 구분하기 위한 총칭이라고 생각됩니다."라고 비판한 바 있다.

2.3.3. 守墓 規定(4·7·33~4·9·41)

[판독]

自上˚祖先王˚以˚來墓上₄·₇不安石˚碑致使守墓人烟戶˚差錯唯國˚岡上廣˚開土˚境好太王˚盡︿˚爲˚祖先王墓上立˚碑銘其烟戶˚不令˚差錯₄·₈又制守墓人自今˚以後˚不得更相轉賣˚雖有富˚足˚之˚者˚亦˚不得˚擅買其有違令賣˚者刑˚之買人制令守墓˚之₄·₉

1) 특이 자형 확인

致: 𝕋 , 差: 𝕋 , 雖: 𝕋 , 足: 𝕋 , 亦: 𝕋 , 擅: 𝕋

[해석]

自上祖先王以來, ㉠墓上不安石碑, 致使守墓人烟戶差錯. 唯國岡上廣開土境好太王, 盡爲祖先王, ㉠墓上立碑, 銘其烟戶, 不令差錯. 又制, 守墓人, 自今以後, 不得更相轉賣, 雖有富足之者, 亦不得擅買, 其有違令, 賣者刑之, ㉡買人制令守墓之.

【위로 祖王 先王 이래로 묘에다 石碑를 安置하지 않았기 때문에 守墓人 烟戶들로 하여금 섞갈리게 하기에 이르렀다. 오직 國岡上廣開土境好太王만이 (총력을) 다하여 祖王 先王들을 위하여 묘에 碑를 세우고 그 烟戶를 새겨 기록하여 (守墓人들로 하여금) 착오가 없게 하셨다. 또한 規定을 제정하여, '守墓人은 이제부터 다시 서로 팔아 넘기지 못하며, 비록 富裕한 자라도 함부로 사들이지 못할 것이니, 만약 이 法令을 어기는 자가 있으면, 판 사람은 그에게 刑罰을 내리고, 산 사람은 制하여 (그로 하여금) 守墓하게 한다' 하셨다.】

㉠ 두 곳에 나오는 '墓上'에 대한 초기 해석안은 '무덤 위'였는데, 이에 대하여 여호규 교수가 이것이 '무덤의 정상부'라는 뜻으로 오해할 소지가 있으므로 '묘 곁'으로 해석하는 방안을 제안한 바 있다. '무덤의 정상부'에 비를 세운다는 것은 예가 없는 것은 아니지만(예: 교토의 귀무덤) 확실히 동양에서, 그 중에서도 이 비문과 태왕릉의 위치 관계 등에 비추어 고구려에서는 이러한 비의 존재를 상상하기는 어려운 것이 사실이다. 따라서 앞서 '國岡上廣開土境好太王'이라는 시호에서 언급한 '上'의 조사적 용법을 살려 여기에서의 '墓上'에 대해서도 '묘에'로 수정한 해석안을 제시한 것이다. 〈王〉에서도 이와 동일한 해석안을 제시한 바 있음도 참조.

교토의 귀무덤(耳塚) 정면

ⓛ 이 비문의 맨끝에 위치한 '之'를 終結詞로 봄이 일반적이다. 이에 필자도 다수의 의견을 따르되, 몇 가지 한문 문법으로 설명될 수 있는 가능성과 그 문제점을 밝혀두고자 한다. 첫째, '守墓之'의 '之'를 "左之右之, 坐之起之, 以觀其習變也"(좌로 가게 하고 우로 가게 하며, 앉게 하고 일어서게 하여 그 변화에 익숙한지를 살핀다.)《禮記·郊特牲》에서와 같이 VP '守墓'를 사동사로 만들어주는 요소로 보아 "制令으로 守墓하게 한다."로 해석하는 방안은 '守墓'와 같이 타동사구 뒤에 '之'가 결합되어 사동의 용법을 보이는 예를 달리 찾기 어려운 문제점이 있다. 외견상 김병준(2009/2011: 74)에 제시된 "駕傳馬, 一食禾, 其顧來又一食禾, …… 駕縣馬勞, 又益壹禾之."(수레를 끄는 傳馬에게 사료[禾]를 한 차례 먹이고, 돌아올 때에 또 한 차례 먹인다. …… 수레를 끄는 縣馬가 지쳤을 때에는 한 차례 더 사료를 준다.)《睡虎地秦簡 秦律十八種》에서의 '益壹禾之' 부분이 '타동사구+之'의 형식을 취하고 있어서 주목되나, 사동 용법이 아닌 점에서는 類例로 보기 어려울 것이기 때문이다.

둘째, '制令'의 '令'을 사동 보조사로 보면, '之'는 사동사구 '令守墓'(수묘하게 하다)의 목적어로 보아 "制하여 그로 하여금 守墓하게 한다"로 해석하는 방안은 '之'의 위치가 문제가 된다. 한문 문법상 목적어는 사동 보조사와 동사 사이에 위치해야 할 뿐만 아니라(예: "五色令人目盲, 五音令人耳聾"(五色은 사람의 눈을 멀게 하고, 五音은 사람의 귀를 멀게 한다.) 《老子》) 문제의 '之'가 특별히 도치되어 문장 끝에 위치한 것으로 보아야 할 근거도 없기 때문이다.

따라서 여호규 교수가 지적한 바와 같이 앞 부분의 '銘其烟戶, 不令差錯.' 구절을 참조하면 '令'의 목적어는 買人으로서 생략되었다고 보는 편이 사실에 가까우므로 이 구절을 "산 사람은 制하여 (그로 하여금) 守墓하게 한다."로 해석하는 편이 최선의 해석안이 될 것이다. 따라서 이 때의 '之'는 목적어가 아니라 문장 종결사로 보는 편이 더 타당할 것으로 판단한 것이다.

다만, 이러한 '之'에 대하여 森博達(2009/2011: 317, 2010: 62)에서 강조한 바와 같이 문제의 '之'字가 없다면 최종행의 第41字 자리에 공격이 생기기 때문에 이를 메우려는 의도에서 쓰여진 글자일 수 있다는 견해도 주목할 필요가 있다. 앞의 탁본에서 보듯이 4·9·40의 '墓'字는 그 우측에 있는 '差'(4·8·40)나 '墓'(4·7·40)에 비하여 그 길이가 상당히 길뿐만 아니라, 맨 마지막의 '之'

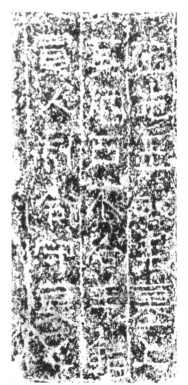

비문 4면 하단부(中研本)

字도 다른 곳에서보다는 다소 왜소하다는 점에서,[37] 그리고 이 비문의 '序' 이후에는 전혀 종결사가 쓰이지 않다가 이곳에서만 '之'字가 나타나고 있다는 점에서 처음부터 한문 문법적인 필요에서 쓰여진 글자라기보다는 '墓'字로써 문장을 끝맺으려 했으나, 비문의 위조 방지 등을 위하여 그로 인해 생겨난 공격을 메우려는 의도에서 문제의 '之'字가 들어간 것이라는 느낌을 지우기 어렵기 때문이다. 결국 문제의 '之'字는 기원적으로 비문 끝의 공격을 메우려는 비언어적인 의도에서 출발하였으나, 점차 우리 선조들에게 문말의 종결사로 인식됨으로써 마침내 우리의 吏讀字로 발전된 것이 아닌가 하는 것이 현재 필자의 잠정적인 결론임을 밝혀둔다.

Ⅲ. 맺음말

지금까지 필자는 다소 장황하게 「廣開土王陵碑文」에 대한 새로운 판독과 해석을 시도하였다. 종전의 해석안들에 비하여 크게 달라진 부분은 많지 않지만, 처음의 의도대로 정확한 판독과 문면에 충실한 해석안을 제출함에 최선을 다하고자 노력하였음을 감히 밝혀둔다. 앞으로 드러날 잘못들에 대해서는 앞으로 계속적인 보완을 약속하면서 서두에서 언급한 이 비문에 대한 필자의 국어학적 연구 계획을 소개함으로써 본고의 논의 결과에 대한 향후 활용 계획을 밝히는 것으로 본고를 마무리하고자 한다.

앞서 말한 바와 같이 이 비문에 대한 국어학계의 논의는 상대적으로 초라함을 면치 못하고 있을 뿐만 아니라, 그 내용에 있어서도 주로 吏讀的 요소의 존재 여부를 가리는 정도에 머물러 있다는 점에서 필자는 앞으로 다음과 같은 세 부분의 연구를 진행하고자 한다. 첫째, 음운론적 연구로서 이 비문에 나타나는 고유명사 표기 자료를 수집·정리하여 그 표기자들에 대하여 졸고(2011)과 동일한 방법으로 음운학적 분석을 행함으로써 5세기 초엽 한반도 일원의 음운 상태를 재구하게 될 것이다. 둘째, 문법론적 연구로서 기존의 논의들에서 이두 요소로 지목된 예들에 대하여 그 可否間을 가림으로써 우리의 이두 발달사에서 차지하는 이 비문의 가치를 구명하게 될 것이다. 셋째, 이 비문에 보이는 한자어들에 대하여 중국의 역대 문헌들에서의 용례 및 용법을 일일이 대조함으로써 5세기 초엽 고구려에서 중국과의 교섭을 통하여 한자어를 받아들여 사용한 양상을 정밀하게 고찰하게 될 것이다. 이러한 연구를 통하여 이 비문이 역사학적인 가치를 지닐 뿐만 아니라, 국어학적인 면에서도 국어사 연구 자료로서의 충분한 가치를 지니고 있음을 밝히게 될 것이다.

투고일 : 2011. 10. 31   심사개시일 : 2011. 11. 2   심사완료일 : 2011. 11. 29

---

37) 이러한 점에서 杉山豊 선생은 이 글자가 '云'字일 가능성은 없는지 제안한 바 있으나, 자형상(☖ 2·7·14 참조) 그러할 가능성은 거의 없는 것으로 보인다.

참/고/문/헌

1. 拓本資料集·辭書類 등

干寶(著)/黃滌明(校譯)/李元吉(韓譯), 2007, 『搜神記Ⅰ』, 北京: 外文出版社·延邊人民出版社.

國立文化財研究所(編), 1996, 『廣開土大王陵碑 拓本圖錄(國內所藏)』.

국립중앙박물관(편), 2010, 『금석문 자료①: 삼국시대』, 예맥.

국립중앙박물관(편), 2011, 『문자 그 이후』, 통천문화사.

權悳永, 2002, 『韓國古代 金石文綜合索引』, 學研文化社.

金學主(역), 2003, 『新完譯 墨子·上』, 明文堂.

武田幸男(編), 1988, 『廣開土王碑原石拓本集成』, 東京大學出版會.

徐復 等(編), 2007, 『辭海版 古代漢語大詞典(新一版)』, 上海辭書出版社.

書品編集部(編), 1959, 『書品』100(好太王碑 特輯號), 東洋書道協會.

遼寧省博物館, 1982, 『好太王碑 原拓(一~四)』(pdf file).

李家源·安炳周(監修), 2003, 『敎學 大漢韓辭典』, 敎學社.

林基中(編), 1995, 『廣開土王碑原石初期拓本集成』, 東國大學校出版部.

任世權·李宇泰(編), 2002, 『韓國金石文集成(1): 高句麗1廣開土王碑』(解說篇·圖錄篇), 韓國國學振興院·
    靑溟文化財團.

佐藤進·濱口富士雄(編), 2008, 『全譯 漢辭海』, 東京: 三省堂.

陳萬雄·王濤(總策劃), 1993/2000, 『漢語大詞典』(CDR2.0版), 香港: 商務印書館有限公司.

編輯部, 2007, 『大書源』, 二玄社.

2. 論著類

耿鐵華, 1994, 『好太王碑新考』, 吉林人民出版社.

권오엽, 2007, 『廣開土王碑文의 世界』, 제이앤씨.

權仁瀚, 2010a, 「금석문·목간 자료를 활용한 국어학계의 연구동향과 과제」, 『한국고대사연구』57, 한국
    고대사학회.

權仁瀚, 2010b, 「목간을 통해서 본 고대 동아시아의 문자문화─한·일 초기 목간의 비교를 중심으
    로─」, 『木簡과 文字』6, 한국목간학회.

權仁瀚, 2011, 「『三國志』·魏書·東夷傳의 固有名詞 表記字 分析」, 『口訣研究』27, 구결학회.

김병준, 2009/2011, 「낙랑군의 한자 사용과 변용」, 『고대 동아시아의 문자교류와 소통』, 동북아역사재단.

金永萬, 1980, 「廣開土王碑文의 新研究(1)」, 『新羅伽耶文化』11, 영남대 新羅伽耶文化研究所.

金永萬, 1981, 「增補文獻備考本 廣開土王碑銘에 대하여─廣開土王碑文의 新研究(Ⅱ)─」, 『新羅伽耶文
    化』12, 영남대 新羅伽耶文化研究所.

金永萬, 2005, 「口訣文과 漢文文法 −몇 개 虛詞에 대한 管見−」, 구결학회 전국학술대회 발표문.

金永旭, 2004, 「漢字·漢文의 韓國的 受容」, 『口訣研究』13, 口訣學會.

金永旭, 2008, 「한국어 表記의 기원과 전개과정」, 『한국문화』42, 서울대학교 규장각한국학연구원.

金完鎭, 1980, 『鄕歌解讀法研究』, 서울大學校出版部.

金泰洙, 2010, 『한문 문법』, 한국학술정보.

김현구 외 3인, 2002, 『일본서기 한국관계기사 연구(Ⅰ∼Ⅲ)』, 일지사.

金賢淑, 1989, 「廣開土王碑를 통해본 高句麗守墓人의 社會的 性格」, 『韓國史研究』65, 한국사연구회.

南豊鉉, 2000, 「廣開土大王碑文」, 『吏讀研究』, 태학사.

南豊鉉, 2006, 「上古時代에 있어서 借字表記法의 發達」, 『口訣研究』16, 口訣學會.

南豊鉉, 2007/2009, 「古代韓國에 있어서 漢籍·佛典의 傳來와 受容에 대하여」, 『古代韓國語研究』, 시간의 물레.

盧泰敦, 1992, 「廣開土王陵碑」/「牟頭婁墓誌」, 『譯註 韓國古代金石文 제1권(고구려·백제·낙랑 편)』, (財)駕洛國史蹟開發研究院.

武田幸男, 1989/2007, 「廣開土王碑釋文/讀とみ下し文/譯文」, 『廣開土王碑との對話』, 白帝社.

朴性鳳, 1996, 「'廣開土好太王' 王號와 世界觀」, 『廣開土好太王碑 研究 100年』, 『고구려발해연구』2, 고구려발해학회.

박시형, 1966/2007, 『광개토왕릉비』, 푸른나무.

박진석, 1993, 『호태왕비와 고대 조일관계 연구』, 서광학술자료사.

박진석, 1997, 「북경대학 도서관에 보존된 호태왕비탁본(3021326−3)의 採拓연대 고증」, 『高句麗研究』3, 고구려학회.

白崎昭一郎/권오엽·권정(역), 1993/2004, 『廣開土王碑文 研究』, 제이앤씨.

森博達, 2009/2011, 「한·일 속한문의 세계−『일본서기』 구분론과 종결사 '之'−」, 『고대 동아시아의 문자교류와 소통』, 동북아역사재단.

森博達, 2010, 「コラム①: 朝鮮俗漢文と吏讀」, 石井公成(編), 『新アジア佛教史10(朝鮮半島·ベトナム): 漢字文化圈への廣がり』, 東京: 佼成出版社.

徐建新, 2006), 『好太王碑拓本の研究』, 東京堂出版.

손영종, 2001), 『광개토왕릉비문 연구』, 중심.

水谷悌二郎, 1959), 「好太王碑考」, 『書品』100, 東洋書道協會.

余昊奎, 2009, 「〈廣開土王陵碑〉에 나타난 高句麗 天下의 공간 범위와 주변 族屬에 대한 인식」, 『역사문화연구』32, 한국외국어대 역사문화연구소.

연민수, 1998, 「광개토왕비문에 보이는 대외관계」, 『고대한일관계사』, 혜안.

王健群/林東錫(譯), 1984/1985, 『廣開土王碑研究(原題: 好太王碑研究)』, 역민사.

李繼征, 2009, 「廣開土好太王碑文研究」, 2009년도 2학기 成均館大 동아시아학특강 기말보고서.

李藤龍, 1990, 「廣開土大王碑文에 쓰인 '烟'字의 語彙的 意味」, 『碧史李佑成敎授定年退職紀念論叢 民族史의 展開와 그 文化·上』, 창작과비평사.

李勇, 2006, 「廣開土大王碑文의 吏讀的 要素」, 『口訣硏究』17, 口訣學會.

李基文, 1981, 「吏讀의 起源에 대한 一考察」, 『震檀學報』52, 震檀學會.

이도학, 2006, 『고구려 광개토왕릉비문 연구』, 서경.

李成市/박경희(역), 2001, 「표상으로서의 광개토왕비문」, 『만들어진 고대』, 삼인.

李進熙, 1972, 『廣開土王陵碑の硏究』, 吉川弘文館.

李亨求·朴魯姬, 1986, 『廣開土王陵碑新硏究』, 同和出版公社.

임기환, 2004, 「100년 동안의 논쟁, 광개토왕릉비」, 한국역사연구회 고대사 분과, 『고대로부터의 통신』, 푸른역사.

장세경, 2007, 『한국 고대 인명사전』, 역락.

鄭光, 2003, 「韓半島에서 漢字의 受容과 借字表記의 變遷」, 『口訣硏究』11, 口訣學會.

鄭杜熙, 1972, 「廣開土王陵碑文 辛卯年 記事의 再檢討」, 『歷史學報』82, 역사학회.

정인보/정양완(역), 2006, 「「국강상광개토경평안호태왕릉비문」 대충 풀이」, 『詹園文錄 中』, 태학사.

정재영, 2009/2011, 「한국 고대 문자자료에 나타나는 종결어미 '之'」, 『고대 동아시아의 문자교류와 소통』, 동북아역사재단.

趙法鍾, 1995, 「廣開土王陵碑文에 나타난 守墓制硏究」, 『한국고대사연구』8, 한국고대사학회.

沖森卓也, 2008, 「古代 東아시아의 漢文 變容」, 『口訣硏究』20, 口訣學會.

竺家寧, 2004, 「晉代佛經和『搜神記』中的'來/去'」, 『政大中文學報』1.

홍기문, 1957, 『리두 연구』, 과학원출판사(1989 태동, 1995 한국문화사 영인).

黃六平/洪淳孝·韓學重(역), 1973/1994, 『漢文文法綱要』, 미리내.

〈中文摘要〉

《廣開土王陵碑文》的新判讀與解釋

權仁瀚

　　本文旨在對韓國現存最古老的金石文－高句麗《廣開土王陵碑文》(公元414年)進行新的判讀與解釋。
爲此、首先根據酒匂本、北京大學本、水谷1·2本、靑溟本、中硏本、金子本、周雲台本等八種拓
本、對這段期間引起爭議的字句進行正確的判讀。然後在此基礎上、參考了水谷悌二郎(1959)以後的
論著及中國歷代文獻中的用法、盡可能提出最接近原文字面含義的解讀。迄今爲止、韓國語言學界對
此碑文的研究幾乎淸一色傾向於語法研究、僅著重於探討其中是否有屬於吏讀的成分。本文從克服這
種問題的立場出發、將來可作爲基礎參考資料、應用於涵蓋韓語語言學各分支學科、如專有名詞標記
用字分析(音韻研究)、吏讀成分存在與否之探究(語法研究)以及漢字詞的譜系考察(詞彙研究)等綜合性
研究上。

▶關鍵詞：廣開土王陵碑文、原石拓本、判讀、解釋、韓國語言學研究

역/주

<張家山漢簡 二年律令 譯注에 부쳐>

　국내의 중국고대사 연구자들은 특히 秦漢시대 연구자를 중심으로 2005년 말부터 <簡牘研究會>(가칭)를 조직하고 매달 한 번씩 강독회를 개최해 왔다. 강독회에서는 그동안 里耶秦簡, 張家山漢簡, 額濟納漢簡, 敦煌懸泉置漢簡를 포함한 秦漢시대의 간독을 다루어 왔는데, 간독의 내용은 물론 간독의 형식, 서체, 개별 글자의 문자학적 고증 등 다양한 문제를 논의하고 있다. 특히 張家山漢簡 二年律令이 갖는 자료적 가치에 주목하여, 이미 발표된 국외의 역주본, 연구논문을 바탕으로 새로운 국문 역주를 준비 중이다. 이 역주는 국내 연구자의 입장에서 그동안의 국외 연구를 종합한다는 의미 외에 한국 목간 및 역사를 연구하는 국내 연구자에게 정보를 제공하는 의미도 갖는다. 본『목간과 문자』학술지에서는 앞으로 이 二年律令의 역주를 계속 게재할 예정이다. 역주는 기본적으로 율령 별로 나누어 작성되지만, 먼저 완성된 순서대로 게재할 예정이다.[편집자]

張家山漢簡〈二年律令〉傳律(354簡-366簡)

유영아*

〈국문초록〉

張家山漢簡『二年律令』「傳律」은 국가가 稅役 부과 대상을 파악하고 장부에 등재하기 위하여 대상자를 정하는 '傅'의 기준과 절차를 규정한 것이다. 특히 그 규제의 기준이 爵級에 의하여 차등으로 적용되는 것이 많았다. 354簡에서 357簡까지는 爵級에 따라 鬻米의 지급, 授杖, 免老, 睆老에 도달하는 연령을 달리 규정하고 있다. 358簡은 簡이 둘로 나누어져 있고 글자가 결여된 곳이 있기는 하지만 5인 이상의 子를 낳아서 그들이 일정한 연령에 도달할 경우 父가 免老가 되는데, 그 연령이 父爵 혹은 본인의 爵에 의해 규정된다. 359簡-365簡에서는 有爵者의 後子(爵 계승자)를 제외한 子들에게 父爵에 비해 일정 등급 체감된 爵을 사여하고 인원에 제한을 두었다. 또한 父의 爵級과 본인의 爵級에 따라 각각 상이한 傅의 연령을 규정하여 爵 4級 不更이하 및 無爵者인 경우 子가 傅되는 연령은 20세였고, 20세 이상 24세까지는 父爵과 본인 爵에 따라 우대 받았다. 한편 '傅'의 대상을 연령 이외에 장애와 신장을 기준으로 분류하였으며, 父의 家業이 세습되는 職責인 경우에도 '傅'의 연령이 정해진 것으로 보인다.

▶핵심어 : 二年律令(The Second Year Laws), 傅律(The Age law of Zhang Jia Shan Han bamboo slips), 稅役(Tax and Labor Service)

【說明】

본고에서 참고한 역주본은 다음과 같다. 張家山二四七號漢墓竹簡整理小組, 2001, 『張家山漢墓竹簡(二四七號墓)』, 文物出版社; 富谷至 編, 2006, 『(京都大學人文科學研究所研究報告:譯注篇)江陵張家山二四七號墓出土漢律令の研究』, 朋友書店(『京都大』로 略稱); 彭浩·陳偉·工藤元男 主編, 2007, 『二年律

* 한림대학교 사학과 박사과정 수료

令與奏讞書」, 上海古籍出版社; 專修大學『二年律令』研究會, 「張家山漢簡『二年律令』譯注(8)−效律·傳律·置後律−」, 『專修史學』42(『專修大』로 略稱). 본문의【原文】은『二年律令與奏讞書』의 석문을 기준으로 한 것이다.

【原文】

大夫以上[年][1]九十[2], 不更九十一, 簪褭九十二, 上造九十三[3], 公士九十四, 公卒·士五(伍)九十五以上者, 稟[4]鬻米月一石[5].(354)

【譯文】

大夫이상은 90세, 不更은 91세, 簪褭는 92세, 上造는 93세, 公士는 94세, 公卒·士五(伍)는95세 이상 되는 자에게 매월 鬻米 1石을 지급한다.

【注釋】

[1] 大夫以上[年]: 整理小組는 以上 밑에 '年'자를 넣어서 보충하였다. 『專修大』도 이를 따랐다. 도판에는 簡의 윗 부분에 손상이 있고, 夫자의 일부는 결여되어 중문부호도 확인되지 않는다고 했다. 『京都大』는 年자가 없어도 의미가 통한다고 하여 釋讀에 넣지 않았다.[1]

[2] 九十: 본 조문은 노인에 대한 鬻米지급이 漢初에는 爵位의 高下에 따라 年齡에 차이가 있음을 보여준다. 鬻米지급과 관련된 사료인『漢書』卷6 武帝紀("民年九十以上, 已有受鬻法, 爲復子若孫, 令得身帥妻妾遂其供養之事.")에 의하면 작위가 언급되어 있지 않고 90세부터 일률적으로 지급되고 있다. 또한 위의 武帝紀의 기사는 鬻米지급외에 養老관련 恩典 중에서 본인 뿐 아니라 가족 구성원의 요역면제도 언급하고 있다.[2] 이외에 노인에 대한 각종 은전에 대한 기사는 다음을 참조할 수 있다.(『禮記』曲禮上 "八十九十曰耄"; 『漢書』卷6 武帝紀 "皇帝使謁者賜縣三老·孝子帛·人五匹. 鄕三老·弟者·力田帛·人三匹. 年九十以上及鰥寡孤獨帛, 人二匹·絮三斤·八十以上米, 人三石. 有冤失職, 使者以聞. 縣鄕卽賜, 毋贅聚")

[3] : 整理小組는 '上造九十三'으로 해독하였다. 『京都大』는 도판에 上造이하 簡이 끊어져서 '九十'부분은 모두 보이지 않는다고 하였다.

---

1) 『京都大』의 釋讀은 다음과 같다. "夫=以上九十乚, 不更九十一, 乚 簪褭九十二乚, 上造☒□三乚, 公士九十四, ☒公卒, 士五(伍)九十五以上者, 稟鬻米月一石.(354)"
2) 山田勝芳, 2004, 「鳩杖與徭役制度」, 『簡帛研究』, 廣西師範大學 出版社.

[4] 稟 : 지급한다는 뜻이다.[3]

[5] 鬻米月一石: 文帝 시기에 내려진 노인들에 대한 養老令 가운데 鬻米를 받는 연령이 注[2]에서 언급한 武帝紀에는 90세로 되어 있어서 연령에 차이가 보인다.[4] 文帝의 養老令에 의하면 '賜米人月一石以下'에 언급되어 있는 賜物의 量이 매월 지급되었을 경우 재정지출이 따라갈 수 없다는 점을 들어 이 養老令은 일회적으로 시행된 것으로 보기도 한다. 그러나 鬻米를 제공하는 "受鬻法"이 武帝時期에 이미 시행되고 있었다고 언급되어 있기 때문에, 文帝시기 養老令에 포함된 鬻米 지급은 前漢初期에 실시된 내용의 수정·보완하는 정도라고 본다.[5] 前漢의 "受鬻法"은 이후 後漢의 "行糜鬻"制度 정책으로 이어진다. 그러나 前漢代의 每月 지급방식이 仲秋에 지급되는 年지급으로 변화된 것이기 때문에 이것은 月令政治化 과정을 거치면서 상징성에 더 큰 의의를 두게 된 결과로 이해하기도 한다.[6]

【原文】

大夫以上年七十[1], 不更七十一, 簪褭七十二, 上造七十三, 公士七十四, 公卒·士五(伍)七十五, 皆受仗(杖)[2].(355)

【譯文】

大夫 이상은 70세, 不更은 71세, 簪褭는 72세, 上造는 73세, 公士는 74세, 公卒·士五(伍)는 75세면 모두 杖을 지급받는다.

---

3) 睡虎地秦墓竹簡整理小組, 2001, 『睡虎地秦墓竹簡』, 文物出版社(이하 『秦簡』으로 약칭). 『秦簡』倉律 49簡−51·32簡("隸臣妾其從事公, 隸臣月禾二石, 隸妾一石半; 其不從事, 勿稟. 小城旦·隸臣作者, 月禾一石半石; 未能作者, 月禾一石. 小妾·舂作者, 月禾一石二斗半斗; 未能作者, 月禾一石. 嬰兒之毋(無)母者各半石; 雖有母而與其母冗居公者, 亦稟之, 禾月半石. 隸臣田者, 以二月月稟二石半石, 到九月盡而止其半石. 舂, 月一石半石. 隸臣·城旦高不盈六尺五寸, 隸妾·舂高不盈六尺二村, 皆爲小; 高五尺二村, 皆作之. 倉)의 예를 참조할 수 있다.

4) 『漢書』卷4 文帝紀, p.113, "又曰, 「老者非帛不煖, 非肉不飽. 今歲首, 不時使人存問長老, 又無布帛酒肉之賜, 將何以佐天下子孫孝養其親. 今聞吏稟當受鬻者, 或以陳粟, 豈稱養老之意哉. 具為令. 有司請令縣道, 年八十已上, 賜米人月一石, 肉二十斤, 酒五斗. 其九十已上, 又賜帛人二疋, 絮三斤. 賜物及當稟鬻米者, 長吏閱視, 丞若尉致. 不滿九十, 嗇夫·令史致. 二千石遣都吏循行, 不稱者督之. 刑者及有罪耐以上, 不用此令.」"

5) 趙凱, 2007, 「西漢"受鬻法"探論」, 『中國史研究』2007−4.

6) 『禮記』月令("仲秋之月, 養衰老, 授授几杖, 行糜鬻飮食"); 『續漢書』禮儀志中, "仲秋之月, 縣道皆案戶比民. 年始七十者. 授之以王杖, 餔之糜粥. 八十九十, 禮有加賜. 王杖長九尺, 端以鳩鳥爲飾. 鳩者 不噎之鳥也. 欲老人不噎. 是月也. 祀老人星于國都南郊老人廟."; 『後漢書』章帝紀, "[章和元年]秋, 令是月養衰老, 授几杖, 行糜粥飮食. 其賜高年二人共布帛各一匹, 以爲醴酪."; 『後漢書』安帝紀, "…又『月令』仲秋養衰老, 授授几杖, 行糜粥飮食 方今案比之時, 郡縣多不奉行, 雖有糜粥, 糠粃相半. 長吏怠事, 莫有勞親, 甚違詔書養老之義." (趙凱, 위의 논문, p.28에서 인용.) 이 외에 『隋書』刑法志를 참고.("[開皇]十六年, 有司奏, 合川倉粟, 少七千石, 命劾律孝卿, 鞫問其事, 以爲主 典所竊…沒其家爲奴婢, 鬻粟以塡之.")

【注釋】

[1] 大夫以上年七十: 70세 이상인 자에 대한 恩典이 보이는 사례로는 『漢書』 卷6 武帝紀("夏四月癸卯, 上還, 登封泰山, 降坐明堂. 制曰「…自新, 嘉與士大夫更始, 其以十月爲元封元年. 行所巡至, 博·奉高·蛇丘, 歷城·梁父, 民田租逋賦貸, 已除. 加年七十以上孤寡帛, 人二匹. 四縣無出今年算. 賜天下民爵一級, 女子帛戶牛酒.)이 있다. 70세 연령과 관련된 다른 법률조문은 『具律』 83簡("公士·公士妻及□□行年七十以上, 若年不盈十七歲, 有罪當刑者, 皆完之."), 『賊律』 35-37簡("年七十以上告子不孝, 必三環之. 三環之各不同日而尙告, 乃聽之.)에 보인다.

[2] 受杖: 受杖制度는 선진문헌에도 많이 보이며,[7] 『秦簡』에도 드물지만 기록이 있다.[8] 受杖자의 특권에 대해서는 武威磨咀子漢墓에서 出土된 『王杖十簡』[9]과 『王杖詔令册』[10]에 언급되어 있다. 그 내용을 보면, 王杖 수여자에게는 600석 관리에 준하는 예우를 하며, 官府 출입시에 不趨하고, 殺傷의 주범이 아닌 여타 犯法에 대한 면책, 馳道의 旁道통행, 市租의 면제, 부양자 1인의 復除 등의 특권이 부여되고, 그를 모욕 구타하는 자는 대역무도죄로 처형되었다. 이와 같은 높은 특권으로 인하여 王杖을 받는 자의 신분에 대해서 일반 평민이 아니라 관료나 지주로 보아 왔는데,[11] 邢義田은 이 조문에 의하면 70세 이상 授杖은 大夫 이상인 경우에만 해당되고 無爵者(公卒·士五(伍))는 75세 이상이 되어야 授杖하므로 庶人은 受杖의 부류에 넣지 않았다고 보기도 한다.[12] 受杖의 연령에 대해서 『京都大』와 『專修大』는 『尹灣漢簡』 集簿("年九十以上萬一千六百七十八人年七十以上受杖二千八百卄三人凡萬四千四百九十三多前七百一十八")와 『論衡』 謝短("七十賜王杖, 何起. 著鳩於杖末, 不著爵, 何杖. 苟以鳩爲善, 不賜鳩而賜鳩杖, 何說.")의 기록을 통해서 70세부터 일률적인 受杖기록인 것과 달리 이년율령에서 爵位의 고하에 따라 차이가 있다는 점을 지적하였다.

---

7) 『禮記』 王制. ("五十杖于家, 六十杖于鄕, 七十杖于國, 八十杖于朝, 九十者, 天子欲有問焉, 則就其室, 以珍從"); 『周禮』 秋官·伊耆氏("共王之齒杖. 鄭玄注: 王之所以賜老者之杖. 鄭司農曰: 謂年七十當以王命受杖者. 今時亦命之爲王杖."

8) 『秦簡』 147-148簡("城旦春衣赤衣, 冒赤氈, 拘櫝欙杖之. 仗城旦勿將司; 其名將司者, 將司之. 春城旦出徭者, 毋敢之市及留舍闤外; 當行市中者, 回, 勿行. 城旦春毁折瓦器·鐵器·木器, 爲大車折軛, 輒笞之. 値一錢, 笞十; 値卄錢以上, 熟笞之, 出其器. 弗輒笞, 吏主者負其半." 司空) 仗을 杖으로 해석하여 杖을 老人의 의미로 해석하였다.

9) "制詔御史曰, 年七十受王杖者比六百石入官不趨 犯罪耐以上毋二尺告劾有敢徵召侵辱者. 比大逆不道. 建始二年九月甲振下. 制詔丞相·御使: 高皇帝以來至本二年, 勝(朕)甚哀老小. 高年受王杖, 上有鳩, 使百姓望見之, 比於節. 有敢妄罵, 詈毆之者, 比逆不道. 得出入官府, 郎第, 行馳道旁道. 市賣復毋所與. 如山東."

10) "年七十以上, 人所尊敬也, 非首殺傷人, 無告劾, 它無所坐. 年八十以上, 生日久乎."

11) 甘肅省博物館, 1960, 「甘肅武威磨咀子漢墓發掘」, 『考古』 1960-9.

12) 邢義田, 2003, 「張家山漢簡〈二年律令〉讀記」, 『燕京學報』 15, 2003-11.

【原文】

大夫以上年五十八, 不更六十二, 簪裹六十三, 上造六十四, 公士六十五, 公卒以下[1]六十六, 皆爲免老[2]. (356)

【譯文】

大夫이상은 58세, 不更은 62세, 簪裹은 63세, 上造는 64세, 公士는 65세, 公卒 이하는 66세면 모두 免老에 해당된다.

【注釋】

[1] 公卒以下: 『專修大』는 354·355簡의 '公卒·士五(伍)'부분이 '公卒以下'로 되어 있어서, 免老규정에는 公卒以下의 하층신분을 포함할 가능성이 있다고 하였다. 『戶律』에 의하면, 公卒·士伍보다 낮은 신분으로 庶人, 司寇, 隱官이 있다.[13] 또한 『秦簡』「倉律」59簡("免隸臣妾·隸臣妾垣及爲它事與垣等者, 食男子旦半夕參, 女子參. 倉")을 보면 隸臣妾에도 免老의 규정이 적용되므로, 본 조문의 '公卒以下'에는 隸臣妾도 포함된다.

[2] 皆爲免老: 整理小組는 免老를 고령에 의하여 徭役에서 면제된 자로 해석하였다. 『京都大』는 兵役과 徭役의 부담에서 벗어나며, 몇 가지의 혜택을 받았는데 『周禮』를 인용하여 61(내지 66)세 이하의 노인은 세역을 부과하지 않는다고 하였다.[14] 免老의 연령에 대해서는 『漢舊儀』에서는 爵1급 이상인 자는 56세, 無爵者는 60세로 되어 있어서 이 原文의 66세와 차이가 있다.[15] 최근 湖南省 沅陵縣 虎溪山 漢墓에서 출토된 『虎溪山漢簡』「黃簿」("不更五十九人, 其二人免老, 一人脘老, 十三人罪瘴(癃)")와[16] 湖北省 荊州市에서 출토된 『松柏簡牘』「免老簿」[17]("南郡免老簿 巫免老二百七十八人 秭歸免老二百卅六人 夷道免老六十六人 … · 凡免老二千九百六十六人…")를 통해 免老의 대상자를 집계한 상황을 확인할

---

13) 『戶律』311-312簡 "…上造二頃, 公士一頃半頃, 公卒·士五(伍)·庶人各一頃, 司寇·隱官各五十畝. 不幸死者, 令其後先擇田, 乃行其餘…"

14) 『周禮』地官鄕大夫, "國中自七尺以及六十, 野自六尺以及六十有五皆征之".

15) 『漢舊儀』"秦制二十爵, 男子賜爵一給以上, 有罪以減, 年五十六免. 無爵爲士伍, 年六十乃免老"; 또한 『通典』卷七 食貨七 ("晉武帝不吳侯, 有司奏, 男女年六十以上至六十爲正丁. 十五以下至十三, 六十一以上至六十五爲次丁. 十二以下六十六以下爲老. 小, 不事. … 北齊武成河淸三年, 乃令男子十八以上六十五以下爲丁, 十六以上七十以下爲中, 六十以上爲老, 十五以下爲小. 隋文帝頒新令, 男女三歲以下爲黃, 十歲以下爲小, 十七以下爲中, 十八以上爲丁, 以從課役. 六十爲老, 乃免. … 大唐武德七年定令, 男女始生爲黃, 四歲爲小, 十六爲中, 二十一爲丁, 六十爲老.")에는 후대의 老의 연령에 대한 사례를 참조할 수 있다.

16) 湖南省文物考古研究所 外, 2003, 「沅陵虎溪山一號漢墓發掘簡報」, 『文物』2003-1.

17) '南郡免老簿, '南郡新傅簿', '南郡罷癃簿'로 구분되어 있고, 이 외에 '歸義簿', '復事算簿', '(見)現卒簿', '置吏卒簿' 등이 확인된다(荊州博物館, 2008, 「湖北荊州紀南松柏漢墓發掘簡報」, 『文物』2008-4).

수 있다.[18]

【原文】

不更年五十八, 簪褭五十九, 上造六十, 公士六十一, 公卒・士五(伍)六十二, 皆爲睆老[1]. (357)

【譯文】

不更은 58세, 簪褭는 59세, 上造는 60세, 公士는 61세, 公卒, 士伍는 62세면 모두 睆老에 해당된다.

【注釋】

[1] 睆老: 整理小組는 『傜律』407簡("睆老各半其爵傜(傜)貝, 入獨給邑中事. ●當傜(傜)戍而病盈卒歲及觳(觳), 勿晶(攝)."")을 인용하여 요역노동을 반으로 줄인 것으로 해석하였다.[19] 또한 이 簡에서는 '大

〈표 1〉 爵級에 따른 年齡 규정(354簡–357簡)

爵級	爵名	稟鬻(354簡)	受杖(355簡)	免老(356簡)	睆老(357簡)
19	關內侯	90	70	58	
18	大庶長	90	70	58	
17	馴車庶長	90	70	58	
16	大上造	90	70	58	
15	少上造	90	70	58	
14	右更	90	70	58	
13	中更	90	70	58	
12	左更	90	70	58	
11	右庶長	90	70	58	
10	左庶長	90	70	58	
9	五大夫	90	70	58	
8	公乘	90	70	58	
7	公大夫	90	70	58	
6	官大夫	90	70	58	
5	大夫	大夫以上90	大夫以上70	大夫以上58	
4	不更	91	71	62	58
3	簪褭	92	72	63	59
2	上造	93	73	64	60
1	公士	94	74	65	61
無爵	公卒, 士伍	95이상	75	66	62

夫以上'에 대한 규정이 보이지 않는데, 356簡에서 '大夫以上'은 58세부터 免老가 된다고 한 것과 관련지어 보면, '不更以下'는 免老가 되기까지 4년간 睆老의 상태를 유지하게 된다고 설명하고 있다. 『專修大』는 睆의 사전적 의미인 밝게 빛나는 모양, 아름다운 형태를 나타내는 뜻을 인용하여 睆老라는 것은 원래 노인다운 용모라는 것을 뜻한다고 설명하였다.[20]

【原文】

民産子[1]五人以上, 男傅[2], 女十二歲[3], 以父爲免▨[4]者; 其父大夫也, 以爲免老.(358)

【譯文】

民이 자녀를 5인 이상 낳아서, 男은 名籍에 등록될 때, 女는 나이 12세가 될 때 父를 免……한다. □者는 그 父가 大夫면 免老이다.

【注釋】

[1] 民産子[21]: 『京都大』는 5인 이상의 子를 낳아서 그들의 子가 일정한 연령에 도달하면 父를 免老하게 한다는 규정이라고 하였다. 기준이 되는 연령은 남자의 경우는 傅를 하게 되는 연령인데, 父親(혹은 本人)이 가진 爵位에 따라 달랐다. 여기서 産子에 대하여 내려지는 복제의 대상을 규정한 사료에 의하면, 漢 高帝紀의 "民産者 復勿算二歲"의 대상을 아이를 출산한 여성에게 2년간의 요역면제를 규정한 것으로 보고, 본 조문은 그 남편(자식의 父)에 대한 추가 우대규정. 그리고 後漢 章帝紀의 "今諸懷妊者 賜胎養穀人三斛 復其賦 勿算一歲 著以爲令"은 여성에 대한 추가 恩賜규정으로 보기도 한다.[22] 産子者에

---

18) 이 밖에도 『徭律』411-412簡("發傳送, 縣官車牛不足, 令大夫以下有粊(貲)者, 以粊共出車牛及益, 令其毋粊(貲)者與共出牛食·約·載具. 吏及宦皇帝者不與給傳送. 事委輸, 傳送重車重負日行五十里, 空車七十里, 徒行八十里. 免老·小未傅者·女子及諸有除者, 縣道勿敢繇(徭)使."); 『秦律十八種』61-62簡("隷臣欲以人丁粼者二人贖, 許之. 其老當免老·小高五尺以下及隷妾欲以丁粼者一人贖, 許之. 贖者皆以男子, 以其贖爲隷臣. 女子操敃紅及服者, 不得贖. 邊縣者"); 『法律答問』102簡("免老告人以爲不孝, 謁殺, 當三環之不. 不當環, 亟執勿失.")에 免老대상자에 대한 규정이 보인다.

19) 이외에도 『徭律』408~409簡("繇當行粟, 獨與若父母居老如睆老, 若其父母罷癃(癃)者, 皆勿行. 金痍·有□病, 皆以爲罷癃(癃), 可事如睆老. 其非從軍戰痍也, 作縣官四更, 不可事, 勿事, 勿(?)以□朡(?)痍之令·尉前.") 및 『史律』484~486簡("謁任史·卜, 上計脩法, 謁任卜學童, 令外學者, 許之. □□學仱敢擅繇(徭)使史·卜·祝學童者, 罰金四兩. 史·卜年五十六, 佐爲吏盈卅歲, 年五十六, 皆就八更; 六十, 爲十二[更]. 五百石以下至有秩爲吏盈十歲, 年當睆老者, 爲十二更, 踐更□□. 疇尸·芇御·杜主樂皆五更, 屬大祝. 祝年盈六十者, 十二更, 踐更大祝")에도 사례가 보인다.

20) 『詩經』邶風, 凱風 "睆睆黃鳥 載好其音" 주에서 '睆睆, 好貌'를 인용하였다. 또한 睆은 눈이 돌출되어 큰 눈을 표현한 것으로 의역하면 마치 성인처럼 눈이 밝고 혜안이 있다는 뜻으로도 해석된다는 것을 참조할 수 있다.

21) 産子와 관련된 사료는 『戶律』326簡~327簡("民皆自占年. 小未能自占, 而毋父母·同産爲占者, 吏以□比定其年. 自占·占子·同産年, 不以實三歲以上, 皆耐. 産子者恒以戶時占其□□罰金四兩.")와 『秦簡』法律答問(眞臣邦君公有罪, 致耐罪以上, 令贖." 可(何)謂"眞"? 臣邦父母産子及産它邦而是謂"眞". ●可(何)謂"夏子"? ●臣邦父·秦母謂殹(也).)에 보인다.

대한 復除는 算賦의 면제에 국한된 것이어서 복제 대상의 남녀를 구분하는 것은 무의미하다는 의견도 있다.[23]

　　[2] 男傅[24]: 傅의 의미에 대해서 일상적인 力役이 아닌 正卒兵役[25], 更卒徭役[26]으로 보는 견해도 있지만, 대부분 徭役과 兵役의 연령이 일치하여 傅는 병역과 요역 등 특정 稅役 부과자의 대상으로 등록되는 것을 말한다.[27] 傅의 기준과 시점은 차이를 보이는데 『秦簡』「編年記」의 묘주인 喜가 17세였고("今元年〈B.C.246〉, 喜傅"), 「傅律」364-365簡에는 父의 爵級과 본인의 爵級에 따라 상이한 傅의 연령을 규정하고 있다. 漢 景帝 2년(B.C.155)에 '天下男子의 始傅'를 20세로 하였는데,[28] 『漢書』高帝紀 5월조의 如淳注를 보면 漢代의 傅연령이 23세였다는 점을 알려주고 있다.[29] 昭帝初에 始傅 연령이 23세로 되어 있는 점과 함께 고려하면,[30] 傅의 연령이 상향조정되고 있다는 점을 언급할 수 있다. 傅의 기준에 대해서 整理小組는 『秦簡』에서는 신장이었지만, 『二年律令』에는 年齡으로 변화했다고 설명했다. 또한 최근 발굴된 湖北省 荊州市 紀南鎭 松柏村 1號墓의 간독 중에 「新傅簿」(南郡新傅簿 巫新傅二百三人 秭歸新傅二百六十一人… ・ 凡新傅二千八十五人)[31]가 포함되어 있어 稅役 부과 대상자를 파악하는 실체를 확인할 수 있게 되었다.

---

22) 金秉駿, 1993, 「秦漢시대 女性과 國家權力−課徵方式의 變遷과 禮敎秩序로의 編入−」, 『진단학보』75, p.106. 『漢書』卷1 高帝紀("春, 令郎中有罪耐以上 請之. 民産子, 復勿事 二歲")와 『後漢書』卷3 章帝紀("詔曰, 令云, 人有産子者 復勿算, 三歲, 令懷妊者賜胎養穀, 人三斛, 復其賦, 勿産 一歲, 著以爲令).

23) 李成珪, 2009, 「帳簿上의 帝國'과 '帝國의 現實': 前漢 前期 南郡의 編戶齊民 支配와 그 限界」, 『中國古中世史硏究』22, pp.262−271, p.310.

24) 『秦簡』에 傅律이 보인다("匿敖童, 及占□(癃)不案, 典・老贖耐. ●百姓不當老, 至老時不用請, 敢爲酢(詐)僞者, 貲二甲; 典・老弗告, 貲各一甲; 伍人, 戶一盾, 皆遷(遷)之. ●傅律.").

25) 宋杰, 1985, 「《九章算術》記載的漢代徭役制度」, 『北京師範學報』1985−2; 施偉靑, 1986, 「關于秦漢徭役的若干問題−與錢劍夫同志商榷」, 『中國史硏究』1986−2(張榮强, 2005, 《二年律令》與漢代課役身分」, 『中國史硏究』2005−2에서 재인용).

26) 錢劍夫, 1984, 『秦漢賦役制度考略』, 湖北人民出版社(張榮强, 《二年律令》與漢代課役身分」에서 재인용).

27) 傅의 대상에 성인 남녀가 모두 포함되었다고 주장하는 견해도 존재하며(山田勝芳, 1987, 「秦漢時代の傅と年齡」, 『東北大學敎養學部紀要』47; 施偉靑, 1986, 「關于秦漢徭役的若干問題」, 『中國史硏究』1986−2), '傅'가 대체로 병역과 요역 관련 자료에 등장하고 있다는 점과 『二年律令』「徭律」411〜412簡("發傅送, 縣官車牛不足, 令大夫以下有訾(貲)者, 以訾共出車牛及益, 令其毋訾(貲)者與共出牛食・約・載具, 吏及宦皇帝者不與給傅送. 事委輸, 傅送重車重負日行五十里, 空車七十里, 徒行八十里. 免老・小未傅者・女子及諸有除者, 縣道勿敢繇(徭)使.")에서 徭使할 수 없는 자를 徭使한 관계관의 처벌을 규정한 내용 가운데 여자가 포함된 것은 여자가 본래 요역 의무자가 아니었음을 입증한다는 견해도 있다(이성규, 2009, 위의 논문, p.246).

28) 『漢書』卷5 景帝紀, p.141, "今天下男子年二十始傅"[師古曰 舊法二十三, 今此二十, 更爲異制也. 傅讀曰附. 解在高紀].

29) 『漢書』卷1上 高帝紀, p.37 "五月, 漢王屯榮陽, 蕭何發關中老弱未傅者悉詣軍"[如淳曰, 律, 年二十三傅之. 疇官各從其父疇學之, 高不滿六尺二寸以下爲罷癃. 漢儀注云民年二十三爲正, 一歲爲衛士, 一歲爲材官騎士, 習射御騎馳戰陳. 又曰年五十六衰老, 乃得免爲庶民, 就田里. 今老弱未嘗傅傅者皆發之. 未二十三爲弱, 過五十六爲老.].

30) 『鹽鐵論』未通篇, "御史曰, 今陛下哀憐百姓 寬力役之歲 二十三始傅 五十六以免 所以輔著壯而息老艾也."

31) 주17)참조.

[3] 女十二歲: 整理小組는 『復律』278-280簡("□□工事縣官者復其戶而各其工. 大數衛(率)取上手什(十)三人爲復. 丁女子各二人, 它各一人, 勿筭(算)繇(徭)賦.")의 丁女子 成人女子를 가리킨다고 해석하는데 이 358簡을 인용하였다. 그러나 『專修大』는 女12세가 成年이라는 것은 불명확하다고 보았다. 대신 여성이 傅籍에 등록되는 男子를 생산하는 가능성을 가지기 때문에 5인 이상의 자녀가 있다는 전제에서 딸이 12세가 되는 시점에서 父에게 은전을 내리는 것이라고 추정했다.

[4] 『專修大』는 整理小組의 해독을 따랐지만 이 358簡이 둘로 나누어져 있고, 4-5자 정도가 결여되어 '歲'정도까지는 확인되는데, 그 아래 '以父爲免'은 판독이 어려워 의미는 불명하다고 하였다.

【原文】

不爲後而傅者[1], 關內侯子二人爲不更, 它子爲簪裹; 卿子二人爲不更, 它子爲上造; 五大夫子二人爲簪裹, (359) 它子爲上造; 公乘·公大夫子二人爲上造, 它子爲公士; 官大夫及大夫子爲公士; 不更至上造子爲公卒.[2](360) 當士(仕)[3]爲上造以上者, 以適(嫡)子; 毋適(嫡)子, 以扁(偏)妻[4]子·孼子[5], 皆先以長者. 若次[6]其父所[7]以, 所以未傅[8], 須其傅, 各以其傅(361) 時父定爵[9]士(仕)之. 父前死者, 以死時爵. 當爲父爵後而傅者, 士(仕)之如不爲後者.(362)

【譯文】

후계자가 아니면서 傅한 자는, 關內侯의 子는 2인까지 不更으로, 그 외는 簪裹로 한다. 卿의 子는 2인까지 不更으로, 그 외는 上造로 한다. 五大夫의 子는 2인까지 簪裹로, 그 외는 上造로 한다. 公乘·公大夫의 子는 2인까지 上造로, 그 외는 公士로 한다. 官大夫 및 大夫의 子는 公士로 한다. 不更에서 上造의 子는 公卒로 한다(359-360簡). 上造이상으로 관리가 되는 자는 嫡子로서 한다. 嫡子가 없으면 偏妻의 아들이나 孼子로서 하고, 모두 연장자를 우선한다. 만약 父의 명적 밑에 등기되는데 아직 名籍에 등록되지 않았다면, 등록을 기다렸다가 여러 가지 등록하는 시점에 父의 爵을 가지고 出仕한다. 父가 사망한 자는 死亡시의 爵으로 한다. 父의 爵으로 후계자가 되어 傅籍에 등록된 자는 出仕하면 후계자가 아닌 경우로 취급한다(361-362簡).

【注釋】

[1] 不爲後而傅者: 後는 置後로 직접계승자를 말하는데,[32] 後子에 대한 작의 상속은 『置後律』367-368簡에서 규정하고 있다.[33] 『京都大』는 後子 이외의 子에 대한 작위수여규정이라고 하였다. 윤재석[34]

---

32) 『荀子』正論 "聖不在後者" 楊注曰, '後者, 嗣子'; 『秦簡』法律答問 72簡("擅殺·刑·髡其後子, 讞之." ● 可(何)謂"後子"? ● 官其男爲爵後, 及臣邦君長所置爲後大(太)子, 皆爲"後子")

〈표 2〉 '不爲後而傳者'의 爵位계승(359簡-360簡)

爵級	爵名	不爲後而傳者(359~362)					
19	關內侯	關內侯					
18	大庶長						
17	馳車庶長						
16	大上造						
15	少上造		鄕				
14	右更						
13	中更						
12	左更						
11	右庶長						
10	左庶長						
9	五大夫			五大夫			
8	公乘				公乘 公大夫		
7	公大夫						
6	官大夫					官大夫 大夫	
5	大夫						
4	不更	2인 不更	2인 不更				不更~上造
3	簪裊	以外 簪裊		2인 簪裊			
2	上造		以外 上造	以外 上造	2인 上造		
1	公士				以外 公士	公士	
無爵	公卒, 士伍						公卒

도 後子는 아니지만 傳籍에 등록된 아들로서 後子 이외의 庶子에 대한 賜爵에 대한 규정이라고 하였다. '不爲後而傳者'의 爵位 계승과 置後의 爵位의 爵位 계승관계를 〈표2〉와 〈표3〉에 제시하였다.

[2] 不爲後~公卒: 編聯문제가 있다. 整理小組는 360簡과 361簡을 완전한 하나의 조문으로 보았으나 『二年律令與奏讞書』는 360簡의 '公卒'이하 簡末에 5~7字 정도의 여백이 있기 때문에 361簡과 직접 연결되지는 않는 것 같다고 하였다. 『專修大』는 도판에 360簡 아래에 공백이 있어서, 359-360簡을 한 조문으로 361-362簡을 또 하나의 조문으로 각각 해석하였다. 『京都大』도 359-360簡과 361-362簡으로

---

33) "疾死置後者, 徹侯後子爲徹侯, 其毋適(嫡)子, 以孺子□□□子. 關內侯後子爲關內侯, 卿侯〈後〉子爲公乘, [五大夫]後子爲公大夫, 公乘後子爲官大夫, 公大夫後子爲大夫, 官大夫後子爲不更, 大夫後子爲簪裊, 不更後子爲上造, 簪裊後子爲公士, 其毋適(嫡)子, 以下妻子偏妻子."

34) 尹在碩, 2003,「睡虎地秦簡和張家山漢簡反映的秦漢時期後子制和家系繼承」,『中國歷史文物』2003-1.

<표 3> 後子에 대한 爵位 계승(置後律367-368簡)

爵級	爵名	置後律(367簡-368簡)								
20	徹侯	20→20							
19	關內侯	19→19							
18	大庶長	鄉							
17	駟車庶長								
16	大上造								
15	少上造								
14	右更								
13	中更								
12	左更								
11	右庶長								
10	左庶長								
9	五大夫	⬇	五大夫						
8	公乘	公乘	⬇	公乘					
7	公大夫		公大夫	⬇	公大夫				
6	官大夫			官大夫	⬇	官大夫			
5	大夫				大夫	⬇	大夫		
4	不更					不更	⬇	不更	
3	簪裹						簪裹	⬇	簪裹
2	上造							上造	⬇
1	公士								公士

나누어 해석하였다. 출토위치도 떨어져 있으며, 순서도 뒤바뀌어 있다.[35] 이 조문에서 위로 徹侯가 없는 것은 徹侯의 諸子의 계승에 대한 또 다른 규정이 존재하고, 公士가 없는 것은 작위가 떨어져서 계승되는 원칙에 따라 公士 밑에서는 無爵으로 계승된다고 보기도 한다.[36]

[3] 當仕: 이년율령에 士를 '仕'로 대체해서 읽은 경우가 있다.[37] 즉 仕는 仕官의 의미다. 『專修大』는 "傳籍에 올라서 公務에 임하게 된다"로 해석하였고, 이 조문의 士를 문맥상 '계승'으로 해석할 가능성도

---

35) 金秉駿, 2011, 「張家山漢簡〈二年律令〉의 出土位置와 編聯」, 『人文論叢(서울대)』65, p.237.

36) 朱紹侯, 2002, 「西漢初年軍功爵制的等級劃分」, 『河南大學學報』2002-5, 社會科學版.

37) 『爲吏之道』165-215簡, "●廿五年閏再十二月丙午朔辛亥, ○告相邦: 民或棄邑居壄(野), 入人孤寡, 微人婦女, 非邦之故也. 自今以來, 叚(假)門逆呂(旅), 贅壻後父, 勿令爲戶, 勿鼠(予)田宇. 三枼(世)之後, 欲士(仕)士(仕)之, 乃(仍)署其籍曰: 故某慮贅壻某叟之乃(仍)孫. 魏戶律"

있다.[38]

[4] 扁(偏)妻: 偏妻는 正妻가 아닌 妻를 말한다.[39] 『京都大』는 偏妻 이외에 '偏房'(『列女傳』 卷2 晉趙哀妻頌 "生雖尊貴 不妬偏房"), '傍妻'(『漢書』 元后傳,"(王)禁有大志, 不修廉隅 好酒色 多取傍妻 有四女八男")의 예를 들어서 偏은 傍의 의미를 가지고 있다는 『說文通順定聲』에 따라 偏妻는 傍妻가 되어서 동거하지 않는 妻의 의미라고 하였다. 正妻가 아닌 妻를 칭하는 것으로 이 외에 下妻[40], 棄妻[41]가 있다.

[5] 孽子: 庶子를 말한다.[42] "孽妻子"가 될 가능성도 있다.[43]

[6] 次: 次의 해석에 대하여 여러 안을 제시하였다. ❶『京都大』는 付隨하다, 즉 구체적으로 父의 籍 밑에 등기되는 것으로 보았다.(『尙書』 康誥, "王曰, 汝陳時臬事 罰蔽殷彝 用其儀刑義殺 勿庸以次汝封"); 『左傳』 襄公三十年"使次巳位") ❷『專修大』는 머무르다 (處)로 해석하였다.[44](『國語』 魯語上, "故大者陳之原野 小者致之市朝 五刑三次 是無隱也" 韋昭注'次, 處也. 三處, 野·朝·市也') ❸윤재석은 아들이 부친의 喪中에 있는 것이라고 해석하였다.[45](『左傳』 僖公九年 "里克殺奚祭於次", 杜預注云 "次,喪寢")

[7] 所: 「~곳」이라는 의미이다.[46]

[8] 所以, 所以未傳: 도판은 '若次其父所=以=未傳' 로 해독된다.

❶整理小組는 '所=以='를 '所所以以'로 하여 '若次其父所, 所以以未傳'라고 했으나 '以'자 아래의 중문

---

38) 朱紹侯, 2003, 「從『二年律令』看漢初二十級軍功爵的賈値-『二年律令』與軍功爵制硏究之四」, 『河南大學學報』2003-2.

39) 「賊律」42-43簡, "毆父偏妻父母·男子同産之妻·泰父母之同産, 及夫父母同産·夫之同産, 若毆妻之父母, 皆贖耐. 其奊詬詈之, 罰金四兩."; 「收律」76-77簡, "夫有罪, 妻告之, 除于收及論; 妻有罪, 夫告之, 亦除其夫罪. ●毋夫, 及爲人偏妻, 爲戶若別居不同數者, 有罪完舂·白粲以上, 收之, 毋收其子. 內孫毋爲夫收."

40) 「置後律」367-368簡, "…以下妻子偏妻子."(『漢書』王莽傳 "師古曰, 下妻猶言小妻").

41) 「法律答問」169簡, "「棄妻不書 貲二甲」, 其棄妻亦當論不當? 貲二甲."

42) 「戶律」340簡, "諸(?)後欲分父母·子·同産·主母·叚(假)母, 及主母·叚(假)母欲分孽子·叚(假)子田以爲戶者, 皆許之."

43) 王子今, 2003, 「'偏妻','下妻'考-張家山漢簡二年律令硏究札記」, 『華學』2003-6.

44) 『京都大』와 『專修大』는 모두 『尙書』 康誥 "王曰, 汝陳時臬事 罰蔽殷彝 用其儀刑義殺 勿庸以次汝封"과 『左傳』 襄公三十年 "使次巳位"를 인용하였는데, 해석은 전자는 付隨되다로, 후자는 머무르는 곳(處)로 하였다.

45) 尹在碩, 주34참조.

46) 「盜律」78-79簡, "請有叚(假)於縣道官, 事已, 叚(假)當歸. 弗歸, 盈二十日, 以私自叚(假)律論. 其叚(假)別在它所, 有(又)物故毋道歸叚(假)者, 自言在所縣道官, 縣道官以書告叚(假)在所縣道官收之. 其不自言, 盈廿日, 亦以私自假律論. 其假已前入它官及在縣道官廷(?)"; 『秦簡』「司空律」126-127簡, "官府假公車牛者□□□假人所. 或私用公車牛, 及假人食牛不善, 牛胔; 不攻閒車, 車空失, 大車軲盭; 及不介車, 車藩蓋强折裂, 其主車牛者及吏·官長皆有罪의 사례가 있다.

부호를 誤記로 보고 "若次其父所, 所以未傳"로 수정하였다.

❷『京都大』는 세 가지 가능성을 제시했다. 첫째, 중문부호가 모두 틀린 경우이다. 「若次其父所以未傳」로 한다면 注釋[6]次 ❶『京都大』해석을 참조해서 "만약 父의 籍에 등기되는데, 아직 명적에 등록하지 않았다면"으로 해석된다. 두 번째, 두 개의 중문부호가 모두 바른 경우이다. 세 번째, 「所」의 중문부호는 틀렸지만 「以」의 중문부호는 바른 것으로 보는 경우이다. 첫 번째를 제외하고 해석하기 어렵다고 했다.

❸[專修大]는 '所以所以'로 읽어서 "若次其父所, 以所以未傳"로 하였다. 次의 의미를 '머무르다'(處)라고 해석한 注釋[6]次 ❷『專修大』의 해석에 따라서, "父의 所에 있어서 아직 傳籍에 등록되지 않아 그 등록을 기다리는 자는~"이라고 해석하였다.

❹注釋[6]次에서의 ❸의 '喪中'이라는 해석을 따른 다면, "父의 喪中이어서 아직 父에 등록되지 않은 까닭에~"가 된다.

[9] 定爵: 여기서 定은 변동이 있을 수 있는 물건이나 어떤 시점을 현 단계에서 확정짓는다는 의미이다.[47]

【原文】

當傳, 高不盈六尺二寸以下[1], 及天烏[2], 皆[3]以爲罷癃(癃)[4].(363)

* [二年律令與奏讞書]의 간문 배열이 다르다. 362簡 다음에 364-365簡을 배치하였고, 363簡을 傳律의 마지막에 놓았다.

【譯文】

名籍에 등록될 때, 신장이 6尺2寸 미만인 자와 태어났을 때부터 등이 굽은 자는 罷癃(癃)에 해당한다.

【注釋】

[1] 六尺二寸以下: 傳연령에 도달했지만 장애가 있거나 신장이 6尺 2寸이하에 미달되는 자를 세역이 전면 혹은 일부 면제되는 罷癃(癃)으로 분류하고 있다. 秦代에는 세역 대상을 파악하는 기준에 연령 뿐 아니라 신장도 포함되었는데, 隸臣과 城旦의 大小는 6尺 5寸이 기준이고, 隸妾과 舂의 대소는 6尺 2寸을 기준을 판별하고 있으며[48] 이들을 '小'로 규정하였다.

---

47) 「戶律」322簡, "代戶·買賣田宅, 鄕部·田嗇夫·吏留弗爲定籍, 盈一日, 罰金各二兩.";「戶律」337簡, "民大父母·父母·子·孫·同產·同產子, 欲相分予奴婢·馬牛羊·它財物者, 皆許之,輒爲定籍."의 사례를 참조할 수 있다.
48) 『秦簡』倉律 49~52簡, "隸臣妾其從事公 隸臣月禾二石, 隸妾一石半; 其不從事, 勿稟. 小城旦·隸臣作者,月禾一石半石; 未

[2] 天烏: 整理小組는 烏를 亞자일 가능성을 제시하였는데, 태어날 때부터 병으로 인하여 醜惡한 형태를 말한다.(『說文』, "亞, 醜也. 象人局背之形")『京都大』는 첫째, 문맥으로는 등이 굽은 뜻으로 추측되지만, 해독이 되지 않는다. 둘째, 만일 烏자라고 해도 왜 그러한 의미가 되는지는 확실하지 않다고 했다. 『專修大』는 烏를 亞로 추측한 근거로서『史記』禮書("天地者, 生之本也. 先祖者, 類之本也. 君師者, 治之本也. 舞天地惡生"「正義」'惡音烏')를 제시하였다.

[3] 皆:『二年律令與奏讞書』에서는 者를 "皆"로 바꾸었다.[49]

[4] 罷癃(癃):『史記』에 의하면 罷癃(癃)은 본래 허리가 굽고 등이 높이 융기되는 자를 의미하였다.[50] 整理小組는『說文解字』段玉裁 注("罷病也. 病當作癃. 罷者, 廢置之意. 凡廢置不能事事曰罷癃")를 인용하여 '癃疾'이 있어 세역 대상에서 제외된 자를 罷癃(癃)이라 칭하였다. 罷癃(癃)의 조건은 첫째, 注釋 [1]에서 본 것과 같이 6척 2촌 이하인 자로서 국가의 役事를 감당할 수 있는 능력의 유무, 둘째 '天烏'와 같은 노동능력이 없는 자 셋째, 무기로 인한 신체의 훼손을 입은 자였다고 할 수 있다.[51] 湖北省 荊州市 紀南鎭 松柏村 1號墓 출토 簡牘에는 '罷癃' 가운데 可事와 不可事者를 구분하고 있는데[52] 罷癃(癃)의 조건에 따라 가능하다면 役使할 수 있었다.[53]

【原文】

不更以下子年廿歲, 大夫以上至五大夫子及小爵[1]不更以下至上造年廿二歲. 卿以上子及小爵大夫以上年廿四歲, 皆傅之. 公士(364), 公卒及士五(伍), 司寇, 隱官[2]子, 皆爲士五(伍). 疇官[3]各從其父疇, 有學師[4]者學之.(365)[54]

能作者, 月禾一石. 小妾·舂作者, 月禾一石二斗半斗; 未能作者, 月禾一石. 嬰兒之毋(無)母者各半石; 雖有母而與其母冗居公者, 亦稟之. 禾月半石. 隸臣田者, 以二月月稟二石半石, 到九月盡而止其半石. 春, 月一石半石. 隸臣·城旦高不盈六尺五寸, 隸妾·舂高不盈六尺二村, 皆爲小; 高五尺二村, 皆作之. 倉."

49) 周波, 2004,「《二年律令》釋文与注釋商榷」,『簡帛研究』2004年5月29日(http://www.jianbo.org/admin3/html/zhoubo03.htm);『徭律』408簡-409簡("諸當行案, 獨與若父母居老如睆老, 若其父母罷癃(癃)者, 皆勿行. 金痍·有□病, 皆以爲罷癃(癃). 可事如睆老. 其非從軍戰痍者, 作縣官四更, 不可事, 勿事. 勿(?)以□睆(?)癃之令·尉前.")

50)『史記』卷76, 平原君列傳, "平原君家樓臨民家. 民家有躄者, 槃散行汲. 平原君美人居樓上, 臨見, 大笑之. 明日, 躄者至平原君門, 請曰: □臣聞君之喜士, 士不遠千里而至者, 以君能貴士而賤妾也. 臣不幸有罷癃之病, 而君之後宮臨而笑臣, 臣願得笑臣者頭. □[索隱, 罷癃謂背疾 言腰曲而背癃高也]."

51)『徭律』408簡-409簡, "諸當行案, 獨與若父母居老如睆老, 若其父母罷癃(癃)者, 皆勿行. 金痍·有□病, 皆以爲罷癃(癃). 可事如睆老. 其非從䢖軍戰痍也, 作縣官四更, 不可事."

52)「南郡罷癃簿」"巫罷癃百一十六人, 其七十四人可事. 秭歸罷癃百六十人, 其百卅三人可事. … •凡罷癃二千七百八人, 其二千二百廿八人可事 四百八十人不可事."

53)『秦簡』法律答問133簡, 罷癃(癃)守官府, 亡而得, 得比公癃(癃)不得? 得比焉.) 및 주51의『徭律』408簡.

【譯文】

不更이하의 子는 20세, 大夫이상 五大夫까지의 子 및 小爵이 不更이하 上造까지는 22세, 卿이상의 子 및 小爵이 大夫이상은 24세가 되면 모두 명적에 등록한다. 公士·公卒 및 士五(伍)·司寇·隱官의 子는 모두 士五(伍)가 된다. 세습되는 관은 각 그 부친의 것을 세습하고, 學師가 있는 경우는 그에게서 배운다.

【注釋】

[1]小爵: 整理小組는 爵을 가진 靑年이라고 하였다. 『京都大』와 『專修大』는 모두 傅의 연령에 도달하지 않은 미성년자가 가진 爵이라고 하였다. 한편 公士에서 不更까지의 爵으로 보기도 하며[55] 연령과

<표 4> 父의 爵級과 본인小爵의 等級에 따른 傅의 연령(364簡)

爵級	爵名	父爵級	小爵級
19	關內侯	24	24
18	大庶長	24	24
17	駟車庶長	24	24
16	大上造	24	24
15	少上造	24	24
14	右更	24	24
13	中更	24	24
12	左更	24	24
11	右庶長	24	24
10	左庶長	鄕以上子24	24
9	五大夫	22	24
8	公乘	22	24
7	公大夫	22	24
6	官大夫	22	24
5	大夫	大夫以上至五大夫子22	小爵大夫以上24
4	不更	不更以下子20	小爵不更以下至上造22
3	簪裊	20	22
2	上造	20	22
1	公士	20	22

54) 『專修大』는 364-365簡(ⓐ不更以下子年卄歲, 大夫以上至五大夫子及小爵不更以下至上造年卄二歲, 卿以上子及小爵大夫以上年卄四歲, 皆傅之. ⓑ公士(364), 公卒及士五(伍), 司寇, 隱官子, 皆爲士五(伍). ⓒ疇官各從其父疇, 有學師者學之)을 의미상으로 ⓐ不更以下~皆傅之, ⓑ公士~皆爲士五(伍), ⓒ疇官~學之로 나누어 서로 다른 3개의 조문으로 보았다. ⓑ公士~皆爲士五(伍)는 359簡-360簡뒤로 배열되어야 한다고 하였다.

신체의 엄격한 규정이 있는 傅籍의 法律 조문 중의 특수명사로 傅籍에 오르지 않은 성인이 가진 爵으로서 同級의 爵을 보유한 성인과 권위상의 차이가 존재했을 가능성을 제시하기도 하였다.[56] 『里耶秦簡』의 戶籍簡에는 "小上造", "小女子"등의 칭호가 등장하고 있는데[57] '小女子'는 居延漢簡의 '小男', '小女'와 같은 미성년을 가리키며 '小上造'는 小爵에 대응된다고 하였다.[58] 小上造 외에 小簪褭가 확인된다.[59]

[2] 隱官: 肉刑에 처한 자가 사면된 경우, 이미 肉刑으로 신체에 손상을 받았기 때문에 다른 처우를 받은 자를 말한다.[60]

[3] 疇官: 整理小組는 '世業'이라고 하였다.[61] 『專修大』는 계승한다는 것인데 이 조문에서 일정한 나이가 있다는 것은 家業을 계승하여 부담을 지게 되는 때를 의미한다고 보았다.[62]

[4] 學師: 『京都大』는 世業을 가진 家의 子인 경우, 傅의 연령은 家業을 계승하여 職責을 부담하기 시작하는 연령을 의미하는 것이라고 설명한다. 『史律』에는 史·卜의 子가 17세가 되면 학습을 시작하고 있으며,[63] 『秦簡』에는 史의 아들이 父의 직무를 계승하여 史로서 양성되는 내용이 있다.[64]

【原文】
■ 傅律[1](366)

【譯文】
■ 傅律(366)

---

55) 朱紹侯, 2002, 「西漢初年軍功爵制的等級劃分」, 『河南大學學報』2002-5, 社會科學版.

56) 劉敏, 2004, 「張家山漢簡"小爵"臆釋」, 『中國史研究』2004-3.

57) 『里耶秦簡』(K27) "南陽戶人荊不更蠻强 妻曰㜇 子小上造□ 子小女子駝", (K1/25/50) "南陽戶人荊不更黃得 妻曰㜇 子小上造台 子小上造 子小上造定."

58) 王子今, 2010, 「試論里耶戶籍簡所見"小上造", "小女子"」, 『出土文獻』第1輯, 中華書局.

59) 『奏讞書』82簡 ●信曰: "五月中, 天, 旱不雨. 令民畍, 武王趣都中, 信行離鄕, 使舍人小簪褭守舍."

60) 『秦簡』155簡-156簡, "欲歸爵二級以免親父母爲隸臣妾者一人, 及隸臣斬首爲公士, 謁歸公士而免故妻隸妾一人者, 許之, 免以爲庶人. 工隸臣斬首及人爲斬首以免者, 皆令爲工. 其不完者, 以爲隱官工." 軍爵; 『亡律』162簡-163簡, "奴婢爲善而主欲免者, 許之, 奴命曰私屬, 婢爲庶人, 皆復使及窢(算). 事之如奴婢. 主死若有罪 以私屬爲庶人, 刑者以爲隱官."

61) 『史記』卷26 曆書, p.1258 如淳注 "家業世世相傳爲疇. 律年二十三傅之疇官, 各種其父學."

62) 『漢書』卷68 霍光傳, p.2950, "…復其後世 疇其爵邑, 世世無有所與 功如蕭相國." [應劭注, 疇 等也]; 『後漢書』卷20 際遵傳, p.741 "…死則疇其封邑 世無有絕嗣 丹書鐵券 傳於無窮."[注: 疇, 等也. 言功臣死後 子孫襲封 世世與先人等].

63) 『史律』474簡, "史·卜子年十七歲學. 史·卜·祝學童學三歲, 學佴將詣大史·大卜·大祝. 郡史學童詣其守, 皆會八月朔日試之."

64) 『秦簡』「內史雜」191簡, "令豩史毋從事官府, 非史子毆(也), 毋敢學學室, 犯令者有罪."

【注釋】

[1] 傅律:「傅律」의 表題이다. 傅律은 國家가 成年들을 名籍에 등록하여 국가의 徭役을 부담하게 하며, 成年으로 등록되기 시작하는 年齡부터 勞役을 減免받는 年齡을 규정한 法律이다.

투고일 : 2011. 11. 10   심사개시일 : 2011. 11. 12   심사완료일 : 2011. 11. 21

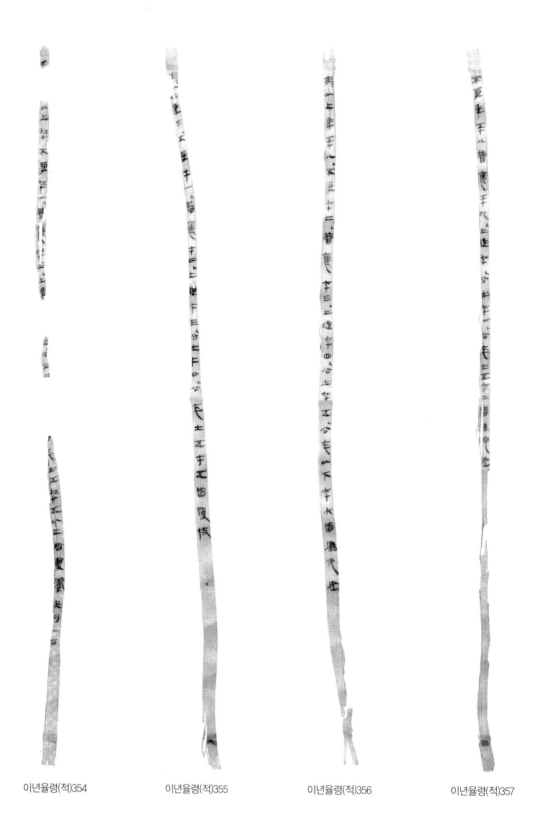

이년율령(적)354 이년율령(적)355 이년율령(적)356 이년율령(적)357

이년율령(적)358   이년율령(적)359   이년율령(적)360   이년율령(적)361간

이년율령(적)362간   이년율령(적)363   이년율령(적)364   이년율령(적)365   이년율령(적)366

참/고/문/헌

1. 資料

『史記』(中華書局 標點校勘本)

『漢書』(中華書局 標點校勘本)

『後漢書』(中華書局 標點校勘本)

張家山二四七號漢墓竹簡整理小組, 2001, 『張家山漢墓竹簡』, 文物出版社.

張家山二四七號漢墓竹簡整理小組, 2006, 『張家山漢墓竹簡(釋文修訂本)』, 文物出版社.

彭浩·陳偉·工藤元男 主編, 2007, 『二年律令與奏讞書』, 上海古籍出版社.

富谷至 編, 2006, 『(京都大學人文科學研究所研究報告:譯注篇)江陵張家山二四七號墓出土漢律令の研究』, 朋友書店.

專修大學『二年律令』研究會, 「張家山漢簡『二年律令』譯注(8)−效律·傅律·置後律−」, 『專修史學』42.

2. 研究書 및 研究論文

張榮强, 2010, 『漢唐籍帳制度研究』, 商務印書館.

尹在碩, 2003, 「睡虎地秦簡和張家山漢簡反映的秦漢時期後子制和家系繼承」, 『中國歷史文物』2003−1.

朱紹侯, 2002, 「西漢初年軍功爵制的等級劃分」, 『河南大學學報』2002−5, 社會科學版.

周波, 2004, 「《二年律令》釋文与注釋商榷」, 簡帛网 2004年5月29日.

李成珪, 2009, 「'帳簿上의 帝國'과 '帝國의 現實':前漢 前期 南郡의 編戶齊民의 支配와 그 限界」, 『中國古中世史研究』22.

李成珪, 2010, 「計數化된 人間−古代中國의 稅役의 基礎와 基準」, 『中國古中世史研究』24.

趙凱, 2007, 「西漢"受鬻法"探論」, 『中國史研究』2007−4.

邢義田, 2003, 「張家山漢簡〈二年律令〉讀記」, 『燕京學報』15.

甘肅省博物館, 1960, 「甘肅武威磨咀子漢墓發掘」, 『考古』1960−9.

荊州博物館, 2008, 「湖北荊州紀南松柏漢墓發掘簡報」, 『文物』2008−4.

劉敏, 「張家山漢簡"小爵"臆釋」, 『中國史研究』2004−3.

王子今, 2010, 「試論里耶戶籍簡所見"小上造","小女子"」, 『出土文獻』第1輯, 中華書局.

〈中文摘要〉

张家山汉简《二年律令》〈傅律〉(354简-366简)

刘英雅

　　张家山汉简《二年律令》〈傅律〉是国家为掌握负担税役对象而记帐，规定临‘傅’的准则和程序。这准则和程序的特出的优点在按‘爵级’实施。其主要内容整理如下：从爵级领取粥米、授杖、达到免老、睆老的年龄都有层次(354-357简)。在5人以上的子女中有人达到一定的年龄的孩子，他的父亲该当免老。这年龄的规定从父爵或本人(孩子)的爵而决定(358简)。除了有爵者的候子(爵继承者)以外的儿子收父爵的时候也对决定临傅的年龄有层次还有限定人数(359-362简)。从父亲的爵位和本人的小爵临傅的年龄也有层次(364-365简)。规定临‘傅’的准则和程序年龄以外，有残疾或按身高而决定(363简)。还有世袭家业的情况下也决定临傅的年龄(364-365简)。

▶ 關鍵詞：二年律令，傅律、税役、爵级

휘/보

학회소식, 학술대회, 정기발표회, 자료교환

학회소식, 학술대회, 정기발표회, 자료교환

1. 학회소식

1) 제11차 운영위원회

　＊ 일시 및 장소 : 2011년 11월 5일 국립중앙박물관

　＊ 2012년 정기발표회 주제 및 발표자 논의

　　 2012년 하계워크샵 주제 및 발표자 논의

　　 목간과 문자 8호 편집 논의

　　 해외현장답사 계획

2) 하계워크샵

　＊ 일시 : 2010년 8월 26일~27일

　＊ 장소 : 충주대학교 본부 세미나 2실

　《첫째날(8월 26일)》

　　 ■ 특별강연 (16:00~18:00)

　　　 • 발 표 자 : 森 博達, 日本書紀에 보이는 韓國古代漢字文化의 影響(續篇)

　　　　　　　　 −山田史御方과 三宅臣藤麻呂−

　　 ■ 저녁식사 (18:00~19:30)

　　 ■ 연구발표 (19:30~10:30) / 사회 : 김재홍 (국립중앙박물관)

　　　 • 발 표 자 : 권인한 (성균관대), 廣開土王陵碑文의 國語學的 研究

　　　 • 토 론 자 : 여호규 (한국외대), 장경준 (고려대)

　　　 • 발 표 자 : 백승옥 (부산시립박물관), 광개토왕릉비 탁본−연구현황과 자료의 소개−

　　　 • 토 론 자 : 정호섭 (한성대), 정현숙 (이천시립월전미술관)

《둘째날(8월 27일)》

- ■ 고구려 유적지 답사 (09:00~14:00)
  - 답 사 지 : 중원고구려비, 두정리고구려고분군, 장미산성, 햇골산 마애불

3) 문자학강좌

제3기 문자문자학강좌 '문자의 문화사'

* 주제 : 《三國志》·東夷傳의 世界
* 일시 : 2011년 8월 29일~12월 19일, 월요일 격주진행, 오후 6시30분~8시30분
* 장소 : 성균관대학교 퇴계인문관 406호 첨단강의실(31406)
* 주최 : 한국목간학회·동아시아학술원 인문한국(HK)·BK21 동아시아학 융합사업단

- 제1주 『三國志』·倭人傳과 야요이(弥生) 시대의 언어 (8월 29일)
  강사 : 三博達 (京都産業大)
- 제2주 『三國志』와 동아시아의 국제관계 (9월 19일)
  강사 : 金文京 (京都大人文科學研究所)
- 제3주 『三國志』·東夷傳의 판본 문제 (10월 10일)
  강사 : 윤용구 (인천도시개발공사 문화재담당관)
- 제4주 『三國志』·東夷傳과 고대 한반도의 언어 (10월 24일)
  강사 : 권인한 (성균관대)
- 제5주 『三國志』·東夷傳의 韓傳 (11월 7일)
  강사 : 주보돈 (경북대)
- 제6주 『三國志』·東夷傳의 부여·고구려전 (11월 21일)
  강사 : 여호규 (한국외대)
- 제7주 고고학적 관점에서 본 『三國志』·東夷傳 (12월 5일)
  강사 : 권오영 (한신대)
- 제8주 『三國志』·東夷傳의 동옥저·예·읍루전 (12월 19일)
  강사: 윤선태 (동국대)

2. 학술대회

1) 제6회 국제학술대회
  * 일시 : 2011년 11월 5일(토) 14:00~ 6일(일)12:00
  * 장소 : 국립중앙박물관 제1강의실
  * 주최 : 한국목간학회
  * 후원 : ㈜위즈서비스·유앤아이로직스

  《첫째날(11월 5일)》
  ■ 등록 (13:00~13:10) / 국립중앙박물관 제1강의실
  ■ 개회 (13:10~13:20) / 사회 : 이수훈 (부산대)
    • 개회사 : 주보돈 (한국목간학회장)

  ◆ 발표 (13:20~18:30) / 사회 : 이수훈 (부산대)
    ■ 발표주제 : 포항 중성리신라비의 연구동향과 전망−신라의 지방통치와 관련하여
      발 표 자 : 김수태 (충남대)
      토 론 자 : 전덕재 (단국대)

    ■ 발표주제 : 마도 3호선 발굴목간의 조사현황과 판독
      발 표 자 : 임경희 (국립해양문화재연구소)
      토 론 자 : 최연식 (목포대)

    ~ 중간휴식(15:10~15:30)

    ■ 발표주제 : 考古資料로 본 匈奴의 文字資料
      발 표 자 : 강인욱 (부경대)
      토 론 자 : 장은정 (국립중앙박물관)

    ■ 발표주제 : 再論孫吳簡中的戶籍文書
      발 표 자 : 張榮强 (中國 北京師範大學 歷史學院)
      토 론 자 : 김병준 (서울대)
      통   역 : 김동오 (서울대)

■ 발표주제 : 木簡研究現場での二つの試み
　　　발 표 자 : 馬場基 (日本 奈良文化財研究所)
　　　토 론 자 : 이병호 (국립중앙박물관)
　　　통　　역 : 小宮秀陵 (서울대)

《둘째날(11월 6일)》
　　■ 파주 감악산 일대 답사 (09:00~14:00)

3. 정기발표회

1) 제12회 정기발표회
　　• 일시 : 2010년 7월 23일(토요일) 오후 2시~6시
　　• 장소 : 국립중앙박물관 제1강의실
　　　■ 연구발표 (14:00~18:00)
　　　　박방룡(국립중앙박물관), 南山新城碑와 月城垓字碑의 再發見
　　　　최장미(국립경주문화재연구소), 사천왕사지 발굴성과와 추정 사적비편
　　　　강형웅(한백문화재연구원), 안성 죽주산성 집수시설

4. 자료교환

1) 日本木簡學會『木簡과 文字』7호 일본 발송 (2011년 8월 9일)

부/록

학회 회칙, 간행예규, 연구윤리규정

학회 회칙

제1장 총칙

제 1 조 (명칭) 본회는 한국목간학회(韓國木簡學會, The Korean Society for the Study of Wooden Documents)라 한다.

제 2 조 (목적) 본회는 목간을 비롯한 금석문, 고문서 등 문자자료와 기타 문자유물을 중심으로 한 연구 및 학술조사를 통하여 한국의 목간학 발전에 이바지함을 목적으로 한다.

제 3 조 (사업) 본회는 목적에 부합하는 다음의 사업을 한다.
  1. 연구발표회
  2. 학보 및 기타 간행물 발간
  3. 유적·유물의 답사 및 조사 연구
  4. 국내외 여러 학회들과의 공동 학술연구 및 교류
  5. 기타 위의 각 사항의 사업을 수행하기 위해 필요한 사업

제 4 조 (회원의 구분과 자격)
  ① 본회의 회원은 본회의 목적에 동의하여 회비를 납부하는 개인 또는 기관으로서 연구회원, 일 반회원 및 학생회원으로 구분하며, 따로 명예회원, 특별회원을 둘 수 있다.
  ② 연구회원은 평의원 2인 이상의 추천을 받아 평의원회에서 심의, 인준한다.
  ③ 일반회원은 연구회원과 학생회원이 아닌 사람과 기관 및 단체로 한다.
  ④ 학생회원은 대학생과 대학원생으로 한다.
  ⑤ 명예회원은 본회의 발전에 크게 기여한 회원 또는 개인 중에서 운영위원회에서 추천하여 평의 원회에서 인준을 받은 사람으로 한다.
  ⑥ 특별회원은 본회의 활동과 운영에 크게 기여한 개인 또는 기관 중에서 운영위원회에서 추천하 여 평의원회에서 인준을 받은 사람으로 한다.

제 5 조 (회원징계)　　회원으로서 본회의 명예를 손상시키거나 회칙을 준수하지 않았을 경우 평의원회의 심의와 총회의 의결에 따라 자격정지, 제명 등의 징계를 할 수 있다.

제 2 장　조직 및 기능

제 6 조 (조직)　　본회는 총회·평의원회·운영위원회·편집위원회를 두며, 필요한 경우 별도의 위원회를 구성할 수 있다.

제 7 조 (총회)
① 총회는 정기총회와 임시총회로 나누며, 정기총회는 2년에 1회 정기적으로 개최하고 임시총회는 필요한 때에 소집할 수 있다.
② 총회는 회장이나 평의원회의 의결로 소집한다.
③ 총회는 평의원회에서 심의한 학회의 회칙, 운영예규의 개정 및 사업과 재정 등에 관한 보고를 받고 이를 의결한다.
④ 총회는 평의원회에서 추천한 회장, 평의원, 감사를 인준한다. 단 회장의 인준이 거부되었을 때는 평의원회에서 재추천하도록 결정하거나 총회에서 직접 선출한다.

제 8 조 (평의원회)
① 평의원은 연구회원 중 평의원회의 추천을 받아 총회에서 인준한 자로 한다.
② 평의원회는 회장을 포함한 평의원으로 구성한다.
③ 평의원회는 회장 또는 평의원 4분의 1 이상의 요구로써 소집한다.
④ 평의원회는 아래의 사항을 추천, 심의, 의결한다.
　　1. 회장, 평의원, 감사, 편집위원의 추천
　　2. 회칙개정안, 운영예규의 심의
　　3. 학회의 재정과 사업수행의 심의
　　4. 연구회원, 명예회원, 특별회원의 인준
　　5. 회원의 자격정지, 제명 등의 징계를 심의

제 9 조 (운영위원회)
① 운영위원회는 회장과 회장이 지명하는 부회장, 총무·연구·편집·섭외이사 등 15명 내외로 구성하고, 실무를 담당할 간사를 둔다.
② 운영위원회는 평의원회에서 심의·의결한 사항을 집행하며, 학회의 제반 운영업무를 담당한다.
③ 부회장은 회장을 도와 학회의 업무를 총괄 지원하며, 회장 유고시에는 회장의 권한을 대행한다.

④ 총무이사는 학회의 통상 업무를 담당, 집행한다.

⑤ 연구이사는 연구발표회 및 각종 학술대회의 기획을 전담한다.

⑥ 편집이사는 편집위원을 겸하며, 학보 및 기타 간행물의 출간을 전담한다.

⑦ 섭외이사는 학술조사를 위해 자료소장기관과의 섭외업무를 전담한다.

제 10 조 (편집위원회) 편집위원회는 학보 발간 및 기타 간행물의 출간에 관한 제반사항을 담당하며, 그 구성은 따로 본회의 운영예규에 정한다.

제 11 조 (기타 위원회) 기타 위원회의 구성과 활동은 회장이 결정하며, 그 내용을 평의원회에 보고한다.

제 12 조 (임원)

① 회장은 본회를 대표하고 총회와 각급회의를 주재하며, 임기는 2년으로 한다.

② 평의원은 제 8 조의 사항을 담임하며, 임기는 종신으로 한다.

③ 감사는 평의원회에 출석하고, 본회의 업무 및 재정을 감사하여 총회에 보고하며, 그 임기는 2년으로 한다.

④ 임원의 임기는 1월 1일부터 시작한다.

⑤ 임원이 유고로 업무를 수행할 수 없게 된 때에는 평의원회에서 보궐 임원을 선출하고 다음 총회에서 인준을 받으며, 그 임기는 전임자의 잔여임기가 1년 미만인 경우는 잔여임기에 규정임기 2년을 더한 기간으로 하고, 잔여임기가 1년 이상인 경우는 잔여기간으로 한다.

제 13 조 (의결)

① 총회에서의 인준과 의결은 출석 회원의 과반수로 한다.

② 평의원회는 평의원 4분의 1 이상의 출석으로 성립하며, 의결은 출석한 평의원 과반수의 찬성으로 한다.

제 3 장 출판물의 발간

제 14 조 (출판물)

① 본회는 매년 6월, 12월 말일에 학보를 발간하고, 그 명칭은 "목간과 문자"(한문 "木簡과 文字", 영문 "Wooden documents and Inscriptions Studies")로 한다.

② 본회는 학보 이외에 본회의 목적에 부합하는 출판물을 발간할 수 있다.

③ 본회가 발간하는 학보를 포함한 모든 출판물의 저작권은 본 학회에 속한다.

제 15 조 (학보 게재 논문 등의 선정과 심사)

　① 학보에는 회원의 논문 및 본회의 목적에 부합하는 주제의 글을 게재함을 원칙으로 한다.

　② 논문 등 학보 게재물은 편집위원회에서 선정한다.

　③ 논문 등 학보 게재물의 선정 기준과 절차는 따로 본회의 운영예규에 정한다.

제 4 장 재정

제 16 조 (재원)　　본회의 재원은 회비 및 기타 수입으로 한다.

제 17 조 (회계연도)　　본회의 회계연도 기준일은 1월 1일로 한다.

제 5 장 기타

제 18 조 (운영예규)　　본 회칙에 명시하지 않은 운영에 필요한 사항은 따로 운영예규에 정한다.

제 19 조 (기타사항)　　본 회칙에 규정되지 않은 사항은 일반관례에 따른다

부칙

1. 본 회칙은 2007년 1월 9일부터 시행한다.
2. 본 회칙은 2009년 1월 9일부터 시행한다.

편집위원회에 관한 규정

제 1 장 총칙

제 1 조 (명칭)   본 규정은 '편집위원회에 관한 규정'이라 한다.

제 2 조 (목적)   본 규정은 한국목간학회 편집위원회의 조직 및 편집 활동 전반에 관한 세부 사항을 규정하는 것을 목적으로 한다.

제 2 장 조직 및 권한

제 3 조 (구성)   편집위원회는 회칙에 따라 구성한다.

제 4 조 (편집위원의 임명)   편집위원은 세부 전공 분야 및 연구 업적을 감안하여 평의원회에서 추천하며, 회장이 임명한다.

제 5 조 (편집위원장의 선출)   편집위원장은 편집위원 전원의 무기명 비밀투표 방식으로 편집위원 중에서 선출한다.

제 6 조 (편집위원장의 권한)   편집위원장은 편집회의의 의장이 되며, 학회지의 편집 및 출판 활동 전반에 대하여 권한을 갖는다.

제 7 조 (편집위원의 자격)   편집위원은 다음과 같은 조건을 갖춘자로 한다.
   1. 박사학위를 소지한 자.
   2. 대학의 전임교수로서 5년 이상의 경력을 갖추었거나, 이와 동등한 연구 경력을 갖춘자.
   3. 역사학·고고학·보존과학·국어학 또는 이와 관련된 분야에서 연구 업적이 뛰어나고 학계의 명망과 인격을 두루 갖춘자.

4. 다른 학회의 임원이나 편집위원으로 과다하게 중복되지 않은 자.

제 8 조 (편집위원의 임기)   편집위원의 임기는 2년으로 하되, 연임할 수 있다.

제 9 조 (편집자문위원)   학회지 및 기타 간행물의 편집 및 출판 활동과 관련하여 필요시 국내외의 편집자문위원을 둘 수 있다.

제 10 조 (편집간사)   학회지를 비롯한 제반 출판 활동 업무를 원활히 하기 위하여 편집간사 약간 명을 둘 수 있다.

제 3 장 임무와 활동

제 11 조 (편집위원회의 임무와 활동)   편집위원회의 임무와 활동 내용은 다음과 같다.
   1. 학회지의 간행과 관련된 제반 업무.
   2. 학술 단행본의 발행과 관련된 제반 업무.
   3. 기타 편집 및 발행과 관련된 제반 활동.

제 12 조 (편집간사의 임무)   편집간사는 편집위원회의 업무와 활동을 보조하며, 편집과 관련된 회계의 실무를 담당한다.

제 13 조 (학회지의 발간일)   학회지는 1년에 2회 발행하며, 그 발행일자는 6월 30일과 12월 31일로 한다.

제 4 장 편집회의

제 14 조 (편집회의의 소집)   편집회의는 편집위원장이 수시로 소집하되, 필요한 경우에는 3인 이상의 편집위원이 발의하여 회장의 동의를 얻어 편집회의를 소집할 수 있다. 또한 심사위원의 추천 및 선정 등에 필요한 경우에는 전자우편을 통한 의견 수렴으로 편집회의를 대신할 수 있다.

제 15조 (편집회의의 성립)   편집회의는 편집위원장을 포함한 편집위원 과반수의 출석으로 성립된다.

제 16조 (편집회의의 의결)   편집회의의 제반 안건은 출석 위원 과반수의 찬성으로 의결하되, 찬반 동수인 경우에는 편집위원장이 결정한다.

제 17조 (편집회의의 의장)　　편집위원장은 편집회의의 의장이 된다. 편집위원장이 참석하지 아니한 경우에는 편집위원 중의 연장자가 의장이 된다.

제 18조 (편집회의의 활동)　　편집회의는 학회지의 발행, 논문의 심사 및 편집, 기타 제반 출판과 관련된 사항에 대하여 논의하고 결정한다.

부칙
제1조 이 규정은 운영위원회의 의결을 거쳐 2007년 11월 24일부터 시행한다.
제2조 이 규정은 운영위원회의 의결을 거쳐 2009년 1월 9일부터 시행한다.

학회지 논문의 투고와 심사에 관한 규정

제 1 장 총칙

제 1 조 (명칭)   본 규정은 '학회지 논문의 투고와 심사에 관한 규정'이라 한다.

제 2 조 (목적)   본 규정은 한국목간학회의 학회지인『목간과 문자』에 수록할 논문의 투고와 심사에 관한 절차를 정하고 관련 업무를 명시함에 목적을 둔다.

제 2 장 원고의 투고

제 3 조 (투고 자격)   논문의 투고 자격은 회칙에 따르되, 당해 연도 회비를 납부한 자에 한한다.

제 4 조 (투고의 조건)   본 학회에서 발표한 논문에 한하여 투고하는 것을 원칙으로 한다.

제 5 조 (원고의 분량)   원고의 분량은 학회지에 인쇄된 것을 기준으로 각종의 자료를 포함하여 30면 내외로 하되, 자료의 영인을 붙이는 경우에는 면수 계산에서 제외한다.

제 6 조 (원고의 작성 방식)   원고의 작성 방식과 요령 등에 관하여는 별도의 내규를 정하여 시행한다.

제 7 조 (원고의 언어)   원고는 한국어로 작성함을 원칙으로 하되, 외국어로 작성된 원고의 게재 여부는 편집회의에서 정한다.

제 8 조 (제목과 필자명)   논문 제목과 필자명은 영문으로 附記하여야 한다.

제 9 조 (국문초록과 핵심어)   논문을 투고할 때에는 국문과 외국어로 된 초록과 핵심어를 덧붙여

야 한다. 요약문과 핵심어의 작성 요령은 다음과 같다.

1. 국문초록은 논문의 내용과 논지를 잘 간추려 작성하되, 외국어 요약문은 영어, 중국어, 일어 중의 하나로 작성한다.
2. 국문초록의 분량은 200자 원고지 5매 내외로 한다.
3. 핵심어는 논문의 주제 및 내용을 대표할 만한 단어를 뽑아서 요약문 뒤에 행을 바꾸어 제시한다.

제 10 조 (논문의 주제 및 내용 조건)　논문의 주제 및 내용은 다음에 부합하여야 한다.

1. 국내외의 출토 문자 자료에 대한 연구 논문
2. 국내외의 출토 문자 자료에 대한 소개 또는 보고 논문
3. 국내외의 출토 문자 자료에 대한 역주 또는 서평 논문

제 11 조 (논문의 제출처)　심사용 논문은 편집이사에게 제출한다.

제 3 장　원고의 심사

제 1 절 : 심사자

제 12 조 (심사자의 자격)　심사자는 논문의 주제 및 내용과 관련된 분야에서 박사학위를 소지한 자를 원칙으로 하되, 본 학회의 회원 가입 여부에 구애받지 아니한다.

제 13 조 (심사자의 수)　심사자는 논문 한 편당 3인 이상 5인 이내로 한다.

제 14 조 (심사 의뢰)　편집위원장은 편집회의에서 추천·의결한 바에 따라 심사자를 선정하여 심사를 의뢰하도록 한다. 편집회의에서의 심사자 추천은 2배수로 하고, 편집회의의 의결을 거쳐 선정한다.

제 15 조 (심사자에 대한 이의)　편집위원장은 심사자 위촉 사항에 대하여 대외비로 회장에게 보고하며, 회장은 편집위원장에게 이의를 제기할 수 있다. 심사자 위촉에 대한 이의에 대하여는 편집회의를 거쳐 편집위원장이 심사자를 변경할 수 있다. 다만, 편집회의 결과 원래의 위촉자가 재선정되었을 경우 편집위원장은 회장에게 그 사실을 구두로 통지하며, 통지된 사항에 대하여 회장은 이의를 제기할 수 없다.

제2절 : 익명성과 비밀 유지

제 16 조 (익명성과 비밀 유지 조건)　심사용 원고는 반드시 익명으로 하며, 심사에 관한 제반 사항

은 편집위원장 책임하에 반드시 대외비로 하여야 한다.

제 17 조 (익명성과 비밀 유지 조건의 위배에 대한 조치)　위 제16조의 조건을 위배함으로 인해 심사자에게 중대한 피해를 입혔을 경우에는 편집위원 3인 이상의 발의로써 편집위원장의 동의 없이도 편집회의를 소집할 수 있으며, 다음 각 호에 따라 위배한 자에 따라 사안별로 조치한다. 또한 해당 심사자에게는 편집위원장 명의로 지체없이 사과문을 심사자에게 등기 우송하여야 한다. 편집위원장 명의를 사용하지 못할 경우에는 편집위원 전원이 연명하여 사과문을 등기 우송하여야 한다. 익명성과 비밀 유지 조건에 대한 위배 사실이 학회의 명예를 손상한 경우에는 편집위원 3인의 발의만으로써도 해당 편집위원장 및 편집위원에 대한 징계를 회장에게 요청할 수 있으며, 이 경우 그 처리 결과를 학회지에 공지하여야 한다.
　　1. 편집위원장이 위배한 경우에는 편집위원장을 교체한다.
　　2. 편집위원이 위배한 경우에는 편집위원직을 박탈한다.
　　3. 임원을 겸한 편집위원의 경우에는 회장에게 교체하도록 요청한다.
　　4. 편집간사 또는 편집보조가 위배한 경우에는 편집위원장이 당사자를 해임한다.

제 18 조 (편집위원의 논문에 대한 심사)　편집위원이 투고한 논문을 심사할 때에는 해당 편집위원을 궐석시킨 후에 심사자를 선정하여야 하며, 회장에게도 심사자의 신원을 밝히지 않는 것을 원칙으로 한다.

제 3 절 : 심사 절차

제 19 조 (논문심사서의 구성 요건)　논문심사서에는 '심사 소견', 그리고 '수정 및 지적사항'을 적는 난이 포함되어야 한다.

제 20 조 (심사 소견과 영역별 평가)　심사자는 심사 논문에 대하여 영역별 평가를 감안하여 종합판정을 한다. 심사 소견에는 영역별 평가와 종합판정에 대한 근거 및 의견을 총괄적으로 기술함을 원칙으로 한다.

제 21 조 (수정 및 지적사항)　'수정 및 지적사항'란에는 심사용 논문의 면수 및 수정 내용 등을 구체적으로 지시하여야 한다.

제 22조 (심사 결과의 전달)　편집간사는 편집위원장의 지시를 받아 투고자에게 심사자의 논문심사서와 심사용 논문을 전자우편 또는 일반우편으로 전달하되, 심사자의 신원이 드러나지 않도록 각별히 유의하여야 한다. 논문 심사서 중 심사자의 인적 사항은 편집회의에서도 공개하지 않는다.

제 23 조 (수정된 원고의 접수)　투고자는 논문심사서를 수령한 후 소정 기일 내에 원고를 수정하여 편집위원장에게 송부하여야 한다. 기한을 넘겨 접수된 수정 원고는 학회지의 다음 호에 접수된 투고 논문과 동일한 심사 절차를 밟되, 논문심사료는 부과하지 않는다.

제 4 절 : 심사의 기준과 게재 여부 결정

제 24 조 (심사 결과의 종류)　심사 결과는 '종합판정'과 '영역별 평가'로 나누어 시행한다.

제 25 조 (종합판정과 등급)　종합판정은 ①게재 가, ②수정후 재심사, ③게재 불가 중의 하나로 한다.

제 26 조 (영역별 평가)　영역별 평가 기준은 다음과 같다.
　　1. 학계에의 기여도
　　2. 연구 내용 및 방법론의 참신성
　　3. 논지 전개의 타당성
　　4. 논문 구성의 완결성
　　5. 문장 표현의 정확성

제 27 조 (게재 여부의 결정 기준)　심사용 논문의 학회지 게재 여부는 심사자의 종합판정에 의거하여 이들을 합산하여 시행한다. 게재 여부의 결정은 최종 수정된 원고를 대상으로 한다.

제 28 조 (게재 여부 결정의 조건)　게재 여부 결정의 조건은 다음과 같다.
　　1. 심사자의 2분의 1 이상이 위 제25조의 '①게재 가'로 판정한 경우에는 게재한다.
　　2. 심사자의 2분의 1 이상이 위 제25조의 '③게재 불가'로 판정한 경우에는 게재를 불허한다.

제 29 조 (게재 여부에 대한 논의)　위 제28조의 경우가 아닌 논문에 대하여는 편집회의의 토의를 거친 후에 게재 여부를 확정하되, 이 때에는 영역별 평가를 참조한다.

제 30 조 (논문 게재 여부의 통보)　편집위원장은 논문 게재 여부에 대한 최종 확정 결과를 투고자에게 통보하여야 한다.

제 5 절 : 이의 신청
제 31 조 (이의 신청)　투고자는 심사와 논문 게재 여부에 대하여 이의를 신청할 수 있다. 이 때에는 200자 원고지 5매 내외의 이의신청서를 작성하여 심사 결과 통보일 15일 이내에 편집위원장에게 송부하

여야 하며, 편집위원장은 이의 신청 접수일로부터 15일 이내에 이에 대한 처리 절차를 완료하여야 한다.

제 32 조 (이의 신청의 처리)   이의 신청을 한 투고자의 논문에 대해서는 편집회의에서 토의를 거쳐 이의 신청의 수락 여부를 의결한다. 수락한 이의 신청에 대한 조치 방법은 편집회의에서 결정한다.

제 4 장 게재 논문의 사후 심사 및 조치

제 1 절 : 게재 논문의 사후 심사

제 33 조 (사후 심사)   학회지에 게재된 논문에 대하여는 사후 심사를 할 수 있다.

제 34 조 (사후 심사 요건)   사후 심사는 편집위원회의 자체 판단 또는 접수된 사후심사요청서의 검토 결과, 대상 논문이 그 논문이 수록된 본 학회지 발행일자 이전의 간행물 또는 타인의 저작권에 귀속시킬 만한 연구 내용을 현저한 정도로 표절 또는 중복 게재한 것으로 의심되는 경우에 한한다.

제 35 조 (사후심사요청서의 접수)   게재 논문의 표절 또는 중복 게재와 관련하여 사후 심사를 요청하는 사후심사요청서를 편집위원장 또는 편집위원회에 접수할 수 있다. 이 경우 사후심사요청서는 밀봉하고 겉봉에 '사후심사요청'임을 명기하되, 발신자의 신원을 겉봉에 노출시키지 않음을 원칙으로 한다.

제 36 조 (사후심사요청서의 개봉)   사후심사요청서는 편집위원장 또는 편집위원장이 위촉한 편집위원이 개봉한다.

제 37 조 (사후심사요청서의 요건)   사후심사요청서는 표절 또는 중복 게재로 의심되는 내용을 구체적으로 밝혀야 한다.

제 2 절 : 사후 심사의 절차와 방법

제 38 조 (사후 심사를 위한 편집위원회 소집)   게재 논문의 표절 또는 중복 게재에 관한 사실 여부를 심의하고 사후 심사자의 선정을 비롯한 제반 사항을 의결하기 위해 편집위원장은 편집위원회를 소집할 수 있다.

제 39 조 (질의서의 우송)   편집위원회의 심의 결과 표절이나 중복 게재의 개연성이 있다고 판단된 논문에 대해서는 그 진위 여부에 대해 편집위원장 명의로 해당 논문의 필자에게 질의서를 우송한다.

제 40 조 (답변서의 제출)   위 제39조의 질의서에 대해 해당 논문 필자는 질의서 수령 후 30일 이내 편집위원장 또는 편집위원회에 답변서를 제출하여야 한다. 이 기한 내에 답변서가 없을 경우엔 질의서의 내용을 인정한 것으로 판단한다.

제 3 절 : 사후 심사 결과의 조치

제 41 조 (사후 심사 확정을 위한 편집위원회 소집)   편집위원장은 답변서를 접수한 날 또는 마감 기한으로부터 15일 이내에 사후 심사 결과를 확정하기 위한 편집위원회를 소집한다.

제 42 조 (심사 결과의 통보)   편집위원장은 편집위원회에서 확정한 사후 심사 결과를 7일 이내에 사후 심사를 요청한 이 및 관련 당사자에게 통보하여야 한다.

제 43 조 (표절 및 중복 게재에 대한 조치)   편집위원회에서 표절 또는 중복 게재로 확정된 경우에는 회장에게 지체 없이 보고하고, 회장은 운영위원회를 소집하여 다음 각 호와 같은 조치를 집행할 수 있다.
    1. 차호 학회지에 그 사실 관계 및 조치 사항들을 기록한다.
    2. 학회지 전자판에서 해당 논문을 삭제하고, 학회논문임을 취소한다.
    3. 해당 논문 필자에 대하여 제명 조치하고, 향후 5년간 재입회할 수 없도록 한다.
    4. 관련 사실을 한국연구재단에 보고한다.

제 4 절 : 제보자의 보호

제 44 조 (제보자의 보호)   표절 및 중복 게재에 관한 이의 및 논의를 제기하거나 사후 심사를 요청한 사람에 대해서는 신원을 절대적으로 밝히지 않고 익명성을 보장하여야 한다.

제 45 조 (제보자 보호 규정의 위배에 대한 조치)   위 제44조의 규정을 위배한 이에 대한 조치는 위 제17조에 준하여 시행한다.

부칙
제1조(시행일자) 본 규정은 2007년 11월 24일부터 시행한다.
제2조(시행일자) 본 규정은 2009년 1월 9일부터 시행한다.

학회지 논문의 투고와 원고 작성 요령에 관한 내규

제 1 조 (목적)   이 내규는 본 한국목간학회의 회칙 및 관련 규정에 따라 학회지에 게재하는 논문의 투고와 원고 작성 요령에 대하여 명시하는 것을 목적으로 한다.

제 2 조 (논문의 종류)   학회지에 게재되는 논문은 심사 논문과 기획 논문으로 나뉜다. 심사 논문은 본 학회의 학회지 논문의 투고와 심사에 관한 규정에 따른 심사 절차를 거쳐 게재된 논문을 가리키며, 기획 논문은 편집위원회에서 기획하여 특정의 연구자에게 집필을 위촉한 논문을 가리킨다.

제 3 조 (기획 논문의 집필자)   기획 논문의 집필자는 본 학회의 회원 여부에 구애받지 아니한다.

제 4 조 (기획 논문의 심사)   기획 논문에 대하여도 심사 논문과 동일한 절차의 심사를 시행하는 것을 원칙으로 하되, 편집위원회의 의결을 거쳐 심사를 면제할 수 있다.

제 5 조 (투고 기한)   논문의 투고 기한은 매년 4월 말과 10월 말로 한다.

제 6 조 (수록호)   4월 말까지 투고된 논문은 심사 과정을 거쳐 같은 해의 6월 30일에 발행하는 학회지에 수록하며, 10월 말까지 투고된 논문은 같은 해의 12월 31일에 간행하는 학회지에 수록하는 것을 원칙으로 한다.

제 7 조 (수록 예정일자의 변경 통보)   위 제6조의 예정 기일을 넘겨 논문의 심사 및 게재가 이루어질 경우 편집위원장은 투고자에게 그 사실을 통보해 주어야 한다.

제 8 조 (게재료)   논문 게재의 확정시에는 일반 논문 5만원, 연구비 수혜 논문 30만원의 게재료를 납부하여야 한다.

제 9 조 (초과 게재료)   학회지에 게재하는 논문의 분량이 인쇄본을 기준으로 30면을 넘을 경우에는 1면 당 1만원의 초과 게재료를 부과할 수 있다.

제 10 조 (원고료)   학회지에 게재되는 논문에 대하여는 소정의 원고료를 필자에게 지불할 수 있다. 원고료에 관한 사항은 운영위원회에서 결정한다.

제 11 조 (익명성 유지 조건)   심사용 논문에서는 졸고 및 졸저 등 투고자의 신원을 드러내는 표현을 쓸 수 없다.

제 12 조 (컴퓨터 작성)   논문의 원고는 컴퓨터로 작성함을 원칙으로 하며, 문장편집기 프로그램은 「훈글」을 사용할 것을 권장한다.

제 13 조 (제출물)   원고 제출시에는 입력한 PC용 파일과 출력지 1부를 함께 송부하여야 한다.

제 14 조 (투고자의 성명 삭제)   편집간사는 심사자에게 심사용 논문을 송부할 때 반드시 투고자의 성명과 기타 투고자의 신원을 알 수 있는 표현 등을 삭제하여야 한다.

제 15 조 (출토 문자 자료의 표기 범례 등 기타)   출토 문자 자료의 표기 범례를 비롯하여 위에서 정하지 않은 학회지 논문의 투고와 원고 작성 요령 및 용어 사용 등에 관한 사항들은 일반적인 관행에 따르거나 편집위원회에서 결정한다.

부칙
제1조(시행일자) 이 내규는 2007년 11월 24일부터 시행한다.
제2조(시행일자) 이 내규는 2009년 1월 9일부터 시행한다.

韓國木簡學會 研究倫理 規定

제 1 장 총칙

제 1 조 (명칭)   이 규정은 '한국목간학회 연구윤리 규정'이라 한다.

제 2 조 (목적)   이 규정은 한국목간학회 회칙 및 편집위원회 규정에 따른 연구윤리 등에 관한 세부 사항을 규정하는 것을 목적으로 한다.

제 2 장 저자가 지켜야 할 연구윤리

제 3 조 (표절 금지)   저자는 자신이 행하지 않은 연구나 주장의 일부분을 자신의 연구 결과이거나 주장인 것처럼 논문이나 저술에 제시하지 않는다.

제 4 조 (업적 인정)

　　1. 저자는 자신이 실제로 행하거나 공헌한 연구에 대해서만 저자로서의 책임을 지며, 또한 업적으로 인정받는다.

　　2. 논문이나 기타 출판 업적의 저자나 역자가 여러 명일 때 그 순서는 상대적 지위에 관계없이 연구에 기여한 정도에 따라 정확하게 반영하여야 한다. 단순히 어떤 직책에 있다고 해서 저자가 되거나 제1저자로서의 업적을 인정받는 것은 정당화될 수 없다. 반면, 연구나 저술(번역)에 기여했음에도 공동저자(역자)나 공동연구자로 기록되지 않는 것 또한 정당화될 수 없다. 연구나 저술(번역)에 대한 작은 기여는 각주, 서문, 사의 등에서 적절하게 고마움을 표시한다.

제 5 조 (중복 게재 금지)   저자는 이전에 출판된 자신의 연구물(게재 예정이거나 심사 중인 연구물 포함)을 새로운 연구물인 것처럼 투고하지 말아야 한다.

제 6 조 (인용 및 참고 표시)

　　1. 공개된 학술 자료를 인용할 경우에는 정확하게 기술하도록 노력해야 하고, 상식에 속하는 자료가 아닌 한 반드시 그 출처를 명확히 밝혀야 한다. 논문이나 연구계획서의 평가 시 또는 개인적인 접촉을 통해서 얻은 자료의 경우에는 그 정보를 제공한 연구자의 동의를 받은 후에만 인용할 수 있다.

　　2. 다른 사람의 글을 인용하거나 아이디어를 차용(참고)할 경우에는 반드시 註[각주(후주)]를 통해 인용 여부 및 참고 여부를 밝혀야 하며, 이러한 표기를 통해 어떤 부분이 선행연구의 결과이고 어떤 부분이 본인의 독창적인 생각·주장·해석인지를 독자가 알 수 있도록 해야 한다.

　　제 7 조 (논문의 수정)　　저자는 논문의 평가 과정에서 제시된 편집위원과 심사위원의 의견을 가능한 한 수용하여 논문에 반영되도록 노력하여야 하고, 이들의 의견에 동의하지 않을 경우에는 그 근거와 이유를 상세하게 적어서 편집위원(회)에게 알려야 한다.

제 3 장　편집위원이 지켜야 할 연구윤리

　　제 8 조 (책임 범위)　　편집위원은 투고된 논문의 게재 여부를 결정하는 모든 책임을 진다.

　　제 9 조 (논문에 대한 태도)　　편집위원은 학술지 게재를 위해 투고된 논문을 저자의 성별, 나이, 소속 기관은 물론이고 어떤 선입견이나 사적인 친분과도 무관하게 오로지 논문의 질적 수준과 투고 규정에 근거하여 공평하게 취급하여야 한다.

　　제 10 조 (심사 의뢰)　　편집위원은 투고된 논문의 평가를 해당 분야의 전문적 지식과 공정한 판단 능력을 지닌 심사위원에게 의뢰해야 한다. 심사 의뢰 시에는 저자와 지나치게 친분이 있거나 지나치게 적대적인 심사위원을 피함으로써 가능한 한 객관적인 평가가 이루어질 수 있도록 노력한다. 단, 같은 논문에 대한 평가가 심사위원 간에 현저하게 차이가 날 경우에는 해당 분야 제3의 전문가에게 자문을 받을 수 있다.

　　제 11 조 (비밀 유지)　　편집위원은 투고된 논문의 게재가 결정될 때까지는 심사자 이외의 사람에게 저자에 대한 사항이나 논문의 내용을 공개하면 안 된다.

제 4 장　심사위원이 지켜야 할 연구윤리

　　제 12조 (성실 심사)　　심사위원은 학술지의 편집위원(회)이 의뢰하는 논문을 심사규정이 정한 기간 내에 성실하게 평가하고 평가 결과를 편집위원(회)에게 통보해 주어야 한다. 만약 자신이 논문의 내용

을 평가하기에 적임자가 아니라고 판단될 경우에는 편집위원(회)에게 지체 없이 그 사실을 통보한다.

제 13 조 (공정 심사)　심사위원은 논문을 개인적인 학술적 신념이나 저자와의 사적인 친분 관계를 떠나 객관적 기준에 의해 공정하게 평가하여야 한다. 충분한 근거를 명시하지 않은 채 논문을 탈락시키거나, 심사자 본인의 관점이나 해석과 상충된다는 이유로 논문을 탈락시켜서는 안 되며, 심사 대상 논문을 제대로 읽지 않은 채 평가해서도 안 된다.

제 14 조 (평가근거의 명시)　심사위원은 전문 지식인으로서의 저자의 인격과 독립성을 존중하여야 한다. 평가 의견서에는 논문에 대한 자신의 판단을 밝히되, 보완이 필요하다고 생각되는 부분에 대해서는 그 이유도 함께 상세하게 설명해야 한다.

제 15 조 (비밀 유지)　심사위원은 심사 대상 논문에 대한 비밀을 지켜야 한다. 논문 평가를 위해 특별히 조언을 구하는 경우가 아니라면 논문을 다른 사람에게 보여주거나 논문 내용을 놓고 다른 사람과 논의하는 것도 바람직하지 않다. 또한 논문이 게재된 학술지가 출판되기 전에 저자의 동의 없이 논문의 내용을 인용해서는 안 된다.

제 5 장　윤리규정 시행 지침

제 16 조 (윤리규정 서약)　한국목간학회의 신규 회원은 본 윤리규정을 준수하기로 서약해야 한다. 기존 회원은 윤리규정의 발효 시 윤리규정을 준수하기로 서약한 것으로 간주한다.

제 17 조 (윤리규정 위반 보고)　회원은 다른 회원이 윤리규정을 위반한 것을 인지할 경우 그 회원으로 하여금 윤리규정을 환기시킴으로써 문제를 바로잡도록 노력해야 한다. 그러나 문제가 바로잡히지 않거나 명백한 윤리규정 위반 사례가 드러날 경우에는 학회 윤리위원회에 보고할 수 있다. 윤리위원회는 윤리규정 위반 문제를 학회에 보고한 회원의 신원을 외부에 공개해서는 안 된다.

제 18 조 (윤리위원회 구성)　윤리위원회는 회원 5인 이상으로 구성되며, 위원은 평의원회의 추천을 받아 회장이 임명한다.

제 19 조 (윤리위원회의 권한)　윤리위원회는 윤리규정 위반으로 보고된 사안에 대하여 제보자, 피조사자, 증인, 참고인 및 증거자료 등을 통하여 폭넓게 조사를 실시한 후, 윤리규정 위반이 사실로 판정된 경우에는 회장에게 적절한 제재조치를 건의할 수 있다.
단, 사안이 학회지 게재 논문의 표절 또는 중복 게재와 관련된 경우에는 '학회지 논문의 투고와 심사에 관한 규정'에 따라 편집위원회에 조사를 의뢰하고 사후 조치를 취한다.

제 20 조 (윤리위원회의 조사 및 심의) 윤리규정 위반으로 보고된 회원은 윤리위원회에서 행하는 조사에 협조해야 한다. 이 조사에 협조하지 않는 것은 그 자체로 윤리규정 위반이 된다.

제 21 조 (소명 기회의 보장) 윤리규정 위반으로 보고된 회원에게는 충분한 소명 기회를 주어야 한다.

제 22 조 (조사 대상자에 대한 비밀 보호) 윤리규정 위반에 대해 학회의 최종적인 징계 결정이 내려질 때까지 윤리위원은 해당 회원의 신원을 외부에 공개해서는 안 된다.

제 23 조 (징계의 절차 및 내용) 윤리위원회의 징계 건의가 있을 경우, 회장은 이사회를 소집하여 징계 여부 및 징계 내용을 최종적으로 결정한다. 윤리규정을 위반했다고 판정된 회원에 대해서는 경고, 회원자격정지 내지 박탈 등의 징계를 할 수 있으며, 이 조처를 다른 기관이나 개인에게 알릴 수 있다.

제6장 보칙

제 24 조 (규정의 개정)
1. 편집위원장 또는 편집위원 3인 이상이 규정의 개정을 發議할 수 있다.
2. 재적 편집위원 3분의 2 이상의 찬성으로 개정하며, 총회의 인준을 얻어야 효력이 발생한다.

제 25 조 (보칙) 이 규정에 정해지지 않은 사항은 학회의 관례에 따른다.

부칙
제1조(시행일자) 이 규정은 2007년 11월 24일부터 시행한다.

Wooden Documents and Inscriptions Studies No 8.   December. 2011

[Contents]

The Korean Society for the Study of Wooden Documents

木蘭과 文字 연구 07

엮은이 | 한국목간학회
펴낸이 | 최병식
펴낸날 | 2012년 3월 20일
펴낸곳 | 주류성출판사
　　　　서울시 서초구 서초4동 1305-5
　　　　전화 | 02-3481-1024 / 전송 | 02-3482-0656
　　　　www.juluesung.co.kr
　　　　e-mail | www.juluesung@yahoo.co.kr

책　값 | 20,000원
ISBN　978-89-6246-076-6　94910
세트　978-89-6246-006-3　94910